李捷 著

国家治理的思想变迁

生活·讀書·新知 三联书店

Copyright © 2024 by SDX Joint Publishing Company.
All Rights Reserved.

本作品版权由生活·读书·新知三联书店所有。
未经许可，不得翻印。

图书在版编目（CIP）数据

国家治理的思想变迁 / 李捷著. —北京：生活·
读书·新知三联书店，2024.1
ISBN 978-7-108-07749-3

Ⅰ.①国… Ⅱ.①李… Ⅲ.①国家－行政管理－思想
史－中国 Ⅳ.① D092

中国国家版本馆 CIP 数据核字 (2023) 第 227181 号

策划编辑	唐明星
责任编辑	万　春
装帧设计	薛　宇
责任印制	卢　岳
出版发行	生活·讀書·新知 三联书店
	（北京市东城区美术馆东街 22 号 100010）
网　　址	www.sdxjpc.com
经　　销	新华书店
印　　刷	北京隆昌伟业印刷有限公司
版　　次	2024 年 1 月北京第 1 版
	2024 年 1 月北京第 1 次印刷
开　　本	635 毫米 × 965 毫米 1/16 印张 29
字　　数	375 千字
印　　数	0,001 – 6,000 册
定　　价	68.00 元

（印装查询：01064002715；邮购查询：01084010542）

目 录

引 言 / 1

一、马克思主义国家学说的奠基:打碎国家机器 / 4
  (一)国家学说的初步形成 / 4
  (二)1848年革命的启示 / 25
  (三)巴黎公社的启示 / 38
  (四)对《哥达纲领》的批判 / 45
  (五)《社会主义从空想到科学的发展》/ 50
  (六)《家庭、私有制和国家的起源》/ 57
  (七)奠基性的理论贡献 / 62

二、列宁对马克思主义国家学说和国家治理理论的发展:
  从打碎国家机器到建设新型国家 / 70
  (一)列宁对马克思主义国家学说的捍卫和发展 / 71
  (二)俄国十月革命开创马克思主义国家学说发展
    新纪元 / 88
  (三)新经济政策施行与苏维埃国家治理的新发展 / 113
  (四)列宁的划时代贡献 / 134

三、毛泽东对马克思主义国家学说和国家治理理论的
  杰出贡献:从无产阶级专政到人民民主专政 / 144
  (一)毛泽东国家治理理论的形成 / 144
  (二)毛泽东国家治理理论的发展 / 197

（三）毛泽东国家治理理论在新中国国家制度
与实践上作出的独创性贡献 / 230

四、改革开放新时期对马克思主义国家治理理论的实践
创新和理论创新：从加强民主与法制到建设社会
主义法治国家 / 238
（一）邓小平理论对国家治理理论的卓越贡献 / 238
（二）"三个代表"重要思想对国家治理理论的
创新发展 / 278
（三）科学发展观对国家治理理论的创新发展 / 307

五、新时代对马克思主义国家治理理论的原创性贡献：
从全面依法治国到国家治理体系现代化 / 332
（一）切实加强党对一切工作的全面领导 / 333
（二）以自我革命统领社会革命 / 335
（三）驾驭我国经济发展大局的能力显著提升 / 358
（四）国家治理体系和治理能力现代化的提出与推进 / 391
（五）中国特色社会主义国家治理理论的系统形成 / 423
（六）领导和推进中国式现代化 / 445
（七）对马克思主义国家学说和国家治理理论的
原创性贡献 / 451

引 言

马克思主义国家学说,解决的是国家何以出现、国家何以发展、国家的本质、国家同经济基础的关系、国家同法的关系、国家同社会的关系等一系列长期困扰人们思想和行为的重大基本问题,解决的是无产阶级如何打碎旧的国家机器、建立无产阶级专政,进而为消灭阶级、消灭国家、实行共产主义创造条件等一系列关系人类前途命运的重大基本问题。

在马克思主义国家学说基础上产生的国家治理理论,则是在解答上述重大基本问题的前提下,以社会主义新型国家的实践探索为依据,进一步解决国家制度如何充分体现社会主义本质特征问题,解决国家制度如何充分体现人民当家作主根本理念问题,解决国家如何有效开展经济、政治、文化、社会、生态文明治理问题,解决国家如何协调推进全面深化改革开放、全面依法治国、全面从严治党、全面建设社会主义现代化强国问题,解决国家如何全面推进国家治理体系和治理能力现代化问题,以及如何确保国家安全问题。

从国家学说向国家治理理论发展,其中一个关键的链条,就是在建设社会主义新型国家的过程中,马克思主义执政党的工作重心从平息敌对势力对新生政权的颠覆反抗向广泛发展人民民主、健全社会主义法治转变,从破坏一个旧世界向建设一个人民当家作主的新世界转变,以便通过长时期的社会主义现代化建设与社会主义改革开放,把这个新型国家建设成为具有高度物质文明、高度政治文明、高度精神文明、高度社会文明、高度生态文明的社会主义现代化国家。

从马克思主义国家学说的创立，到开创国家治理之路，是一条无比艰辛、无比艰险的路程。它横跨了三个世纪，走过了无数曲折的路，付出无数代价。

历史必然总是与偶然相伴相随，并依靠偶然为自己开辟道路。所幸有马克思、恩格斯两位革命导师的指引，为马克思主义国家学说的创立指点迷津。所幸有列宁这位革命导师，为马克思主义国家学说从理论变为现实、进一步发展为国家治理理论开辟道路、指引方向。所幸历史的接力棒到了中国共产党人手中，经过一代又一代中国共产党人的接力探索，从创建人民当家作主的新中国，到建立社会主义根本制度和基本制度，再到通过改革开放创立中国特色社会主义，形成中国特色社会主义道路、理论体系、制度，一直发展到新时代提出国家治理体系和治理能力现代化重大战略任务，最终系统形成中国特色社会主义国家治理理论及其一整套制度安排，使马克思主义国家学说在21世纪焕发出旺盛的生命力。

马克思主义国家学说为什么能够解决中国革命、建设、改革和新时代面临的各种问题？最根本的原因，是中国共产党人开辟了马克思主义中国化的正确道路。这条道路的核心要义，就是"坚持解放思想、实事求是、与时俱进、求真务实，坚持把马克思主义基本原理同中国具体实际相结合、同中华优秀传统文化相结合，坚持实践是检验真理的唯一标准，坚持一切从实际出发，及时回答时代之问、人民之问"[1]。

历史，一头连着过去，一头连着当下与未来。让我们循着历史的

---

[1]《中共中央关于党的百年奋斗重大成就和历史经验的决议》(2021年11月11日中国共产党第十九届中央委员会第六次全体会议通过)，《人民日报》2021年11月17日第1版。

足迹,深入了解马克思主义经典作家和中国共产党人从国家学说到国家治理理论的探索发展历程,从而深入了解中国特色社会主义制度和国家治理体系这座恢宏大厦是怎样建立起来的。

一、马克思主义国家学说的奠基：打碎国家机器

在英国"光荣革命"、法国大革命、美国独立战争之后，随着资本主义的经济基础和上层建筑的确立和稳固，"国家"逐渐被包装成社会意志的总代表、各个阶级利益的总代表、民族利益的总代表，还被说成是永恒的社会存在。

马克思主义国家学说的出现，揭示了国家的本质，揭示了国家并非从来就有，特别是摘去了笼罩在国家之上的神圣光环，打破了人们对资本主义国家的迷信，不仅为人们找到了建立一个更加公正的新国家的出路，还为建立这个新国家找到了阶级力量。而马克思主义国家学说也成为这个新阶级创造新国家的指导思想和行动指南。

马克思主义国家学说，不是一蹴而就的，也不是所谓天才灵感的发现，而是经历了一个逐步探索的形成过程。

（一）国家学说的初步形成

马克思主义国家学说的形成，还要从马克思、恩格斯完成思想转变说起。

马克思、恩格斯完成思想转变的过程，同时也是辩证唯物主义和历史唯物主义诞生的过程。在这个过程中，马克思、恩格斯首先关注的是存在与意识、经济基础与上层建筑何者为第一性的问题，从而奠定了辩证唯物主义和历史唯物主义的基石。正是在这一过程中，马克

思和恩格斯对于被赋予凌驾于社会之上的特殊权力,同时也是各种法律的焦点的国家,给予了特殊的关注。

1.《〈黑格尔法哲学批判〉导言》

黑格尔的国家学说,对青年黑格尔学派影响很大。马克思也曾经是青年黑格尔学派的成员,在思想转变过程中,如何对待黑格尔的国家学说,是一个十分严肃、必须正面回答的问题。国家在黑格尔看来,是绝对理性的化身,也就是黑格尔说的:"国家是伦理理念的现实——是作为显示出来的、自知的实体性意志的伦理精神,这种伦理精神思考自身和知道自身,并完成一切它所知道的,而且只是完成它所知道的。""自在自为的国家就是伦理的整体,是自由的现实化;而自由之成为现实乃是理性的绝对目的。"[1] 如同马克思主义哲学的建立是在清算以黑格尔为主要代表的德国古典哲学中实现的,马克思主义国家学说的初步形成,在很大程度上是与对先前的哲学思想的清算同步完成的。

1843年10月至12月,马克思写了《〈黑格尔法哲学批判〉导言》一文,清算了黑格尔的国家学说。

马克思对黑格尔的法哲学以及建立在此基础上的黑格尔的国家学说都做了评点。关于黑格尔的法哲学,马克思评价说:"德国的国家哲学和法哲学在黑格尔的著作中得到了最系统、最丰富和最终的表述;对这种哲学的批判既是对现代国家以及同它相联系的现实所作的批判性分析,又是对迄今为止的德国政治意识和法意识的整个形式的坚决否定,而这种意识的最主要、最普遍、上升为科学的表现正是思辨的法哲学本身。"[2] 在评析黑格尔的国家学说时,马克思也谈了自己

---

[1] [德]黑格尔:《法哲学原理》,范扬、张企泰译,商务印书馆1979年版,第253、258页。
[2]《马克思恩格斯文集》第1卷,人民出版社2009年版,第10页。

对国家与市民社会关系的认识,指出:"家庭和市民社会本身把自己变成国家。它们才是原动力。可是在黑格尔看来却刚好相反,它们是由现实的理念产生的。"[1]"政治国家没有家庭的天然基础和市民社会的人为基础就不可能存在。它们是国家的 conditio sine qua non〔必要条件〕。但是在黑格尔那里条件变成了被制约的东西,规定其他东西的东西变成了被规定的东西,产生其他东西的东西变成了它的产品的产品。"[2]

针对黑格尔为德国国家制度辩护的立场,马克思响亮地提出"向德国制度开火"的口号,明确表示:"在同这种制度进行的斗争中,批判不是头脑的激情,它是激情的头脑。它不是解剖刀,它是武器。它的对象是自己的敌人,它不是要驳倒这个敌人,而是要消灭这个敌人。"[3]

显然,马克思所说的"向德国制度开火",决不仅仅是思想理论上的批判,而是要付诸行动。他说:"对思辨的法哲学的批判既然是对德国迄今为止政治意识形式的坚决反抗,它就不会专注于自身,而会专注于课题,这种课题只有一个解决办法:实践。"[4]

在一年多后,写于 1845 年春的《关于费尔巴哈的提纲》里,马克思这样描述自己的新哲学:"哲学家们只是用不同的方式解释世界,问题在于改变世界。"[5]这句话,可以作为马克思在上一段话中所说的"实践"的注解。

马克思看到自己所面对的是一种强大的物质力量,同时也看到要把自己的理论转化为改变旧世界的强大物质力量,就必须诉诸群

---

[1]《马克思恩格斯全集》第 1 卷,人民出版社 1956 年版,第 251 页。
[2]《马克思恩格斯全集》第 1 卷,人民出版社 1956 年版,第 252 页。
[3]《马克思恩格斯文集》第 1 卷,人民出版社 2009 年版,第 6 页。
[4]《马克思恩格斯文集》第 1 卷,人民出版社 2009 年版,第 11 页。
[5]《马克思恩格斯文集》第 1 卷,人民出版社 2009 年版,第 502 页。

众，而人民群众又是他正在创立的唯物史观中的主体，是一种足以改变世界的物质力量。因此他讲了一段至今仍被广泛引用的经典名言："批判的武器当然不能代替武器的批判，物质力量只能用物质力量来摧毁；但是理论一经掌握群众，也会变成物质力量。理论只要说服人［ad hominem］，就能掌握群众；而理论只要彻底，就能说服人［ad hominem］。所谓彻底，就是抓住事物的根本。"[1]

在人民群众中，马克思最寄予希望的是代表先进生产力发展方向的无产阶级。他指出："无产阶级宣告迄今为止的世界制度的解体，只不过是揭示自己本身的存在的秘密，因为它就是这个世界制度的实际解体。无产阶级要求否定私有财产，只不过是把社会已经提升为无产阶级的原则的东西，把未经无产阶级的协助就已作为社会的否定结果而体现在它身上的东西提升为社会的原则。这样一来，无产者对正在生成的世界所享有的权利就同德国国王对已经生成的世界所享有的权利一样了。德国国王把人民称为自己的人民，正像他把马叫做自己的马一样。国王宣布人民是他的私有财产，只不过表明私有者就是国王。"[2]

这时（1843年下半年），马克思已经自觉地把自己正在创立的新哲学视为无产阶级的思想武器。他说："哲学把无产阶级当做自己的物质武器，同样，无产阶级也把哲学当做自己的精神武器；思想的闪电一旦彻底击中这块素朴的人民园地，德国人就会解放成为人。"[3]

他还说："德国唯一实际可能的解放是以宣布人是人的最高本质这个理论为立足点的解放。在德国，只有同时从对中世纪的部分胜利解放出来，才能从中世纪得到解放。在德国，不摧毁一切奴役制，任

---

[1]《马克思恩格斯文集》第1卷，人民出版社2009年版，第11页。
[2]《马克思恩格斯文集》第1卷，人民出版社2009年版，第17页。
[3]《马克思恩格斯文集》第1卷，人民出版社2009年版，第17—18页。

何一种奴役制都不可能被摧毁。彻底的德国不从根本上进行革命,就不可能完成革命。德国人的解放就是人的解放。这个解放的头脑是哲学,它的心脏是无产阶级。哲学不消灭无产阶级,就不能成为现实;无产阶级不把哲学变成现实,就不可能消灭自身。"[1]

很显然,马克思在这里所说的"解放成为人"或是"人的解放",实际上就是从以往赖以建立的国家机器的统治基础——私有制中解放出来。

马克思在不久后创作的《1844年经济学哲学手稿》中明确说道:"不难看到,整个革命运动必然在私有财产的运动中,即在经济的运动中,为自己既找到经验的基础,也找到理论的基础。"[2]

他接着描述了这种从人的"异化"到对异化的"积极的扬弃",亦即从"私有财产的运动"到"对私有财产的积极的扬弃"的过程:"这种物质的、直接感性的私有财产,是异化了的人的生命的物质的、感性的表现。私有财产的运动——生产和消费——是迄今为止全部生产的运动的感性展现,就是说,是人的实现或人的现实。宗教、家庭、国家、法、道德、科学、艺术等等,都不过是生产的一些特殊的方式,并且受生产的普遍规律的支配。因此,对私有财产的积极的扬弃,作为对人的生命的占有,是对一切异化的积极的扬弃,从而是人从宗教、家庭、国家等等向自己的合乎人性的存在即社会的存在的复归。"[3]

因此,马克思这样来概括对未来社会的推想:"共产主义是对私有财产即人的自我异化的积极的扬弃,因而是通过人并且为了人而对人的本质的真正占有;因此,它是人向自身、也就是向社会的即合乎人性的人的复归,这种复归是完全的复归,是自觉实现并在以往发展

---

[1]《马克思恩格斯文集》第1卷,人民出版社2009年版,第18页。
[2]《马克思恩格斯文集》第1卷,人民出版社2009年版,第186页。
[3]《马克思恩格斯文集》第1卷,人民出版社2009年版,第186页。

的全部财富的范围内实现的复归。这种共产主义，作为完成了的自然主义，等于人道主义，而作为完成了的人道主义，等于自然主义，它是人和自然界之间、人和人之间的矛盾的真正解决，是存在和本质、对象化和自我确证、自由和必然、个体和类之间的斗争的真正解决。它是历史之谜的解答，而且知道自己就是这种解答。"[1]

这里所说的"历史之谜的解答"，使用的是费尔巴哈的概念，指的正是共产主义原理恰恰是建立在以往社会中普遍存在的、根本上是由私有制引发的社会矛盾运动基础之上的。

由此，也就不难理解，为什么马克思、恩格斯会在《共产党宣言》中宣布："共产主义的特征并不是要废除一般的所有制，而是要废除资产阶级的所有制。但是，现代的资产阶级私有制是建立在阶级对立上面、建立在少数人对多数人的剥削上面的产品生产和占有的最后而又最完备的表现。从这个意义上说，共产党人可以把自己的理论概括为一句话：消灭私有制。"[2]

总之，马克思通过《黑格尔法哲学批判》的写作，初步完成了对黑格尔法哲学以及黑格尔的国家学说的思想清算，既为完成思想转变迈出了关键性的一步，也为马克思主义国家学说的产生迈出了具有决定性意义的一步，使之建立在历史唯物主义基础之上，建立在对资本主义占有方式批判的基础之上，同时也建立在无产阶级革命的坚实基础之上，同空想社会主义划清了界限。

2.《德意志意识形态》第一卷第一章

又一部对形成马克思主义国家学说具有重要作用的著作，是写于

---

[1]《马克思恩格斯文集》第1卷，人民出版社2009年版，第185—186页。
[2]《马克思恩格斯文集》第2卷，人民出版社2009年版，第45页。其中"少数人对多数人的剥削"，正文中为"一些人对另一些人的剥削"，引用时按照该页注①修订。

1845年秋至1846年5月的《德意志意识形态》。不同的是，这部著作是由马克思和恩格斯合作完成的。

《德意志意识形态》是马克思和恩格斯试图发表，却因书报检查机关的阻挠等原因始终未能发表的著作。全书共分两卷。第一卷为"对费尔巴哈、布·鲍威尔和施蒂恩所代表的现代德国哲学的批判"，第二卷为"对各式各样先知所代表的德国社会主义的批判"。这同样可以看作是马克思和恩格斯在创立了辩证唯物主义和历史唯物主义之后，对一些有影响的思想、思潮所作的思想清算。

从今天看，这部著作的不朽价值在于系统地阐述了唯物史观和共产主义理论。这些重要的、极有价值的思想，集中在《德意志意识形态》的第一卷第一章"费尔巴哈唯物主义观点和唯心主义观点的对立"。我们所要探讨的马克思、恩格斯有关国家学说的论述，也主要集中在这一章里。遗憾的是，这一章没有写完，否则我们还会读到更多精彩的论述和精辟的论断。

在第一章里，首先集中阐述了历史唯物主义的基本原理。马克思和恩格斯从人为了生存而生产生活资料讲起，接着讲到生产力、分工、内部交往的发展变化，以及与之相联系的所有制各种不同形式的发展变化，在此基础上人与人之间发生的一定的社会关系和政治关系。随后，进入了对费尔巴哈观点也就是唯心史观的分析剖析。在这种分析剖析之中，同样阐述了许多十分重要又十分精彩的唯物史观的重要论断。正是在这些精辟论断中，涉及了马克思主义国家学说的重要观点。

其一，关于国家的产生。

> 随着分工的发展也产生了单个人的利益或单个家庭的利益与所有互相交往的个人的共同利益之间的矛盾；而且这种共同利益不是仅仅作为一种"普遍的东西"存在于观念之中，而首先是作为彼此有了分工的个人之间的相互依存关系存在于现实之中。

正是由于特殊利益和共同利益之间的这种矛盾，共同利益才采取国家这种与实际的单个利益和全体利益相脱离的独立形式，同时采取虚幻的共同体的形式，而这始终是在每一个家庭集团或部落集团中现有的骨肉联系、语言联系、较大规模的分工联系以及其他利益的联系的现实基础上，特别是在我们以后将要阐明的已经由分工决定的阶级的基础上产生的，这些阶级是通过每一个这样的人群分离开来的，其中一个阶级统治着其他一切阶级。从这里可以看出，国家内部的一切斗争——民主政体、贵族政体和君主政体相互之间的斗争，争取选举权的斗争等等，不过是一些虚幻的形式——普遍的东西一般说来是一种虚幻的共同体的形式——，在这些形式下进行着各个不同阶级间的真正的斗争（德国的理论家们对此一窍不通，尽管在《德法年鉴》和《神圣家族》中已经十分明确地向他们指出过这一点）。从这里还可以看出，每一个力图取得统治的阶级，即使它的统治要求消灭整个旧的社会形式和一切统治，就像无产阶级那样，都必须首先夺取政权，以便把自己的利益又说成是普遍的利益，而这是它在初期不得不如此做的。

正因为各个人所追求的仅仅是自己的特殊的、对他们来说是同他们的共同利益不相符合的利益，所以他们认为，这种共同利益是"异己的"和"不依赖"于他们的，即仍旧是一种特殊的独特的"普遍"利益，或者说，他们本身必须在这种不一致的状况下活动，就像在民主制中一样。另一方面，这些始终真正地同共同利益和虚幻的共同利益相对抗的特殊利益所进行的实际斗争，使得通过国家这种虚幻的"普遍"利益来进行实际的干涉和约束成为必要。[1]

---

[1]《马克思恩格斯文集》第1卷，人民出版社2009年版，第536—537页。

这里所说的国家，当然是在私有制社会建立起来的国家。这种国家是在社会矛盾与阶级矛盾发展到一定程度时产生的，又采取了貌似"共同利益""公共利益"的形式，采取了"把自己的利益又说成是普遍的利益"的形式，使人们看不出"在这些形式下进行着各个不同阶级间的真正的斗争"。

特别需要指出的是，马克思和恩格斯在论述社会生产力发展以至社会发展中，特别重视"分工"的作用。在社会分工基础上出现了人与人之间的经济交往，出现了独立于社会生产的社会阶层，产生了人与人之间的社会关系和政治关系，产生了社会矛盾和阶级矛盾，于是有了凌驾于社会之上的国家。也就是说，表面看似乎是永恒存在的国家，并不是从来就有的，而是随着社会生产力的发展、社会分工的扩大、社会矛盾特别是阶级矛盾的加深而产生的。对于这一过程，后来恩格斯在写于1884年的《家庭、私有制和国家的起源》一书中，依据丰富的历史资料作了更为深入而精准细致的阐发。恩格斯在该书第一版序言中说："以下各章，在某种程度上是实现遗愿。不是别人，正是卡尔·马克思曾打算联系他的——在某种限度内我可以说是我们两人的——唯物主义的历史研究所得出的结论来阐述摩尔根的研究成果，并且只是这样来阐明这些成果的全部意义。"[1]

其二，国家是一种"异己"力量。

上面的引文中已经说到，社会上每个人的特殊利益与共同利益彼此冲突时，"共同利益才采取国家这种与实际的单个利益和全体利益相脱离的独立形式，同时采取虚幻的共同体的形式"。于是，国家便作为一种"异己"力量而存在。这种表象，恰好掩盖了国家实际上是"一个阶级统治着其他一切阶级"的本质。

关于国家是如何成为"异己"力量的，在《德意志意识形态》中

---

[1]《马克思恩格斯文集》第4卷，人民出版社2009年版，第15页。

没有专门阐述。但是，马克思和恩格斯对于一般意义上的"异己"力量是如何产生的，有过一大段论述。这段论述，可以帮助我们了解马克思和恩格斯是如何看待国家成为"异己"力量的过程的。

就在前面那段论述之后，马克思和恩格斯接着说：

> 最后，分工立即给我们提供了第一个例证，说明只要人们还处在自然形成的社会中，就是说，只要特殊利益和共同利益之间还有分裂，也就是说，只要分工还不是出于自愿，而是自然形成的，那么人本身的活动对人来说就成为一种异己的、同他对立的力量，这种力量压迫着人，而不是人驾驭着这种力量。……社会活动的这种固定化，我们本身的产物聚合为一种统治我们、不受我们控制、使我们的愿望不能实现并使我们的打算落空的物质力量，这是迄今为止历史发展中的主要因素之一。受分工制约的不同个人的共同活动产生了一种社会力量，即成倍增长的生产力。因为共同活动本身不是自愿地而是自然形成的，所以这种社会力量在这些个人看来就不是他们自身的联合力量，而是某种异己的、在他们之外的强制力量。关于这种力量的起源和发展趋向，他们一点也不了解；因而他们不再能驾驭这种力量，相反，这种力量现在却经历着一系列独特的、不仅不依赖于人们的意志和行为反而支配着人们的意志和行为的发展阶段。[1]

其三，从"冒充的共同体""虚假的共同体"到"真正的共同体"。

对"异己"力量的分析和对"异化"现象的分析，是马克思和恩格斯在这一时期论述社会历史发展中如何分化成为统治者与被统治

---

[1]《马克思恩格斯文集》第1卷，人民出版社2009年版，第537—538页。

者、国家与社会等的重要范畴。通过这一分析,他们揭示出国家的本质,即"一个阶级统治着其他一切阶级"的力量,是"某种异己的、在他们之外的强制力量"。在这个分析的基础上,马克思和恩格斯提出了一个合乎规律的设想,即"自由人的联合共同体",也就是共产主义社会。而这种社会的建立,是由消灭那些"冒充的共同体"或"虚假的共同体"(国家)来实现的。

以下是他们论述的原文:

> 个人力量(关系)由于分工而转化为物的力量这一现象,不能靠人们从头脑里抛开关于这一现象的一般观念的办法来消灭,而只能靠个人重新驾驭这些物的力量,靠消灭分工的办法来消灭。没有共同体,这是不可能实现的。只有在共同体中,个人才能获得全面发展其才能的手段,也就是说,只有在共同体中才可能有个人自由。在过去的种种冒充的共同体中,如在国家等等中,个人自由只是对那些在统治阶级范围内发展的个人来说是存在的,他们之所以有个人自由,只是因为他们是这一阶级的个人。从前各个人联合而成的虚假的共同体,总是相对于各个人而独立的;由于这种共同体是一个阶级反对另一个阶级的联合,因此对于被统治的阶级来说,它不仅是完全虚幻的共同体,而且是新的桎梏。在真正的共同体的条件下,各个人在自己的联合中并通过这种联合获得自己的自由。[1]

其四,现代国家和法的本质。

马克思和恩格斯是按照私有制自身的固有发展逻辑来揭示"现代国家"的本质的。也就是说,所谓现代国家,即资本主义国家,已经

---

[1]《马克思恩格斯文集》第1卷,人民出版社2009年版,第570—571页。

是维护资产阶级国内外利益的"一种组织形式","国家只是为了私有制才存在的"。同时,"国家是统治阶级的各个人借以实现其共同利益的形式,是该时代的整个市民社会获得集中表现的形式"。马克思和恩格斯认为,这种现代国家最典型的例子,就是北美。

马克思和恩格斯指出:

> 由于私有制摆脱了共同体,国家获得了和市民社会并列并且在市民社会之外的独立存在;实际上国家不外是资产者为了在国内外相互保障各自的财产和利益所必然要采取的一种组织形式。目前国家的独立性只有在这样的国家里才存在:在那里,等级还没有完全发展成为阶级,在那里,比较先进的国家中已被消灭的等级还起着某种作用,并且那里存在某种混合体,因此在这样的国家里居民的任何一部分也不可能对居民的其他部分进行统治。德国的情况就正是这样。现代国家的最完善的例子就是北美。法国、英国和美国的一些近代著作家都一致认为,国家只是为了私有制才存在的,可见,这种思想也渗入日常的意识了。[1]

由于法律是国家颁布的,因此法律在本质上是用来维护现存的所有制关系,即资本主义所有制关系的,但又给人一种错觉,认为法律是全社会意志(国家意志)的代表。马克思和恩格斯进一步指出:

> 因为国家是统治阶级的各个人借以实现其共同利益的形式,是该时代的整个市民社会获得集中表现的形式,所以可以得出结论:一切共同的规章都是以国家为中介的,都获得了政治形式。

---

[1]《马克思恩格斯文集》第1卷,人民出版社2009年版,第584页。

由此便产生了一种错觉,好像法律是以意志为基础的,而且是以脱离其现实基础的意志即自由意志为基础的。同样,法随后也被归结为法律。[1]

在私法中,现存的所有制关系是作为普遍意志的结果来表达的。仅仅使用和滥用的权利[jus utendi abutendi]就一方面表明私有制已经完全不依赖于共同体,另一方面表明了一个错觉,仿佛私有制本身仅仅以个人意志即以对物的任意支配为基础。实际上,滥用[abuti]对于私有者具有极为明确的经济界限,如果他不希望他的财产从而他滥用的权利转入他人之手的话;因为仅仅从私有者的意志方面来考察的物,根本不是物;物只有在交往中并且不以权利为转移时,才成为物,即成为真正的财产(一种关系,哲学家们称之为观念)。[2]

上述这种情况,再一次印证了马克思和恩格斯多次强调的一种历史现象:"每一个力图取得统治的阶级,即使它的统治要求消灭整个旧的社会形式和一切统治,就像无产阶级那样,都必须首先夺取政权,以便把自己的利益又说成是普遍的利益,而这是它在初期不得不如此做的。"[3]为了统治者的需要,将他们的特殊利益转变成为凌驾于社会之上的共同利益,这便是国家的特殊功能。

以上,我们回顾了《德意志意识形态》第一卷第一章"费尔巴哈唯物主义观点和唯心主义观点的对立"有关国家学说的论述。同时也说到,这一章没有完成。在没有完成的部分里,还存在若干有关国家

---

[1]《马克思恩格斯文集》第1卷,人民出版社2009年版,第584页。
[2]《马克思恩格斯文集》第1卷,人民出版社2009年版,第585页。
[3]《马克思恩格斯文集》第1卷,人民出版社2009年版,第536—537页。

问题的文字片段。如："国家的起源和国家同市民社会的关系。"[1]"镇压在国家、法、道德等等中的作用。"[2]"资产者之所以必须在法律中使自己得到普遍表现,正因为他们是作为阶级进行统治的。"[3]"同表现为古典古代国家、封建制度、专制君主制的'共同体'相适应的,同这种联系相适应的,尤其是宗教观念。"[4]"法的观念。国家的观念。在通常的意识中事情被本末倒置了。"[5]以及直接同国家这个话题有关的内容,如"土地所有制。公社所有制。封建的所有制。现代的所有制。"[6]"等级的所有制。手工工场所有制。工业资本。"[7]通过这些文字片段,可以大致领悟到,马克思和恩格斯很可能还准备就国家的起源,国家作为上层建筑同经济基础的关系特别是私有制依次演进的关系,国家与法律的关系,国家与道德的关系,国家与阶级统治的关系,国家形式的演进等更加广泛的话题进行一些讨论。遗憾的是,这些论纲戛然而止了。

3.《共产党宣言》

在1848年2月发表的《共产党宣言》里,马克思和恩格斯第一次用鲜明的语言和逻辑,表达了自己的国家学说。马克思主义国家学说由此初步形成。这也是人类历史上第一次出现了代表被统治阶级利益的国家学说。

这时,马克思和恩格斯已经完成了思想转变,创立了马克思主

---

[1]《马克思恩格斯文集》第1卷,人民出版社2009年版,第540页。
[2]《马克思恩格斯文集》第1卷,人民出版社2009年版,第586页。
[3]《马克思恩格斯文集》第1卷,人民出版社2009年版,第586页。
[4]《马克思恩格斯文集》第1卷,人民出版社2009年版,第586页注①。
[5]《马克思恩格斯文集》第1卷,人民出版社2009年版,第587页。
[6]《马克思恩格斯文集》第1卷,人民出版社2009年版,第587页。
[7]《马克思恩格斯文集》第1卷,人民出版社2009年版,第587页。

义。与此同时，主要由流亡英国的德国手工业工人组成的正义者同盟，也在马克思和恩格斯影响下实现了华丽的转身，于1847年6月在伦敦召开的第一次代表大会上更名为共产主义者同盟，又在同年11月至12月召开的第二次代表大会上，委托马克思和恩格斯为共产主义者同盟起草纲领。这就有了一个极好的机会，使得马克思和恩格斯可以从历史唯物主义观点出发，阐明无产阶级政党的历史使命，提出无产阶级革命的完整纲领，树起一面可以和形形色色的社会主义思潮划清界限的思想旗帜。也就在这个过程中，诞生了马克思主义国家学说。

第一，深刻阐述了自有文字记载以来的历史都是阶级斗争的历史，揭示出"现代的代议制国家"不过是资本主义生产方式"夺得了独占的政治统治"的产物，"现代的国家政权不过是管理整个资产阶级的共同事务的委员会罢了"。

《共产党宣言》指出：

> 从封建社会的灭亡中产生出来的现代资产阶级社会并没有消灭阶级对立。它只是用新的阶级、新的压迫条件、新的斗争形式代替了旧的。"[1]"但是，我们的时代，资产阶级时代，却有一个特点：它使阶级对立简单化了。整个社会日益分裂为两大敌对的阵营，分裂为两大相互直接对立的阶级：资产阶级和无产阶级。"[2]"由此可见，现代资产阶级本身是一个长期发展过程的产物，是生产方式和交换方式的一系列变革的产物。[3]
>
> 资产阶级的这种发展的每一个阶段，都伴随着这个阶级的相

---

[1]《马克思恩格斯文集》第2卷，人民出版社2009年版，第32页。
[2]《马克思恩格斯文集》第2卷，人民出版社2009年版，第32页。
[3]《马克思恩格斯文集》第2卷，人民出版社2009年版，第33页。

应的政治上的进展。它在封建主统治下是被压迫的等级,在公社里是武装的和自治的团体,在一些地方组成独立的城市共和国(例如在意大利和德国),在另一些地方组成君主国中的纳税的第三等级(例如在法国);后来,在工场手工业时期,它是半封建君主国或专制君主国中同贵族抗衡的势力,而且是大君主国的主要基础;最后,从大工业和世界市场建立的时候起,它在现代的代议制国家里夺得了独占的政治统治。现代的国家政权不过是管理整个资产阶级的共同事务的委员会罢了。[1]

马克思和恩格斯还以论辩的方式揭露了资产阶级法的本质,指出:"你们的法不过是被奉为法律的你们这个阶级的意志一样,而这种意志的内容是由你们这个阶级的物质生活条件来决定的。"[2]

在揭露资本主义本质的同时,马克思和恩格斯以一种人类历史发展的宽广深邃的眼光来看待资本主义生产方式带来的社会进步,指出:"资产阶级在历史上曾经起过非常革命的作用。"[3]

这种进步也必然要体现在政治关系上:"资产阶级日甚一日地消灭生产资料、财产和人口的分散状态。它使人口密集起来,使生产资料集中起来,使财产聚集在少数人的手里。由此必然产生的结果就是政治的集中。各自独立的、几乎只有同盟关系的、各有不同利益、不同法律、不同政府、不同关税的各个地区,现在已经结合为一个拥有统一的政府、统一的法律、统一的民族阶级利益和统一的关税的统一的民族。"[4]

---

[1]《马克思恩格斯文集》第2卷,人民出版社2009年版,第33页。部分引文根据该页注①③④⑤作了修改或补充。
[2]《马克思恩格斯文集》第2卷,人民出版社2009年版,第48页。
[3]《马克思恩格斯文集》第2卷,人民出版社2009年版,第33页。
[4]《马克思恩格斯文集》第2卷,人民出版社2009年版,第36页。

第二,深刻阐明眼前又在进行着"现代生产力反抗现代生产关系、反抗作为资产阶级及其统治的存在条件的所有制关系的历史",在这一历史进程中"资产阶级的灭亡和无产阶级的胜利是同样不可避免的",无产阶级要"用暴力推翻资产阶级而建立自己的统治","如果不炸毁构成官方社会的整个上层,就不能抬起头来,挺起胸来"。

《共产党宣言》指出:"现在,我们眼前又进行着类似的运动。资产阶级的生产关系和交换关系,资产阶级的所有制关系,这个曾经仿佛用法术创造了如此庞大的生产资料和交换手段的现代资产阶级社会,现在像一个魔法师一样不能再支配自己用法术呼唤出来的魔鬼了。几十年来的工业和商业的历史,只不过是现代生产力反抗现代生产关系、反抗作为资产阶级及其统治的存在条件的所有制关系的历史。"[1]"资产阶级用来推翻封建制度的武器,现在却对准资产阶级自己了。"[2]

这一历史运动的客观趋势是怎样的?《共产党宣言》指出:"资产阶级生存和统治的根本条件,是财富在私人手里的积累,是资本的形成和增殖;资本的条件是雇佣劳动。……随着大工业的发展,资产阶级赖以生产和占有产品的基础本身也就从它的脚下被挖掉了。它首先生产的是它自身的掘墓人。资产阶级的灭亡和无产阶级的胜利是同样不可避免的。"[3]

马克思和恩格斯既是从阶级斗争的角度,也是从社会生产力发展的角度,来对比分析资产阶级和无产阶级的历史命运的。他们指出:"在当前同资产阶级对立的一切阶级中,只有无产阶级是真正革命的

---

[1]《马克思恩格斯文集》第2卷,人民出版社2009年版,第37页。
[2]《马克思恩格斯文集》第2卷,人民出版社2009年版,第37页。
[3]《马克思恩格斯文集》第2卷,人民出版社2009年版,第43页。

阶级。其余的阶级都随着大工业的发展而日趋没落和灭亡，无产阶级却是大工业本身的产物。"[1]

接下来，马克思和恩格斯论述了无产阶级取得胜利的唯一途径："在叙述无产阶级发展的最一般的阶段的时候，我们循序探讨了现存社会内部或多或少隐蔽着的国内战争，直到这个战争爆发为公开的革命，无产阶级用暴力推翻资产阶级而建立自己的统治。"[2]

在下一节"无产者和共产党人"里，马克思和恩格斯也有同样的论述："共产党人的最近目的是和其他一切无产阶级政党的最近目的一样的：使无产阶级形成为阶级，推翻资产阶级的统治，由无产阶级夺取政权。"[3]

无产阶级的这种境遇，是由统治者——资产阶级及其掌握的国家所造就的："无产阶级，现今社会的最下层，如果不炸毁构成官方社会的整个上层，就不能抬起头来，挺起胸来。"[4]因此，"工人革命的第一步就是使无产阶级上升为统治阶级，争得民主。"[5]

第三，系统阐明无产阶级组织为国家后所要采取的主要措施，包括："夺取资产阶级的全部资本"，把一切生产工具集中在国家手里，"尽可能快地增加生产力的总量"。为此，需要"首先必须对所有权和资产阶级生产关系实行强制性的干涉"，并且"进一步向旧的社会制度进攻"，"变革全部生产方式的手段"。

有关论述，是整个《共产党宣言》中有关马克思主义国家学说最为精彩的部分。笔者在引用时，为了更准确地理解马克思和恩格斯的有关思想，根据恩格斯对《共产党宣言》1888年英文版的修订，作了

---

[1]《马克思恩格斯文集》第2卷，人民出版社2009年版，第41页。
[2]《马克思恩格斯文集》第2卷，人民出版社2009年版，第43页。
[3]《马克思恩格斯文集》第2卷，人民出版社2009年版，第44页。
[4]《马克思恩格斯文集》第2卷，人民出版社2009年版，第42页。
[5]《马克思恩格斯文集》第2卷，人民出版社2009年版，第52页。

必要的调整和补充。

为了使读者更加清晰地了解这些精彩的内容，这里全文征引以下论述：

  无产阶级将利用自己的政治统治，一步一步地夺取资产阶级的全部资本，把一切生产工具集中在国家即组织成为统治阶级的无产阶级手里，并且尽可能快地增加生产力的总量。

  要做到这一点，当然首先必须对所有权和资产阶级生产关系实行强制性的干涉，也就是采取这样一些措施，这些措施在经济上似乎是不够充分的和无法持续的，但是在运动进程中它们会越出本身，而且作为变革全部生产方式的手段是必不可少的。

  这些措施在不同的国家里当然会是不同的。

  但是，最先进的国家几乎都可以采取下面的措施：

  1．剥夺地产，把地租用于国家支出。

  2．征收高额累进税。

  3．废除继承权。

  4．没收一切流亡分子和叛乱分子的财产。

  5．通过拥有国家资本和独享垄断权的国家银行，把信贷集中在国家手里。

  6．把全部运输业集中在国家手里。

  7．按照共同的计划增加国家工厂和生产工具，开垦荒地和改良土壤。

  8．实行普遍劳动义务制，成立产业军，特别是在农业方面。

  9．把农业和工业结合起来，促使城乡对立逐步消灭。

  10．对所有儿童实行公共的和免费的教育。取消现在这种形式的儿童的工厂劳动。把教育同物质生产结合起来，等等。[1]

许多时候，在理论上所论及的时空几乎是同时的或平行的，而要付诸实践，则需要十几年、几十年甚至近百年的时间。后来的实践证明，马克思和恩格斯在这里提出的措施，对于掌握国家政权的无产阶级及其政党解放和发展社会生产力来说，绝对是必要的，但不可能一蹴而就。

在回答对所谓共产党人"要取消祖国，取消民族"的诘难时，马克思和恩格斯还阐述了一个重要思想："无产阶级首先必须取得政治统治，上升为民族的阶级，把自身组织成为民族"。[2]

他们还认为，消除民族内部的阶级对立，进而消除民族之间的敌对关系，消灭民族对民族的剥削关系，是无产阶级的重要使命。《共产党宣言》指出："随着资产阶级的发展，随着贸易自由的实现和世界市场的建立，随着工业生产以及与之相适应的生活条件的趋于一致，各国人民之间的民族分隔和对立日益消失。""无产阶级的统治将使它们更快地消失。联合的行动，至少是各文明国家的联合的行动，是无产阶级获得解放的首要条件之一。""人对人的剥削一消灭，民族对民族的剥削就会随之消灭。""民族内部的阶级对立一消失，民族之间的敌对关系就会随之消失。"[3]

第四，初步论述了"国家消亡"的思想。也就是说，原来意义上的国家，"是一个阶级用以压迫另一个阶级的有组织的暴力"。无产阶级在上升为统治阶级后，在消灭阶级对立的存在条件的同时，也就消灭了阶级本身，而使公共权力失去了政治性质。

---

[1]《马克思恩格斯文集》第2卷，人民出版社2009年版，第52—53页。
[2]《马克思恩格斯文集》第2卷，人民出版社2009年版，第50页。
[3] 以上引文见《马克思恩格斯文集》第2卷，人民出版社2009年版，第50页。

《共产党宣言》是这样论述的:

> 当阶级差别在发展进程中已经消失而全部生产集中在联合起来的个人的手里的时候,公共权力就失去政治性质。原来意义上的政治权力,是一个阶级用以压迫另一个阶级的有组织的暴力。如果说无产阶级在反对资产阶级的斗争中一定要联合为阶级,通过革命使自己成为统治阶级,并以统治阶级的资格用暴力消灭旧的生产关系,那么它在消灭这种生产关系的同时,也就消灭了阶级对立的存在条件,消灭了阶级本身的存在条件,从而消灭了它自己这个阶级的统治。
>
> 代替那存在着阶级和阶级对立的资产阶级旧社会的,将是这样一个联合体,在那里,每个人的自由发展是一切人的自由发展的条件。[1]

在提出国家消亡思想时,马克思和恩格斯理论的依据是,既然到资产阶级国家为止的以往的国家,都是一个阶级用以压迫另一个阶级的有组织的暴力(原来意义上的政治权力),那么,当无产阶级通过革命成为统治阶级以后,就会消灭阶级对立赖以存在的物质条件和其他社会条件,使阶级本身归于消灭,从而使公共权力失去政治性质,也就是阶级统治的性质,而成为一种真正的公共权力,也就是马克思和恩格斯在《德意志意识形态》中所说的:"在真正的共同体的条件下,各个人在自己的联合中并通过这种联合获得自己的自由。"[2]

由此可见,《共产党宣言》中所阐述的关于自由人联合体的思想,

---

[1]《马克思恩格斯文集》第2卷,人民出版社2009年版,第53页。
[2]《马克思恩格斯文集》第1卷,人民出版社2009年版,第571页。

是由《德意志意识形态》中发展而来的。这一重要思想在马克思和恩格斯关于共产主义社会的设想中，以及在关于国家消亡的理论中，都具有十分重要的理论价值。

正因为如此，马克思和恩格斯把有关自由人联合体的论述，作为《共产党宣言》第二节"无产者和共产党人"的结语。

（二）1848年革命的启示

《共产党宣言》发表不久，席卷欧洲的1848年革命便爆发了。这场革命，对于刚刚形成的马克思主义国家学说是一次检验，也在很大程度上补充了这一学说。

1848年革命是这年2月首先从法国爆发的，3月影响波及德国。马克思和恩格斯对自己祖国的革命抱有极大的希望，很快从流亡地返回德国，积极参加这场斗争。他们很快就发现，推动这场资产阶级革命的，恰恰是开始登上历史舞台的无产阶级。但又由于无产阶级政治上的不成熟，资产阶级头面人物在革命中取得了领导权。这样，主张君主立宪的德国资产阶级的前面和后面，同时站立着两个敌人，一个是王权和封建贵族，另一个是无产阶级和其他革命阶层。这就导致德国资产阶级从革命的一开始"就蓄意背叛人民，而与旧社会的戴皇冠的代表人物妥协"[1]。"它操纵革命的舵轮，并不是因为它有人民作为后盾，而是因为人民在后面迫使它前进；它居于领导地位，并不是因为它代表新社会时代的首创精神，而只是因为它反映旧社会时代的怨恨情绪"[2]。这就注定了这场革命必然以失败与妥协告终。

---

[1]《马克思恩格斯文集》第2卷，人民出版社2009年版，第75页。
[2]《马克思恩格斯文集》第2卷，人民出版社2009年版，第75—76页。

在积极参与德国革命的同时，马克思和恩格斯以更大的热情关注着法国二月革命的情况。马克思曾经在《资产阶级和反革命》的评论中对法国二月革命同德国三月革命作了这样的比较："二月革命在事实上消灭了立宪君主制，在思想上消灭了资产阶级统治。普鲁士的三月革命却要在思想上确立立宪君主制，在事实上确立资产阶级统治。三月革命决不是欧洲的革命，它不过是欧洲革命在一个落后国家里的微弱的回声。它不仅没有超过自己的世纪，反而比自己的世纪落后了半个世纪以上。它一开始就是一种继发性的现象，大家都知道，继发性病症比原发性疾病更难医治，并且对机体更加有害。它不是要建立一个新社会，而是要在柏林复活那种早已在巴黎死亡了的社会。"[1]

1.《1848年至1850年的法兰西阶级斗争》

马克思对1848年欧洲革命的特殊关注，是与他对欧洲无产阶级及其历史使命与命运的关注联系在一起的。他没有用事后诸葛亮的口吻责备积极推动这场革命并为之付出巨大牺牲的无产阶级及其政治派别，而是向他们投去充满自信的目光。他写道："革命的进展不是在它获得的直接的悲喜剧式的胜利中，相反，是在产生一个联合起来的、强大的反革命势力的过程中，即在产生一个敌对势力的过程中为自己开拓道路的，只是通过和这个敌对势力的斗争，主张变革的党才走向成熟，成为一个真正革命的党。"[2]

正因为如此，马克思在这场对欧洲未来发展进程产生深刻影响的革命刚刚结束之时，便于1849年底至1850年3月、1850年10月至11月1日，断断续续写出了《1848年至1850年的法兰西阶级斗争》，从无产阶级立场出发，对这场革命作了总结，比较系统地提出了无产

---

[1]《马克思恩格斯文集》第2卷，人民出版社2009年版，第74页。
[2]《马克思恩格斯文集》第2卷，人民出版社2009年版，第79页。

阶级革命斗争的原则和策略，其中也包含着对国家学说的深入思考。特别是有了激荡人心的1848年欧洲革命的亲身体验与实践，这些思考也格外值得关注。

第一，无产阶级不可能直接运用和掌握二月革命所建立的共和国来实现自身解放，"它所获得的只是为自身革命解放进行斗争的基地，而决不是这种解放本身"。

马克思写道，法国"无产阶级既然把共和国强加给临时政府，并通过临时政府强加给全法国，它就立刻作为一个独立的党登上了前台，但是同时它招致了整个资产阶级的法国来和它作斗争。它所获得的只是为自身革命解放进行斗争的基地，而决不是这种解放本身"[1]。

法国无产阶级通过二月革命争得的，不是无产阶级共和国，而是被迫对无产阶级作出些许让步的资产阶级共和国。"二月共和国打落了后面隐藏着资本的王冠，因而资产阶级的统治现在已经赤裸裸地显露出来。"[2]"正如在七月事变中工人争得了资产阶级君主国一样，在二月事变中他们争得了资产阶级共和国。正如七月君主国不得不宣布自己为设有共和机构的君主国一样，二月共和国也不得不宣布自己为设有社会机构的共和国。巴黎的无产阶级把这个让步也争到手了。"[3]

马克思还指出："二月共和国事实上不过是，而且也只能是一个资产阶级共和国，但是临时政府在无产阶级的直接压力下，不得不宣布它是一个设有社会机构的共和国；巴黎无产阶级还只能在观念中、在想象中越出资产阶级共和国的范围，而当需要行动的时候，他们的活动却处处都为资产阶级共和国效劳"[4]。

---

[1]《马克思恩格斯文集》第2卷，人民出版社2009年版，第86页。
[2]《马克思恩格斯文集》第2卷，人民出版社2009年版，第86—87页。
[3]《马克思恩格斯文集》第2卷，人民出版社2009年版，第87页。
[4]《马克思恩格斯文集》第2卷，人民出版社2009年版，第100页。

由此，马克思总结了一个教训，无产阶级不可能"在资产阶级旁边谋求自身解放"[1]。这为他后来总结巴黎公社经验提出打碎旧的国家机器的思想作了必要的准备。

马克思还总结了法国无产阶级革命不可能成功的经济原因："一般说来，工业无产阶级的发展是受工业资产阶级的发展制约的。在工业资产阶级统治下，它才能获得广大的全国规模的存在，从而能够把它的革命提高为全国规模的革命；在这种统治下，它才能创造出现代的生产资料，这种生产资料同时也正是它用以达到自身革命解放的手段。只有工业资产阶级的统治才能铲除封建社会的物质根底，并且铺平无产阶级革命唯一能借以实现的地基。"[2]

在此基础上，马克思进一步总结了1848年欧洲革命不可能成功的经济根源，指出："在这种普遍繁荣的情况下，即在资产阶级社会的生产力正以在整个资产阶级关系范围内所能达到的速度蓬勃发展的时候，也就谈不到什么真正的革命。只有在现代生产力和资产阶级生产方式这两个要素互相矛盾的时候，这种革命才有可能。大陆秩序党内各个集团的代表目前争吵不休，并使对方丢丑，这决不能导致新的革命；相反，这种争吵之所以可能，只是因为社会关系的基础在目前是那么巩固，并且——这一点反动派并不清楚——是那么明显地具有资产阶级特征。一切想阻止资产阶级发展的反动企图都会像民主派的一切道义上的愤懑和热情的宣言一样，必然会被这个基础碰得粉碎。新的革命，只有在新的危机之后才可能发生。但新的革命正如新的危机一样肯定会来临。"[3]

第二，法国无产阶级还没有发展到有能力解决这个任务的地步，

---

[1] 参见《马克思恩格斯文集》第2卷，人民出版社2009年版，第88页。
[2]《马克思恩格斯文集》第2卷，人民出版社2009年版，第88页。
[3]《马克思恩格斯文集》第2卷，人民出版社2009年版，第176页。

但是六月起义的失败提出了一个大胆的革命战斗口号:"推翻资产阶级!工人阶级专政!"

马克思写道:"巴黎无产阶级在资产阶级逼迫下发动了六月起义。单是这一点已注定无产阶级要失败。既不是直接的、公开承认的要求驱使无产阶级想用武力推翻资产阶级,也不是无产阶级已经到了有能力解决这个任务的地步。《通报》只得正式向无产阶级挑明[1],共和国认为有必要对它的幻想表示尊重的时代已经过去了,并且只有它的失败才使它确信这样一条真理:它要在资产阶级共和国范围内稍微改善一下自己的处境只是一种空想,这种空想只要企图加以实现,就会成为罪行。于是,原先无产阶级想要强迫二月共和国予以满足的那些要求,那些形式上浮夸而实质上琐碎的、甚至还带有资产阶级性质的要求,就由一个大胆的革命战斗口号取而代之,这个口号就是:推翻资产阶级!工人阶级专政!"[2]

六月起义是一道历史分界线。"在6月以后,革命意味着推翻资产阶级社会,而在2月以前,它却意味着推翻一种国家形式。"[3]

第三,当各种不同主张的社会主义都"宣布自己是解放无产阶级的手段"时,无产阶级革命理论就是要"宣布不断革命",提出"无产阶级的阶级专政"主张,同各种错误主张划清界限。

马克思指出:"当无产阶级把这种社会主义[4]让给小资产阶级,而各种社会主义首领之间的斗争又表明每个所谓体系都是特意强调社会变革中的某一个过渡阶段而与其他各个阶段相对抗时,无产阶级就日益团结在革命的社会主义周围,团结在被资产阶级用布朗基来命名

---

[1] 1848年6月21日,法国临时政府的《通报》上登载了一项法令,命令把一切未婚工人强制逐出国家工场,或者编入军队。
[2]《马克思恩格斯文集》第2卷,人民出版社2009年版,第103—104页。
[3]《马克思恩格斯文集》第2卷,人民出版社2009年版,第106页。
[4] 这里指乌托邦,即空想社会主义。

的共产主义周围。这种社会主义就是宣布不断革命,就是无产阶级的阶级专政,这种专政是达到消灭一切阶级差别,达到消灭这些差别所由产生的一切生产关系,达到消灭和这些生产关系相适应的一切社会关系,达到改变由这些社会关系产生出来的一切观念的必然的过渡阶段。"[1]

在同一时期,马克思和恩格斯还于1850年3月起草了《共产主义者同盟中央委员会告同盟书》,总结德国革命经验,明确了革命的工人政党对小资产阶级民主派的策略原则,强调要保持自然组织上和思想上的独立性。马克思和恩格斯再次重申了不断革命思想,指出:"民主派小资产者只不过希望实现了上述要求便赶快结束革命,而我们的利益和我们的任务却是要不断革命,直到把一切大大小小的有产阶级的统治全都消灭,直到无产阶级夺得国家政权,直到无产者的联合不仅在一个国家内,而且在世界一切举足轻重的国家内都发展到使这些国家的无产者之间的竞争停止,至少是发展到使那些有决定意义的生产力集中到了无产者手中。对我们说来,问题不在于改变私有制,而只在于消灭私有制,不在于掩盖阶级对立,而在于消灭阶级,不在于改良现存社会,而在于建立新社会。"[2]

这段论述与前一段论述相比较,不仅强调了不断革命,重申了"无产阶级夺得国家政权",还强调了无产阶级的国际联合,强调"使那些有决定意义的生产力集中到了无产者手中",尤为重要的是强调"消灭私有制""消灭阶级"。

2.《路易·波拿巴的雾月十八日》

《1848年至1850年的法兰西阶级斗争》是马克思对1848年革命

---

[1]《马克思恩格斯文集》第2卷,人民出版社2009年版,第166页。
[2]《马克思恩格斯文集》第2卷,人民出版社2009年版,第192页。

进行总结的代表作，但他的思绪并没有就此打住，而是随着波拿巴统治下的法国政局的发展而继续深入。就在1851年12月2日路易·波拿巴政变不久，马克思便着手写作《路易·波拿巴的雾月十八日》这部经典名著。

这部著作，在很大程度上可以看作是《1848年至1850年的法兰西阶级斗争》的姊妹篇。这不仅是因为两部作品在时间上是前后连贯的，而且基本思路也是前后贯通的。正如马克思所说，他写作的目的是证明，"法国阶级斗争怎样造成了一种局势和条件，使得一个平庸而可笑的人物有可能扮演了英雄的角色"[1]。

这部著作的最大贡献是在唯物史观上。如同恩格斯所评价的："正是马克思最先发现了重大的历史运动规律。根据这个规律，一切历史上的斗争，无论是在政治、宗教、哲学的领域中进行的，还是在其他意识形态领域中进行的，实际上只是或多或少明显地表现了各社会阶级的斗争，而这些阶级的存在以及它们之间的冲突，又为它们的经济状况的发展程度、它们的生产的性质和方式以及由生产所决定的交换的性质和方式所制约。这个规律对于历史，同能量转化定律对于自然科学具有同样的意义。这个规律在这里也是马克思用以理解法兰西第二共和国历史的钥匙。在这部著作中，他用这段历史检验了他的这个规律；即使已经过了33年，我们还是必须承认，这个检验获得了辉煌的成果。"[2]

同样地，马克思也用阶级分析这把历史研究中的"手术刀"，对资产阶级国家的本质作了透彻的分析，进一步发展了马克思主义国家学说。这方面的进步主要有三个方面。

其一，揭露了资产阶级国家的本质。

---

[1]《马克思恩格斯文集》第2卷，人民出版社2009年版，第466页。
[2]《马克思恩格斯文集》第2卷，人民出版社2009年版，第469页。

马克思指出,尽管 1848 年六月起义中"无产阶级至少是带着进行过世界历史性的伟大斗争的光荣而失败的",但却使资产阶级共和国的本质充分暴露。"它揭示出,资产阶级共和国在这里是表示一个阶级对其他阶级实行无限制的专制统治。它表明,在那些阶级构成发达、具备现代生产条件、拥有通过百年来的努力而使一切传统观念都融于其中的精神意识的旧文明国家里,共和国一般只是资产阶级社会的政治变革形式,而不是资产阶级社会的保守的存在形式"。[1]

他还强调指出:"在议会中,国民将自己的普遍意志提升为法律,即将统治阶级的法律提升为国民的普遍意志。"[2]

马克思通过分析这一时期法国围绕共和制所进行的各种形式的阶级斗争,以大量事实说明,虽然资产阶级共和派或资产阶级保皇派等打着"山岳党"或"秩序党"的旗号,在国民会议等场合进行明争暗斗,但在对待无产阶级、小资产阶级、农民等问题上却是联合一致的。马克思还进一步指出,尽管在秩序党内部存在着正统派和奥尔良派两大集团,但"这两个集团彼此分离决不是由于什么所谓的原则,而是由于各自的物质生存条件,由于两种不同的财产形式;它们彼此分离是由于城市和农村之间的旧有的对立,由于资本和地产之间的竞争。当然,把它们同某个王朝联结起来的同时还有旧日的回忆、个人的仇怨、忧虑和希望、偏见和幻想、同情和反感、信念、信条和原则,这有谁会否认呢?在不同的财产形式上,在社会生存条件上,耸立着由各种不同的,表现独特的情感、幻想、思想方式和人生观构成的整个上层建筑。整个阶级在其物质条件和相应的社会关系的基础上创造和构成这一切"[3]。正是有了议会制共和国这一国家形式,才使得

---

[1]《马克思恩格斯文集》第 2 卷,人民出版社 2009 年版,第 479 页。
[2]《马克思恩格斯文集》第 2 卷,人民出版社 2009 年版,第 563 页。
[3]《马克思恩格斯文集》第 2 卷,人民出版社 2009 年版,第 498 页。

他们"比先前任何时候,比复辟时期或七月王朝时期,享有更加无限和更加稳固地统治其他社会阶级的权力。这样的权力只有在议会制共和国的形式下才可能存在,因为只有在这种国家形式下,法国资产阶级的两大集团才能联合起来,从而把本阶级的统治提到日程上来,以代替本阶级中的一个特权集团的统治"[1]。

上面这段论述,不仅进一步揭示了资产阶级国家的本质,而且还涉及资产阶级国家的另一个职能,即协调统治阶级内部关系,确保他们能一致对外。

其二,剖析了法国资产阶级国家建立中央集权统治的社会基础。

法国的资产阶级大革命后,是一个金融资产阶级占优势地位、工业资产阶级相对处于劣势、农村中自由农民占主体的国度。这种情况为路易·波拿巴逐个击败对手,最终颠覆议会制共和国,实现其帝制野心创造了条件。马克思在第七部分里,用大量篇幅分析了法国庞大的国家机器产生发展的历史,分析了这一具有中央集权传统的国家机器的阶级基础。

关于庞大国家机器的产生与发展,马克思写道:"这个行政权有庞大的官僚机构和军事机构,有复杂而巧妙的国家机器,有50万人的官吏大军和50万人的军队。这个俨如密网一般缠住法国社会全身并阻塞其一切毛孔的可怕的寄生机体,是在专制君主时代,在封建制度崩溃时期产生的,同时这个寄生机体又加速了封建制度的崩溃。""第一次法国革命的任务是破坏一切地方的、区域的、城市的和各省的特殊权力以造成全国的公民的统一,它必须把专制君主制已经开始的事情——中央集权加以发展,但是它同时也就扩大了政府权力的容量、属性和走卒数目。拿破仑完成了这个国家机器。正统王朝和七月王朝并没有增添什么东西,不过是扩大了分工,这种分工随着资

---

[1]《马克思恩格斯文集》第2卷,人民出版社2009年版,第499页。

产阶级社会内部的分工愈益造成新的利益集团,即造成用于国家管理的新材料,而愈益扩大起来。""最后,议会制共和国在它反对革命的斗争中,除采用高压手段外,还不得不加强政府权力的工具和中央集权。一切变革都是使这个机器更加完备,而不是把它摧毁。那些相继争夺统治权的政党,都把这个庞大国家建筑物的夺得视为胜利者的主要战利品。"[1]总之,从法国大革命到1848年革命,国家机器的总的趋势是在不断强化,"一切变革都是使这个机器更加完备,而不是把它摧毁"。

紧接着,马克思分析了这个国家机器的阶级基础,指出:"国家权力并不是悬在空中的。波拿巴代表一个阶级,而且是代表法国社会中人数最多的一个阶级——小农。""小农人数众多,他们的生活条件相同,但是彼此间并没有发生多种多样的关系。他们的生产方式不是使他们互相交往,而是使他们互相隔离。这种隔离状态由于法国的交通不便和农民的贫困而更为加强了。""数百万家庭的经济生活条件使他们的生活方式、利益和教育程度与其他阶级的生活方式、利益和教育程度各不相同并互相敌对,就这一点而言,他们是一个阶级。而各个小农彼此间只存在地域的联系,他们利益的同一性并不使他们彼此间形成共同关系,形成全国性的联系,形成政治组织,就这一点而言,他们又不是一个阶级。因此,他们不能以自己的名义来保护自己的阶级利益,无论是通过议会或通过国民公会。他们不能代表自己,一定要别人来代表他们。他们的代表一定要同时是他们的主宰,是高高站在他们上面的权威,是不受限制的政府权力,这种权力保护他们不受其他阶级侵犯,并从上面赐给他们雨水和阳光。所以,归根到底,小农的政治影响表现为行政权支配社会。"[2]

---

[1] 以上引文见《马克思恩格斯文集》第2卷,人民出版社2009年版,第564—565页。
[2] 以上引文见《马克思恩格斯文集》第2卷,人民出版社2009年版,第566—567页。

上述这些分析,都为后来马克思得出无产阶级不可能直接利用资产阶级国家机器达到建立自己的统治的结论,打下了基础。

其三,找到了摧毁这部国家机器的阶级力量。

与《1848年至1850年的法兰西阶级斗争》中对所谓现代国家的本质分析一样,马克思写作《路易·波拿巴的雾月十八日》的目的,并非仅仅为了揭露资产阶级国家本质,而是要找到能够履行摧毁这一国家机器的物质力量。因此,马克思在《路易·波拿巴的雾月十八日》这部著作中,与他在《1848年至1850年的法兰西阶级斗争》中一样,对无产阶级抱以赞许,对未来的无产阶级社会革命寄予希望。

马克思写道:"19世纪的社会革命不能从过去,而只能从未来汲取自己的诗情。它在破除一切对过去的迷信以前,是不能开始实现自己的任务的。从前的革命需要回忆过去的世界历史事件,为的是向自己隐瞒自己的内容。19世纪的革命一定要让死人去埋葬他们的死人,为的是自己能弄清自己的内容。"[1]

马克思还把资产阶级革命同无产阶级革命作了比较,尽管无产阶级革命步履蹒跚、举步维艰,但却在一次次失败中孕育着成功的更大希望。"资产阶级革命,例如18世纪的革命,总是突飞猛进,接连不断地取得胜利;革命的戏剧效果一个胜似一个,人和事物好像是被五彩缤纷的火光所照耀,每天都充满极乐狂欢;然而这种革命为时短暂,很快就达到自己的顶点,而社会在还未学会清醒地领略其疾风暴雨时期的成果之前,长期沉溺于消沉状态。相反,无产阶级革命,例如19世纪的革命,则经常自我批判,往往在前进中停下脚步,返回到仿佛已经完成的事情上去,以便重新开始把这些事情再做一遍;它十分无情地嘲笑自己的初次行动的不彻底性、弱点和拙劣;它把敌人打倒在地,好像只是为了要让敌人从土地里汲取新的力量并且更加强

---

[1]《马克思恩格斯文集》第2卷,人民出版社2009年版,第473页。

壮地在它前面挺立起来；它在自己无限宏伟的目标面前，再三往后退却，直到形成无路可退的局势为止"[1]。

在马克思的眼里，波拿巴的暂时胜利，是对资产阶级议会制共和国的惩罚，但又"包含有无产阶级革命胜利的萌芽"。这也就是他在《1848年至1850年的法兰西阶级斗争》中宣布的那样："革命死了！——革命万岁！"[2]

马克思指出："如果说议会制共和国的倾覆包含有无产阶级革命胜利的萌芽，那么它的直接的具体结果就是波拿巴对议会的胜利，行政权对立法权的胜利，不讲空话的权力对讲空话的权力的胜利。"[3]"这样，旧国家的一种权力首先只是从它自身的局限中解放了出来，变成了无限制的绝对的权力。"[4]

从资产阶级议会制的国家权力转变为"无限制的绝对的权力"，这是第一个否定。在马克思的眼里，还有第二个否定，即无产阶级推翻旧国家机器的革命。他接着写道："然而革命是彻底的。它还处在通过涤罪所的历程中。它在有条不紊地完成自己的事业。1851年12月2日以前，它已经完成了前一半准备工作，现在它在完成另一半。它先使议会权力臻于完备，为的是能够推翻这个权力。现在，当它已达到这一步时，它就来使行政权臻于完备，使行政权以其最纯粹的形式表现出来，使之孤立，使之成为和自己对立的唯一的对象，以便集中自己的一切破坏力量来反对行政权。而当革命完成自己这后一半准备工作的时候，欧洲就会从座位上跳起来欢呼：掘得好，老田鼠！"[5]

在马克思的心目中，这就是无产阶级革命同资产阶级革命的区

[1]《马克思恩格斯文集》第2卷，人民出版社2009年版，第474页。
[2]《马克思恩格斯文集》第2卷，人民出版社2009年版，第105页。
[3]《马克思恩格斯文集》第2卷，人民出版社2009年版，第563页。
[4]《马克思恩格斯文集》第2卷，人民出版社2009年版，第563页注①。
[5]《马克思恩格斯文集》第2卷，人民出版社2009年版，第564页。

别。在资产阶级革命中,"一切变革都是使这个机器更加完备,而不是把它摧毁"[1]。对于无产阶级革命来说,则是"集中自己的一切破坏力量来反对行政权"[2]。

对于这一思想,马克思在1871年4月12日给路·库格曼的信中,以更加明确的语言加以表述。他说:"如果你查阅一下我的《雾月十八日》的最后一章,你就会看到,我认为法国革命的下一次尝试不应该再像以前那样把官僚军事机器从一些人的手里转到另一些人的手里,而应该把它打碎,这正是大陆上任何一次真正的人民革命的先决条件。"[3]这时,巴黎公社壮举正在持续之中。马克思在这封信里,对巴黎公社的战士们赞许有加:"这也正是我们英勇的巴黎党内同志们的尝试。这些巴黎人,具有何等的灵活性,何等的历史主动性,何等的自我牺牲精神!""历史上还没有过这种英勇奋斗的范例!""巴黎的这次起义,即使它会被旧社会的豺狼、瘟猪和下贱的走狗们镇压下去,它还是我们党从巴黎六月起义以来最光荣的业绩。"[4]

在推翻资产阶级旧的国家机器的斗争中,马克思还对正在破产的农民寄予希望。前面提到,马克思曾以很大篇幅论证了分散的小农是法国中央集权官僚国家机器的统治基础。与此同时,他也看到资本主义在农村的扩张,正在将大批小农抛向无产阶级一边。"'拿破仑的'所有制形式,在19世纪初期原是保证法国农村居民解放和致富的条件,而在本世纪的进程中却已变成使他们受奴役和贫困化的法律了。"[5]"农民的利益已不像拿破仑统治时期那样同资产阶级的利益、同资本相协调,而是同它们相对立了。因此,农民就把负有推

---

[1]《马克思恩格斯文集》第2卷,人民出版社2009年版,第565页。
[2]《马克思恩格斯文集》第2卷,人民出版社2009年版,第564页。
[3]《马克思恩格斯文集》第10卷,人民出版社2009年版,第352页。
[4]《马克思恩格斯文集》第10卷,人民出版社2009年版,第352、353页。
[5]《马克思恩格斯文集》第2卷,人民出版社2009年版,第569页。

翻资产阶级制度使命的城市无产阶级看做自己的天然同盟者和领导者。"[1]"法国农民一旦对拿破仑帝制复辟感到失望,就会把对于自己小块土地的信念抛弃;那时建立在这种小块土地上面的全部国家建筑物都将会倒塌下来,于是无产阶级革命就会形成一种合唱,若没有这种合唱,它在一切农民国度中的独唱是不免要变成孤鸿哀鸣的。"[2]这就是著名的"工农联盟"思想。

3. 马克思致约瑟夫·魏德迈信的重要补充

这封信,是马克思于1852年3月5日写给约瑟夫·魏德迈的。他在信中写道:"我所加上的新内容就是证明了下列几点:(1)阶级的存在仅仅同生产发展的一定历史阶段相联系;(2)阶级斗争必然导致无产阶级专政;(3)这个专政不过是达到消灭一切阶级和进入无阶级社会的过渡……"[3]

这段重点论述把马克思主义国家学说同阶级斗争发展到一定阶段即无产阶级专政阶段相联系,而无产阶级专政即无产阶级性质的新型国家,是消灭一切阶级、进入无阶级社会也就是共产主义社会的过渡形态。

(三)巴黎公社的启示

1.《法兰西内战》的问世

1848年欧洲革命后,整个欧洲进入了政治上的平稳时期。这不仅是革命需要有个休养生息的阶段,不可能一直直线上升,而且因为整

---

[1]《马克思恩格斯文集》第2卷,人民出版社2009年版,第570页。
[2]《马克思恩格斯文集》第2卷,人民出版社2009年版,第573页注①。
[3]《马克思恩格斯文集》第10卷,人民出版社2009年版,第106页。

个欧洲经济进入了蓬勃发展的阶段。而在资本主义经济还在蓬勃发展期间，是不可能指望有真正的无产阶级革命的成功的。这是马克思和恩格斯通过1848年革命得到的一个基本结论。

1859年1月，马克思又在《〈政治经济学批判〉序言》中进一步总结提出："无论哪一个社会形态，在它所能容纳的全部生产力发挥出来以前，是决不会灭亡的；而新的更高的生产关系，在它的物质存在条件在旧社会的胎胞里成熟以前，是决不会出现的。所以人类始终只提出自己能够解决的任务，因为只要仔细考察就可以发现，任务本身，只有在解决它的物质条件已经存在或者至少是在生成过程中的时候，才会产生。"[1]

这种相对平静的形势，促使马克思可以在伦敦这个资本主义的金融、贸易和经济中心，集中精力研究和写作《资本论》这部无产阶级革命的圣经。

1871年，一个重大事件从天而降，给马克思和恩格斯带来莫大的欣喜。这就是由法国战败引发的巴黎公社起义。尽管马克思已经预见到，在无产阶级解放的物质条件还没有成熟以前，是不可能有通向胜利的斗争的。但是，巴黎无产阶级的这种革命精神，仍然令人备受鼓舞。

就在巴黎公社成立一个月后，马克思受国际工人协会总委员会委托，开始着手为巴黎公社写一篇宣言。5月30日，也就是巴黎工人阶级英勇抗击敌人坚守的最后一个街垒陷落的两天以后，国际工人协会总委员会一致批准了由马克思起草、定名为《法兰西内战》的宣言。

马克思在《法兰西内战》中写道："1871年3月18日清晨，巴黎被'公社万岁！'的雷鸣般的呼声惊醒了。公社，这个使资产阶级的

---

[1]《马克思恩格斯文集》第2卷，人民出版社2009年版，第592页。

头脑怎么也捉摸不透的怪物,究竟是什么呢?"[1]

2. 打碎资产阶级国家机器思想的提出

马克思关于国家学说中最为宝贵的思想,即打碎资产阶级国家机器的思想,就从上面这个问题展开。

马克思指出:"工人阶级不能简单地掌握现成的国家机器,并运用它来达到自己的目的。"[2]这是马克思通过巴黎公社具有伟大历史意义的实践,得出的最为重要的结论。这一结论,既是对马克思主义国家学说的重要发展,在马克思和恩格斯看来,也是对他们两人于1848年起草的《共产党宣言》最为重要的补充[3]。

为了说明这个论点,和在《路易·波拿巴的雾月十八日》中一样,马克思回溯到中央集权国家政权的兴起与发展,指出:"国家政权在性质上也越来越变成了资本借以压迫劳动的全国政权,变成了为进行社会奴役而组织起来的社会力量,变成了阶级专制的机器。"[4]这段话,在1891年德文版中修改为:"国家政权在性质上越来越变成了压迫工人阶级的社会权力,变成了阶级统治的机器。"[5]对资产阶级国家性质的表述更加精确。

这种资产阶级国家政权发展到波拿巴帝国时期,达到了它的顶点。"帝国制度是国家政权的最低贱的形式,同时也是最后的形式。它是新兴资产阶级社会当做自己争取摆脱封建制度的解放手段而开始缔造的;而成熟了的资产阶级社会最后却把它变成了资本奴役劳动的

---

[1]《马克思恩格斯文集》第3卷,人民出版社2009年版,第151页。
[2]《马克思恩格斯文集》第3卷,人民出版社2009年版,第151页。
[3] 见马克思、恩格斯为《共产党宣言》写的《1872年德文版序言》,《马克思恩格斯文集》第2卷,人民出版社2009年版,第6页。
[4]《马克思恩格斯文集》第3卷,人民出版社2009年版,第152页。
[5]《马克思恩格斯文集》第3卷,人民出版社2009年版,第152页注①。

工具。"[1]

"公社"从一开始就是作为资产阶级国家政权的对立物存在的。"帝国的直接对立物就是公社。巴黎无产阶级在宣布二月革命时所呼喊的'社会共和国'口号,的确是但也仅仅是表现出这样一种模糊的意向,即要求建立一个不但取代阶级统治的君主制形式、而且取代阶级统治本身的共和国。公社正是这个共和国的毫不含糊的形式。"[2]

与1848年革命不同的是,这一次巴黎的无产阶级是独立走上街头,成立巴黎公社来表达自己的阶级诉求的。因此,以巴黎公社为代表的"这次革命是人民为着自己的利益而重新掌握自己的社会生活的行动。它不是为了把国家政权从统治阶级这一集团转给另一集团而进行的革命,它是为了粉碎这个阶级统治的凶恶机器本身而进行的革命"[3]。"只有工人阶级才能以'公社'这个字眼来表达,并以战斗的巴黎公社来开创这一新的憧憬。""无产者对全社会负有消灭一切阶级和阶级统治的新的社会使命,只有在这一使命激励下的无产者才能够把国家这个阶级统治的工具,也就是把集权化的、组织起来的、窃据社会主人地位而不是为社会做公仆的政府权力打碎。"[4]

在《法西兰内战》中,马克思以极大的热情赞颂巴黎公社打碎旧的国家机器的举动:"在过去的所有革命中,一切历史发展所需的时间总是虚掷了;而且就在人民胜利之日,人民刚放下胜利的武器,这些武器就被转用来反对人民自己。这回一反过去革命的惯例,首先就以国民自卫军代替了军队。"[5]

马克思认为,巴黎公社的最成功之处就在这里。他把巴黎公社革

---

[1]《马克思恩格斯文集》第3卷,人民出版社2009年版,第154页。
[2]《马克思恩格斯文集》第3卷,人民出版社2009年版,第154页。
[3]《马克思恩格斯文集》第3卷,人民出版社2009年版,第193—194页。
[4]《马克思恩格斯文集》第3卷,人民出版社2009年版,第194页。
[5]《马克思恩格斯文集》第3卷,人民出版社2009年版,第195页。

命同历次无产阶级参加的革命作了比较,指出:"革命以人民群众的名义,并且是公开为着人民群众即生产者群众的利益而进行,这是这次革命和以前历次革命相同之点。这次革命的新的特点在于人民在首次起义之后没有解除自己的武装,没有把他们的权力拱手交给统治阶级的共和主义骗子们;这次革命的新的特点还在于人民组成了公社,从而把他们这次革命的真正领导权握在自己手中,同时找到了在革命胜利时把这一权力保持在人民自己手中的办法,即用他们自己的政府机器去代替统治阶级的国家机器、政府机器。"[1]

他还指出:"公社的真正秘密就在于:它实质上是工人阶级的政府,是生产者阶级同占有者阶级斗争的产物,是终于发现的可以使劳动在经济上获得解放的政治形式。""如果没有最后这个条件,公社体制就没有存在的可能,就是欺人之谈。生产者的政治统治不能与他们永久不变的社会奴隶地位并存。所以,公社要成为铲除阶级赖以存在、因而也是阶级统治赖以存在的经济基础的杠杆。劳动一解放,每个人都变成工人,于是生产劳动就不再是一种阶级属性了。"[2]

马克思根据巴黎公社的革命实践进一步指出:"公社是想要消灭那种将多数人的劳动变为少数人的财富的阶级所有制。它是想要剥夺剥夺者。它是想要把现在主要用做奴役和剥削劳动的手段的生产资料,即土地和资本完全变成自由的和联合的劳动的工具,从而使个人所有制成为现实。"[3]

在马克思看来,巴黎公社所建立的"工人政府"[4],本质上正是"铲除阶级赖以存在、因而也是阶级统治赖以存在的经济基础的杠

---

[1]《马克思恩格斯文集》第3卷,人民出版社2009年版,第207页。
[2]《马克思恩格斯文集》第3卷,人民出版社2009年版,第158页。
[3]《马克思恩格斯文集》第3卷,人民出版社2009年版,第158页。
[4]《马克思恩格斯文集》第3卷,人民出版社2009年版,第207页。

杆",是"可以使劳动在经济上获得解放的政治形式",而工人在经济上的解放,也就是从资本的雇佣劳动关系下解放出来,也就消除了生产劳动的阶级属性了。这正是马克思主义国家学说所主张的"无产阶级专政",亦即人类历史上第一次出现的"多数人对少数人的专政"的本质要求。

正如前面所引用过的马克思在给约瑟夫·魏德迈的信中所强调的:"这个专政不过是达到消灭一切阶级和进入无阶级社会的过渡……"[1]这段话是1852年3月5日写的,比巴黎公社的出现早了整整19年。

3. 巴黎公社的创举

马克思称赞了巴黎公社成立后所采取的一系列创举。尽管这些举措在巴黎公社存在的短暂时间里,根本来不及发挥充分的效力,但在马克思看来,它预示着一个新时代的到来。

马克思高度评价了巴黎公社的以下措施:

(一)公社的第一个法令就是废除常备军而代之以武装的人民。

(二)公社是由巴黎各区通过普选选出的市政委员组成的。这些委员对选民负责,随时可以罢免。其中大多数自然都是工人或公认的工人阶级代表。

(三)公社是一个实干的而不是议会式的机构,它既是行政机关,同时也是立法机关。

(四)警察不再是中央政府的工具,他们立刻被免除了政治职能,而变为公社的承担责任的、随时可以罢免的工作人员。其他各行政部门的官员也是一样。

(五)从公社委员起,自上至下一切公职人员,都只能领取相当

---

[1]《马克思恩格斯文集》第10卷,人民出版社2009年版,第106页。

于工人工资的报酬。

（六）不仅城市的管理，而且连先前由国家行使的全部创议权也都转归公社。

（七）公社在铲除了常备军和警察这两支旧政府手中的物质力量以后，便急切地着手摧毁作为压迫工具的精神力量，即"僧侣势力"，方法是宣布教会与国家分离，并剥夺一切教会所占有的财产。

（八）一切教育机构对人民免费开放，完全不受教会和国家的干涉。这样，不但人人都能受教育，而且科学也摆脱了阶级偏见和政府权力的桎梏。

（九）法官的虚假的独立性被取消。法官和审判官，也如其他一切公务人员一样，均由选举产生，对选民负责，并且可以罢免。

（十）普选权不是为了每三年或六年决定一次由统治阶级中什么人在议会里当人民的假代表，而是为了服务于组织在公社里的人民。[1]

（十一）规定要把大工业以至工场手工业组织起来，这种组织工作不但应该以每一工厂内工人的联合为基础，而且应该把所有这些合作社组成一个大的联社。[2]

马克思对巴黎公社采取的经济措施给予很高评价："公社的伟大社会措施就是它本身的存在和工作。它所采取的各项具体措施，只能显示出走向属于人民、由人民掌权的政府的趋势。这类措施是：不让面包工人做夜工；用严惩的办法禁止雇主们以各种借口对工人罚款以减低工资——雇主们在这样做的时候集立法者、审判官和法警于一身，而且以罚款饱私囊。另一个此类的措施是把一切已关闭的作坊或工厂——不论是资本家逃跑了还是自动停了工——都交给工人协作

---

[1] 以上内容参见《马克思恩格斯文集》第3卷，人民出版社2009年版，第154—156页。
[2] 参见《马克思恩格斯文集》第3卷，人民出版社2009年版，第108—109页。

社,同时给企业主保留获得补偿的权利。"[1]

马克思认为上述举措的全部意义在于:"旧政权的纯属压迫性质的机关予以铲除,而旧政权的合理职能则从僭越和凌驾于社会之上的当局那里夺取过来,归还给社会的承担责任的勤务员。"[2]"公社体制会把靠社会供养而又阻碍社会自由发展的国家这个寄生赘瘤迄今所夺去的一切力量,归还给社会机体。仅此一举就会把法国的复兴推动起来。"[3]

在马克思和恩格斯看来,在以上这些创举中,蕴含着无产阶级专政的雏形[4]。按照马克思的描述,巴黎公社所代表的无产阶级专政的雏形,是一个属于人民、由人民掌权的政府。它所采取的这些举措,既有为保卫和巩固工人政府而采取的必要之举,也有为管理政府、管理社会、发展生产而采取的必要之举,而且两种职能是紧密联系在一起的。

马克思是这样结束《法兰西内战》一文的:"工人的巴黎及其公社将永远作为新社会的光辉先驱而为人所称颂。它的英烈们已永远铭记在工人阶级的伟大心坎里。"[5]巴黎公社的伟大壮举及其深远影响,也随着马克思的《法兰西内战》这一经典作品,永远镌刻在马克思主义国家学说中。

(四)对《哥达纲领》的批判

1. 两党合并引起的风波

马克思始终坚持从一定的经济状况出发来说明社会历史现象。他

---

[1]《马克思恩格斯文集》第3卷,人民出版社2009年版,第163页。
[2]《马克思恩格斯文集》第3卷,人民出版社2009年版,第156页。
[3]《马克思恩格斯文集》第3卷,人民出版社2009年版,第157页。
[4]参见《马克思恩格斯文集》第3卷,人民出版社2009年版,第111—112页。
[5]《马克思恩格斯文集》第3卷,人民出版社2009年版,第181页。

一方面对无产阶级革命抱有特殊的感情,寄予深深的希望;另一方面也对1848年以后欧洲无产阶级面临的客观形势保持着冷静的头脑。马克思深知,此时还不具备爆发一场真正的无产阶级革命的形势,无产阶级必须积蓄力量。同时,他也深知,在这种时刻,形形色色的社会主义思潮也会乘虚而入,搅乱人们的思想,扰乱阶级的阵线,而工人党内部也会出现右倾的危险。马克思的担心果然发生了,而且就发生在他和恩格斯倾注了大量心血的德国社会民主工党身上。

1875年3月7日,《人民国家报》和《新社会民主党人报》同时发表了德国社会民主工党(爱森纳赫派)和全德工人联合会(拉萨尔派)共同起草的合并纲领草案——《德国工人党纲领》。因为这个纲领草案是同年2月两党在哥达召开的合并预备会议上形成的,所以又被称作"哥达纲领"。

马克思和恩格斯对这个纲领草案进行了严厉的批判,主要成果包括马克思写于1875年4月底至5月初的《德国工人党纲领批注》和同年5月5日给威廉·白拉克的信。这封信和马克思的批注被通称为《哥达纲领批判》,此外还包括恩格斯于1875年3月18日至28日写给奥·倍倍尔的信。遗憾的是,德国社会民主工党(爱森纳赫派)没有采纳马克思和恩格斯的意见,1875年5月在哥达举行的合并大会通过了在文字上稍加修改的合并纲领。

马克思的《哥达纲领批判》和恩格斯给奥·倍倍尔的信,都是后来才陆续公之于世的。尽管这些作品和信件在当时未能起到纠正德国社会民主工党(爱森纳赫派)错误的作用,但所阐述的思想已成为马克思主义国家学说的重要内容,对后来的世界社会主义运动特别是中国产生了深远影响。

2. 恩格斯对"自由国家"的批判

我们先来看恩格斯1875年3月18日至28日写给奥·倍倍尔的

信中所阐述的有关国家学说的论点。恩格斯指出:"自由的人民国家变成了自由国家。从字面上看,自由国家就是可以自由对待本国公民的国家,即具有专制政府的国家。应当抛弃这一切关于国家的废话,特别是出现了已经不是原来意义上的国家的巴黎公社以后。无政府主义者用'人民国家'这个名词把我们挖苦得很够了,虽然马克思驳斥蒲鲁东的著作和后来的《共产主义宣言》都已经直接指出,随着社会主义社会制度的建立,国家就会自行解体和消失。既然国家只是在斗争中、在革命中用来对敌人实行暴力镇压的一种暂时的设施,那么,说自由的人民国家,就纯粹是无稽之谈了:当无产阶级还需要国家的时候,它需要国家不是为了自由,而是为了镇压自己的敌人,一到有可能谈自由的时候,国家本身就不再存在了。因此,我们建议把'国家'一词全部改成'共同体'[Gemeinwesen],这是一个很好的古德文词,相当于法文的'公社'。"[1]

这一大段论述中,包含着几层意思。第一,所谓"自由的人民国家"或是"自由国家",对于资产阶级国家来说,"纯粹是无稽之谈";第二,对于社会主义社会制度建立后的国家来说,国家是"自行解体和消失"的;第三,在社会主义社会建立中,"当无产阶级还需要国家的时候,它需要国家不是为了自由,而是为了镇压自己的敌人",这时的国家"只是在斗争中、在革命中用来对敌人实行暴力镇压的一种暂时的设施";第四,当社会主义社会发展到"有可能谈自由的时候",那种作为"对敌人实行暴力镇压的一种暂时的设施"的国家,"本身就不再存在了";第五,为了将资产阶级国家和无产阶级需要的国家相区别,"建议把'国家'一词全部改成'共同体',相当于法文的'公社'"。

恩格斯的这些论述,同马克思在《哥达纲领批判》中所阐述的国家学说原理,是高度一致、互为补充的。

---

[1]《马克思恩格斯文集》第3卷,人民出版社2009年版,第414页。

3. 马克思对国家学说的阐发

马克思在《哥达纲领批判》中对国家学说的阐发，主要是针对《哥达纲领》有关用一切合法手段去争取建立自由国家等主张的。这一点，同恩格斯在给奥·倍倍尔信中对"自由国家"论点的批判，出发点和针对性是完全一致的。在此前提下，马克思强调了以下论点。

第一，"现代国家制度"这一概念，指的是"不同的文明国度中的不同的国家，不管它们的形式如何纷繁，却有一个共同点：它们都建立在现代资产阶级社会的基础上，只是这种社会的资本主义发展程度不同罢了。所以，它们具有某些根本的共同特征。在这个意义上可以谈'现代国家制度'"[1]。

在使用这个概念时，需要注意两种情况。一是"现代社会"有大致相同的形态，"现代国家"却随国境而异。"'现代社会'就是存在于一切文明国度中的资本主义社会，它或多或少地摆脱了中世纪的杂质，或多或少地由于每个国度的特殊的历史发展而改变了形态，或多或少地有了发展。'现代国家'却随国境而异。它在普鲁士德意志帝国同在瑞士不一样，在英国同在美国不一样。所以'现代国家'是一种虚构。"[2] 二是"现代国家制度"的根基是资产阶级社会，不是未来社会。"而未来就不同了，到那时，'现代国家制度'现在的根基即资产阶级社会已经消亡了。"[3]

第二，"在资本主义社会和共产主义社会之间，有一个从前者变为后者的革命转变时期。同这个时期相适应的也有一个政治上的过渡时期，这个时期的国家只能是无产阶级的革命专政。"[4] 这是马克思关

---

[1]《马克思恩格斯文集》第3卷，人民出版社2009年版，第444页。
[2]《马克思恩格斯文集》第3卷，人民出版社2009年版，第444页。
[3]《马克思恩格斯文集》第3卷，人民出版社2009年版，第444页。
[4]《马克思恩格斯文集》第3卷，人民出版社2009年版，第445页。

于无产阶级专政最为经典的一段论述。

对一个深刻深邃的思想，只看它说了些什么是远远不够的，还要联系它的来龙去脉，循着它一路走来的思想足迹，才能更加贴近它的全貌和本意。

因此，要全面理解马克思的这个论断，就需要联系马克思和恩格斯在此之前提出的三个重要论断。

第一个论断是1852年3月5日马克思在给约瑟夫·魏德迈的信中阐发的。马克思写道："……（2）阶级斗争必然导致无产阶级专政；（3）这个专政不过是达到消灭一切阶级和进入无阶级社会的过渡……"[1]

第二个论断是1871年5月马克思在总结巴黎公社经验时提出的。马克思指出："工人阶级不能简单地掌握现成的国家机器，并运用它来达到自己的目的。"[2]

第三个论断是前面引述过的1875年3月恩格斯在给奥·倍倍尔的信中提出的。恩格斯说："既然国家只是在斗争中、在革命中用来对敌人实行暴力镇压的一种暂时的设施，那么，说自由的人民国家，就纯粹是无稽之谈了：当无产阶级还需要国家的时候，它需要国家不是为了自由，而是为了镇压自己的敌人，一到有可能谈自由的时候，国家本身就不再存在了。"[3]

把上述论断联系起来认识，可以得出这样的判断：在马克思主义国家学说中，无产阶级专政，既是在无产阶级同资产阶级进行激烈阶级斗争的过程中建立起来的，在打碎旧的国家机器的基础上建立起来的，也是在资本主义社会的经济基础和上层建筑同这个社会所难以容纳的

---

[1]《马克思恩格斯文集》第10卷，人民出版社2009年版，第106页。
[2]《马克思恩格斯文集》第3卷，人民出版社2009年版，第151页。
[3]《马克思恩格斯文集》第3卷，人民出版社2009年版，第414页。

社会生产力发生激烈矛盾、成为生产力发展桎梏的情况下,由资本主义社会向更高阶段的共产主义社会过渡的"革命转变时期"建立起来的。"这个专政不过是达到消灭一切阶级和进入无阶级社会的过渡"。

在深入理解上述论断时,还要高度关注马克思在《哥达纲领批判》中作出那一段经典论述之前,所提出的两个重要问题。其一,"在共产主义社会中国家制度会发生怎样的变化呢?"其二,"那时有哪些同现在的国家职能相类似的社会职能保留下来呢?"[1]

关于这两个问题,马克思没有直接回答。但他强调:"这个问题只能科学地回答;否则,即使你把'人民'和'国家'这两个词联接一千次,也丝毫不会对这个问题的解决有所帮助。"他还批评《哥达纲领》"既不谈无产阶级的革命专政,也不谈未来共产主义社会的国家制度"[2]。

在这里,马克思为共产主义事业的后继者们留下了继续探索的广阔空间。这也是一种超越性的自信。

马克思主义是实践性很强的科学理论,它以现实的实践和历史上的实践为客观依据,杜绝一切超越现实实践的空想和臆想。马克思主义也是开放性很强的科学理论,它不追求所谓绝对真理,而在由无数相对真理所构成的不断接近绝对真理的人类认识长河中,为人们不断求索真理提供科学方法,开辟正确的思想通道。

(五)《社会主义从空想到科学的发展》

1. 在对杜林的批判中诞生的科学著作

马克思和恩格斯都把党的纲领看作是一个当在世人面前树立起的

---

[1] 以上引文见《马克思恩格斯文集》第3卷,人民出版社2009年版,第444—445页。
[2] 以上引文见《马克思恩格斯文集》第3卷,人民出版社2009年版,第445页。

一面旗帜，决定这面旗帜的关键，还在于思想。

19世纪70年代中期，杜林先后出版了他的著作《国民经济学和社会主义批判史》（第二版）和《哲学教程》，以所谓"社会主义的行家兼改革家"自诩，大肆攻击马克思主义，在1875年5月成立的德国社会主义工人党内部造成思想混乱。在马克思支持下，恩格斯从1876年5月至1878年6月撰写完成《反杜林论》系列论文，并在该党中央机关报《前进报》上陆续发表，后来又集结成书。1880年，恩格斯应保·拉法格的请求，把《反杜林论》中的部分内容改编成一本新书，以"空想社会主义和科学社会主义"为题出版了法文版。

该书出版后，"获得了意外的成功"。据恩格斯回忆说："这时，苏黎世的《社会民主党人报》编辑部告诉我，在德国社会民主党内普遍感到迫切需要出版新的宣传小册子，问我是否愿意把这三章用于这一目的。我当然同意这样做，并把我的著作交给他们处理。"[1]

这本书在1883年出版德文单行本时，书名改为《社会主义从空想到科学的发展》。

马克思非常看重这本书，并为该书的1880年法文版撰写了前言。他认为，恩格斯为批判杜林写的一组论文"是对欧根·杜林先生关于一般科学，特别是关于社会主义的所谓新理论的回答。这些论文已经集印成书并且在德国社会主义者中间获得了巨大的成功。在这本小册子中我们摘录了这本书的理论部分中最重要的部分，这一部分可以说是科学社会主义的入门"[2]。

2. 恩格斯对无产阶级夺取政权后革命举措的科学预见

恩格斯在《社会主义从空想到科学的发展》中阐述了历史唯物主

---

[1]《马克思恩格斯文集》第3卷，人民出版社2009年版，第494页。
[2]《马克思恩格斯文集》第3卷，人民出版社2009年版，第493页。

义和剩余价值的基本观点，论述了正是由"这两个伟大的发现"使空想社会主义转变为科学社会主义。与此同时，科学社会主义还根源于无产阶级摆脱资产阶级统治、雇佣劳动摆脱资本统治的阶级斗争，根源于资本主义内部社会化生产和资本主义占有之间的矛盾运动。在此基础上，恩格斯系统而又简明扼要地阐述了马克思主义国家学说的要点。与以往阐述的角度略有不同的是，其论述的重点，在于无产阶级在掌握国家政权后，如何摆脱社会化生产和资本主义占有之间的矛盾。

第一，"无产阶级将取得国家政权，并且首先把生产资料变为国家财产"，是资本主义固有矛盾发展的客观结果。

恩格斯指出："工厂内部的生产的社会化组织，已经发展到同存在于它之旁并凌驾于它之上的社会中的生产无政府状态不能相容的地步。""因此，一方面，资本主义生产方式暴露出它没有能力继续驾驭这种生产力。另一方面，这种生产力本身以日益增长的威力要求消除这种矛盾，要求摆脱它作为资本的那种属性，要求在事实上承认它作为社会生产力的那种性质。"[1]

对于资本主义"新的生产形式"托拉斯的分析，是恩格斯在该书1891年德文第四版中做的重要补充。恩格斯认为，托拉斯的出现，不但没有改变资本主义生产的性质，反而证明"行将到来的社会主义社会的计划生产"是可行的。同时，托拉斯的出现，也使得资产阶级国家"不得不承担起对生产的管理"。他指出："在托拉斯中，自由竞争转变为垄断，而资本主义社会的无计划生产向行将到来的社会主义社会的计划生产投降。"[2]"无论在任何情况下，无论有或者没有托拉斯，资本主义社会的正式代表——国家终究不得不承担起对生产的管理。

---

[1] 以上引文见《马克思恩格斯文集》第 3 卷，人民出版社 2009 年版，第 557 页。
[2]《马克思恩格斯文集》第 3 卷，人民出版社 2009 年版，第 558 页。

这种转化为国家财产的必要性首先表现在大规模的交通机构,即邮政、电报和铁路方面。"[1]

尽管这些矛盾和变化,都为问题的总解决指明了方向,但在无产阶级革命到来以前,无论是国家的性质还是资本主义生产方式的矛盾,都不可能有根本改变。

恩格斯指出:"但是,无论向股份公司和托拉斯的转变,还是向国家财产的转变,都没有消除生产力的资本属性。在股份公司和托拉斯的场合,这一点是十分明显的。而现代国家也只是资产阶级社会为了维护资本主义生产方式的一般外部条件使之不受工人和个别资本家的侵犯而建立的组织。现代国家,不管它的形式如何,本质上都是资本主义的机器,资本家的国家,理想的总资本家。它越是把更多的生产力据为己有,就越是成为真正的总资本家,越是剥削更多的公民。工人仍然是雇佣劳动者,无产者。资本关系并没有被消灭,反而被推到了顶点。但是在顶点上是要发生变革的。生产力归国家所有不是冲突的解决,但是这里包含着解决冲突的形式上的手段,解决冲突的线索。"[2]

第二,"无产阶级将取得公共权力,并且利用这个权力把脱离资产阶级掌握的社会化生产资料变为公共财产",是通过无产阶级革命实现的。

恩格斯在结语中写道:"无产阶级革命,矛盾的解决:无产阶级将取得公共权力,并且利用这个权力把脱离资产阶级掌握的社会化生产资料变为公共财产。通过这个行动,无产阶级使生产资料摆脱了它们迄今具有的资本属性,使它们的社会性质有充分的自由得以实现。从此按照预定计划进行的社会生产就成为可能的了。生产的发展使不

---

[1]《马克思恩格斯文集》第3卷,人民出版社2009年版,第558—559页。
[2]《马克思恩格斯文集》第3卷,人民出版社2009年版,第559—560页。

同社会阶级的继续存在成为时代错乱。随着社会生产的无政府状态的消失，国家的政治权威也将消失。人终于成为自己的社会结合的主人，从而也就成为自然界的主人，成为自身的主人——自由的人。"[1]

同上面这一段论述相关的，还有另一段论述："这种生产方式日益迫使人们把大规模的社会化的生产资料变为国家财产，因此它本身就指明完成这个变革的道路。无产阶级将取得国家政权，并且首先把生产资料变为国家财产。但是这样一来，它就消灭了作为无产阶级的自身，消灭了一切阶级差别和阶级对立，也消灭了作为国家的国家。到目前为止在阶级对立中运动着的社会，都需要有国家，即需要一个剥削阶级的组织，以便维护这个社会的外部生产条件，特别是用暴力把被剥削阶级控制在当时的生产方式所决定的那些压迫条件下（奴隶制、农奴制或依附农制、雇佣劳动制）。国家是整个社会的正式代表，是社会在一个有形的组织中的集中表现，但是，说国家是这样的，这仅仅是说，它是当时独自代表整个社会的那个阶级的国家：在古代是占有奴隶的公民的国家，在中世纪是封建贵族的国家，在我们的时代是资产阶级的国家。当国家终于真正成为整个社会的代表时，它就使自己成为多余的了。"[2]

第三，无产阶级国家不是"被废除"的，它是自行消亡的。

恩格斯指出："当不再有需要加以镇压的社会阶级的时候，当阶级统治和根源于至今的生产无政府状态的个体生存斗争已被消除，而由此二者产生的冲突和极端行动也随着被消除了的时候，就不再有什么需要镇压了，也就不再需要国家这种特殊的镇压力量了。国家真正作为整个社会的代表所采取的第一个行动，即以社会的名义占有生产资料，同时也是它作为国家所采取的最后一个独立行动。那时，国家

---

[1]《马克思恩格斯文集》第3卷，人民出版社2009年版，第566页。
[2]《马克思恩格斯文集》第3卷，人民出版社2009年版，第561页。

政权对社会关系的干预在各个领域中将先后成为多余的事情而自行停止下来。那时，对人的统治将由对物的管理和对生产过程的领导所代替。国家不是'被废除'的，它是自行消亡的。应当以此来衡量'自由的人民国家'这个用语，这个用语在鼓动的意义上暂时有存在的理由，但归根到底是没有科学根据的；同时也应当以此来衡量所谓无政府主义者提出的在一天之内废除国家的要求。"[1]

如何理解以上这段论述，是正确把握马克思主义国家学说的关键。恩格斯特别强调了以下几点。

一是国家的消亡是在"不再有什么需要镇压了，也就不再需要国家这种特殊的镇压力量了"的时候才会发生。

二是国家的消亡是在"国家政权对社会关系的干预在各个领域中将先后成为多余的事情而自行停止下来"的时候才会发生。

三是原先意义上的国家消亡后，"对人的统治将由对物的管理和对生产过程的领导所代替"。换句话说，公共管理的职能还会以某种形式存在，只是不再具有"对人的统治"的性质。这也就是恩格斯在结语中所说的，"人终于成为自己的社会结合的主人，从而也就成为自然界的主人，成为自身的主人——自由的人"[2]。

四是国家不是"被废除"的，它是自行消亡的。必须和无政府主义者提出的在一天之内废除国家的要求划清界限。

第四，如同原先意义上的国家是社会分裂为剥削阶级和被剥削阶级、统治阶级和被压迫阶级之后产生的，国家的消亡同样也是"社会阶级的消灭"的结果。

恩格斯从历史唯物主义观点出发，概述了阶级产生与阶级消灭的经济基础和社会条件。

---

[1]《马克思恩格斯文集》第3卷，人民出版社2009年版，第561—562页。
[2]《马克思恩格斯文集》第3卷，人民出版社2009年版，第566页。

关于阶级产生的经济基础和社会条件,恩格斯说:"社会分裂为剥削阶级和被剥削阶级、统治阶级和被压迫阶级,是以前生产不大发展的必然结果。只要社会总劳动所提供的产品除了满足社会全体成员最起码的生活需要以外只有少量剩余,就是说,只要劳动还占去社会大多数成员的全部或几乎全部时间,这个社会就必然划分为阶级。"[1]

关于阶级消灭的经济基础和社会条件,恩格斯说:"社会阶级的消灭是以生产高度发展的阶段为前提的,在这个阶段上,某一特殊的社会阶级对生产资料和产品的占有,从而对政治统治、教育垄断和精神领导地位的占有,不仅成为多余的,而且在经济上、政治上和精神上成为发展的障碍。"[2]

3."从必然王国进入自由王国的飞跃"

在下面这段论述中,恩格斯从产品对生产者统治的消除,人从动物的生存条件进入真正人的生存条件,人们对自己的社会行动的自主支配,从而使人们完全自觉地自己创造自己的历史,最终实现人类从必然王国进入自由王国的飞跃,这样一个宏大的历史发展过程,展现了向共产主义社会迈进的光明前景:

"一旦社会占有了生产资料,商品生产就将被消除,而产品对生产者的统治也将随之消除。社会生产内部的无政府状态将为有计划的自觉的组织所代替。个体生存斗争停止了。于是,人在一定意义上才最终地脱离了动物界,从动物的生存条件进入真正人的生存条件。人们周围的、至今统治着人们的生活条件,现在受人们的支配和控制,人们第一次成为自然界的自觉的和真正的主人,因为他们已经成为自

---

[1]《马克思恩格斯文集》第3卷,人民出版社2009年版,第562页。
[2]《马克思恩格斯文集》第3卷,人民出版社2009年版,第563页。

身的社会结合的主人了。人们自己的社会行动的规律,这些一直作为异己的、支配着人们的自然规律而同人们相对立的规律,那时就将被人们熟练地运用,因而将听从人们的支配。人们自身的社会结合一直是作为自然界和历史强加于他们的东西而同他们相对立的,现在则变成他们自己的自由行动了。至今一直统治着历史的客观的异己的力量,现在处于人们自己的控制之下了。只是从这时起,人们才完全自觉地自己创造自己的历史;只是从这时起,由人们使之起作用的社会原因才大部分并且越来越多地达到他们所预期的结果。这是人类从必然王国进入自由王国的飞跃。"[1]

最后,恩格斯把这一神圣使命寄托在无产阶级身上:"完成这一解放世界的事业,是现代无产阶级的历史使命。"[2]

通过恩格斯在《社会主义从空想到科学的发展》中所展开论述的马克思主义国家学说,使我们对马克思所说"……(2)阶级斗争必然导致无产阶级专政;(3)这个专政不过是达到消灭一切阶级和进入无阶级社会的过渡……"[3]这一精辟论断,有了更加深入的理解。

(六)《家庭、私有制和国家的起源》

1883年3月14日,伟大的无产阶级革命导师马克思与世长辞。恩格斯这样评价他:"他可能有过许多敌人,但未必有一个私敌。"[4]

自此以后,捍卫和发展马克思主义的神圣责任,就落在了恩格斯

---

[1]《马克思恩格斯文集》第3卷,人民出版社2009年版,第564—565页。
[2]《马克思恩格斯文集》第3卷,人民出版社2009年版,第566页。
[3]《马克思恩格斯文集》第10卷,人民出版社2009年版,第106页。
[4]《马克思恩格斯文集》第3卷,人民出版社2009年版,第603页。

肩上。事实证明,恩格斯没有辜负这个使命,更没有辜负他的亲密战友马克思。

恩格斯在马克思身后,为马克思主义国家学说留下了一座不朽的思想丰碑,这就是写于1884年3月底至5月底的《家庭、私有制和国家的起源》。这部著作从历史唯物主义出发,依据大量翔实的、无可争辩的史料,完整地、系统地论述了国家是怎样产生的,揭示了国家的本质以及国家消亡的必然趋势。此外,还阐述了国家的公共管理职能。

1. 揭示国家的起源

恩格斯在《家庭、私有制和国家的起源》一书中,首先揭示了国家的起源,以此说明,在人类历史上曾经有过不知国家为何物、阶级为何物的漫长史前时期。国家是在原始社会后期随着阶级对立和阶级斗争日趋激化而产生的。

恩格斯指出:"我们已经看到,国家的本质特征,是和人民大众分离的公共权力。"[1] 而在原始社会后期,随着氏族社会的解体,"氏族制度的机关就逐渐挣脱了自己在民族中,在氏族、胞族和部落中的根子,而整个氏族制度就转化为自己的对立物:它从一个自由处理自己事务的部落组织转变为掠夺和压迫邻近部落的组织,而它的各机关也相应地从人民意志的工具转变为独立的、压迫和统治自己人民的机关了。"[2]

恩格斯还指出,阶级社会是从氏族社会解体中发展而来的。这时,"产生了这样一个社会,它由于自己的全部经济生活条件而必然分裂为自由民和奴隶,进行剥削的富人和被剥削的穷人,而这个社会不仅再也不能调和这种对立,反而必然使这些对立日益尖锐化。一个这样的社会,只能或者存在于这些阶级相互间连续不断的公开斗争

---

[1]《马克思恩格斯文集》第4卷,人民出版社2009年版,第135页。
[2]《马克思恩格斯文集》第4卷,人民出版社2009年版,第184页。

中，或者存在于第三种力量的统治下，这第三种力量似乎站在相互斗争着的各阶级之上，压制它们的公开的冲突，顶多容许阶级斗争在经济领域内以所谓合法形式决出结果来。氏族制度已经过时了。它被分工及其后果即社会之分裂为阶级所炸毁。它被国家代替了"[1]。

2. 揭示国家的本质

人类历史上，曾经有过没有国家、没有阶级和阶级压迫的阶段，但这并不意味着"国家"可有可无。国家一经产生，便以"表面上凌驾于社会之上的力量"出现，而本质上"在一切典型的时期毫无例外地都是统治阶级的国家"。

恩格斯指出："国家决不是从外部强加于社会的一种力量。国家也不像黑格尔所断言的是'伦理观念的现实'，'理性的形象和现实'。确切地说，国家是社会在一定发展阶段上的产物；国家是承认：这个社会陷入了不可解决的自我矛盾，分裂为不可调和的对立面而又无力摆脱这些对立面。而为了使这些对立面，这些经济利益互相冲突的阶级，不致在无谓的斗争中把自己和社会消灭，就需要有一种表面上凌驾于社会之上的力量，这种力量应当缓和冲突，把冲突保持在'秩序'的范围以内；这种从社会中产生但又自居于社会之上并且日益同社会相异化的力量，就是国家。"[2]

恩格斯还指出："国家是文明社会的概括，它在一切典型的时期毫无例外地都是统治阶级的国家，并且在一切场合在本质都是镇压被压迫被剥削阶级的机器。"[3]

马克思和恩格斯生活和战斗的那个时代，正是资本主义国家纷纷

---

[1]《马克思恩格斯文集》第4卷，人民出版社2009年版，第188页。
[2]《马克思恩格斯文集》第4卷，人民出版社2009年版，第189页。
[3]《马克思恩格斯文集》第4卷，人民出版社2009年版，第195页。

建立现代代议制的时候，许多人对代议制民主盲目崇拜。这股思潮还影响到欧洲的一些工人政党。

恩格斯分析了代议制，揭示出代议制国家的出现并没有从根本上改变国家的本质。现代的代议制的国家是资本剥削雇佣劳动的工具，照例是最强大的、在经济上占统治地位的阶级的国家。他指出："由于国家是从控制阶级对立的需要中产生的，由于它同时又是在这些阶级的冲突中产生的，所以，它照例是最强大的、在经济上占统治地位的阶级的国家，这个阶级借助于国家而在政治上也成为占统治地位的阶级，因而获得了镇压和剥削被压迫阶级的新手段。因此，古希腊罗马时代的国家首先是奴隶主用来镇压奴隶的国家，封建国家是贵族用来镇压农奴和依附农的机关，现代的代议制的国家是资本剥削雇佣劳动的工具。"[1]

3. 揭示国家消亡的必然趋势

如同商品拜物教一样，在资本主义的上流社会弥漫着一种对"现代国家"的崇拜，似乎这种现代国家是永恒的象征。对此，恩格斯通过对资本主义社会固有矛盾的分析，通过对未来社会的分析，指明现在我们正在以迅速的步伐走向这样的生产发展阶段，随着阶级的消失，国家也不可避免地要消失。

恩格斯以一种横跨数千年的唯物史观来概括国家的产生和消失，指出："国家并不是从来就有的。曾经有过不需要国家，而且根本不知国家和国家权力为何物的社会。在经济发展到一定阶段而必然使社会分裂为阶级时，国家就由于这种分裂而成为必要了。现在我们正在以迅速的步伐走向这样的生产发展阶段，在这个阶段上，这些阶级的

---

[1]《马克思恩格斯文集》第4卷，人民出版社2009年版，第191页。

存在不仅不再必要，而且成了生产的真正障碍。阶级不可避免地要消失，正如它们从前不可避免地产生一样。随着阶级的消失，国家也不可避免地要消失。在生产者自由平等的联合体的基础上按新方式来组织生产的社会，将把全部国家机器放到它应该去的地方，即放到古物陈列馆去，同纺车和青铜斧陈列在一起。"[1]

4. 阐明国家所具有的公共管理职能

恩格斯在论述国家和旧的氏族组织的不同之处时，实际上指出了不同性质的各种类型的国家所具有的共同的三种公共管理职能，即按地区划分和管理国民；公共权力的设置和行使；公共税收的收缴和使用管理等。[2]此外，在论述国家起源过程时，恩格斯指出的那种情况，即"这些经济利益互相冲突的阶级，不致在无谓的斗争中把自己和社会消灭，就需要有一种表面上凌驾于社会之上的力量，这种力量应当缓和冲突，把冲突保持在'秩序'的范围以内"[3]，也就是通过法治手段和社会规约等，使彼此对立的阶级同处于一个统一体（国家）之内，属于我们现在所说的国家治理范畴，不过这种国家治理带有鲜明的阶级属性和阶级意志罢了。这种现象本身也说明，在阶级社会中，没有脱离阶级属性而独立存在的国家公共管理职能；相反，倒是国家的公共管理职能受到国家阶级属性的强烈制约。因此，恩格斯紧接着指出："这种从社会中产生但又自居于社会之上并且日益同社会相异化的力量，就是国家。"[4]

恩格斯在展望作为统治职能的国家消失后的"生产者自由平等的

---

[1]《马克思恩格斯文集》第4卷，人民出版社2009年版，第193页。
[2]参见《马克思恩格斯文集》第4卷，人民出版社2009年版，第189—190页。
[3]《马克思恩格斯文集》第4卷，人民出版社2009年版，第189页。
[4]《马克思恩格斯文集》第4卷，人民出版社2009年版，第189页。

联合体"时，也把它看作是"在生产者自由平等的联合体的基础上按新方式来组织生产的社会"。这些思想，和《共产党宣言》中提出的"代替那存在着阶级和阶级对立的资产阶级旧社会的，将是这样一个联合体，在那里，每个人的自由发展是一切人的自由发展的条件"[1]，是完全一致的。

还需要特别强调的是，1872年10月至1873年3月，恩格斯在为批驳无政府主义观点而写的《论权威》一文里，也谈道："所有的社会主义者都认为，政治国家以及政治权威将由于未来的社会革命而消失，这就是说，公共职能将失去其政治性质，而变为维护真正社会利益的简单的管理职能。"[2]这段论述表明，第一，在阶级统治、阶级分裂占主导地位的社会里，国家职能中也存在一定的公共管理职能，只是这种职能不仅不占主导，而且被统治者的阶级利益所绑架，沦为统治者的控制工具；第二，实现"公共职能将失去其政治性质，而变为维护真正社会利益的简单的管理职能"的前提条件，是需要通过无产阶级社会革命打碎旧的国家机器，并且逐渐使"政治国家以及政治权威将由于未来的社会革命而消失"。

（七）奠基性的理论贡献

马克思主义理论，是在无产阶级与资产阶级阶级斗争的浴火中诞生的理论，同时也是在对人类社会发展规律苦苦探索中诞生的理论。马克思对此有句名言："在科学上没有平坦的大道，只有不畏劳苦沿着陡峭山路攀登的人，才有希望达到光辉的顶点。"[3]

---

[1]《马克思恩格斯文集》第2卷，人民出版社2009年版，第53页。
[2]《马克思恩格斯文集》第3卷，人民出版社2009年版，第338页。
[3]《马克思恩格斯文集》第5卷，人民出版社2009年版，第24页。

马克思主义理论，既是为阶级斗争指明方向的理论，也是为消灭阶级和阶级斗争而不懈求索、不懈奋斗的理论。正如恩格斯所说："唯物主义历史观及其在现代的无产阶级和资产阶级之间的阶级斗争上的特别应用，只有借助于辩证法才有可能。"[1]

马克思主义的国家学说，既是揭露所谓"现代国家"作为资产阶级统治工具的本质的理论，也是为消灭这种本质属性、使国家回归国家治理与社会管理本性而不懈求索、不懈奋斗的理论，是把实现人类大同的共产主义作为崇高社会理想的理论。

在前面六节里，我们已经按照时间顺序回顾了马克思主义国家学说的形成发展历程。在这一节里，我们将要对马克思主义国家学说中最重要的思想内容，特别是那些对日后俄国、苏联、中国等社会主义国家的建立与发展有特别重要的指导意义和理论价值的内容，进行概述和总结，并适当地阐述笔者对这些论述的理解。

我们所说的马克思主义国家学说，是建立在历史唯物主义和科学社会主义基本原理之上的。就其内容来说，主要包括三个部分。一是关于国家起源和国家的本质；二是关于建立在少数人对多数人的统治基础上的各种类型的国家形态及其内部结构与关系；三是关于建立在多数人对少数人统治基础上的、处于漫长的国家消亡阶段中的社会主义新型国家形态及其内部结构与关系。

马克思、恩格斯在奠定马克思主义国家学说中所作的重大理论贡献主要集中在以下几点。

第一，无产阶级不能简单地运用资产阶级国家的国家机器，而必须在打碎旧的国家机器前提下，建立起自己的新型国家政权。

这是1871年巴黎公社革命留下的最重要的启示。正如马克思所说："工人阶级不能简单地掌握现成的国家机器，并运用它来达到自

---

[1]《马克思恩格斯文集》第3卷，人民出版社2009年版，第495—496页。

己的目的。"[1] 如何做到打碎旧的资产阶级的国家机器呢？马克思在《法兰西内战》中说："旧政权的纯属压迫性质的机关予以铲除，而旧政权的合理职能则从僭越和凌驾于社会之上的当局那里夺取过来，归还给社会的承担责任的勤务员。"[2] 这在一定意义上，也是对旧的国家机器的"扬弃"。一方面，要将"旧政权的纯属压迫性质的机关予以铲除"。例如文中所说的"废除常备军而代之以武装的人民"[3]，"铲除了常备军和警察这两支旧政府手中的物质力量"[4]，"公社要成为铲除阶级赖以存在、因而也是阶级统治赖以存在的经济基础的杠杆。劳动一解放，每个人都变成工人，于是生产劳动就不再是一种阶级属性了"[5]。另一方面，还要将"旧政权的合理职能则从僭越和凌驾于社会之上的当局那里夺取过来，归还给社会的承担责任的勤务员"。这主要指的是前面所说的国家的公共管理职能。经过这种对国家机器的革命性变革，使公社"实质上是工人阶级的政府"，同时也"完全是一个具有广泛代表性的政治形式"，从根本上摆脱了"一切旧有的政府形式都具有非常突出的压迫性"。[6] 恩格斯则将这一过程，称之为"打碎旧的国家政权而以新的真正民主的国家政权来代替"[7]。

第二，工人阶级组织新型国家的目标，是"走向属于人民、由人民掌权的政府"[8]，"给共和国奠定了真正民主制度的基础"[9]。

可以说，马克思从巴黎公社实践中产生了关于人民政权的思想。

---

[1]《马克思恩格斯文集》第3卷，人民出版社2009年版，第151页。
[2]《马克思恩格斯文集》第3卷，人民出版社2009年版，第156页。
[3]《马克思恩格斯文集》第3卷，人民出版社2009年版，第154页。
[4]《马克思恩格斯文集》第3卷，人民出版社2009年版，第155页。
[5]《马克思恩格斯文集》第3卷，人民出版社2009年版，第158页。
[6]《马克思恩格斯文集》第3卷，人民出版社2009年版，第158页。
[7]《马克思恩格斯文集》第3卷，人民出版社2009年版，第111页。
[8]《马克思恩格斯文集》第3卷，人民出版社2009年版，第163页。
[9]《马克思恩格斯文集》第3卷，人民出版社2009年版，第157页。

他指出:"公社——这是社会把国家政权重新收回,把它从统治社会、压制社会的力量变成社会本身的充满生气的力量;这是人民群众把国家政权重新收回,他们组成自己的力量去代替压迫他们的有组织的力量;这是人民群众获得社会解放的政治形式,这种政治形式代替了被人民群众的敌人用来压迫他们的假托的社会力量(即被人民群众的压迫者所篡夺的力量)(原为人民群众自己的力量,但被组织起来反对和打击他们)。这种形式很简单,像一切伟大事物一样。"[1]与这一思想有关的,他提出了两个重要观点。一是议行合一。即"公社是一个实干的而不是议会式的机构,它既是行政机关,同时也是立法机关"[2]。二是普遍建立的代表会议。即"公社将成为甚至最小村落的政治形式","每一个地区的农村公社,通过设在中心城镇的代表会议来处理它们的共同事务;这些地区的各个代表会议又向设在巴黎的国民代表会议派出代表,每一个代表都可以随时罢免,并受到选民给予他的限权委托书(正式指令)的约束。"[3]马克思认为,这种"公社体制会把靠社会供养而又阻碍社会自由发展的国家这个寄生赘瘤迄今所夺去的一切力量,归还给社会机体"[4]。

第三,在社会主义革命胜利后,无产阶级将把"争得民主"和"尽可能快地增加生产力的总量"作为自己的重要任务。

马克思和恩格斯指出:"工人革命的第一步就是使无产阶级上升为统治阶级,争得民主",随后"无产阶级将利用自己的政治统治,一步一步地夺取资产阶级的全部资本,把一切生产工具集中在国家即组织成为统治阶级的无产阶级手里,并且尽可能快地增加生产力

---

[1]《马克思恩格斯文集》第3卷,人民出版社2009年版,第195页。
[2]《马克思恩格斯文集》第3卷,人民出版社2009年版,第154页。
[3]《马克思恩格斯文集》第3卷,人民出版社2009年版,第155页。
[4]《马克思恩格斯文集》第3卷,人民出版社2009年版,第157页。

的总量"[1]。为此,"最先进的国家几乎都可以采取下面的措施":(1)剥夺地产,把地租用于国家支出。(2)征收高额累进税。(3)废除继承权。(4)没收一切流亡分子和叛乱分子的财产。(5)通过拥有国家资本和独享垄断权的国家银行,把信贷集中在国家手里。(6)把全部运输业集中在国家手里。(7)按照共同的计划增加国家工厂和生产工具,开垦荒地和改良土壤。(8)实行普遍劳动义务制,成立产业军,特别是在农业方面。(9)把农业和工业结合起来,通过把人口更平均地分布于全国的办法逐步消灭城乡差别。(10)对所有儿童实行公共的和免费的教育。取消现在这种形式的儿童的工厂劳动。把教育同物质生产结合起来,等等。[2]值得注意的是,马克思、恩格斯在《共产党宣言》中阐述上述措施之后,紧接着讲了一段话:"如果说无产阶级在反对资产阶级的斗争中一定要联合为阶级,通过革命使自己成为统治阶级,并以统治阶级的资格用暴力消灭旧的生产关系,那么它在消灭这种生产关系的同时,也就消灭了阶级对立的存在条件,消灭了阶级本身的存在条件,从而消灭了它自己这个阶级的统治。"[3]也就是说,无产阶级国家大力发展社会生产力、发展民主的目的,是为最终使阶级、国家归于消亡创造必要的物质基础和社会条件。

这里值得重视的是马克思、恩格斯关于国家消亡的理论。他们所说的"国家消亡",不是带有阶级压迫性质的资产阶级国家。对这种性质的国家机器,他们的意见很明确,必须坚决打碎。他们所说的"国家消亡",实际上指的是无产阶级在打碎旧的国家机器后建立起来

---

[1]《马克思恩格斯文集》第 2 卷,人民出版社 2009 年版,第 52 页。
[2] 以上内容见《马克思恩格斯文集》第 2 卷,人民出版社 2009 年版,第 52—53 页。
[3]《马克思恩格斯文集》第 2 卷,人民出版社 2009 年版,第 53 页。在 1872 年、1883 年和 1890 年德文版《共产党宣言》中,"消灭了阶级本身的存在条件"一句,是"消灭了阶级本身"。

的新型社会主义国家，这种国家就其国体来说，就是无产阶级专政。而这种新型国家就其职能来说，绝非"专政"一词所表达的那样简单。如前所述，新型社会主义国家实际上担负着三方面的历史任务。一是将"旧政权的纯属压迫性质的机关予以铲除"[1]；二是将"旧政权的合理职能则从僭越和凌驾于社会之上的当局那里夺取过来，归还给社会的承担责任的勤务员"[2]；三是依靠国家政权力量大力发展社会生产力、发展民主。在第二方面中，特别值得注意的是"旧政权的合理职能"，也就是说，打碎旧的国家机器，并不是要消灭它的全部职能，而是消灭其阶级统治、阶级压迫职能，代之以代表和保护人民利益、维护国家主权与安全的职能，并有分别地将"旧政权的合理职能"从旧政权那里夺取过来，"归还给社会的承担责任的勤务员"。这在一定程度上，也是一个扬弃的过程。以上这三方面任务合在一起，就是为国家消亡、阶级消亡和共产主义的实现创造社会历史条件。这就是马克思在《哥达纲领批判》中所说的："在资本主义社会和共产主义社会之间，有一个从前者变为后者的革命转变时期。同这个时期相适应的也有一个政治上的过渡时期，这个时期的国家只能是无产阶级的革命专政。"[3]同样也是马克思在1852年3月5日给约瑟夫·魏德迈信中所说："（1）阶级的存在仅仅同生产发展的一定历史阶段相联系；（2）阶级斗争必然导致无产阶级专政；（3）这个专政不过是达到消灭一切阶级和进入无阶级社会的过渡……"[4]

这个历史阶段无疑是漫长的。在这个漫长历史过程的特定阶段，社会主义新型国家的专政职能是必要的，但决不是唯一的。其最重要

---

[1]《马克思恩格斯文集》第3卷，人民出版社2012年版，第156页。
[2]《马克思恩格斯文集》第3卷，人民出版社2009年版，第156页。
[3]《马克思恩格斯文集》第3卷，人民出版社2009年版，第445页。
[4]《马克思恩格斯文集》第10卷，人民出版社2009年版，第106页。

的国家职能,还是有效地发展社会生产力、发展民主。到了一定的历史阶段,就如同马克思、恩格斯在《共产党宣言》中所说的:"当阶级差别在发展进程中已经消失而全部生产集中在联合起来的个人的手里的时候,公共权力就失去政治性质",[1]而"原来意义上的政治权力,是一个阶级用以压迫另一个阶级的有组织的暴力"[2]。至于到了共产主义阶段,国家的某些职能会不会继续存在,对此,马克思、恩格斯没有正面直接回答。但马克思在《哥达纲领批判》中提出了这个问题,他说:"在共产主义社会中国家制度会发生怎样的变化呢?换句话说,那时有哪些同现在的国家职能相类似的社会职能保留下来呢?这个问题只能科学地回答;否则,即使你把'人民'和'国家'这两个词联接一千次,也丝毫不会对这个问题的解决有所帮助。"[3]

马克思和恩格斯创立马克思主义国家学说所走过的道路,令人仰止。这是一条沿着崎岖陡峭的山路不断攀登的路,也是一条前人没有成功开辟的路,更是一条需要果敢勇气和坚韧不拔毅力的路。马克思和恩格斯虽然不可能有新型社会主义国家的亲身实践,但他们所提出的上述这些基本原理和重要观点,对日后社会主义国家治理有着十分重要的奠基和指导意义。

马克思和恩格斯之所以能够为马克思主义国家学说作出奠基性贡献,在人类认识史上第一次揭开国家神秘的面纱,很重要的一点,是他们具有透过现象看本质的深刻洞察力,通过层层剥笋式的缜密逻辑分析,以无可辩驳的确凿事实来论证辩证唯物主义和历史唯物主义。

从阶级和私有制在人类社会的起源,到人类社会出现阶级对立和

---

[1]《马克思恩格斯文集》第2卷,人民出版社2009年版,第53页。在1888年英文版《共产党宣言》中,将"联合起来的个人"改为"巨大的全国联合体"。
[2]《马克思恩格斯文集》第2卷,人民出版社2009年版,第53页。
[3]《马克思恩格斯文集》第3卷,人民出版社2009年版,第444—445页。

阶级冲突，再到表面上凌驾于社会之上、实质上是统治阶级意志代表的国家的出现。既然阶级、私有制、国家都是人类社会一定发展阶段的产物，它们也必定随着人类社会发展到一定阶段而消亡。这个过程，既是社会生产力由低级向高级发展的过程，又是社会形态由低级向高级发展的过程，也是社会矛盾和阶级矛盾不断产生、不断解决、不断发展、不断深化的过程，在这一过程中最终产生了肩负着消灭阶级、消灭资本主义占有方式、促使国家逐步消亡的无产阶级，也只有这个阶级代表着先进生产力的发展方向。"无产阶级上升为统治阶级，争得民主"[1]必然要建立无产阶级专政的国家，也就是"阶级斗争必然导致无产阶级专政"，"这个专政不过是达到消灭一切阶级和进入无阶级社会的过渡"[2]。由此，马克思和恩格斯第一次为人类社会最终走向大同、建立共产主义社会，勾画出一张理想蓝图，并使这一理想建立在人类社会自身矛盾运动的基础之上，其根本动力就是科技革命推动下的社会生产力。

这条逻辑发展线索也预示着，无产阶级国家诞生并巩固之后，其专政职能会在一定时期、一定条件下继续保持，而国家治理职能即管理新型国家、建设新型国家的历史任务会越来越繁重，以便为国家消亡、人类大同逐步创造物质基础和各方面条件。至于如何实现这一历史性转变，何时实现这一历史性转变，以何种方式实现这一历史性转变，这要留待后人的实践来解决。"重要的是，坚冰已经打破，航路已经开通，道路已经指明。"[3]

---

[1]《马克思恩格斯文集》第2卷，人民出版社2009年版，第52页。
[2]《马克思恩格斯文集》第10卷，人民出版社2009年版，第106页。
[3]《列宁选集》第4卷，人民出版社2012年版，第569页。

二、列宁对马克思主义国家学说和国家治理理论的发展：从打碎国家机器到建设新型国家

19世纪70年代后，欧美国家资本主义发展进入一个繁荣期。在这个过程中，马克思预见到自由竞争必然会导致垄断。而这个时期果然随着资本主义的繁荣发展到来了。

19世纪末至20世纪初，欧美国家资本主义发展经历了一次前所未有的重大变化。这就是资本主义从自由竞争阶段进入了以金融垄断为显著特征的垄断资本主义阶段，即帝国主义阶段。

帝国主义阶段的最重要的特点之一，便是世界已经被帝国主义国家瓜分殆尽。帝国主义国家之间开始为重新瓜分世界展开争斗。其结果，就是1914年至1918年第一次世界大战的爆发，将资本主义的固有矛盾和社会制度弊端充分暴露在世人面前。

就在这个世界历史发生重大转变的关键时期，列宁根据时代变化、世界社会主义运动发展变化和俄国实际情况，创造性地发展了马克思主义，创立了列宁主义，即帝国主义和无产阶级革命时代的马克思主义，进一步丰富和发展了马克思主义国家学说，通过俄国十月革命将科学社会主义变为实践，并在领导世界上第一个社会主义国家的伟大实践中开始了对无产阶级新型国家的国家治理理论的探索。

可以说，列宁不仅揭开了马克思主义发展的新时代，也揭开了马克思主义国家学说从理论形态到制度形态与实践形态历史性转变的新篇章。

（一）列宁对马克思主义国家学说的捍卫和发展

列宁对马克思主义的发展，是从捍卫马克思主义原理为起点的。

在资本主义进入帝国主义发展阶段时，马克思和恩格斯已经去世，在社会主义的各种政治派别中，弥漫着改良主义影响。正如列宁所说："当伟大的革命家在世时，压迫阶级总是不断迫害他们，以最恶毒的敌意、最疯狂的仇恨、最放肆的造谣和诽谤对待他们的学说。在他们逝世以后，便试图把他们变为无害的神像，可以说是把他们偶像化，赋予他们的名字某种荣誉，以便'安慰'和愚弄被压迫阶级，同时却阉割革命学说的内容，磨去它的革命锋芒，把它庸俗化。现在资产阶级和工人运动中的机会主义者在对马克思主义作这种'加工'的事情上正一致起来。他们忘记、抹杀和歪曲这个学说的革命方面，革命灵魂。他们把资产阶级可以接受或者觉得资产阶级可以接受的东西放在第一位来加以颂扬。"[1]

列宁的任务，还是一边厘清思想迷雾，一边为无产阶级革命打碎旧的国家机器做理论准备。这种厘清思想与理论准备几乎是同时进行的。这既是理论本身的需要，更是无产阶级革命政党制定行动纲领的迫切需要。

1.《帝国主义是资本主义的最高阶段》

列宁从 1895 年起，就开始写文章阐述帝国主义的时代特征。写于 1916 年的《帝国主义是资本主义的最高阶段》一书，是有关这方面研究最为成熟的代表作，也是列宁心血的结晶。列宁关注这一问题，不仅是因为这一历史现象是牵动 19 世纪与 20 世纪之交世界全局

---

[1]《列宁选集》第 3 卷，人民出版社 2012 年版，第 112 页。

的重大问题,而且也因为正是在这个问题上"考茨基派"的改良主义主张在欧洲工人运动中影响很大,必须予以澄清。

列宁通过《帝国主义是资本主义的最高阶段》一书,雄辩地证明"帝国主义是无产阶级社会革命的前夜"[1]。他认为,由于"资本主义已成为极少数'先进'国对世界上绝大多数居民实行殖民压迫和金融扼杀的世界体系",因此"在战争造成的全世界的经济破坏的基础上,世界革命危机日益发展,这个危机不管会经过多么长久而艰苦的周折,最后必将以无产阶级革命和这一革命的胜利而告终"[2]。

列宁以大量的经济资料证明,资本主义进入了垄断时期,"一个工业部门的生产总量,往往有十分之七八集中在卡特尔或托拉斯手中"[3]。生产社会化进一步发展,同生产资料的私人占有矛盾更加突出。在生产高度集中的同时,银行业也日益集中,并深度参与或主导工业重组等经济活动。银行"为数众多的普通中介人成为极少数垄断者的这种转变,是资本主义发展成为资本帝国主义的基本过程之一"[4]。"所谓大资本主义垄断组织正在通过一切'自然的'和'超自然的'途径十分迅速地创立和发展起来。"[5]以上还只是资本主义垄断在国内发展的情况。在国外,"少数积累了巨额资本的最富的国家"[6]向许多落后国家输出资本,"资本输出是在20世纪初期才大大发展起来的"[7]。这样,"资本主义向垄断资本主义阶段的过渡,即向金融资

---

[1]《列宁选集》第2卷,人民出版社2012年版,第582页。
[2]《列宁选集》第2卷,人民出版社2012年版,第578—579页。
[3]《列宁选集》第2卷,人民出版社2012年版,第590页。
[4]《列宁选集》第2卷,人民出版社2012年版,第597页。
[5]《列宁选集》第2卷,人民出版社2012年版,第608页。
[6]《列宁选集》第2卷,人民出版社2012年版,第626页。
[7]《列宁选集》第2卷,人民出版社2012年版,第628页。

本的过渡,是同瓜分世界的斗争的尖锐化联系着的"[1]。

在以上详细分析的基础上,列宁概括出帝国主义的五个基本特征:"(1)生产和资本的集中发展到这样高的程度,以致造成了在经济生活中起决定作用的垄断组织;(2)银行资本和工业资本已经融合起来,在这个'金融资本的'基础上形成了金融寡头;(3)和商品输出不同的资本输出具有特别重要的意义;(4)瓜分世界的资本家国际垄断同盟已经形成;(5)最大资本主义大国已把世界上的领土瓜分完毕。"[2]最后的结论是:"帝国主义是发展到垄断组织和金融资本的统治已经确立、资本输出具有突出意义、国际托拉斯开始瓜分世界、一些最大的资本主义国家已把世界全部领土瓜分完毕这一阶段的资本主义。"[3]

对于资本主义垄断阶段的资产阶级国家,列宁没有作专门的分析。但从以上论述中,可以得出一个重要结论:这个时期的资产阶级国家,已经演变成为垄断资产阶级的国家。一年之后,他在写作《国家与革命》时,又进一步提出帝国主义已处于"垄断资本主义转变为国家垄断资本主义的时代"[4]。

第一,随着金融垄断和金融寡头的出现,"资本主义垄断组织在国民经济和政治中居于首要地位"[5],资产阶级国家维护统治阶级利益的职能也更为集中、更具有强制性。生产高度集中带来的生产高度社会化,越来越离不开国家的强制性宏观管理;资本的垄断,使生产资料和社会财富的私人占有也高度集中在少数人手里,因此越来越需要国家通过税收、法律等手段发挥社会矛盾缓冲器的作用。

---

[1]《列宁选集》第2卷,人民出版社2012年版,第641页。
[2]《列宁选集》第2卷,人民出版社2012年版,第651页。
[3]《列宁选集》第2卷,人民出版社2012年版,第651页。
[4]《列宁选集》第3卷,人民出版社2012年版,第137页。
[5]《列宁选集》第2卷,人民出版社2012年版,第669页。

第二，随着垄断资本向海外殖民地国家的扩张日益加剧，控制日益增强，资产阶级国家的海外政策同这种需要越来越紧密结合在一起，促使这些国家日益演变成为帝国主义国家。

第三，随着帝国主义国家对海外势力范围的争夺加剧，本国垄断资产阶级的利益同资产阶级国家的利益越来越捆绑在一起，既加深了垄断资产阶级利益的国家化，也加深了资产阶级国家利益的垄断资本化。"这里并不是自由贸易同保护主义或殖民地附属关系作斗争，而是一个帝国主义同另一个帝国主义、一个垄断组织同另一个垄断组织、一个金融资本同另一个金融资本作斗争。"[1]

由于存在以上三种情况，帝国主义时代的垄断资产阶级国家，面临着比马克思和恩格斯所处的自由竞争时代的资产阶级国家更加深刻的矛盾。一是资本主义社会的固有矛盾，体现在阶级关系上，就是无产阶级和资产阶级的矛盾。这是自资本主义生产方式占据统治地位以后，就始终存在的矛盾。二是资本主义国家同广大殖民地国家的被压迫民族、被压迫人民的矛盾。三是帝国主义国家之间的矛盾。后两种矛盾，都是随着资本主义从自由竞争向垄断发展而发展起来的。

列宁所面临的就是这样一个时代。他要通过布尔什维克党组织起无产阶级革命所要推翻的就是这样一个进入帝国主义阶段的垄断资产阶级国家。而他所领导的革命运动将要产生的影响，也会比马克思和恩格斯所参加的欧洲无产阶级革命运动要广阔得多，也深远得多。

这不是谁比谁高明的问题，而是时代发展使然。

2.《国家与革命》

为了撰写《国家与革命》，列宁做了精心准备，阅读并摘记了马

---

[1]《列宁选集》第 2 卷，人民出版社 2012 年版，第 675 页。

二、列宁对马克思主义国家学说和国家治理理论的发展：从打碎国家机器到建设新型国家

克思和恩格斯的大量论述。在领导俄国十月革命的间隙，1917年8月至9月间，列宁撰写了这部马克思主义国家学说的经典著作。这部著作，既可以看作是马克思、恩格斯有关国家学说的集大成之作，也可以看作是指导俄国十月革命建立世界上第一个无产阶级专政的新型国家的理论准备。这个新型国家正是由此孕育而生的。

列宁在写于1917年8月的第一版序言开头，便指出了国家问题的重要性："国家问题，现在无论在理论方面或在政治实践方面，都具有特别重大的意义。"[1]

列宁在序言中提出了他经过多年观察得出的结论，指出："帝国主义战争大大加速和加剧了垄断资本主义变为国家垄断资本主义的过程。国家同势力极大的资本家同盟日益密切地融合在一起"[2]。这实际上正是《帝国主义是资本主义的最高阶段》一书全部结论合乎逻辑的发展。而列宁写作《国家与革命》的目的之一，就是要"向群众说明，为了使自己从资本的枷锁下解放出来，他们在最近的将来应当做些什么"[3]。

《国家与革命》由六章组成。第一章从国家的起源和性质讲起，所以叫"阶级社会和国家"。第二章至第四章，分阶段阐述马克思和恩格斯关于无产阶级革命与打碎旧的国家机器问题的主张，因此均以"国家与革命"命名。第五章论述"国家消亡的经济基础"问题。第六章是论辩性的，需要同普列汉诺夫、考茨基等机会主义观点划清界限。原计划还有第七章，"要给俄国1905年革命、特别是1917年革命的经验，作一个基本的总结"[4]，但只写了一个详细的提纲。

---

[1]《列宁选集》第3卷，人民出版社2012年版，第109页。
[2]《列宁选集》第3卷，人民出版社2012年版，第109页。
[3]《列宁选集》第3卷，人民出版社2012年版，第110页。
[4]《列宁选集》第3卷，人民出版社2012年版，第110页。

像这样专门论述马克思主义国家学说的专著,即使在马克思主义经典著作中,也不多见。为什么会如此呢?在很大程度上,是因为当时对马克思主义学说加以种种歪曲、"磨去它的革命锋芒"、"把它庸俗化"、使之成为资产阶级可以接受的东西的种种倾向"空前流行",列宁认为"我们的任务首先就是要恢复真正的马克思的国家学说"[1]。

列宁对马克思主义国家学说的坚持和发展,正是以此为起点的。因此,列宁在论述每一个重要观点时,先是阐述马克思和恩格斯有过哪些论述,接着批驳机会主义者在这个问题上对马克思和恩格斯论点的曲解。列宁对该问题的认识,则通过正面论述和反面批驳的方式展示出来。

第一,重申马克思主义关于国家消亡的理论,针对否定无产阶级暴力革命的错误主张,强调这种消亡是通过无产阶级革命的暴力实现的。

列宁强调,首先要分清究竟是资产阶级国家,还是无产阶级国家。对于资产阶级国家来说,是在无产阶级革命中被消灭,代之以无产阶级专政的国家,也就是"消灭作为国家的国家"。这是第一步。接下来是在社会主义革命以后的时期里,"自行消亡的是无产阶级的国家或半国家"。"这时'国家'的政治形式是最完全的民主","国家本身,就是说最完全的民主,只能'自行消亡'"或者说是"自行停止"[2]。

列宁还补充说:"资产阶级国家由无产阶级国家(无产阶级专政)代替,不能通过'自行消亡',根据一般规律,只能通过暴力革命。"[3]"无产阶级国家代替资产阶级国家,非通过暴力革命不可。无

---

[1] 以上引文见《列宁选集》第3卷,人民出版社2012年版,第112—113页。
[2] 以上引文见《列宁选集》第3卷,人民出版社2012年版,第124—125页。
[3]《列宁选集》第3卷,人民出版社2012年版,第127页。

产阶级国家的消灭，即任何国家的消灭，只能通过'自行消亡'。"[1]他特别强调："必须系统地教育群众这样来认识而且正是这样来认识暴力革命，这就是马克思和恩格斯全部学说的基础。"[2]

列宁还根据帝国主义时代资产阶级国家机器的新变化，指出："特别是帝国主义，即银行资本时代，资本主义大垄断组织的时代，垄断资本主义转变为国家垄断资本主义的时代表明，无论在君主制的国家，还是在最自由的共和制的国家，由于要加强高压手段来对付无产阶级，'国家机器'就大大强化了，它的官吏和军事机构空前膨胀起来了。"[3]"现在，全世界的历史无疑正在较之1852年广阔得无比的范围内，把无产阶级革命引向'集中自己的一切力量'去'破坏'国家机器。"[4]

第二，重申马克思主义关于无产阶级专政的理论，针对否定无产阶级专政的错误主张，强调无产阶级专政思想是"马克思主义在国家问题上一个最卓越最重要的思想"[5]。

在无产阶级专政思想中，列宁特别看重的是马克思和恩格斯在《共产党宣言》中的一句话，"国家即组织成为统治阶级的无产阶级"。他认为，这句话"直接打击了'民主的和平发展'这种常见的机会主义偏见和市侩的幻想"[6]。"马克思的这个理论同他关于无产阶级在历史上的革命作用的全部学说，有不可分割的联系。这种作用的最高表现就是无产阶级实行专政，无产阶级实行统治。"[7]

---

[1]《列宁选集》第3卷，人民出版社2012年版，第128页。
[2]《列宁选集》第3卷，人民出版社2012年版，第128页。
[3]《列宁选集》第3卷，人民出版社2012年版，第137—138页。
[4]《列宁选集》第3卷，人民出版社2012年版，第138页。
[5]《列宁选集》第3卷，人民出版社2012年版，第129页。
[6]《列宁选集》第3卷，人民出版社2012年版，第130页。
[7]《列宁选集》第3卷，人民出版社2012年版，第132页。

列宁还根据马克思1852年3月5日给约瑟夫·魏德迈的信的论述，提出："只有承认阶级斗争、同时也承认无产阶级专政的人，才是马克思主义者。"[1]"只有懂得一个阶级的专政不仅对一般阶级社会是必要的，不仅对推翻了资产阶级的无产阶级是必要的，而且对介于资本主义和'无阶级社会'即共产主义之间的整整一个历史时期都是必要的，——只有懂得这一点的人，才算掌握了马克思国家学说的实质。"[2]

在无产阶级专政问题上，列宁还提出一个十分重要的思想："从资本主义向共产主义过渡，当然不能不产生非常丰富和多样的政治形式，但本质必然是一样的：都是无产阶级专政。"[3]

列宁认为，无产阶级国家具有政治的与经济的双重职能。"无产阶级需要国家政权，中央集权的强力组织，暴力组织，既是为了镇压剥削者的反抗，也是为了领导广大民众即农民、小资产阶级和半无产者来'调整'社会主义经济。"[4]

第三，重申马克思和恩格斯对巴黎公社经验的总结，针对否定巴黎公社经验的错误主张，强调"公社用来代替被打碎的国家机器的，似乎'仅仅'是更完全的民主"，而"民主实行到一般所能想象的最完全最彻底的程度，就由资产阶级民主转化成无产阶级民主"[5]。

列宁指出："无产阶级组织成为统治阶级会采取什么样的具体形式，究竟怎样才能组织得同最完全最彻底地'争得民主'这点相适应，对于这个问题，马克思并没有陷于空想，而是期待群众运动的经验来解答。"[6]这就是巴黎公社经验的价值所在。列宁也和马克思一

---

[1]《列宁选集》第3卷，人民出版社2012年版，第139页。
[2]《列宁选集》第3卷，人民出版社2012年版，第140页。
[3]《列宁选集》第3卷，人民出版社2012年版，第140页。
[4]《列宁选集》第3卷，人民出版社2012年版，第131页。
[5]《列宁选集》第3卷，人民出版社2012年版，第147页。
[6]《列宁选集》第3卷，人民出版社2012年版，第146页。

二、列宁对马克思主义国家学说和国家治理理论的发展：从打碎国家机器到建设新型国家

样，既高度关注这个问题，又没有在"无产阶级专政"的概念上止步，同时也期待着新的经验。随后发生的俄国十月革命表明，这个问题对于列宁领导的新生政权来说，同样是生死攸关的问题。

值得注意的是，从马克思和恩格斯对巴黎公社经验的总结中，列宁得到了哪些新的启示。如果说，关于无产阶级革命和无产阶级专政理论，是列宁领导俄国十月革命的理论奠基石的话，那么，重温巴黎公社经验，深入思考"无产阶级组织成为统治阶级会采取什么样的具体形式"，则是他为创建世界上第一个无产阶级新型国家所作的理论准备。

在接下来有关巴黎公社采取的举措的讨论中，列宁用设问的方式，把上面的问题[1]做了个转换："无产阶级社会主义共和国的这个'毫不含糊的'[2]形式究竟是怎样的呢？它已开始建立的国家是怎样的呢？"

（1）关于废除常备军、公职人员由选举产生并可以随时罢免。列宁认为："公社用来代替被打碎的国家机器的，似乎'仅仅'是更完全的民主"，"但是这个'仅仅'，事实上意味着两类根本不同的机构的大更替。在这里恰巧看到了一个'量转化为质'的例子：民主实行到一般所能想象的最完全最彻底的程度，就由资产阶级民主转化成无产阶级民主，即由国家（＝对一定阶级的特殊的镇压力量）转化成一

---

[1] 这个问题实际上是从《共产党宣言》有关"工人革命的第一步就是使无产阶级上升为统治阶级，争得民主"（《马克思恩格斯文集》第2卷，人民出版社2009年版，第52页）引申出来的。

[2] "毫不含糊的"，出自马克思《法兰西内战》一书。原话是："巴黎无产阶级在宣布二月革命时所呼喊的'社会共和国'口号，的确是但也仅仅是表现出这样一种模糊的意向，即要求建立一个不但取代阶级统治的君主制形式、而且取代阶级统治本身的共和国。公社正是这个共和国的毫不含糊的形式。"（《马克思恩格斯文集》第3卷，人民出版社2009年版，第154页）

种已经不是原来意义上的国家的东西。""既然是人民这个大多数自己镇压他们的压迫者,实行镇压的'特殊力量'也就不需要了!国家就在这个意义上开始消亡。"[1]

他还强调:"一切公职人员毫无例外地完全由选举产生并可以随时撤换,把他们的报酬减到普通的'工人工资'的水平,这些简单的和'不言而喻'的民主措施使工人和大多数农民的利益完全一致起来,同时成为从资本主义通向社会主义的桥梁。这些措施关系到对社会进行的国家的即纯政治的改造,但是这些措施自然只有同正在实行或正在准备实行的'剥夺剥夺者'联系起来,也就是同变生产资料资本主义私有制为公有制联系起来,才会显示出全部意义和作用。"[2]

(2)关于所有公职人员只能领取相当于工人工资的报酬。列宁认为:"这里恰巧最明显地表现出一种转变:从资产阶级的民主转变为无产阶级的民主,从压迫者的民主转变为被压迫阶级的民主,从国家这个对一定阶级实行镇压的'特殊力量'转变为由大多数人——工人和农民用共同的力量来镇压压迫者。"[3]

一些人质疑这一举措,认为这不过是幼稚的原始的民主制度的要求。对此,列宁指出了两点理由:"第一,如果不在某种程度上'返回'到'原始的'民主制度,从资本主义过渡到社会主义是不可能的(因为,不这样做,怎么能够过渡到由大多数居民以至全体居民行使国家职能呢?);第二,以资本主义和资本主义文化为基础的'原始民主制度'同原始时代或资本主义以前时代的原始民主制度是不一样的。"[4]

对于第二点,列宁强调指出:"资本主义文化创立了大生产——

---

[1] 以上引文见《列宁选集》第3卷,人民出版社2012年版,第147页。
[2]《列宁选集》第3卷,人民出版社2012年版,第149页。
[3]《列宁选集》第3卷,人民出版社2012年版,第148页。
[4]《列宁选集》第3卷,人民出版社2012年版,第148页。

二、列宁对马克思主义国家学说和国家治理理论的发展：
从打碎国家机器到建设新型国家

工厂、铁路、邮政、电话等等，在这个基础上，旧的'国家政权'的大多数职能已经变得极其简单，已经可以简化为登记、记录、检查这样一些极其简单的手续，以致每一个识字的人都完全能够胜任这些职能，行使这些职能只须付给普通的'工人工资'，并且可以（也应当）把这些职能中任何特权制、'长官制'的痕迹铲除干净。"[1]他还指出："我们工人自己将以资本主义创造的成果为基础，依靠自己的工人的经验，建立由武装工人的国家政权维护的最严格的铁的纪律，来组织大生产，把国家官吏变成我们的委托的简单执行者，变成对选民负责的、可以撤换的、领取微薄薪金的'监工和会计'（当然还要用各式各样的和各种等级的技术人员），——这就是我们无产阶级的任务，无产阶级革命实现时就可以而且应该从这里开始做起。"[2]后面我们将会看到，这些职能并非是许多人都能够胜任的，实行起来的实际情况比这里所说的要复杂得多。

（3）关于实现了廉价政府口号。列宁指出："在任何一个有农民的资本主义国家（这样的资本主义国家占大多数），大多数农民是受政府压迫而渴望推翻这个政府、渴望有一个'廉价'政府的。能够实现这一要求的只有无产阶级，而无产阶级实现了这一要求，也就是向国家的社会主义改造迈进了一步。"[3]

（4）关于公社是一个实干的而不是议会式的机构。列宁认为："摆脱议会制的出路，当然不在于取消代表机构和选举制，而在于把代表机构由清谈馆变为'实干的'机构。"[4]"没有代表机构，我们不可能想象什么民主，即使是无产阶级民主"[5]。

---

[1]《列宁选集》第3卷，人民出版社2012年版，第148—149页。
[2]《列宁选集》第3卷，人民出版社2012年版，第153—154页。
[3]《列宁选集》第3卷，人民出版社2012年版，第149页。
[4]《列宁选集》第3卷，人民出版社2012年版，第151页。
[5]《列宁选集》第3卷，人民出版社2012年版，第152页。

列宁还指出:"把整个国民经济组织得像邮政一样,做到在武装的无产阶级的监督和领导下使技术人员、监工和会计,如同所有公职人员一样,都领取不超过'工人工资'的报酬,这就是我们最近的目标。这样的国家,在这样的经济基础上的国家,才是我们所需要的。这样才能取消议会制而保留代表机构,这样才能使劳动阶级的这些机构免除资产阶级的糟蹋。"[1]

(5)关于"民族的统一不是应该破坏、相反地应该借助于公社制度组织起来"。列宁把马克思的这个论点概括为"组织起民族的统一"。针对伯恩斯坦把这一观点曲解为马克思主张联邦制的错误,列宁指出:"马克思在这里谈的根本不是同集中制对立的联邦制,而是要打碎在一切资产阶级国家里都存在的旧的资产阶级国家机器。"[2]"马克思和蒲鲁东相同的地方,就在于他们两人都主张'打碎'现代国家机器。"[3]"马克思同蒲鲁东和巴枯宁不同的地方,恰巧就在联邦制问题上(更不用说无产阶级专政的问题了)。联邦制在原则上是从无政府主义的小资产阶级观点产生出来的。马克思是主张集中制的。在他上述的论述中,丝毫也没有离开集中制。"[4]

列宁特别强调:"马克思特意使用'组织起民族的统一'这样的说法,以便提出自觉的、民主的、无产阶级的集中制来同资产阶级的、军阀的、官吏的集中制相对立。"[5]

列宁还引述恩格斯在1891年批判德国社会民主党《爱尔福特纲领》草案时的分析,指出:"在恩格斯看来,集中制丝毫不排斥这样一种广泛的地方自治,这种自治在各个市镇和省自愿坚持国家统

---

[1]《列宁选集》第3卷,人民出版社2012年版,第154—155页。
[2]《列宁选集》第3卷,人民出版社2012年版,第156页。
[3]《列宁选集》第3卷,人民出版社2012年版,第157页。
[4]《列宁选集》第3卷,人民出版社2012年版,第157页。
[5]《列宁选集》第3卷,人民出版社2012年版,第158页。

一的同时,绝对能够消除任何官僚制度和任何来自上面的'发号施令'。"[1]还指出:"真正民主的集中制共和国赋予的自由比联邦制共和国要多。换句话说,在历史上,地方、州等等能够享有最多自由的是集中制共和国,而不是联邦制共和国。"[2]

(6)关于公社是"'终于发现的'、可以而且应该用来代替已被打碎的国家机器的政治形式"。列宁指出:"马克思从社会主义和政治斗争的全部历史中得出结论:国家一定会消失;国家消失的过渡形式(从国家到非国家的过渡),将是'组织成为统治阶级的无产阶级'。"[3]通过巴黎公社的实践,马克思发现了这种过渡的政治形式。"公社就是无产阶级革命打碎资产阶级国家机器的第一次尝试和'终于发现的'、可以而且应该用来代替已被打碎的国家机器的政治形式。"[4]

列宁高度评价1891年恩格斯为《法兰西内战》写的导言,认为这篇导言包括了巴黎公社以后20年的全部经验,"完全可以称为马克思主义在国家问题上的最高成就"[5]。在这篇导言里,恩格斯发现了一个"有趣的界限,在这个界限上,彻底的民主变成了社会主义,同时也要求实行社会主义"[6]。列宁由此得出结论说:"彻底发展民主,找出彻底发展的种种形式,用实践来检验这些形式等等,这一切都是为社会革命进行斗争的基本任务之一。任何单独存在的民主制度都不会产生社会主义,但在实际生活中民主制度永远不会是'单独存在',而总是'共同存在'的,它也会影响经济,推动经济的改造,受经济

---

[1]《列宁选集》第3卷,人民出版社2012年版,第175—176页。
[2]《列宁选集》第3卷,人民出版社2012年版,第177页。
[3]《列宁选集》第3卷,人民出版社2012年版,第159页。
[4]《列宁选集》第3卷,人民出版社2012年版,第160页。
[5]《列宁选集》第3卷,人民出版社2012年版,第177页。
[6]《列宁选集》第3卷,人民出版社2012年版,第180页。

发展的影响等等。这就是活生生的历史辩证法。"[1]

第四，重申马克思主义关于国家消亡的理论，针对机会主义和无政府主义的错误主张，强调"无产阶级专政，向共产主义过渡的时期，将第一次提供人民享受的、大多数人享受的民主，同时对少数人即剥削者实行必要的镇压"。

列宁从马克思《哥达纲领批判》的论点出发，把问题概况为："这个专政和民主的关系又是怎样的呢？"[2]

列宁指出：资本主义民主"向前发展，即向共产主义发展，必须经过无产阶级专政"[3]。"而无产阶级专政，即被压迫者先锋队组织成为统治阶级来镇压压迫者，不能仅仅只是扩大民主。除了把民主制度大规模地扩大，使它第一次成为穷人的、人民的而不是富人的民主制度之外，无产阶级专政还要对压迫者、剥削者、资本家采取一系列剥夺自由的措施。为了使人类从雇佣奴隶制下面解放出来，我们必须镇压这些人，必须用强力粉碎他们的反抗，——显然，凡是实行镇压和使用暴力的地方，也就没有自由，没有民主。"[4]

列宁把无产阶级专政下实现的"人民这个大多数享有民主"称作是改变了形态的民主。他说："人民这个大多数享有民主，对人民的剥削者、压迫者实行强力镇压，即把他们排斥于民主之外，——这就是民主在从资本主义向共产主义过渡时改变了的形态。"[5]

列宁认为，只有经过改变了形态的民主以后，国家和民主才开始消亡："只有在共产主义社会中，当资本家的反抗已经彻底粉碎，当资本家已经消失，当阶级已经不存在（即社会各个成员在同社会生产

---

[1]《列宁选集》第3卷，人民出版社2012年版，第181页。
[2]《列宁选集》第3卷，人民出版社2012年版，第188页。
[3]《列宁选集》第3卷，人民出版社2012年版，第190页。
[4]《列宁选集》第3卷，人民出版社2012年版，第190页。
[5]《列宁选集》第3卷，人民出版社2012年版，第191页。

二、列宁对马克思主义国家学说和国家治理理论的发展：从打碎国家机器到建设新型国家

资料的关系上已经没有差别）的时候，——只有在那个时候，'国家才会消失，才有可能谈自由'。只有在那个时候，真正完全的、真正没有任何例外的民主才有可能，才会实现。也只有在那个时候，民主才开始消亡。"[1] 也就是说，"要使国家完全消亡，必须有完全的共产主义"[2]。

列宁对上述三个阶段的民主做了个总结："总之，资本主义社会里的民主是一种残缺不全的、贫乏的和虚伪的民主，是只供富人、只供少数人享受的民主。无产阶级专政，向共产主义过渡的时期，将第一次提供人民享受的、大多数人享受的民主，同时对少数人即剥削者实行必要的镇压。只有共产主义才能提供真正完全的民主，而民主愈完全，它也就愈迅速地成为不需要的东西，愈迅速地自行消亡。"[3]

他还指出："民主和少数服从多数的原则不是一个东西。民主就是承认少数服从多数的国家，即一个阶级对另一个阶级、一部分居民对另一部分居民使用有系统的暴力的组织。""我们的最终目的是消灭国家，也就是消灭任何有组织有系统的暴力，消灭任何加在人们头上的暴力。我们并不期待一个不遵守少数服从多数的原则的社会制度。但是，我们在向往社会主义的同时深信：社会主义将发展为共产主义，而对人们使用暴力，使一个人服从另一个人、使一部分居民服从另一部分居民的任何必要也将随之消失，因为人们将习惯于遵守公共生活的起码规则，而不需要暴力和服从。"[4]

在讨论了专政和民主的关系之后，列宁还讨论了国家是如何消亡的问题。

---

[1]《列宁选集》第3卷，人民出版社2012年版，第191页。
[2]《列宁选集》第3卷，人民出版社2012年版，第196页。
[3]《列宁选集》第3卷，人民出版社2012年版，第191—192页。
[4]《列宁选集》第3卷，人民出版社2012年版，第184—185页。

列宁指出:"国家完全消亡的经济基础就是共产主义的高度发展,那时脑力劳动和体力劳动的对立已经消失,因而现代社会不平等的最重要的根源之一也就消失,而这个根源光靠把生产资料转为公有财产,光靠剥夺资本家,是决不能立刻消除的。"[1]他还指出:"当社会实现'各尽所能,按需分配'的原则时,也就是说,当人们已经十分习惯于遵守公共生活的基本规则,他们的劳动生产率已经极大地提高,以致他们能够自愿地尽其所能来劳动的时候,国家才会完全消亡。"[2]

第五,根据未来革命的需要,阐述了"工农代表苏维埃国家"问题,为俄国十月革命后建立苏维埃社会主义新型国家指明了方向。

列宁在《国家与革命》的第五章还谈到了工农代表苏维埃国家。他说:"剥夺资本家,把全体公民变为一个大'辛迪加'即整个国家的工作者和职员,并使这整个辛迪加的全部工作完全服从真正民主的国家,即工兵代表苏维埃国家。"他把这称作是"目前政治上的迫切问题"。[3]

在写于1917年4月的《无产阶级在我国革命中的任务》中,列宁还根据马克思主义国家学说对苏维埃国家的产生作了阐述,指出:"工兵农等等代表苏维埃目前还没有为人们所理解,这不仅表现在大多数人还不明白苏维埃的阶级意义及其在俄国革命中的作用,而且表现在他们还不明白苏维埃是一种新的国家形式,确切些说,是一种新的国家类型。"[4]他接着说:"最完善最先进的资产阶级国家类型是议会制民主共和国:权力属于议会;国家机器,管理的机构和机关,和往常一样,有常备军、警察以及实际上从不撤换、拥有特权、居于人

---

[1]《列宁选集》第3卷,人民出版社2012年版,第197页。
[2]《列宁选集》第3卷,人民出版社2012年版,第198页。
[3]以上引文见《列宁选集》第3卷,人民出版社2012年版,第199页。
[4]《列宁选集》第3卷,人民出版社2012年版,第47页。

民之上的官吏。""但是从19世纪末开始的革命时代,产生了一种更高类型的民主国家;根据恩格斯的说法,这种国家从某些方面来看已经不成其为国家,'已经不是原来意义上的国家'。这就是巴黎公社类型的国家,它以人民自己的直接武装代替了脱离人民的军队和警察。巴黎公社的实质就在于此。""1905年和1917年的俄国革命开始建立的正是这种国家类型。由全俄人民代表立宪会议或由苏维埃会议统一起来的工兵农等等代表苏维埃共和国,现在在我国已经出现了。它的出现是由于千百万人民的主动,是由于人民按照自己的方式自动地创立民主制度"。[1]

由此,列宁清晰地勾画出一条从资本主义议会制共和国到巴黎公社,再到"工兵农等等代表苏维埃"这一在俄国革命中兴起的一种新的国家类型的发展脉络。

列宁还把巴黎公社类型的国家同旧的国家类型作了比较:一是同旧国家机器的关系根本不同。"从资产阶级议会制共和国回到君主国是非常容易的(历史证明了这一点),因为整个压迫机器——军队、警察、官吏仍然原封不动。而公社和工兵农等等代表苏维埃则打碎并铲除这个机器。"[2]二是国家政权与人民群众的关系不同。"资产阶级议会制共和国限制并压抑群众自主的政治生活,不让群众自下而上地直接参加全部国家生活的民主建设。工兵代表苏维埃则与此相反。"[3]

列宁的结论是:"工兵代表苏维埃再现了巴黎公社所创造的那种国家类型,马克思曾把这种国家类型叫做'终于发现的可以使劳动在经济上获得解放的政治形式'。"[4]

---

[1] 以上引文见《列宁选集》第3卷,人民出版社2012年版,第47—48页。
[2]《列宁选集》第3卷,人民出版社2012年版,第48页。
[3]《列宁选集》第3卷,人民出版社2012年版,第48—49页。
[4]《列宁选集》第3卷,人民出版社2012年版,第49页。

列宁很快就投身到这个最紧迫的革命事业之中,领导革命来把"工兵代表苏维埃国家"这个宏伟的大厦从蓝图变为现实。《国家与革命》的写作就这样中断了。

(二)俄国十月革命开创马克思主义国家学说发展新纪元

俄国十月革命,诞生了世界上第一个无产阶级国家。从此,马克思主义国家学说由理论形态转化为制度形态。而此时的第一个任务,就是果敢地粉碎国内外一切敌对势力的反抗和进攻,捍卫新生的无产阶级政权。而在这个政权巩固之后,国家治理的问题也随之提上日程。

1. 十月革命胜利后的认识

布尔什维克党通过十月革命夺取政权,建立了社会主义性质的苏维埃国家之后,首先面临的问题是如何巩固政权,并迅速掌握经济命脉。

1918年3月7日,列宁在俄共(布)第七次(紧急)代表大会上所作的中央委员会政治报告里,将这个问题突出地提了出来。他是用对比的方式提出问题的。他说:"资产阶级革命和社会主义革命的基本区别之一就在于:对于从封建制度中生长起来的资产阶级革命来说,还在旧制度内部,新的经济组织就逐渐形成起来,逐渐改变着封建社会的一切方面。资产阶级革命面前只有一个任务,就是扫除、摒弃、破坏旧社会的一切桎梏。任何资产阶级革命完成了这个任务,也就是完成它所应做的一切,即加强资本主义的发展。""社会主义革命的情况却完全不同。由于历史进程的曲折而不得不开始社会主义革命的那个国家愈落后,它由旧的资本主义关系过渡到社会主义关系就愈困难。这里除破坏任务以外,还加上了一些空前困难的新任务,即组织任务。"[1]

列宁认为，当前国家组织形式已经确定，这就是苏维埃的组织形式，主要困难在于组织经济工作。他说："社会主义革命和资产阶级革命的区别就在于：在资产阶级革命时已经存在资本主义关系的现成形式，而苏维埃政权，即无产阶级政权，却没有这样现成的关系，有的仅是那些实际上只包括一小部分高度集中的工业而很少触及农业的最发达的资本主义形式。组织计算，监督各大企业，把全部国家经济机构变成一架大机器，变成一个使亿万人都遵照一个计划工作的经济机体，——这就是落在我们肩上的巨大组织任务。"[2]

这里实际上提出了一个问题。一方面，社会主义苏维埃是崭新的社会制度，要彻底打碎资产阶级国家机器；另一方面，能不能从先前的资本主义社会找到由彼达此的过渡桥梁？

还在十月革命前夕，列宁已经在思考这个十分现实的问题。他在写于1917年9月至10月间的《布尔什维克能保持国家政权吗？》一文中指出："在现代国家中，除常备军、警察、官吏这种主要是'压迫性的'机构以外，还有一种同银行和辛迪加关系非常密切的机构，它执行着大量计算登记工作（如果可以这样说的话）。这种机构不能打碎，也用不着打碎。应当使它摆脱资本家的控制，应当割去、砍掉、斩断资本家影响它的线索，应当使它服从无产阶级的苏维埃，使它成为更广泛、更包罗万象、更具有全民性的机构。只要依靠大资本主义所取得的成就（一般说来，无产阶级革命只有依靠这种成就，才能达到自己的目的），这些都是可以做到的。"[3]

他接着分析道："资本主义建立了银行、辛迪加、邮局、消费合

---

[1] 以上引文见《列宁选集》第3卷，人民出版社2012年版，第436页。
[2]《列宁选集》第3卷，人民出版社2012年版，第437页。
[3]《列宁选集》第3卷，人民出版社2012年版，第298页。

作社和职员联合会等这样一些计算机构。没有大银行，社会主义是不能实现的。""大银行是我们实现社会主义所必需的'国家机构'，我们可以把它当做现成的机构从资本主义那里拿过来，而我们在这方面的任务只是砍掉使这个极好机构资本主义畸形化的东西，使它成为更巨大、更民主、更包罗万象的机构。那时候量就会转化为质。统一的规模巨大无比的国家银行，连同它在各乡、各工厂中的分支机构——这已经是十分之九的社会主义机构了。这是全国性的簿记机关，全国性的产品生产和分配的计算机关，这可以说是社会主义社会的骨骼。"[1]

这里，列宁接续了马克思和恩格斯关于打碎国家机器的思路，实际上把资产阶级国家机器分成了两个部分，一个是阶级统治阶级专政的工具，另一个是公共管理的工具。对于前者必须彻底打碎，对于后者则需要保留与改造。列宁提出这个问题，并非仅从抽象的概念或定义出发，而是从帝国主义时期的典型特征出发。这里又回到了列宁提出的帝国主义理论。

同样是在发动十月革命过程中写作的《大难临头，出路何在？》（1917年9月）一文中，列宁论述了通过国家资本主义垄断走向社会主义的问题。他指出："战争异常地加速了垄断资本主义向国家垄断资本主义的转变，从而使人类异常迅速地接近了社会主义，历史的辩证法就是如此。"[2]

从这个论点出发，列宁对"帝国主义是无产阶级社会革命的前夜"[3]的判断作了重要补充："帝国主义战争是社会主义革命的前夜。这不仅因为战争带来的灾难促成了无产阶级的起义（如果社会主义在

---

[1] 以上引文见《列宁选集》第3卷，人民出版社2012年版，第298页。
[2]《列宁选集》第3卷，人民出版社2012年版，第266页。
[3]《列宁选集》第2卷，人民出版社2012年版，第582页。

经济上尚未成熟,任何起义也创造不出社会主义来),而且因为国家垄断资本主义是社会主义的最充分的物质准备,是社会主义的前阶,是历史阶梯上的一级,在这一级和叫做社会主义的那一级之间,没有任何中间级。"[1]

在这里,列宁特别看重"国家垄断资本主义"这个"社会主义的前阶"。这是因为,"如果试一试用革命民主国家,即用采取革命手段摧毁一切特权、不怕以革命手段实现最完备的民主制度的国家来代替容克资本家的国家,代替地主资本家的国家,那又会怎样呢?那你就会看到,真正革命民主国家中的国家垄断资本主义,必然会是走向社会主义的一个或一些步骤!"[2]"因为社会主义无非是从国家资本主义垄断再向前跨进一步。换句话说,社会主义无非是变得有利于全体人民的国家资本主义垄断,就这一点来说,国家资本主义垄断也就不再是资本主义垄断了。"[3]

列宁提出的无产阶级夺取政权后,可以将有利于资产阶级的国家资本主义垄断,变成"有利于全体人民的国家资本主义垄断"的思想,为日后进一步提出新经济政策打开了通道。

为了摆脱社会主义苏维埃国家的困境,列宁提出了向自己的敌人德国学习的口号。他说:"要向德国人学习!历史的发展是迂回曲折的。现在出现了这样的情况:正是德国人,除了体现残暴的帝国主义,同时又体现了纪律、组织、在现代机器工业基础上的紧密协作以及极严格的计算与监督的原则。""而这正是我们所缺少的。这正是我们要学会的。这正是我们伟大革命由胜利的开始经过许多严重考验而走向胜利的结局所缺少的东西。这正是俄罗斯苏维埃社会主义共和国

---

[1]《列宁选集》第3卷,人民出版社2012年版,第266页。
[2]《列宁选集》第3卷,人民出版社2012年版,第265页。
[3] 以上引文见《列宁选集》第3卷,人民出版社2012年版,第265页。

不再做又贫穷又衰弱的国家,而永远成为又强大又富饶的国家所需要的东西。"[1]

这里,列宁提出一个振奋人心的目标,即把社会主义的俄罗斯变成"又强大又富饶的国家",实现该目标的重要途径之一就是向德国人学会"纪律、组织、在现代机器工业基础上的紧密协作以及极严格的计算与监督的原则"。

就是在这样复杂的背景下,经过一系列的思考和实践,列宁在1918年4月写成《苏维埃政权的当前任务》一文,经中央委员会一致通过后正式发表。

尽管这时距离帝国主义国家干涉军被击溃、国内战争结束还有三年多时间,新经济政策的实行也是三年以后的事,但列宁在《苏维埃政权的当前任务》一文里,将"组织对俄国的管理"作为紧迫任务提了出来。他以犀利的目光敏锐地提出,当前"主要的困难是在经济方面:对产品的生产和分配实行最严格的普遍的计算和监督,提高劳动生产率,使生产在事实上社会化"。在第一个任务即"说服大多数人民相信其纲领和策略的正确"大体上已经解决,第二个任务即"夺取政权和镇压剥削者的反抗"远没有彻底完成的情况下,"构成目前时局特点的第三个迫切任务提上了日程,这就是组织对俄国的管理"。[2]"现在提上日程的是恢复被战争和资产阶级统治所破坏的生产力,医治由战争、军事失败、投机活动和资产阶级妄图恢复被推翻的剥削者政权的行径所造成的创伤,发展国家的经济,稳固地维持基本秩序。"[3]

列宁指出:"当时我们不能把管理的方法摆在首要地位来代替镇

---

[1] 以上引文见《列宁选集》第3卷,人民出版社2012年版,第473页。
[2] 以上引文见《列宁选集》第3卷,人民出版社2012年版,第476—477页。
[3]《列宁选集》第3卷,人民出版社2012年版,第478页。

压的方法，还因为管理的艺术并不是人们生来就有，而是从经验中得来的。当时我们还没有这种经验。而现在已经有了。"[1]这表明，列宁已经敏锐地意识到无产阶级政权的主要的任务，已经由镇压敌对势力的反抗，转变为管理国家。

列宁强调："一个社会主义政党能够做到大体上完成夺取政权和镇压剥削者的事业，能够做到直接着手管理任务，这在世界历史上是第一次。我们应该不愧为完成社会主义革命的这个最困难的（也是最能收效的）任务的人。应该考虑到，要有成效地进行管理，除了善于说服，除了善于在内战中取得胜利，还必须善于实际地进行组织工作。这是一项最困难的任务，因为这是要用新的方式去建立千百万人生活的最深刻的经济的基础。这也是一项最能收效的任务，因为只有解决（大体上和基本上解决）这项任务以后，才可以说，俄国不仅成了苏维埃共和国，而且成了社会主义共和国。"[2]

上述内容成为这篇文章的主基调。

列宁还指出："在此以前，居首要地位的是直接剥夺剥夺者的措施。现在居首要地位的是在资本家已被剥夺的那些企业和其余一切企业中组织计算和监督。"[3]列宁把这称为"同资产阶级斗争的新阶段"，认为"无产阶级国家政权利用资产阶级专家来重耕土壤，使它绝不能再生长任何资产阶级这种时代已经来到"[4]。

列宁强调指出："没有各种学术、技术和实际工作领域的专家的指导，向社会主义过渡是不可能的，因为社会主义要求广大群众自觉地在资本主义已经达到的基础上向高于资本主义的劳动生产率迈进。

---

[1]《列宁选集》第3卷，人民出版社2012年版，第481页。
[2]《列宁选集》第3卷，人民出版社2012年版，第477页。
[3]《列宁选集》第3卷，人民出版社2012年版，第480页。
[4]《列宁选集》第3卷，人民出版社2012年版，第482页。

社会主义应该按照自己的方式,用自己的方法——具体些说,用苏维埃的方法——来实现这种迈进。"[1]

如何利用这些专家呢？"国家要利用优秀的组织家和最大的专家只有两种方式：或是按照旧的方式,资产阶级的方式（即付给高额报酬）,或是按照新的方式,无产阶级的方式（即造成全民计算和自下而上的监督的局面,这样就必然而且自然地使这些专家服从,并把他们吸引过来）。"[2]列宁认为,就目前情况看,只能采取旧的资产阶级的方式,这与巴黎公社的原则相比是一种妥协。

在这里,无产阶级建立了自己的国家以后,列宁遇到了如何把握和处理好无产阶级国家或无产阶级专政的两种职能的关系问题。这不仅是理论问题,更是实际问题,而且是关系新生政权生死存亡的重大问题。这就是："在任何社会主义革命中,当无产阶级夺取政权的任务解决以后,随着剥夺剥夺者及镇压他们反抗的任务大体上和基本上解决,必然要把创造高于资本主义的社会结构的根本任务提到首要地位,这个根本任务就是：提高劳动生产率,因此（并且为此）就要有更高形式的劳动组织。"[3]

列宁提出的这个问题,实际上也就是马克思和恩格斯在《共产党宣言》里所说的"无产阶级上升为统治阶级,争得民主"之后,要"把一切生产工具集中在国家即组织成为统治阶级的无产阶级手里,并且尽可能快地增加生产力的总量"。[4]

打碎资产阶级国家机器、确立起无产阶级的统治地位,需要建立强有力的国家政权。提高劳动生产率、确立起无产阶级对经济的领导

---

[1]《列宁选集》第3卷,人民出版社2012年版,第482页。
[2] 以上引文见《列宁选集》第3卷,人民出版社2012年版,第482—483页。
[3]《列宁选集》第3卷,人民出版社2012年版,第490页。
[4]《马克思恩格斯文集》第2卷,人民出版社2009年版,第52页。

地位，同样需要建立强有力的国家政权。而且后者是前者的基础，决定着统治地位的巩固与否和长久与否。

如何提高劳动生产率？列宁提出两个途径。一是"提高劳动生产率，首先需要保证大工业的物质基础，即发展燃料、铁、机器制造业、化学工业的生产"[1]。二是"提高居民群众的文化教育水平"，"提高劳动者的纪律、工作技能、效率、劳动强度，改善劳动组织"。[2]

这里又碰到了和上面的情况相似的问题：资本主义旧的国家机器必须打碎，但是资本主义的先进管理方法还必须以适当的社会主义方式予以保留。

对此，列宁举了"泰罗制"的例子。他说："资本主义在这方面的最新成就泰罗制，同资本主义其他一切进步的东西一样，既是资产阶级剥削的最巧妙的残酷手段，又包含一系列的最丰富的科学成就，它分析劳动中的机械动作，省去多余的笨拙的动作，制定最适当的工作方法，实行最完善的计算和监督方法等等。苏维埃共和国无论如何都要采用这方面一切有价值的科学技术成果。社会主义能否实现，就取决于我们把苏维埃政权和苏维埃管理组织同资本主义最新的进步的东西结合得好坏。应该在俄国组织对泰罗制的研究和传授，有系统地试行这种制度并使之适用。在着手提高劳动生产率的同时，还要考虑到从资本主义到社会主义的过渡时期的特点。这些特点一方面要求为按社会主义方式组织竞赛奠定基础，另一方面要求采取强制手段，使无产阶级专政这个口号不致为无产阶级政权在实践中的软弱无力所玷污。"[3]

列宁在《苏维埃政权的当前任务》一文中，重申了马克思的无产

---

[1]《列宁选集》第3卷，人民出版社2012年版，第490页。
[2] 以上见《列宁选集》第3卷，人民出版社2012年版，第490—491页。
[3]《列宁选集》第3卷，人民出版社2012年版，第491—492页。

阶级专政思想,但和《国家与革命》有所不同的是,这时已经有了打碎旧的国家机器、建立苏维埃国家新政权的初步实践,并根据这些新实践充实了新的认识。

列宁指出,从资本主义向社会主义过渡,主要在两个方面必须有无产阶级专政。一是"无情地镇压剥削者的反抗";二是消除社会混乱现象和经济的严重破坏。[1]但随着武力镇压的结束,在"由一个政治任务向另一个政治任务的过渡"[2]中(列宁认为这"构成目前时局的突出特点"),若干重要工作就要提上日程。

一是建立法制秩序。"随着政权的基本任务由武力镇压转向管理工作,镇压和强制的典型表现也会由就地枪决转向法庭审判。""法院正是吸引全体贫民参加国家管理的机关(因为司法工作是国家管理的职能之一),法院是无产阶级和贫苦农民的权力机关,法院是纪律教育的工具。"[3]

二是形成"最严格的统一意志","使千百人的意志服从于一个人的意志"。"革命刚刚打碎了强加于群众的那种最陈旧、最牢固、最沉重的镣铐。这是昨天的事。但是在今天,同样是这个革命,并且正是为了发展和巩固这个革命,正是为了社会主义,却要求群众无条件服从劳动过程的领导者的统一意志。"列宁认为:"经过领导人民建设新生活的无产阶级先锋队的巨大努力,这个过渡才会实现。"[4]

三是把讨论中的民主与执行中的集中结合起来。列宁强调:"我们的全部任务,被剥削者求解放愿望的自觉代表者共产党(布尔什维克)的任务,就在于认识这个转变,了解这种转变的必然性,领导为

---

[1] 见《列宁选集》第 3 卷,人民出版社 2012 年版,第 496—497、498 页。
[2]《列宁选集》第 3 卷,人民出版社 2012 年版,第 501 页。
[3] 以上引文见《列宁选集》第 3 卷,人民出版社 2012 年版,第 498 页。
[4] 以上引文见《列宁选集》第 3 卷,人民出版社 2012 年版,第 500—501 页。

寻找出路而精疲力竭的群众,引导他们走上正确的道路,即遵守劳动纪律,把开群众大会讨论工作条件同在工作时间无条件服从拥有独裁权力的苏维埃领导者的意志这两项任务结合起来。"[1]

列宁在这里特别阐述了民主与集中的辩证关系:"开群众大会,这也就是劳动者的真正民主,是他们扬眉吐气的机会,是他们觉醒过来投入新生活的行动,是他们在这样一个活动场所的初步行动,他们自己从这个场所清除了恶棍(剥削者、帝国主义者、地主、资本家),他们自己还希望学会按自己的方式,为自己的利益,根据自己的、苏维埃的政权(不是别人的,不是贵族的,不是资产阶级的政权)的原则,整顿这个活动场所。正是要有劳动者战胜剥削者的十月胜利,正是要有由劳动者自己初步讨论新生活条件和新任务的整个历史时期,才能够稳固地过渡到更高形式的劳动纪律,过渡到自觉地领会必须实行无产阶级专政的思想,过渡到在工作时间无条件服从苏维埃政权代表的个人指挥。""这个过渡现在已经开始了。"[2]

四是发展更高类型的民主制即"苏维埃民主制"。列宁在"苏维埃组织的发展"一节里指出:"苏维埃民主制即目前具体实施的无产阶级民主制的社会主义性质就在于:第一,选举人是被剥削劳动群众,排除了资产阶级;第二,废除了选举上一切官僚主义的手续和限制,群众自己决定选举的程序和日期,并且有罢免当选人的完全自由;第三,建立了劳动者先锋队即大工业无产阶级的最优良的群众组织,这种组织使劳动者先锋队能够领导最广大的被剥削群众,吸收他们参加独立的政治生活,根据他们亲身的体验对他们进行政治教育,从而第一次着手使真正全体人民都学习管理,并且开始管理。"[3]他重

---

[1]《列宁选集》第3卷,人民出版社2012年版,第502页。
[2]《列宁选集》第3卷,人民出版社2012年版,第502页。
[3]《列宁选集》第3卷,人民出版社2012年版,第504页。

申:"这就是在俄国实行的民主制的主要特征,这种民主制是更高类型的民主制,是与资产阶级所歪曲的民主制截然不同的民主制,是向社会主义民主制和使国家能开始消亡的条件的过渡。"[1]

高度重视民主,是列宁关于国家学说的一个显著特点,也是他的一贯思想。列宁在写于1916年8月至9月间的《论面目全非的马克思主义和"帝国主义经济主义"》一文中,就强调指出:"没有民主,就不可能有社会主义,这包括两个意思:(1)无产阶级如果不通过争取民主的斗争为社会主义革命作好准备,它就不能实现这个革命;(2)胜利了的社会主义如果不实行充分的民主,就不能保持它所取得的胜利,并且引导人类走向国家的消亡。"[2]

五是提出铲除和防止官僚主义的任务,强调建立"自下而上的监督"。列宁指出:"现在有一种使苏维埃成员变为'议会议员'或变为官僚的小资产阶级趋势。必须吸引全体苏维埃成员实际参加管理来防止这种趋势。"[3]"现在我们愈是要坚决主张有绝对强硬的政权,主张在一定的工作过程中,在履行纯粹执行的职能的一定时期实行个人独裁,就愈是要有多种多样的自下而上的监督形式和方法,以便消除苏维埃政权的一切可能发生的弊病,反复地不倦地铲除官僚主义的莠草。"[4]"正是苏维埃同劳动'人民'的亲密关系,造成一些特殊的罢免形式和另一种自下而上的监督,这些现在应该大力加以发展。"[5]

以上这些思想,预示着从领导革命到开始执政的转变,也预示着从打碎旧的国家机器到建立具有更高类型民主制的新型国家政权的转变,同时也包含着马克思主义国家学说进一步向国家治理方向发展

---

[1]《列宁选集》第3卷,人民出版社2012年版,第504页。
[2]《列宁选集》第2卷,人民出版社2012年版,第782页。
[3]《列宁选集》第3卷,人民出版社2012年版,第504页。
[4]《列宁选集》第3卷,人民出版社2012年版,第506—507页。
[5]《列宁选集》第3卷,人民出版社2012年版,第506页。

转变的开始。遗憾的是,这些思想在当时还未开始实行,就遇到了敌对势力更加严重的挑战,造成比十月革命后更加严重的动荡与破坏。正如列宁所说:"一个新的阶级作为社会的领袖和指导者走上历史舞台时,从来没有不经过极大的'颠簸'、震撼、斗争和风暴时期的,这是一方面;而另一方面,在选择适合新的客观环境的新方法上,也从来没有不经过无把握的步骤、试验、动摇和犹豫时期的。"[1]

2. 苏维埃新生政权稳固后的思考

列宁领导的苏维埃政权,建立起来十分艰难,巩固的历程更加不易。

1918年3月至8月,来自英国、美国、日本等国的干涉军分别从俄国的北部、东部、南部入侵苏俄。

1918年5月,捷克军团在俄国境内叛乱,战火烧到了伏尔加河流域和乌拉尔、西伯利亚广大地区。

1918年11月11日,第一次世界大战结束。随后,获胜的协约国纠集13万兵力,会同俄国白卫军由南向北进攻苏俄。

从1918年11月至1919年上半年,在协约国支持下,俄国国内又先后发生高尔察克、邓尼金、尤登尼奇等人的叛乱。

面对强大的敌人,列宁领导的苏维埃政权开展了顽强的斗争。苏俄红军自1918年初刚刚组建起来,到1919年春就发展到150万人,在工农群众广泛支持下,先后取得击溃协约国干涉军,粉碎高尔察克、邓尼金、尤登尼奇等反动军队,挫败波兰军队的入侵等重大胜利。到1920年秋,国内战争基本结束,苏维埃政权基本稳固。

这是列宁和新生苏维埃国家的一个历史转折点。列宁期盼的"管

---

[1]《列宁选集》第3卷,人民出版社2012年版,第494页。

理俄国"的新的历史任务，终于有了付诸实施的可能。用列宁的话来说，"目前，我们正在认真地做准备工作，为社会主义建设扫清地基"[1]。

这一时期，列宁对马克思主义国家学说的阐发，仍然是从打破人们对国家的盲目崇拜开始的。这是因为，对国家这一貌似超然于社会之上的强力机构的崇拜由来已久、根深蒂固，尤其是像俄国这样长期深受沙皇专制统治的国家更是如此。同时，苏维埃政权连续三年处于内外交困的险境，迫不得已采取许多强制性措施，也使得部分民众和一些知识分子对新生苏维埃政权产生了不少误解，一些敌对势力乘机挑拨生事。

1919年7月11日，列宁来到斯维尔德洛夫共产主义大学演讲，题目就是《论国家》。他开宗明义就指出："国家问题是一个最复杂最难弄清的问题，也可说是一个被资产阶级的学者、作家和哲学家弄得最混乱的问题。"[2]"这个问题所以被人弄得这样混乱，这样复杂，是因为它比其他任何问题更加牵涉到统治阶级的利益（在这一点上它仅次于经济学中的基本问题）。国家学说被用来为社会特权辩护，为剥削的存在辩护，为资本主义的存在辩护，因此，在这个问题上指望人们公正无私，以为那些自称具有科学性的人会给你们拿出纯粹科学的见解，那是极端错误的。"[3]"人们崇拜国家达到了迷信的地步，相信国家是全民政权的陈词滥调；无产阶级就是要扔掉这个叫做国家的机器，并且指出这是资产阶级的谎言。"[4]

在这篇演讲中，列宁依据马克思主义国家学说论述了国家的起

---

[1]《列宁选集》第4卷，人民出版社2012年版，第48页。
[2]《列宁选集》第4卷，人民出版社2012年版，第24页。
[3]《列宁选集》第4卷，人民出版社2012年版，第26页。
[4]《列宁选集》第4卷，人民出版社2012年版，第40页。

源、国家的类型、国家与各种形态的阶级社会的关系以及国家的本质,着重分析了建立在资本主义社会基础之上的各种国家形式。

这篇演讲最为重要的观点有两个。

一是提出资本主义"国家的统治形式可以各不相同"[1],但本质不会改变。"资产阶级的共和制、议会和普选制,所有这一切,从全世界社会发展来看,是一大进步。人类走到了资本主义,而只有资本主义,凭借城市的文化,才使被压迫的无产者阶级有可能认清自己的地位,创立世界工人运动,造就出在全世界组织成政党的千百万工人,建立起自觉地领导群众斗争的社会主义政党。没有议会制度,没有选举制度,工人阶级就不会有这样的发展。因此,这一切东西在广大群众的眼中具有很大的意义。"[2]

二是强调无产阶级的使命是从资产阶级那里夺取国家机器、掌握国家机器,直到"消灭一切剥削""才会把这个机器毁掉"。"我们已经从资本家那里把这个机器夺了过来,由自己掌握。我们要用这个机器或者说这根棍棒去消灭一切剥削。到世界上再没有进行剥削的可能,再没有土地占有者和工厂占有者,再没有一部分人吃得很饱而一部分人却在挨饿的现象的时候,就是说,只有到再没有发生这种情形的可能的时候,我们才会把这个机器毁掉。那时就不会有国家了,就不会有剥削了。这就是我们共产党的观点。"[3]

上述两个观点对列宁思想发展有很大影响。

1919年10月30日,列宁写了一篇总结苏维埃政权成立两年来基本经验的文章,题为《无产阶级专政时代的经济和政治》。他在文章开头写道:"在苏维埃政权成立两周年快要到来的时候,我曾打算用

---

[1]《列宁选集》第4卷,人民出版社2012年版,第37页。
[2]《列宁选集》第4卷,人民出版社2012年版,第38页。
[3]《列宁选集》第4卷,人民出版社2012年版,第40页。

本文题目写一本小册子。但因忙于日常工作,直到现在还只是为某些部分作了初步的准备。所以,我决定试一试,把我认为是这个问题上最重要的思想,简单扼要地叙述一下。"[1]

列宁根据两年来的斗争实践,总结了苏维埃政权建设和无产阶级专政的哪些经验呢?

第一,精确描述了"在资本主义和共产主义之间有一个过渡时期"即"无产阶级专政时代"的具体特点。

列宁指出:"这个过渡时期不能不兼有这两种社会经济结构的特点或特性。这个过渡时期不能不是衰亡着的资本主义与生长着的共产主义彼此斗争的时期,换句话说,就是已被打败但还未被消灭的资本主义和已经诞生但还非常幼弱的共产主义彼此斗争的时期。"[2]

对于这个过渡时期,马克思在《哥达纲领批判》里已经从理论上预见到了,称之为"政治上的过渡时期",并且提出"这个时期的国家只能是无产阶级的革命专政"[3]。列宁根据实践做出的新贡献在于以下两点。一是这个过渡时期,不仅体现在"政治上",还体现在经济上;二是这个过渡时期,是一个新旧力量"彼此斗争的时期",能够确保新的力量胜利实现过渡的正是无产阶级专政。

列宁指出:"无产阶级推翻资产阶级就是朝着消灭阶级的方向迈进了最有决定意义的一步,而无产阶级要完成这一事业,就应当利用国家政权机关来继续进行阶级斗争,就应当对被推翻了的资产阶级和动摇不定的小资产阶级采用斗争、影响、诱导等不同的方法来继续进行阶级斗争。"[4]

---

[1]《列宁选集》第 4 卷,人民出版社 2012 年版,第 59 页。
[2]《列宁选集》第 4 卷,人民出版社 2012 年版,第 59 页。
[3]《马克思恩格斯文集》第 3 卷,人民出版社 2009 年版,第 445 页。
[4]《列宁选集》第 4 卷,人民出版社 2012 年版,第 69 页。

第二，结合俄国的具体实际，进一步阐述了无产阶级专政有多种多样的实现形式的思想。

早在写于1916年8月至9月间的《论面目全非的马克思主义和"帝国主义经济主义"》一文中，列宁就提出了这一思想。他首先举出资本主义国家的例子，指出："甚至现代帝国主义的托拉斯和银行，尽管在发达的资本主义的条件下到处同样不可避免，但在不同国家里其具体形式却并不相同。美、英、法、德这些先进的帝国主义国家的政治形式更加各不相同，虽然它们在本质上是一样的。"接着便论述了无产阶级专政有多种多样的实现形式的思想，指出："在人类从今天的帝国主义走向明天的社会主义革命的道路上，同样会表现出这种多样性。一切民族都将走向社会主义，这是不可避免的，但是一切民族的走法却不会完全一样，在民主的这种或那种形式上，在无产阶级专政的这种或那种形态上，在社会生活各方面的社会主义改造的速度上，每个民族都会有自己的特点。"[1]

一年以后，十月革命前夕的1917年8月至9月间，列宁在《国家与革命》中再次提出："从资本主义向共产主义过渡，当然不能不产生非常丰富和多样的政治形式，但本质必然是一样的：都是无产阶级专政。"[2]

两年以后，列宁又一次强调这一论点。不同的是，这时已经有了领导苏维埃政权的实践。列宁指出："由于我国十分落后而且具有小资产阶级的性质，俄国的无产阶级专政必然有一些不同于先进国家的特点。但是俄国的基本力量以及社会经济的基本形式却是同任何资本主义国家一样的，所以这些特点能涉及的只是非最主要的方面。"[3]

---

[1] 以上引文见《列宁选集》第2卷，人民出版社2012年版，第777页。
[2]《列宁选集》第3卷，人民出版社2012年版，第140页。
[3]《列宁选集》第4卷，人民出版社2012年版，第60页。

第三，苏维埃国家政权在过渡时期，要把"一下子"解决与逐步解决严格区分开来。

这是只有通过实践才能认识到并且切实解决的重大原则问题。列宁指出，在过渡时期，"凡是一下子可以办到的事情，我们用革命的打击一下子都办到了。例如，在无产阶级专政的第一天，即1917年10月26日（1917年11月8日），就废除了土地私有制，无偿地剥夺了大土地所有者。在几个月内，又同样无偿地剥夺了几乎所有的大资本家即工厂、股份企业、银行、铁路等等的占有者。由国家来组织工业大生产，从'工人监督'过渡到'工人管理'工厂、铁路，——这基本上已经实现了"。但是，另外一些事情，则要逐渐办到。"但在农业方面，事情还只是刚刚开始（办'国营农场'，即由工人国家在国有土地上办的大农场）。同样，把小农组织成各种协作社这一从小商品农业过渡到共产主义农业的办法，也刚刚开始实行。由国家组织产品分配来代替私营商业这件事，即由国家收购粮食供应城市、收购工业品供应农村这件事，也是这样。"[1]

列宁在文章里还指出："社会主义就是消灭阶级。为此，无产阶级专政已做了它能做的一切。但是要一下子消灭阶级是办不到的。""在无产阶级专政时代，阶级始终是存在的。"[2]在这个问题上，能够马上办到的是："为了消灭阶级，首先就要推翻地主和资本家。这一部分任务我们已经完成了，但这只是任务的一部分，而且不是最困难的部分。"[3]不能一下子办到的是："为了消灭阶级，其次就要消灭工农之间的差别，使所有的人都成为工作者。这不是一下子能够办到的。这是一个无比困难的任务，而且必然是一个长期的任务。这个

---

[1] 以上引文见《列宁选集》第4卷，人民出版社2012年版，第61页。
[2]《列宁选集》第4卷，人民出版社2012年版，第66页。
[3] 以上引文见《列宁选集》第4卷，人民出版社2012年版，第64页。

二、列宁对马克思主义国家学说和国家治理理论的发展：
从打碎国家机器到建设新型国家

任务不能用推翻哪个阶级的办法来解决。要解决这个任务，只有把整个社会经济在组织上加以改造，只有从个体的、单独的小商品经济过渡到公共的大经济。这样的过渡必然是非常长久的。采用急躁轻率的行政手段和立法手段，只会延缓这种过渡，给这种过渡造成困难。只有帮助农民大大改进以至根本改造全部农业技术，才能加速这种过渡。"[1]列宁强调："战胜了资产阶级的无产阶级在对农民的政策中应当始终不渝地贯彻以下基本路线：无产阶级应当把劳动者农民和私有者农民，即把种地的农民和经商的农民、劳动的农民和投机的农民区别开来，划分开来。""这种划分就是社会主义的全部实质所在。"[2]

第四，在无产阶级专政下，民主也进入了崭新的阶段，阶级斗争也上升到了更高的阶段，而使一切形式都服从它。

列宁认为："在无产阶级专政时代，阶级依然存在，但每个阶级都起了变化，它们相互间的关系也起了变化。在无产阶级专政条件下，阶级斗争并不消失，只是采取了别的形式。"[3]

一是无产阶级与剥削者阶级的关系。"在无产阶级专政下，剥削者阶级，即地主和资本家阶级，还没有消失，也不可能一下子消失。剥削者已被击溃，可是还没有被消灭。"除了同国际资本的联系以及广泛的社会联系外，"管理国家、军事和经济的'艺术'，使他们具有很大很大的优势，所以他们的作用比他们在人口中所占的比重要大得多"。[4]

二是无产阶级与农民的关系。"农民和任何小资产阶级一样，在无产阶级专政下也处于中间地位：一方面，他们是由劳动者要求摆脱地主资本家压迫的共同利益联合起来的、人数相当多的（在落后的俄

---

[1]《列宁选集》第4卷，人民出版社2012年版，第64—65页。
[2] 以上引文见《列宁选集》第4卷，人民出版社2012年版，第65页。
[3]《列宁选集》第4卷，人民出版社2012年版，第67页。
[4] 以上引文见《列宁选集》第4卷，人民出版社2012年版，第67页。

国是极多的）劳动群众；另一方面，他们又是单独的小业主、小私有者、小商人。这样的经济地位必然使他们在无产阶级与资产阶级之间摇摆不定。"[1]

在阶级社会里，民主实质上是各个阶级在国家政权中的地位和关系的总和。因此，民主不可能具有绝对的、超阶级的内容。"从无产阶级的观点看来，问题只能这样提：是不受哪个阶级压迫的自由？是哪一个阶级同哪一个阶级的平等？是私有制基础上的民主，还是废除私有制的斗争基础上的民主？如此等等。"[2]

正是在对过渡时期无产阶级同其他阶级的关系做了以上分析后，列宁得出的结论是："在无产阶级专政下，民主也进入了崭新的阶段，阶级斗争也上升到了更高的阶段，而使一切形式都服从它。"[3]

3. 管理国家、建设国家任务的提出

当国内和平逐渐降临后，列宁清醒地看到，随着苏维埃政权在军事上的胜利，同国内外敌对势力的生死较量将会转移战场，从军事战场转移到经济建设和国家管理战场。而后者恰恰是苏维埃国家的"软肋"。因此，从1920年起，列宁在许多场合反复强调要向资产阶级学习管理国家的重要性。这些论述可以反映出这一时期苏维埃国家的主要任务，正在从巩固政权向管理国家、建设国家转变。这一转变的总趋势，势必将朝着新经济政策调整的方向发展。

1920年3月29日，列宁在俄共（布）第九次代表大会上代表中央委员会所作的报告中指出："现在，就在举行这次代表大会的时候，我们正经历着也许又是一个最巨大、最急剧而尚未完结的从战争向和

---

[1]《列宁选集》第4卷，人民出版社2012年版，第67页。
[2]《列宁选集》第4卷，人民出版社2012年版，第68页。
[3]《列宁选集》第4卷，人民出版社2012年版，第68页。

平转变的关头。"[1] "现在的任务是要把无产阶级所能集中的一切力量,把无产阶级的绝对统一的力量都投到经济建设这一和平任务上去,都投到恢复被破坏了的生产这一任务上去。"[2]

无产阶级国家如何进行管理,如何进行经济建设,这是一个崭新的课题。列宁在这一时期的探索与思考中,逐渐形成了初步的思路。

第一,无产阶级国家要在所有制上实现根本性、决定性转变。这是管理国家、建设国家的前提条件。

1920年3月29日,列宁在俄共(布)第九次代表大会上代表中央委员会所作的报告中指出:"当一个阶级取代了另一个阶级的时候,它也改变了同所有制的关系。"[3] "现在的阶级统治表现在什么地方呢?无产阶级的统治表现在废除了地主和资本家的所有制。以前所有一切宪法,以至最民主的共和宪法的精神和基本内容都归结在所有制这一点上。""我们实际解决了所有制问题,这样也就保证了阶级统治。后来,宪法把实际生活中解决了的废除资本家和地主的所有制的问题记载下来,并补充说:宪法规定,工人阶级比农民有更多的权利,而剥削者则没有丝毫权利,——这样宪法就记载了我们业已实行的本阶级的统治,靠了这一点我们才保持了同劳动者的一切阶层和一切小的集团的联系。"[4] 他还强调说:"关于所有制以及哪一个阶级领导的问题,只有阶级统治能够决定。谁要是像我们经常所见的那样把阶级统治的表现问题同民主集中制问题搅在一起,那他就要造成莫大的混乱,以致任何工作都无法顺利进行。"[5]

第二,要向资产阶级学习管理国家。

---

[1] 《列宁选集》第4卷,人民出版社2012年版,第117页。
[2] 《列宁选集》第4卷,人民出版社2012年版,第121页。
[3] 《列宁选集》第4卷,人民出版社2012年版,第123页。
[4] 以上引文见《列宁选集》第4卷,人民出版社2012年版,第122、123页。
[5] 《列宁选集》第4卷,人民出版社2012年版,第123页。

列宁将建立统治地位与学会管理国家严格区分开，前者是无产阶级推翻资产阶级统治的问题，后者则是需要向被推翻的资产阶级学习的问题。

1920年3月15日，列宁在全俄水运工人第三次代表大会上的讲话中说："每当我考虑这个问题的时候，我总想说：工人向资产阶级学习得还不够。"[1]"请看一看，资产阶级是怎样管理国家的呢？它是怎样组织资产阶级这个阶级的呢？"[2]"英国的和美国的资产阶级是最聪明最富有的；英国资产阶级在许多方面比美国资产阶级更有经验，更善于管理。英国资产阶级在实行最大限度的个人独裁，发挥最大限度的管理效率，把权力完全控制在本阶级手里，这难道没有给我们提供一个范例吗？"[3]他强调："任何管理工作都需要有特殊的本领。有的人可以当一个最有能力的革命家和鼓动家，但是完全不适合做一个管理人员。凡是熟悉实际生活、阅历丰富的人都知道：要管理就要懂行，就要精通生产的全部情况，就要懂得现代水平的生产技术，就要受过一定的科学教育。这就是我们无论如何都应当具备的条件。"[4]

这里，列宁看到了一种历史现象：国家是具有某种继承性的。无产阶级国家的专政职能，主要依靠打碎旧的国家机器来重新建立；而无产阶级国家的管理职能，则主要依靠利用旧政权中的管理人才，可以而且必须将有利于管理和建设新国家的有益经验继承下来。

列宁指出："我们知道，什么东西也不会从天上掉下来；我们知道，共产主义是从资本主义成长起来的，只有用资本主义遗留下来的东西才能建成共产主义，诚然，这些东西是很糟糕的，但是没有别的

---

[1]《列宁选集》第4卷，人民出版社2012年版，第103页。

[2]《列宁选集》第4卷，人民出版社2012年版，第103—104页。

[3]《列宁选集》第4卷，人民出版社2012年版，第104页。

[4]《列宁选集》第4卷，人民出版社2012年版，第105页。

东西。"[1]"因此就要实事求是地提出管理问题。……要学习自己的实际经验,也要向资产阶级学习。他们善于保持自己的阶级统治,他们有我们不可缺少的经验;拒绝吸取这种经验,就是妄自尊大,就会给革命造成极大的危害。"[2]

第三,要珍视和使用好从旧社会培养出来的管理专家和技术专家。

列宁意识到,不仅国家管理有一定的历史继承性,而且人才也有继承性。他提出:"应该珍视每一个专家,把他们看做技术和文化的唯一财富,没有这份财富,什么共产主义也不可能实现。"[3]

1920年3月29日,列宁在俄共(布)第九次代表大会上代表中央委员会所作的报告中,提醒大家注意资产阶级取代封建主义时起用封建统治时期管理人才的例子:"难道你们以为资产阶级取代封建主义之后,它就把国家和管理混为一谈了吗?没有的事,他们不是这样的傻瓜,他们说:要管理就要有善于管理的人才,为此我们就要起用封建主,要改造他们。他们就这样做了。这样做难道错了吗?同志们,不是的,管理的本领不会从天上掉下来,不会凭空就有的,不会因为这个阶级是先进阶级,于是一下子就有了管理的本领。我们从实例中看到:资产阶级刚胜利时,它是起用另一个阶级即封建阶级出身的人做管理工作的,否则它就无人可用。要清醒地观察事物:资产阶级曾起用先前那个阶级的人才,而我们现在也有同样的任务——善于吸取、掌握、利用先前那个阶级的知识和素养,为本阶级的胜利而运用这一切。所以我们说,获得胜利的阶级应当是成熟的阶级,可是成熟性不是用文字或证书所能证明的,而是要由经验和实践来证

---

[1]《列宁选集》第4卷,人民出版社2012年版,第107页。
[2]《列宁选集》第4卷,人民出版社2012年版,第106页。
[3]《列宁选集》第4卷,人民出版社2012年版,第107页。

明的。"[1]

列宁还提醒大家注意资产阶级是如何培养自己的管理人才的。他说:"资产者获得了胜利,但当时还不会管理,他们是这样保障自己的胜利的:宣布新宪法,从本阶级中征募管理人员,开始学习,同时利用先前那个阶级的管理人员,并且开始训练和培养自己的新人去做管理工作,为此而运用了全部国家机构,取缔旧的封建机关,让富人进学校,这样经过许多年,经过几十年,他们就把本阶级的管理人员培养出来了。"[2]

借鉴资产阶级的历史经验,列宁提出既要使用原有管理人才,又要培养自己的管理人才的办法:"要建设共产主义,就必须掌握技术,掌握科学,并为了更广大的群众而运用它们,而这种技术和科学只有从资产阶级那里才能获得。应当把这个基本问题突出地提出来,应当把它作为经济建设的基本任务提出来。我们应当借助于被我们推翻了的那个阶级出身的人来从事管理,自然,这些人满脑子都是他们本阶级的偏见,我们应当重新教育他们。同时,我们应当从本阶级队伍中征集自己的管理人员。我们要运用全部国家机构,使学校、社会教育、实际训练都在共产党员领导之下为无产者、为工人、为劳动农民服务。"[3]

第四,发展无产阶级文化,需要吸收和改造资产阶级时代最宝贵的成就。

列宁也看到了文化建设上的继承性。1920年10月,他在《关于无产阶级文化》中指出:"马克思主义这一革命无产阶级的意识形态赢得了世界历史性的意义,是因为它并没有抛弃资产阶级时代最宝贵

---

[1]《列宁选集》第4卷,人民出版社2012年版,第123—124页。
[2]《列宁选集》第4卷,人民出版社2012年版,第124页。
[3]《列宁选集》第4卷,人民出版社2012年版,第124—125页。

的成就，相反却吸收和改造了两千多年来人类思想和文化发展中一切有价值的东西。只有在这个基础上，按照这个方向，在无产阶级专政（这是无产阶级反对一切剥削的最后的斗争）的实际经验的鼓舞下继续进行工作，才能认为是发展真正的无产阶级文化。"[1]

第五，总结苏维埃政权建设经验，对无产阶级国家政权总的结构作了完整概括。

1920年4月至5月间，列宁在《共产主义运动中的"左派"幼稚病》这部重要著作中，根据"从实现专政的实践"，概括了"无产阶级国家政权总的结构"[2]。列宁的概括，按他自己的话说是"'从上面'来看"的。他说："领袖，政党、阶级、群众间的相互关系，以及无产阶级专政和无产阶级政党同工会的关系，现时在我国具体表现如下。"[3]

第一层：无产阶级专政、无产阶级、无产阶级政党的关系。"专政是由组织在苏维埃中的无产阶级实现的，而无产阶级是由布尔什维克共产党领导的。"[4]

第二层：无产阶级政党内部关系，即党代表大会、中央委员会、组织局和政治局的关系。"我们党每年召开一次代表大会（最近一次代表大会，每1000个党员选代表1人参加），由大会选出19人组成中央委员会领导全党，而且在莫斯科主持日常工作的则是更小的集体，即由中央全会选出的所谓'组织局'和'政治局'，各由5名中央委员组成。这样一来，就成为最地道的'寡头政治'了。"[5]

第三层：国家机关和党中央的关系。"我们共和国的任何一个国

---

[1]《列宁选集》第4卷，人民出版社2012年版，第299页。
[2]《列宁选集》第4卷，人民出版社2012年版，第159页。
[3]《列宁选集》第4卷，人民出版社2012年版，第157页。
[4]《列宁选集》第4卷，人民出版社2012年版，第157页。
[5]《列宁选集》第4卷，人民出版社2012年版，第157页。

家机关没有党中央的指示,都不得决定任何一个重大的政治问题或组织问题。"[1]

第四层:无产阶级政党和工会的关系。"党直接依靠工会来进行自己的工作。……工会形式上是一种非党的组织,而实际上大多数工会的领导机构,首先当然是全俄总工会的中央机构或常务机构(全俄工会中央理事会),都由共产党员组成,执行党的一切指示。总之,这是一个形式上非共产党的、灵活而较为广泛的、极为强大的无产阶级机构。党就是通过这个机构同本阶级和群众保持密切联系的;阶级专政就是通过这个机构在党的领导下实现的。如果没有同工会的极密切的联系,没有工会的热烈支持,没有工会不仅在经济建设方面,而且在军事建设方面奋不顾身的工作,那么别说我们能管理国家和实行专政两年半,就是两个半月也不成。"[2]

第五层:县苏维埃代表大会。"党的全部工作当然都是通过不分职业而把劳动群众团结在一起的苏维埃来进行的。县苏维埃代表大会这种民主机构,就是在资产阶级世界最好的民主共和国里也是前所未见的;通过这种代表大会(党对这种代表大会极为关注),以及通过经常把觉悟工人派往乡村担任各项职务的办法,来实现无产阶级对农民的领导作用,实现城市无产阶级的专政,即对富有的、资产阶级的、进行剥削和投机的农民展开经常的斗争等等。"[3]

这一概括,既表明马克思提出的关于无产阶级专政的思想实现了由理论形态向实践形态和国家制度形态的跨越,也表明无产阶级专政的主要职能开始由暴力革命阶段向国家治理阶段转变。这在马克思主义国家学说发展史上具有重要意义。

---

[1]《列宁选集》第4卷,人民出版社2012年版,第157页。
[2]《列宁选集》第4卷,人民出版社2012年版,第157—158页。
[3]《列宁选集》第4卷,人民出版社2012年版,第158—159页。

（三）新经济政策施行与苏维埃国家治理的新发展

以 1921 年 3 月俄共（布）第十次代表大会为标志，列宁领导苏维埃俄国开始了从战时共产主义政策向新经济政策的历史性转变。这一转变带来的深刻影响和变化，不仅是经济上的，也包括指导思想与治国理念上的重大变化。

1.《论粮食税》的新思路

1921 年 3 月至 4 月间，列宁写了《论粮食税》这篇阐述新经济政策的经典之作。从国家治理的角度审视这篇著作，值得关注的至少有以下几点。

第一，国家政策的制定与调整一定要和社会经济结构成分相符合。

列宁指出："从资本主义向社会主义过渡可以有各种不同的形式，这要取决于国内是大资本主义关系占优势，还是小经济占优势。""如果一个国家大工业占优势，或者即使不占优势，但是十分发达，而且农业中的大生产也很发达，那么直接向共产主义过渡是可能的。没有这种条件，向共产主义过渡在经济上是不可能的。"[1] "在一个小农生产者占人口大多数的国家里，实行社会主义革命必须通过一系列特殊的过渡办法，这些办法在工农业雇佣工人占大多数的发达的资本主义国家里，是完全不需要采用的。"[2]

列宁之所以果断作出以实物税代替余粮收集制、停止战时共产主义政策转而实行新经济政策的决定，主要依据正在于此。因此，列宁在《论粮食税》里，首先便大段摘引了 1918 年 5 月 5 日（也就是近

---

[1] 以上引文见《列宁选集》第 4 卷，人民出版社 2012 年版，第 464 页。
[2]《列宁选集》第 4 卷，人民出版社 2012 年版，第 444—445 页。

三年前）他在《论"左派"幼稚性和小资产阶级性》一文中的论述。这一大段论述，列宁后来还多次引用过，可见他对这一论述中提出的论断的重视。

在列宁摘引的这段论述中，他是这样提出问题的："俄国现有各种社会经济结构成分究竟是怎样的。"他认为，"问题的全部关键就在这里"。[1]

列宁列举了以下五种成分："（1）宗法式的，即在很大程度上属于自然经济的农民经济；（2）小商品生产（这里包括大多数出卖粮食的农民）；（3）私人资本主义；（4）国家资本主义；（5）社会主义。""俄国幅员如此辽阔，情况如此复杂，社会经济结构中的所有这些不同的类型都互相错综地交织在一起，特点就在这里。"[2]

由此可见，对于俄国社会经济结构成分的深入了解和分析，既是实行新经济政策的主要客观依据，也是有效进行国家治理的基本前提。

第二，重新审视和调整社会主义与国家资本主义的关系。

列宁早在1917年9月写的《大难临头，出路何在？》一文中就提出："国家垄断资本主义是社会主义的最充分的物质准备，是社会主义的前阶，是历史阶梯上的一级，在这一级和叫作社会主义的那一级之间，没有任何中间级。"[3]"因为社会主义无非是从国家资本主义垄断再向前跨进一步。换句话说，社会主义无非是变得有利于全体人民的国家资本主义垄断，就这一点来说，国家资本主义垄断也就不再

---

[1] 以上引文见《列宁选集》第4卷，人民出版社2012年版，第490页。又见《列宁选集》第3卷，第522页。

[2]《列宁选集》第4卷，人民出版社2012年版，第490页。又见《列宁选集》第3卷，第522页。

[3]《列宁选集》第3卷，人民出版社2012年版，第266页。

是资本主义垄断了。"[1]

经过苏维埃国家的三年实践,特别是形成对俄国社会经济结构成分的正确判断后,列宁得出这样的结论:"如果用'国家资本主义'等这些经济范畴的术语来说,究竟是谁和谁进行这一斗争呢?按我刚才列举的次序,是第四种成分和第五种成分作斗争吗?当然不是。在这里不是国家资本主义同社会主义作斗争,而是小资产阶级和私人资本主义合在一起,既同国家资本主义又同社会主义作斗争。小资产阶级抗拒任何的国家干涉、计算与监督,不论它是国家资本主义的还是国家社会主义的。这是丝毫不容争辩的事实,'左派共产主义者'在经济问题上的错误的根源就在于不了解这一事实。"[2] "不经过国家资本主义和社会主义所共有的东西(全民的计算和监督),就不能从俄国现时的经济情况前进"[3]。

列宁这样提出问题:"苏维埃国家即无产阶级专政能不能同国家资本主义结合、联合和并存呢?"[4] 答案是肯定的。在现阶段,苏维埃国家应当促使社会主义同国家资本主义合作。列宁举出两条理由。第一,"国家资本主义在经济上大大高于我国现时的经济";"第二,国家资本主义中没有任何使苏维埃政权感到可怕的东西,因为苏维埃国家是工人和贫民的权力得到保障的国家"。[5] 他的结论是:"工人阶级一经学会了怎样保卫国家秩序来反对小私有者的无政府性,一经学会了怎样根据国家资本主义原则来整顿好全国性的大生产组织,那时就会掌握全副王牌(恕我如此来形容),社会主义的巩固就有了保

---

[1]《列宁选集》第3卷,人民出版社2012年版,第265页。
[2]《列宁选集》第3卷,人民出版社2012年版,第522页。
[3]《列宁选集》第3卷,人民出版社2012年版,第527页。
[4]《列宁选集》第4卷,人民出版社2012年版,第504页。
[5] 以上引文见《列宁选集》第3卷,人民出版社2012年版,第525页。

证。"[1]"让小私有者的无政府状态继续下去就是最大、最严重的危险，它无疑会葬送我们（如果我们不战胜它的话），而付给国家资本主义较多的贡赋，不仅不会葬送我们，反会使我们通过最可靠的道路走向社会主义。"[2]

第三，重新审视和调整无产阶级与农民的关系。

列宁认为："1921年春天形成了这样的政治形势：要求必须立刻采取迅速的、最坚决的、最紧急的办法来改善农民的生活状况和提高他们的生产力。"[3]"现在最迫切的就是采取那种能够立刻提高农民经济生产力的办法。只有经过这种办法才能做到既改善工人生活状况，又巩固工农联盟，巩固无产阶级专政。""要做到这点，就非认真改变粮食政策不可。这种改变就是用粮食税来代替余粮收集制"。[4]

在列宁看来，改行粮食税就是巩固工农联盟的重要措施："在小农国家内实现本阶级专政的无产阶级，其正确政策是要用农民所必需的工业品去换取粮食。只有这样的粮食政策才能适应无产阶级的任务，只有这样的粮食政策才能巩固社会主义的基础，才能使社会主义取得完全的胜利。""粮食税就是向这种粮食政策的过渡。"[5]"粮食税，是从极度贫困、经济破坏和战争迫使我们所实行的特殊的'战时共产主义'向正常的社会主义的产品交换过渡的一种形式。而正常的社会主义的产品交换，又是从带有小农占人口多数所造成的种种特点的社会主义向共产主义过渡的一种形式。"[6]

第四，通过各种途径使资本主义以前的各种关系过渡到社会

---

[1]《列宁选集》第3卷，人民出版社2012年版，第525页。
[2]《列宁选集》第3卷，人民出版社2012年版，第524—525页。
[3]《列宁选集》第4卷，人民出版社2012年版，第500页。
[4] 以上引文见《列宁选集》第4卷，人民出版社2012年版，第501页。
[5]《列宁选集》第4卷，人民出版社2012年版，第502页。
[6]《列宁选集》第4卷，人民出版社2012年版，第501页。

主义。

列宁认为:"全部问题,无论是理论上的还是实践上的问题,在于找出正确的方法,即应当怎样把不可避免的(在一定程度上和在一定期限内不可避免的)资本主义的发展纳入国家资本主义的轨道,靠什么条件来做成这件事,怎样保证在不久的将来把国家资本主义变成社会主义。"[1]

列宁提出至少可以采取四种方式。第一种是租让制。"就各种社会经济结构及其相互关系来看,苏维埃制度下的租让是什么呢? 这就是苏维埃政权即无产阶级的国家政权为反对小私有者的(宗法式的和小资产阶级的)自发势力而和国家资本主义订立的一种合同、同盟或联盟。承租人就是资本家。他按资本主义方式经营,是为了获得利润,他同意和无产阶级政权订立合同,是为了获得高于一般利润的额外利润,或者是为了获得用别的办法得不到或极难得到的原料。苏维埃政权获得的利益,就是发展生产力,就是立刻或在最短期间增加产品数量。""苏维埃政权'培植'租让制这种国家资本主义,就是加强大生产来反对小生产,加强先进生产来反对落后生产,加强机器生产来反对手工生产,增加可由自己支配的大工业产品的数量(即提成),加强由国家调整的经济关系来对抗小资产阶级无政府状态的经济关系。"[2]

列宁认为:"租让政策一旦获得成功,就会使我们获得为数不多,但却具有现代先进资本主义水平的模范的——和我们的相比较——大企业;经过几十年以后,这些企业就会完全归我们所有。"[3]

第二种是合作社。列宁认为,这是小商品生产者合作社,势必产生出小资产阶级和资本主义的关系,因而比国家资本主义要复杂一些。

---

[1]《列宁选集》第4卷,人民出版社2012年版,第504页。
[2] 以上引文见《列宁选集》第4卷,人民出版社2012年版,第505页。
[3]《列宁选集》第4卷,人民出版社2012年版,第508页。

"租让的基础是大机器工业,合作社的基础则是手工的、部分甚至是宗法式的小生产。"尽管如此,"在苏维埃政权下,'合作制'资本主义和私人资本主义不同,是国家资本主义的一个变种,正因为如此,所以目前它对我们是有利的,有好处的,当然这只是在一定程度上"[1]。

列宁对合作社的积极作用给予了充分肯定:"由租让向社会主义过渡,是由一种大生产形式向另一种大生产形式过渡。由小业主合作社向社会主义过渡,则是由小生产向大生产过渡,就是说,是比较复杂的过渡,但是它一旦获得成功,却能包括比较广大的居民群众,却能把根深蒂固的旧的关系,社会主义以前的,甚至资本主义以前的即最顽固地反抗一切'革新'的那些关系彻底铲除。""合作制政策一旦获得成功,就会使我们把小经济发展起来,并使小经济比较容易在相当期间内,在自愿联合的基础上过渡到大生产。"[2]

第三种是"国家把作为商人的资本家吸引过来,付给他们一定的佣金,由他们来销售国家的产品和收购小生产者的产品"[3]。

第四种是"国家把国有的企业或油田、林区、土地等租给企业资本家,而且租借合同与租让合同极为相似"[4]。

列宁总结提出以上四种过渡到大生产的方式,贯穿着一个基本思路:"同社会主义比较,资本主义是祸害。但同中世纪制度、同小生产、同小生产者涣散性引起的官僚主义比较,资本主义则是幸福。既然我们还不能实现从小生产到社会主义的直接过渡,所以作为小生产和交换的自发产物的资本主义,在一定程度上是不可避免的,所以我们应该利用资本主义(特别是要把它纳入国家资本主义的轨道)作为

---

[1] 以上引文见《列宁选集》第4卷,人民出版社2012年版,第507页。
[2] 以上引文见《列宁选集》第4卷,人民出版社2012年版,第508页。
[3]《列宁选集》第4卷,人民出版社2012年版,第508页。
[4]《列宁选集》第4卷,人民出版社2012年版,第508页。

小生产和社会主义之间的中间环节,作为提高生产力的手段、途径、方法和方式。"[1]

列宁的结论是:"只要无产阶级牢牢掌握着政权,牢牢掌握着运输业和大工业,无产阶级政权在这方面就没有什么可以害怕的。"[2]

综上所述,列宁的《论粮食税》的发表,是一个转折点。从此,苏维埃国家管理和国家建设进入有序发展阶段,苏俄社会主义发展也从用革命武装捍卫国家政权阶段转入和平建设时期。尽管当时许多国家政策还处在摸索和调整的不稳定阶段,但人们普遍从这种不稳定中看到的是希望,看到的是国家正在逐步走上正轨,逐步进入稳定状态。

新经济政策还带来了苏维埃国家治理方式的改变。1921年10月14日,列宁在《十月革命四周年》一文中回顾说:"三四年来我们稍稍学会了实行急剧的转变(在需要急剧转变的时候),现在我们开始勤奋、细心、刻苦地(虽然还不够勤奋,不够细心,不够刻苦)学习实行一种新的转变,学习实行'新经济政策'。无产阶级国家必须成为一个谨慎、勤勉、能干的'业主',成为一个精明的批发商,否则,就不能使这个小农国家在经济上站稳脚跟。现在,在我们和资本主义的(暂时还是资本主义的)西方并存的条件下,没有其他道路可以过渡到共产主义。批发商这类经济界人物同共产主义似乎有天壤之别。但正是这类矛盾在实际生活中能把人们从小农经济经过国家资本主义引导到社会主义。同个人利益结合,能够提高生产;我们首先需要和绝对需要的是增加生产。批发商业在经济上把千百万小农联合起来,引起他们经营的兴趣,把他们联系起来,把他们引导到更高的阶段:实现生产中各种形式的联系和联合。"[3]

---

[1]《列宁选集》第4卷,人民出版社2012年版,第510页。
[2]《列宁选集》第4卷,人民出版社2012年版,第524页。
[3]《列宁选集》第4卷,人民出版社2012年版,第570页。

2.《论合作社》和《论我国革命——评尼·苏汉诺夫的札记》等的再思考

《论合作社》是列宁在 1923 年 1 月初口授而成的文章,着重论述了合作社在新经济政策中的地位和作用。

经过新经济政策实践,列宁对合作社的地位和作用有了新的认识,开始感到对合作社关注不够。他说:"我们改行新经济政策时做得过头的地方,并不在于我们过分重视自由工商业的原则;我们改行新经济政策时做得过头的地方,在于我们忘记了合作社,在于我们现在对合作社仍然估计不足"[1]。

对于合作社的性质,列宁指出:"毫无疑问,合作社在资本主义国家条件下是集体的资本主义机构。同样毫无疑问,在我国目前的经济现实中,当我们把私人资本主义企业(但必须是建立在公有土地上的,必须是处在工人阶级的国家政权监督下的)同彻底的社会主义类型的企业(无论生产资料或企业占用的土地以及整个企业都属于国家)连接起来的时候,这里也就出现了第三种企业的问题,即合作企业的问题,从原则意义上说,这种企业以前是没有起过独立作用的。……在我国现存制度下,合作企业与私人资本主义企业不同,合作企业是集体企业,但与社会主义企业没有区别,如果它占用的土地和使用的生产资料是属于国家即属于工人阶级的。"[2]

在这里,列宁提出两个对于苏维埃国家具有划时代意义的任务,一是改造从旧时代接收过来的国家机关,二是对农民实行完全合作化。他指出:"我们面前摆着两个划时代的主要任务。第一个任务就是改造我们原封不动地从旧时代接收过来的简直毫无用处的国家机关;这种机关,我们在五年来的斗争中还来不及也不可能来得及认真

---

[1]《列宁选集》第 4 卷,人民出版社 2012 年版,第 768 页。
[2]《列宁选集》第 4 卷,人民出版社 2012 年版,第 772 页。

二、列宁对马克思主义国家学说和国家治理理论的发展：
从打碎国家机器到建设新型国家

加以改造。我们的第二个任务就是在农民中进行文化工作。这种在农民中进行的文化工作，就其经济目的来说，就是合作化。要是完全实现了合作化，我们也就在社会主义基地上站稳了脚跟。但完全合作化这一条件本身就包含有农民（正是人数众多的农民）的文化水平的问题，就是说，没有一场文化革命，要完全合作化是不可能的。"[1]

由此，列宁还看到了实现文化革命的希望："我们的敌人曾不止一次地对我们说，我们在一个文化不够发达的国家里推行社会主义是冒失行为。但是他们错了，我们没有从理论（一切书呆子的理论）所规定的那一端开始，我们的政治和社会变革成了我们目前正面临的文化变革、文化革命的先导。""现在，只要实现了这个文化革命，我们的国家就能成为完全社会主义的国家了。但是这个文化革命，无论在纯粹文化方面（因为我们是文盲）或物质方面（因为要成为有文化的人，就要有相当发达的物质生产资料的生产，要有相当的物质基础），对于我们来说，都是异常困难的。"[2]

从《论合作社》一文本身的内容看，列宁对合作社的性质和地位作用的判断，与《论粮食税》时期相比，又前进了一大步。而从苏维埃国家职能的角度看，从新经济政策提出时通过国家资本主义与社会主义的联盟来渡过经济难关开始，到通过粮食税、合作社等巩固工农联盟，再到对从旧时代接收过来的国家机关进行改造，再到通过合作化使广大农村和农民实现文化革命，并使政治和社会变革成为文化变革、文化革命的先导，最终为成为完全社会主义的国家打下必要的物质基础、政治基础和文化基础。这样一条清晰而完整的思路和发展链条，在《论合作社》中体现出来。通过这样一条苏维埃国家发展逻辑，体现出国家职能的深刻变化：专政职能在继续发挥作用的同时，

---

[1]《列宁选集》第 4 卷，人民出版社 2012 年版，第 773 页。
[2] 以上引文见《列宁选集》第 4 卷，人民出版社 2012 年版，第 773、774 页。

国家管理职能和国家建设职能日益凸显。这正是新经济政策给苏维埃国家治理理念和行为带来的新变化。

在此前后,列宁还在1922年5月20日口授的《论"双重"领导和法制——给约·维·斯大林并转政治局的信》中,强调法制统一的极端重要性。他在批评法制上的"双重"领导主张时指出:"法制不能有卡卢加省的法制,喀山省的法制,而应是全俄统一的法制,甚至是全苏维埃共和国联邦统一的法制"[1]。

列宁认为,应当把法制与工业管理、行政管理区别开来。"在那些需要好好考虑确实存在着无可避免的差别的地方,必须实行'双重'领导。卡卢加省的农业和喀山省的不同。整个工业的情况也是如此。整个行政管理情况也是如此。在所有这些问题上不考虑到地方的特点,就会陷入官僚主义的集中制等等,就会妨碍地方工作人员考虑地方的差别,而这种考虑是进行合理工作的基础。"[2]

列宁强调,法制的原则是必须统一。"法制只能有一种,而我们的全部生活中和我们的一切不文明现象中的主要弊端就是纵容古老的俄罗斯观点和半野蛮人的习惯,他们总希望保持同喀山省法制不同的卡卢加省法制。应该记住,检察机关和任何行政机关不同,它丝毫没有行政权,对任何行政问题都没有表决权。检察长有权利和有义务做的只有一件事:注意使整个共和国对法制有真正一致的理解,不管任何地方差别,不受任何地方影响。"[3]"如果我们不坚决实行这个确立全联邦统一法制所必需的最起码的条件,那就根本谈不上什么维护和创立文明了。"[4]

---

[1]《列宁选集》第4卷,人民出版社2012年版,第702页。
[2]《列宁选集》第4卷,人民出版社2012年版,第702页。
[3]《列宁选集》第4卷,人民出版社2012年版,第702页。
[4]《列宁选集》第4卷,人民出版社2012年版,第702—703页。

在这里，法制统一问题的提出，也恰恰表明国家治理问题已成为苏维埃国家工作中的主要任务。

新经济政策的实施，市场贸易的繁荣，也催生了一批新兴的富人，被称为"耐普曼"。对这些人怎么看？一时成为引人关注的问题。1922年11月，列宁在《答〈曼彻斯特卫报〉记者阿·兰塞姆问》一文中，回答了这些问题。

列宁指出："从表面看，新经济政策后最引人注目的一点，就是这种'耐普曼'即您所写的'买东西和卖东西'的人登上了前台。""'耐普曼'，如果要用这个词的话，与其说是政治经济学上的严肃用语，不如说是报纸上的戏语，他们掀起的喧嚣远远超过他们的经济力量。因此，如果有人把继经济力量之后必定出现政治力量这个简单化了的历史唯物主义原理用在我国'耐普曼'的身上，那么我担心他会大错而特错，甚至会成为许多荒谬可笑的误解的牺牲品。"[1]

列宁强调一个基本的事实，这就是：新经济政策的提出者、制定者和实行者都是无产阶级国家。"新经济政策的真正实质在于：第一，无产阶级国家准许小生产者有贸易自由；第二，对于大资本的生产资料，无产阶级国家采用资本主义经济学中叫作'国家资本主义'的一系列原则。"[2]

《论我国革命——评尼·苏汉诺夫的札记》一文，是列宁于1923年1月16日和17日口授而成的。这篇文章继续阐发了《论合作社》中提出的"文化革命"思想。针对的依然是第二国际一些人所说的"俄国生产力还没有发展到可以实行社会主义的高度"。

列宁指出："世界历史发展的一般规律，不仅丝毫不排斥个别发展阶段在发展的形式或顺序上表现出特殊性，反而是以此为前提的。

---

[1] 以上引文见《列宁选集》第4卷，人民出版社2012年版，第712、713页。
[2] 《列宁选集》第4卷，人民出版社2012年版，第713页。

他们甚至没有想到,例如,俄国是个介于文明国家和初次被这场战争最终卷入文明之列的整个东方各国即欧洲以外各国之间的国家,所以俄国能够表现出而且势必表现出某些特殊性,这些特殊性当然符合世界发展的总的路线,但却使俄国革命有别于以前西欧各国的革命,而且这些特殊性到了东方国家又会产生某些局部的新东西。"[1]

通过上述分析可以发现,列宁在论述无产阶级专政可以有多种实现形式时反复强调,正是世界历史发展一般规律与具体发展的特殊性的交互作用,才造成了人类历史发展的多样性与丰富性。

接着,列宁以苏维埃国家的例证斩钉截铁地说:"既然建立社会主义需要有一定的文化水平(虽然谁也说不出这个一定的'文化水平'究竟是什么样的,因为这在各个西欧国家都是不同的),我们为什么不能首先用革命手段取得达到这个一定水平的前提,然后在工农政权和苏维埃制度的基础上赶上别国人民呢?"[2]

值得注意的是,列宁的这些论断,不仅仅是理论分析,更重要的是有新经济政策的成功和苏维埃国家治理的初步成效作支撑,因而讲起来格外有底气,格外有自信。

3. 改组工农检查院

工农检查院是当时苏维埃国家的监察机关,1920年2月由国家监察人民委员部改组而成。主要任务是依靠广大工农群众和专家中的积极分子,对国家机关、经济管理机关、社会团体的活动进行监督,推动这些机关克服官僚主义和拖拉作风,检查苏维埃政府法令和决议的执行情况等。

1920年4月至5月间,列宁在《共产主义运动中的"左派"幼稚

---

[1]《列宁选集》第4卷,人民出版社2012年版,第776页。
[2]《列宁选集》第4卷,人民出版社2012年第3版修订版,第777页。

病》这篇重要著作中，对工农检查院寄予很大希望。他说："我们认为通过工会来联系'群众'还是不够的。在我们的革命进程中，实践创造了一种机构，这就是非党工农代表会议，我们正在全力支持、发展和推广这种机构，以便考察群众的情绪，接近群众，答复群众的要求，从群众当中提拔优秀的人才来担任公职等等。最近颁布的关于把国家监察人民委员部改组为'工农检查院'的法令中，有一项法令就授权这种非党的代表会议选出国家监察委员来担任各种检查工作等等。"[1]

经过一段时间的实践，列宁发现工农检查院的实际效果并不理想。1922年12月26日，他在给党的第十二次代表大会的信中说："起初由工农检查院行使这一职能[2]，但它实际上不能胜任，只是成了这些中央委员的'附属品'，或者在一定条件下成了他们的助手。"[3]

列宁在三天后口授的另一封信里，进一步提出："我觉得，工农检查院（由于它自身的发展，也由于我们对它的发展吃不透）结果出现了我们现在所看到的情况，这就是从一个特殊的人民委员部变为执行中央委员的特殊职能的过渡状态，从检查一切的机关变为人数不多但属第一流的检查员的集合体，这些检查员应当得到较高的报酬（在我们这个收费的时代，在检查员直接在报酬较高的机关工作的情况下，这样做是特别必要的）。"[4]

列宁希望使党的中央委员会委员与工农检查院中"这些知识丰富的做检查工作的专家"配合起来工作。他提出："如果中央委员的人数适当增加，他们在高度熟练的专家和在各部门都有很高威信的工农检查院成员的帮助下，年复一年地学习国家管理的课程，那么，我认

---

[1]《列宁选集》第4卷，人民出版社2012年第3版修订版，第158页。
[2]这里指检查、改善和改造国家机关的职能。——笔者注
[3]《列宁选集》第4卷，人民出版社2012年第3版修订版，第747页。
[4]《列宁选集》第4卷，人民出版社2012年第3版修订版，第749页。

为，我们一定能够成功地解决我们长期未能解决的这一任务。""就是说，结果是中央委员增加到100人，他们的助手，即按照他们的指示检查工作的工农检查院成员，最多不超过400—500人。"[1]

1923年1月23日，列宁在《我们怎样改组工农检查院（向党的第十二次代表大会提出的建议）》中，正式提出了改组工农检查院的建议。这一建议的核心目的，就是实行他在《论合作社》中所说的另一项对于苏维埃国家具有划时代意义的任务，即改造从旧时代接收过来的国家机关。

列宁指出："我们国家机关及其改善的问题，是一个非常困难、远未解决同时又亟待解决的问题。""我们的国家机关，除了外交人民委员部，在很大程度上是旧事物的残余，极少有重大的改变。这些机关仅仅在表面上稍微粉饰了一下，而从其他方面来看，仍然是一些最典型的旧式国家机关。"[2]他举了国内战争时期把党的优秀力量集中在红军里的例子，认为我们也应当按这个路子去寻找改组工农检查院的办法。

列宁提出的改组计划，是把中央监察委员会同改组后的工农检查院结合起来。这个计划包括：第一步，"从工人和农民中选出75—100名（这当然是大致的数字）新的中央监察委员。当选者也像一般中央委员一样，应该经过党的资格审查，因为他们也应享有中央委员的一切权利。"[3]第二步，"把工农检查院的职员缩减到300—400人，这些职员要经过专门考查，看他们是否认真负责，是否了解我们的国家机关，同时还要经过专门考验，看他们是否了解科学组织劳动特别是管理、办公等方面劳动的原理。"[4]

---

[1] 以上引文见《列宁选集》第4卷，人民出版社2012年版，第749页。
[2] 以上引文见《列宁选集》第4卷，人民出版社2012年版，第779页。
[3]《列宁选集》第4卷，人民出版社2012年版，第780页。
[4]《列宁选集》第4卷，人民出版社2012年版，第780页。

列宁强调："按照我的计划，工农检查院留下来的300—400个职员，一方面要在工农检查院其他委员和增派来的中央监察委员会委员的领导下做纯粹秘书性的工作，另一方面，他们应该是高度熟练、经过特别审查、非常可靠的人，同时要给他们很高的薪金，使他们完全摆脱目前工农检查院官员们的真正不幸的（如果不说得更重的话）处境。""我相信，把职员减少到我所说的那个数目，会使工农检查院工作人员的质量和整个工作的质量提高许多倍，同时也会使人民委员和部务委员有可能集中全力安排工作，有步骤地、不断地提高工作质量，而提高工作质量对于工农政权和我们苏维埃制度是绝对必要的。"[1]

列宁这一计划的最大特点，是把改组工农检查院和提高党的中央委员会的威信结合起来通盘考虑。他说："把工农检查院和中央监察委员会这样结合起来，对于两个机关都有好处。一方面，工农检查院因此能获得很高的、至少不亚于我们外交人民委员部的威信。另一方面，我们的中央委员会就会同中央监察委员会一起最终走上变成党的最高代表会议的道路"[2]。

他还说："我们中央委员会已经形成为一个严格集中的和威信很高的集体，但是这个集体的工作条件还和它的威信不相称。我提出的改革必将有助于改变这种状况。有一定的人数必须出席政治局每次会议的中央监察委员会的委员们，应该形成一个紧密的集体，这个集体应该'不顾情面'，应该注意不让任何人的威信，不管是总书记，还是某个其他中央委员的威信，来妨碍他们提出质询，检查文件，以至做到绝对了解情况并使各项事务严格按照规定办事。"[3]

为了提高工农检查院的威信和效率，同时也考虑到"官僚主义者

---

[1] 以上引文见《列宁选集》第4卷，人民出版社2012年版，第781页。
[2]《列宁选集》第4卷，人民出版社2012年版，第780页。
[3]《列宁选集》第4卷，人民出版社2012年版，第782—783页。

不仅在我们苏维埃机关里有,而且在我们党的机关里也有",列宁还提出一个问题:"怎么可以把党的机关和苏维埃机关结合起来呢?"[1]

列宁认为,这种结合不仅必须,而且可行。他说:"真的,为了工作的利益,为什么不把两种机关结合起来呢?在外交人民委员部这样的人民委员部里,这种结合带来了极大的好处,并且从一开始就是这么做的","我想,在我们对外政策方面证明正确和确立起来的东西,已经成为惯例而在这个部门已毫无疑问的东西,对于我们的一切国家机关至少是同样适用的(而我认为是更为适用的)"。[2]

列宁认为,应当在中央政府中设立工农检查院,并把党的中央监察委员会同工农检查院结合起来,从而使"党的机关和苏维埃机关结合"。他指出:"工农检查院本来就是为我们的一切国家机关而设的,它的活动应毫无例外地涉及所有一切国家机构:地方的、中央的、商业的、纯公务的、教育的、档案的、戏剧的等等——总之,各机关一无例外。""对于活动范围这样广,又需要活动方式非常灵活的机关,为什么不能容许它用特殊的形式把党的监察机关同苏维埃的监察机关合并起来呢?"[3]

说到改组工农检查院、强调效率和反对官僚主义的原因,列宁指出:"我们的文明程度也还够不上直接向社会主义过渡,虽然我们已经具有这样做的政治前提。我们必须坚持这样的策略,或者说,为了自救必须采取下面的政策。"[4]

——"我们应当努力建成这样一个国家,在这个国家里工人能够保持他们对农民的领导,保持农民对他们的信任,并通过大力节约把

---

[1] 以上引文见《列宁选集》第4卷,人民出版社2012年版,第792页。
[2] 以上引文见《列宁选集》第4卷,人民出版社2012年版,第792页。
[3] 以上引文见《列宁选集》第4卷,人民出版社2012年版,第792页。
[4] 以上引文见《列宁选集》第4卷,人民出版社2012年版,第796页。

自己社会关系中任何浪费现象的任何痕迹铲除干净。"[1]

——"我们应当使我们的国家机关厉行节约。我们应当把沙皇俄国及其资本主义官僚机关大量遗留在我们国家机关中的一切浪费现象的痕迹铲除干净。"[2]

列宁认为:"只有这样,我们才能够——打个比喻说——从一匹马上跨到另一匹马上,就是说,从农民的、庄稼汉的、穷苦的马上,从指靠破产的农民国家实行节约的马上,跨到无产阶级所寻求的而且不能不寻求的马上,跨到大机器工业、电气化、沃尔霍夫水电站工程等等的马上。""我们将能够不是在小农国家的水平上,不是在这种普遍的局限性的水平上坚持下去,而是在不断地前进、向着大机器工业前进的水平上坚持下去。"[3]

由此可见,列宁通过改组工农检查院,实际上是想逐步建立与实行新经济政策相适应的国家行政领导体制。其意义不亚于新经济政策的实行。

根据列宁的意见,1923年4月召开的俄共(布)第十二次代表大会,接受了中央委员会所拟定的关于组织问题和《关于工农检查院和中央监察委员会的任务》的决议案,还增加了中央委员会和中央监察委员会的成员,决定成立中央监察委员会—工农检查院这一党和苏维埃的联合监察机构。

就在列宁提出改组工农检查院建议的同时,他还提出赋予国家计划委员会以立法职能的建议。

1922年12月27日,列宁在《关于赋予国家计划委员会以立法职能》的口授信中说:"我是这样设想这一步骤的:应该使国家计

---

[1]《列宁选集》第4卷,人民出版社2012年版,第797页。
[2]《列宁选集》第4卷,人民出版社2012年版,第797页。
[3]以上引文见《列宁选集》第4卷,人民出版社2012年版,第797页。

委员会的决定不被通常的苏维埃审议程序推翻，改变决定要有特别程序，例如，把问题提交全俄中央执行委员会常会，根据特别指令对需要改变决定的问题进行准备，根据特别条例写出报告，来权衡国家计划委员会的这个决定是否应该取消，以及对改变国家计划委员会的问题的决定规定特别的期限，等等。"[1]他还提出："领导国家计划委员会的人应该是这样的人，他是有科学修养的人，也就是在技术或农艺方面有修养的人，在技术或农艺方面有几十年实际工作的丰富经验。我想这种人应当具有的主要不是行政才能，而是吸收人才的广泛经验和能力。"[2]

在1922年12月29日的另一封信里，列宁还强调："我们的国家计划委员会正在全面发展成为专家委员会。这种机关的领导人不能不是在技术方面具有丰富经验和多种科学修养的人。这种机关的行政管理力量实质上应当是辅助性的。从这种科学机关的权威来看，国家计划委员会必须具有一定的独立性和自主性，而能否具有这种独立性和自主性取决于一点，这就是它的工作人员是否认真负责和勤勤恳恳地努力实现我们的经济和社会建设计划。"[3]

列宁的这个建议没有立即实行。但它的提出，反映了苏维埃国家在管理国家、建设国家的过程中，日益重视国家对经济工作进行有效领导的总趋势。同时也反映出，在国家职能上，领导建设国家的权重在逐渐加大。

4. 加强中央委员会的领导问题

列宁始终坚持加强党对苏维埃国家机关的领导，对各种弱化党中

---

[1]《列宁选集》第4卷，人民出版社2012年版，第750页。
[2]《列宁选集》第4卷，人民出版社2012年版，第751页。
[3]《列宁选集》第4卷，人民出版社2012年版，第753页。

央集中统一领导的倾向保持高度警惕。

1922年5月,在讨论"检察机关受'双重'领导还是只受中央机关领导"[1]时,列宁强调,党中央的"这三个机关是反对地方影响和个人影响的最大保证,这三个机关就是中央组织局、中央政治局和中央监察委员会,而且最后这个机关,即中央监察委员会,只对党的代表大会负责,它的委员不得在任何人民委员部、任何一个主管机关以及任何苏维埃政权机关中兼任任何职务。显然,在这种条件下,我们就有了迄今所设想过的一切保证中的最大保证,使党建立起一个不大的中央领导机构,能够实际地抵制地方影响,地方的和其他一切的官僚主义,使全共和国、全联邦真正统一地实行法制。也正因为如此,这个中央司法领导机构可能发生的错误,我们党为全共和国的党和苏维埃的全部工作订出一切基本概念和基本准则的那几个机关会立即就地加以纠正"[2]。

出于对"防止中央委员会一小部分人的冲突对党的整个前途产生过分大的影响"的担心,1922年12月23日,在党的第十二次代表大会前夕,列宁口授了《给代表大会的信》,提出:"我很想建议在这次代表大会上对我们的政治制度作一系列的变动。""首先我建议把中央委员人数增加到几十人甚至100人。如果我们不实行这种改革,我想,一旦事态的发展不是对我们十分有利(而我们不能寄希望于十分有利这一点上),我们的中央委员会就会遭到很大的危险。"[3]

列宁强调说:"至于第一点,即增加中央委员的人数,我想,为了提高中央委员会的威信,为了认真改善我们的机关,为了防止中央委员会一小部分人的冲突对党的整个前途产生过分大的影响,这样做

---

[1]《列宁选集》第4卷,人民出版社2012年版,第703页。
[2]《列宁选集》第4卷,人民出版社2012年版,第704页。
[3] 以上引文见《列宁选集》第4卷,人民出版社2012年版,第743页。

是必要的。""这种改革会大大加强我们党的巩固性，会有助于它在敌对国家中间进行斗争，据我看，这种斗争在最近几年内可能而且一定会大大尖锐化。我想，采取了这样的措施，我们党的稳定性将增强千倍。"[1]

在第二天即1922年12月24日口授的另一封信里，列宁把他的担心说得更加明确："我说的稳定性是指保障在最近时期不出现分裂，我打算在这里谈一下对纯粹个人特性的一些看法。""我想，从这个角度看，稳定性的问题基本在于像斯大林和托洛茨基这样的中央委员。依我看，分裂的危险，一大半是由他们之间的关系构成的，而这种分裂是可以避免的，在我看来，把中央委员人数增加到50人，增加到100人，这应该是避免分裂的一种办法。"[2]

列宁继续说："斯大林同志当了总书记，掌握了无限的权力，他能不能永远十分谨慎地使用这一权力，我没有把握。另一方面，托洛茨基同志，正像他在交通人民委员部问题上反对中央的斗争所证明的那样，不仅具有杰出的才能。他个人大概是现在的中央委员会中最有才能的人，但是他又过分自信，过分热衷于事情的纯粹行政方面。""现时中央两位杰出领袖的这两种特点会出人意料地导致分裂，如果我们党不采取措施防止，那么分裂是会突然来临的。"[3]

后来的事态发展，证明列宁的担忧是有根据、有道理的。

这以后，列宁的注意力转到了如何使党的中央委员会成为党的最高权力机关上。

1923年1月23日，列宁在向党的第十二次代表大会提出的《我们怎样改组工农检查院》一文中，对中央委员会提出这样的希望：

---

[1] 以上引文见《列宁选集》第4卷，人民出版社2012年版，第743—744页。
[2] 以上引文见《列宁选集》第4卷，人民出版社2012年版，第744—745页。
[3] 以上引文见《列宁选集》第4卷，人民出版社2012年，第745页。

"我党中央全会已有发展成为党的一种最高代表会议的趋势。它现在平均每两月至多开会一次,至于日常工作,大家知道,则由我们的政治局、我们的组织局、我们的书记处等等以中央委员会的名义处理。我认为,我们应当走完这条已经走上的道路,把中央全会完全变成党的最高代表会议,每两月开会一次,有中央监察委员会参加。而这个中央监察委员会要根据下述条件同改组后的工农检查院的基本部分结合起来。"[1]"实际上中央委员会已经走上这条道路,而为了在以下两方面正确地完成自己的任务,它应当沿着这条道路走到底:一方面,使它的组织和工作有计划、有目的、有系统,另一方面,通过我国工农中的优秀分子同真正广大的群众联系起来。"[2]

前面提到,列宁的考虑,是把提高党的中央委员会的威信同改组工农检查院结合起来。他指出:"由于这种改革,我们中央委员会本身所得到的好处无疑不会少于工农检查院,这个好处就是,中央委员会能增进同群众的联系,使它的工作更有条理、更扎实。那时就能够(而且一定会)在准备政治局会议方面规定更严格更负责的制度。中央监察委员会应有一定人数的委员出席这种会议,其人数视某一时期或某一组织计划而定。"[3]

列宁还指出:"经过这种改革,中央委员和中央监察委员能更好地了解情况、在政治局会议以前能更好地进行准备(凡与政治局会议有关的文件,一律应在会议前24小时送交中央委员会和中央监察委员会的各委员,刻不容缓的事情除外,这类事情要通过特别程序通知中央委员会委员和中央监察委员会委员并加以解决)。我认为,除了上述政治上的好处以外,还有一个好处,就是在我们中央委员会里纯

---

[1]《列宁选集》第4卷,人民出版社2012年版,第779—780页。
[2]《列宁选集》第4卷,人民出版社2012年版,第780页。
[3]《列宁选集》第4卷,人民出版社2012年版,第782页。

粹个人因素和偶然情况的影响会减少，从而分裂的危险也会减少。"[1]

以上这些改革举措，实际上揭开了俄共（布）党的领导制度改革的序幕。

（四）列宁的划时代贡献

列宁在帝国主义和无产阶级革命新时代下，进一步丰富和发展马克思主义国家学说，并将无产阶级专政理论进一步向社会主义新型国家治理的理论与实践推进。

列宁不仅亲自领导了俄国十月革命，缔造了人类历史上第一个社会主义新型国家，而且还在领导俄国苏维埃政权建设实践中进一步形成了社会主义国家治理的理论。也就是说，列宁不仅在实践中具体解决了马克思、恩格斯提出的如何打碎资产阶级国家机器的问题，而且在理论上与实践上具体探索了无产阶级如何有效管理社会主义新型国家的重大历史课题，为马克思主义国家治理理论既增添了如何打碎旧的国家机器的成功实践，更增添了有关社会主义新型国家如何治理的新内容。

就马克思主义国家学说的坚持和发展来说，列宁作出了以下突出贡献。

第一，无产阶级革命所建立起来的社会主义新型国家，在政治形式上应当是最完全的民主，并要探索"彻底发展民主"的各种形式。

列宁在《国家与革命》中，提出了社会主义新型国家应当是新型民主的和新型专政的国家的论点，指出："这个时期的国家就不可避免地应当是新型民主的（对无产者和一般穷人是民主的）和新型专政

---

[1]《列宁选集》第4卷，人民出版社2012年版，第782页。

的(对资产阶级是专政的)国家。"[1]这种新型的国家可以"把民主制度大规模地扩大,使它第一次成为穷人的、人民的而不是富人的民主制度"[2]。"人民群众在文明社会史上破天荒第一次站起来了,不仅独立地参加投票和选举,而且独立地参加日常管理。"[3]这种最完全民主的政治形式的实现,必须有工农联盟作为阶级基础。"打碎这个机器,摧毁这个机器,——这就是'人民',人民的大多数,即工人和大多数农民的真正利益,这就是贫苦农民同无产者自由联盟的'先决条件',而没有这个联盟,民主就不稳固,社会主义改造就没有可能。"[4]"公社用来代替被打碎的国家机器的,似乎'仅仅'是更完全的民主:废除常备军,一切公职人员完全由选举产生并完全可以罢免。但是这个'仅仅',事实上意味着两类根本不同的机构的大更替。在这里恰巧看到了一个'量转化为质'的例子:民主实行到一般所能想象的最完全最彻底的程度,就由资产阶级民主转化成无产阶级民主,即由国家(=对一定阶级的特殊的镇压力量)转化成一种已经不是原来意义上的国家的东西。"[5]这种"已经不是原来意义上的国家",就是开始"自行消亡"的无产阶级国家,即列宁所说的"半国家"[6]。他认为,从打碎资产阶级国家机器到建立无产阶级国家,存在一个界限。"在这个界限上,彻底的民主变成了社会主义,同时也要求实行社会主义。"[7]

列宁并没有把无产阶级国家的民主固定为一种形式,而是提出了

---

[1]《列宁选集》第3卷,人民出版社2012年版,第140页。
[2]《列宁选集》第3卷,人民出版社2012年版,第190页。
[3]《列宁选集》第3卷,人民出版社2012年版,第217页。
[4]《列宁选集》第3卷,人民出版社2012年版,第145页。
[5]《列宁选集》第3卷,人民出版社2012年版,第147页。
[6]《列宁选集》第3卷,人民出版社2012年版,第124页。
[7]《列宁选集》第3卷,人民出版社2012年版,第180页。

探索多种形式的任务。他强调指出:"彻底发展民主,找出彻底发展的种种形式,用实践来检验这些形式等等,这一切都是为社会革命进行斗争的基本任务之一。任何单独存在的民主制度都不会产生社会主义,但在实际生活中民主制度永远不会是'单独存在',而总是'共同存在'的,它也会影响经济,推动经济的改造,受经济发展的影响等等。这就是活生生的历史辩证法。"[1]

第二,无产阶级民主要有广泛代表人民意愿的代表机构,这个代表机构必须"由清谈馆变为'实干的'机构"。工兵农代表苏维埃应当是社会主义新型国家机构。

无产阶级民主的实现,需要有相应的代表机构。列宁指出:"没有代表机构,我们不可能想象什么民主,即使是无产阶级民主;而没有议会制,我们却能够想象和应该想象"[2]。"摆脱议会制的出路,当然不在于取消代表机构和选举制,而在于把代表机构由清谈馆变为'实干的'机构。"[3]这里所说的"实干的"机构,也就是马克思所说的行政与立法合一的机构。列宁还提出让广大劳动群众参与国家管理的思想。他说:"我们还有一下子就可以把我们的国家机构扩大十倍的'妙法',这是任何一个资本主义国家从来没有也不可能有的。这个妙法就是吸引劳动者,吸引贫民参加管理国家的日常工作。"[4]

在列宁看来,这个既能摆脱资本主义国家议会制,又能广泛代表人民意愿的代表机构,就是工兵农代表苏维埃。它是社会主义新型国家机构。列宁指出:"无产阶级不能'掌握''国家机构'并'使它运转起来'。但是,它能够打碎旧国家机构中一切具有压迫性的、因循

---

[1]《列宁选集》第3卷,人民出版社2012年版,第181页。
[2]《列宁选集》第3卷,人民出版社2012年版,第152页。
[3]《列宁选集》第3卷,人民出版社2012年版,第151页。
[4]《列宁选集》第3卷,人民出版社2012年版,第303页。

守旧的、资产阶级的性质不可更改的东西,而用自己的新机构来代替它。这个机构就是工兵农代表苏维埃。"[1]

列宁还对苏维埃形式作了总结,指出:"苏维埃是新型的国家机构,第一,它有工农武装力量,并且这个武装力量不是像过去的常备军那样脱离人民,而是同人民有极密切的联系;在军事方面,这个武装力量比从前的军队强大得多;在革命方面,它是无可替代的。第二,这个机构同群众,同大多数人民有极其密切的、不可分离的、容易检查和更新的联系,这样的联系从前的国家机构是根本没有的。第三,这个机构的成员不是经过官僚主义的手续而是按照人民的意志选举产生的,并且可以撤换,所以它比从前的机构民主得多。第四,它同各种各样的行业有牢固的联系,所以它能够不要官僚而使各种各样的极深刻的改革容易实行。第五,它为先锋队即被压迫工农阶级中最有觉悟、最有毅力、最先进的部分提供了组织形式,所以它是被压迫阶级的先锋队能够用来发动、教育、训练和领导这些阶级全体广大群众的机构,而这些群众向来都是完全处在政治生活之外,处在历史之外。第六,它能够把议会制的长处和直接民主制的长处结合起来,就是说,把立法的职能和执法的职能在选出的人民代表身上结合起来。同资产阶级议会制比较起来,这是在民主发展过程中具有全世界历史意义的一大进步。"[2]列宁认为,"对于从资产阶级制度过渡到社会主义制度,对于无产阶级专政,苏维埃(工兵农代表苏维埃)共和国不仅是更高类型的民主机构的形式(与通常那种戴有立宪会议花冠的资产阶级共和国相比),而且是能够保证痛苦最少地过渡到社会主义的唯一形式。"[3]

---

[1]《列宁选集》第3卷,人民出版社2012年版,第294页。
[2]《列宁选集》第3卷,人民出版社2012年版,第295—296页。
[3]《列宁选集》第3卷,人民出版社2012年版,第363页。

列宁还通过批判考茨基的错误观点,阐述了资产阶级议会制与无产阶级民主制度的区别,指出:"考茨基完全不理解资产阶级议会制与无产阶级民主制度的区别,资产阶级议会制是把民主(不是人民享受的)同官僚制(反人民的)结合在一起,而无产阶级民主制度则立即采取措施来根除官僚制,它能够把这些措施实行到底,直到官僚制完全消灭,人民的民主完全实现。"[1]

第三,无产阶级管理国家,必须大力提升文明水平,使国家管理建立在先进文明的水平之上。

这是列宁在俄国社会主义实践中,对马克思主义国家学说最重要的理论贡献。列宁指出:"随着全部权力——这一次不仅是政治权力,而且主要的甚至不是政治权力,而是经济权力,即涉及人们日常生活最深基础的权力——转归新的阶级,而且是转归人类历史上第一次领导大多数人民即全体被剥削劳动群众的阶级,我们的任务就变得复杂起来了。"[2]"这个任务只有在国际资本主义发展了劳动的物质技术前提的情况下才能实现,这种劳动是大规模的,是建立在科学成就的基础上的,因而也是建立在造就出大批科学上有造诣的专家的基础上的。我们知道,不实现这个任务,社会主义是不可能的。"[3]

正因为如此,列宁特别强调对社会主义具有决定性影响的两个要素。他指出:"没有建筑在现代科学最新成就基础上的大资本主义技术,没有一个使千百万人在产品的生产和分配中严格遵守统一标准的有计划的国家组织,社会主义就无从设想。"[4]

在谈到包括工农检查院在内的国家机关建设时,列宁深刻地指

---

[1]《列宁选集》第3卷,人民出版社2012年版,第211页。
[2]《列宁选集》第3卷,人民出版社2012年版,第544页。
[3]《列宁选集》第3卷,人民出版社2012年版,第546页。
[4]《列宁选集》第3卷,人民出版社2012年版,第525—526页。

二、列宁对马克思主义国家学说和国家治理理论的发展：从打碎国家机器到建设新型国家

出："我们将能够不是在小农国家的水平上，不是在这种普遍的局限性的水平上坚持下去，而是在不断地前进、向着大机器工业前进的水平上坚持下去。"[1]对此，列宁用了一个形象的比喻，即"从一匹马上跨到另一匹马上"。也就是说，要使国家管理的文明程度，"从农民的、庄稼汉的、穷苦的马上，从指靠破产的农民国家实行节约的马上，跨到无产阶级所寻求的而且不能不寻求的马上，跨到大机器工业、电气化、沃尔霍夫水电站工程等等的马上"[2]。

列宁同时批驳了那种认为只有先走资本主义道路、补上苏维埃俄国所缺少的先进物质技术基础和管理经验的错误论点，强调这些缺憾完全可以在社会主义条件下加以弥补。他指出："既然建立社会主义需要有一定的文化水平（虽然谁也说不出这个一定的'文化水平'究竟是什么样的，因为这在各个西欧国家都是不同的），我们为什么不能首先用革命手段取得达到这个一定水平的前提，然后在工农政权和苏维埃制度的基础上赶上别国人民呢？"[3]"你们说，为了建立社会主义就需要文明。好极了。那么，我们为什么不能首先在我国为这种文明创造前提，如驱逐地主，驱逐俄国资本家，然后开始走向社会主义呢？你们在哪些书本上读到过，通常的历史顺序是不容许或不可能有这类改变的呢？"[4]

列宁反复提到的"文明"概念，当然是马克思主义文明观意义上的文明，而非资本主义文明观所说的文明，指的是建立社会主义国家制度、组织进行社会化大生产所需要的相应的经济文化科技条件、人的科学文化素养与社会环境。正因为如此，列宁强调："我们的文明

---

[1]《列宁选集》第4卷，人民出版社2012年版。第797页。
[2]《列宁选集》第4卷，人民出版社2012年版。第797页。
[3]《列宁选集》第4卷，人民出版社2012年版，第777页。
[4]《列宁选集》第4卷，人民出版社2012年版，第778页。

程度也还够不上直接向社会主义过渡,虽然我们已经具有这样做的政治前提。"[1]这正是列宁下决心采取新经济政策的重要原因。

列宁之所以格外看重文化问题,是因为文化建设、文化养成对一个经济文化相对落后的国家来说,具有特殊重要的意义。他说:"我在这里提出的正是文化问题,因为在这种事情上,只有那些已经深入文化、深入日常生活和成为习惯的东西,才能算做已达到的成就。而在我们这里,可以说,对社会制度中的精华没有仔细考虑,没有充分理解,没有深切感受,只是匆忙地抓过来,没有经过检验,没有经过考验,没有为经验所证实,没有固定下来,如此等等。当然,在革命时代,在五年之内就使我们从沙皇制度转到苏维埃制度这样令人眩晕的发展速度之下,也不能不是这样。"[2]

第四,社会主义国家政权必须反对官僚主义,确保国家工作人员成为人民公仆。

这是列宁在俄国十月革命夺取国家政权后,反复思考、不断探索的重大课题。列宁指出:"在社会主义社会里,由工人代表组成的'某种类似议会的东西'当然会'制定条例和监督''机构的''管理工作',可是这个机构却不会是'官僚的'机构。工人在夺得政权之后,就会把旧的官僚机构打碎,把它彻底摧毁,彻底粉碎,而用仍然由这些工人和职员组成的新机构来代替它;为了防止这些人变成官僚,就会立即采取马克思和恩格斯详细分析过的措施:(1)不但选举产生,而且随时可以撤换;(2)薪金不得高于工人的工资;(3)立刻转到使所有的人都来执行监督和监察的职能,使所有的人暂时都变成'官僚',因而使任何人都不能成为'官僚'。"[3]列宁还根据苏维埃实践,提

---

[1]《列宁选集》第4卷,人民出版社2012年版,第796页。
[2]《列宁选集》第4卷,人民出版社2012年版,第784—785页。
[3]《列宁选集》第3卷,人民出版社2012年版,第210页。

出一个重要思想,即"吸引全体苏维埃成员实际参加管理",来防止"使苏维埃成员变为'议会议员'或变为官僚的小资产阶级趋势"。[1]这一思想可以说是对马克思提出的人民公仆思想的重要补充。

列宁的这些探索,对我们今天推进国家治理体系和治理能力现代化,仍具有重要启示作用。

列宁根据俄国十月革命和建立苏俄新型社会主义国家的实践,提出的上述关于社会主义国家治理的重要论断,是对马克思主义国家学说和国家治理理论的创新发展。而他的这些论断,都是基于马克思、恩格斯提出的关于国家消亡理论的重要补充和发展。列宁认为无产阶级在夺取政权、镇压了敌对势力的强力反抗之后,国家的经济建设职能会成为国家的突出职能。他指出:"毫无疑问,十月革命的成果愈扩大,由十月革命所开始的这个变革愈深入,社会主义革命成果的基础愈稳固,社会主义制度愈巩固,国民经济委员会的作用就愈增大和提高。""在剥削者的反抗被彻底粉碎以后,在劳动者学会组织社会主义生产以后,——这种原来意义的、狭义的管理机构,旧国家的机构,必定消亡,而最高国民经济委员会这样的机构必定成长、发展和巩固,它将担负起有组织的社会的一切最主要的活动。"[2]

列宁还深刻地认识到:"真正伟大的革命是从旧事物同改造旧事物的意向和追求新事物(要新得连一丁点旧事物也没有)的抽象愿望这种矛盾中产生的。""这种革命来得愈猛,许多这样的矛盾就会存在愈久。"[3]因此,他在进行与实行新经济政策相适应的国家行政领导体制改革时,提出要"遵守一条准则:宁可数量少些,但要质量高些"[4]。

---

[1]《列宁选集》第3卷,人民出版社2012年版,第504页。
[2]《列宁选集》第3卷,人民出版社2012年版,第543页。
[3]《列宁选集》第4卷,人民出版社2012年版,第793—794页。
[4]《列宁选集》第4卷,人民出版社2012年版,第786页。

社会主义新型国家不是从天上掉下来的，而是在艰苦的革命和艰难的探索中逐步建立起来的。列宁在坚持马克思主义关于必须彻底打碎资产阶级国家机器基本原理的基础上，从俄国实际出发，提出了向资本主义国家学习先进管理经验[1]的任务。他指出："社会主义并不是臆想出来的，而是要靠夺得政权的无产阶级先锋队去掌握和运用托拉斯所造成的东西。我们无产阶级政党，如果不去向资本主义的第一流专家学习组织托拉斯式的即像托拉斯一样的大生产的本领，那便无从获得这种本领。"[2]而这种学习，又是建立在坚信社会主义国家制度优越于资本主义国家制度之上的，是一种自信基础上的学习。列宁强调："只有社会主义才可能广泛推行和真正支配根据科学原则进行的产品的社会生产和分配，以便使所有劳动者过最美好的、最幸福的生活。只有社会主义才能实现这一点。而且我们知道，社会主义一定会实现这一点，而马克思主义的全部困难和它的全部力量也就在于了解这个真理。"[3]

列宁之所以能够为马克思主义国家学说作出如此重要的贡献，并把这一学说推进到国家治理阶段，关键的是他始终把理论与实践、理论逻辑与实践逻辑紧密结合起来，特别是善于抓住每一个关键性的链条，不失时机地作出转变和调整的重大决策，使苏维埃国家的航船始终不偏离正确的航向。

---

[1] 值得注意的是，列宁提出向资本主义国家学习先进管理经验的任务，不是从企业管理的角度，而是从国家管理的角度提出的。他认为，对社会主义国家来说，"无产阶级革命的主要困难，就是在全民范围内实行最精确的、最认真的计算和监督，即对产品的生产和分配实行工人监督"。(《列宁选集》第 3 卷，人民出版社 2012 年版，第 297 页) 他还强调指出："没有大银行，社会主义是不能实现的。"(《列宁选集》第 3 卷，人民出版社 2012 年版，第 298 页)

[2]《列宁选集》第 3 卷，人民出版社 2012 年版，第 536 页。

[3]《列宁选集》第 3 卷，人民出版社 2012 年版，第 546 页。

正如列宁所总结的那样:"仅仅一般地做一个革命者和社会主义拥护者或者共产主义者是不够的。必须善于在每个特定时机找出链条上的特殊环节,必须全力抓住这个环节,以便抓住整个链条并切实地准备过渡到下一个环节;而在这里,在历史事变的链条里,各个环节的次序,它们的形式,它们的联接,它们之间的区别,都不像铁匠所制成的普通链条那样简单和粗陋。"[1]

历史证明,列宁为世界上第一个无产阶级专政国家打造的,是一个十分精细、精致、精准的链条,是一个苏维埃俄国和全人类命运所系、前途所系的链条。从十月革命创建第一个无产阶级专政的国家,到不遗余力地进行捍卫和巩固苏维埃政权的斗争,再到通过新经济政策的实施,找到在无产阶级专政国家中使社会主义同国家资本主义相结合,有效推进国家治理和国家建设的现实途径。这一切,都与列宁的远见卓识和高度务实这一科学精神分不开。

"往事沧桑"。马克思主义国家学说和国家治理理论,经受住了一个多世纪世界社会主义运动的考验,并且在社会主义中国进入了一个新的发展阶段,日益展现出真理的光芒和思想的力量。

---

[1]《列宁选集》第3卷,人民出版社2012年版,第506页。

三、毛泽东对马克思主义国家学说和国家治理理论的杰出贡献：从无产阶级专政到人民民主专政

毛泽东是中国革命道路的开创者，中华人民共和国的奠基人，也是新中国国家治理的奠基人。他为马克思主义国家治理理论在中国的运用和发展作出了杰出贡献，为新中国国家治理作出了开创性的贡献。

毛泽东在国家治理上的开创性贡献集中体现在：将马克思主义的无产阶级专政理论发展为人民民主专政理论，在一个东方农业大国通过国家工业化和社会主义改造建立起社会主义基本制度，并形成以人民民主专政理论、正确区分和处理人民内部矛盾学说为核心内容的中国化马克思主义国家治理理论。他的这些贡献，为党的十一届三中全会以后逐步形成中国特色社会主义国家治理体系和中国特色社会主义国家治理理论，提供了实践经验、理论前提、制度基础。

（一）毛泽东国家治理理论的形成

毛泽东对国家治理问题的探索，是伴随着新民主主义理论的成熟、中国革命进入创建新型人民民主国家的发展阶段，提上日程的。

毛泽东探索国家治理问题的起点，和马克思、恩格斯、列宁既一致又不一致。一致的是，都要打碎旧的国家机器，建立本质上属于无产阶级专政类型的新型国家。但是，这一过程要在一个处于半殖民地半封建社会的国家里来完成，而承载这一任务的革命，并不是无产阶

级革命,而是资产阶级性质的民族民主革命,革命的领导者是无产阶级,但又有包括民族资产阶级、上层小资产阶级在内的诸多革命阶级的广泛参加,因而不能不带有许多不同的特点。这也从一个方面验证了列宁的论断:从资本主义向社会主义过渡,因国情的不同,无产阶级专政不能不产生非常丰富和多样的政治形式。毛泽东的探索,就是从这样的基点起步的。

1. 毛泽东对国家治理问题的初步探索

1931年11月,中华苏维埃第一次全国代表大会在江西瑞金召开,宣告中华苏维埃共和国临时中央政府成立,选举毛泽东为中央执行委员会主席和中央执行委员会人民委员会主席。

毛泽东在临时中央政府担负领导工作期间,以及长征胜利结束后的陕北初期,总结中国共产党局部执政经验,对国家治理问题做过初步探索。

1933年8月,毛泽东在中央革命根据地南部十七县经济建设大会上所作的报告中,论述了根据地的经济建设工作的重要性。其中指出:"……为着从经济建设去巩固工人和农民的联盟,去巩固工农民主专政,去加强无产阶级的领导。为着这一切,就需要进行经济方面的建设工作。"[1]

1934年1月,毛泽东在第二次全国工农兵代表大会上所作的报告中,还讨论了根据地的经济政策原则。他指出:"我们的经济政策的原则,是进行一切可能的和必须的经济方面的建设,集中经济力量供给战争,同时极力改良民众的生活,巩固工农在经济方面的联合,保证无产阶级对于农民的领导,争取国营经济对私人经济的领导,造成

---

[1]《毛泽东选集》第1卷,人民出版社1991年版,第119页。

将来发展到社会主义的前提。"[1]这里面,既涉及经济建设与革命战争的关系,也涉及经济建设与民生的关系,还涉及工农联盟的巩固、国营经济对私人经济的领导等广泛的内容。

中央红军主力到达陕北后,面临着中日民族矛盾逐渐上升为主要矛盾的新局面。1935年12月,中共中央政治局召开瓦窑堡会议,确定实行建立抗日民族统一战线的策略方针。毛泽东在随后召开的陕北瓦窑堡党的活动分子会议上作了《论反对日本帝国主义的策略》的报告。

毛泽东在阐明建立广泛的民族革命统一战线的任务和方针后,提出了由苏维埃共和国向人民共和国的转变问题。他指出:"如果说,我们过去的政府是工人、农民和城市小资产阶级联盟的政府,那末,从现在起,应当改变为除了工人、农民和城市小资产阶级以外,还要加上一切其他阶级中愿意参加民族革命的分子。"

首先,这种变化是和国内阶级关系变动紧密联系在一起的。"我们的政府不但是代表工农的,而且是代表民族的。这个意义,是在工农民主共和国的口号里原来就包括了的,因为工人、农民占了全民族人口的百分之八十至九十。我们党的第六次全国代表大会所规定的十大政纲,不但代表了工农的利益,同时也代表了民族的利益。但是现在的情况,使得我们要把这个口号改变一下,改变为人民共和国。这是因为日本侵略的情况变动了中国的阶级关系,不但小资产阶级,而且民族资产阶级,有了参加抗日斗争的可能性。"

其次,这种变化是和人民共和国的任务紧密联系在一起的。"人民共和国去掉帝国主义的压迫,使中国自由独立,去掉地主的压迫,使中国离开半封建制度,这些事情就不但使工农得了利益,也使其他人民得了利益。总括工农及其他人民的全部利益,就构成了中华民族

---

[1]《毛泽东选集》第1卷,人民出版社1991年版,第130页。

三、毛泽东对马克思主义国家学说和国家治理理论的杰出贡献：
从无产阶级专政到人民民主专政

的利益。买办阶级和地主阶级虽然也住在中国的土地上，可是他们是不顾民族利益的，他们的利益是同多数人的利益相冲突的。我们仅仅离开他们这些少数人，仅仅同他们这些少数人相冲突，所以我们有权利称我们自己是代表全民族的。"[1]

上述论述表明，在毛泽东看来，即使在中国共产党局部执政时期所建立的国家政权，也是会随着国内阶级关系的变化、人民范畴的扩大、国家政权所担负的使命的变化而变化的。正因为如此，毛泽东在论述国家理论时，始终把对人民范畴的确定作为一个重要的前提。

2. 从《中国革命和中国共产党》到《新民主主义论》

1940年1月发表的《新民主主义论》，是毛泽东完整论述中国共产党的政治、经济、文化纲领的理论著作。在此之前于1939年12月问世的《中国革命和中国共产党》，则为新民主主义理论的系统提出作了重要的准备。

在《中国革命和中国共产党》中，毛泽东不仅分析了中国半殖民地半封建社会的社会性质、主要特点、阶级结构，还论证了中国革命的性质和前途、主要任务、革命对象、革命动力等问题。

由于革命性质决定革命的方式、革命的前途和革命成功后的政权结构和政权形式，因此，毛泽东对革命胜利后建立一个什么样的新型国家的论述，首先是从中国革命性质的分析入手。

毛泽东指出："现阶段中国革命的性质，不是无产阶级社会主义的，而是资产阶级民主主义的。"这种革命"已不是旧式的一般的资产阶级民主主义的革命，这种革命已经过时了，而是新式的特殊的资产阶级民主主义的革命"。"这种新民主主义的革命是世界无产阶级社

---

[1] 以上引文见《毛泽东选集》第1卷，人民出版社1991年版，第156、158、159页。

会主义革命的一部分,它是坚决地反对帝国主义即国际资本主义的。它在政治上是几个革命阶级联合起来对于帝国主义者和汉奸反动派的专政,反对把中国社会造成资产阶级专政的社会。它在经济上是把帝国主义者和汉奸反动派的大资本大企业收归国家经营,把地主阶级的土地分配给农民所有,同时保存一般的私人资本主义的企业,并不废除富农经济。因此,这种新式的民主革命,虽然在一方面是替资本主义扫清道路,但在另一方面又是替社会主义创造前提。中国现时的革命阶段,是为了终结殖民地、半殖民地、半封建社会和建立社会主义社会之间的一个过渡的阶段,是一个新民主主义的革命过程。这个过程是从第一次世界大战和俄国十月革命之后才发生的,在中国则是从一九一九年五四运动开始的。所谓新民主主义的革命,就是在无产阶级领导之下的人民大众的反帝反封建的革命。中国的社会必须经过这个革命,才能进一步发展到社会主义的社会去,否则是不可能的。"[1]

接下来,毛泽东将中国革命同欧美国家的革命、社会主义革命作了比较,在比较中也涉及国体的区别。他指出:"这种新民主主义的革命,和历史上欧美各国的民主革命大不相同,它不造成资产阶级专政,而造成各革命阶级在无产阶级领导之下的统一战线的专政。在抗日战争中,在中国共产党领导的各个抗日根据地内建立起来的抗日民主政权,乃是抗日民族统一战线的政权,它既不是资产阶级一个阶级的专政,也不是无产阶级一个阶级的专政,而是在无产阶级领导之下的几个革命阶级联合起来的专政。只要是赞成抗日又赞成民主的人们,不问属于何党何派,都有参加这个政权的资格。"他还指出:"这种新民主主义的革命也和社会主义的革命不相同,它只推翻帝国主义和汉奸反动派在中国的统治,而不破坏任何尚能参加反帝反封建的资

---

[1] 以上引文见《毛泽东选集》第2卷,人民出版社1991年版,第647页。

三、毛泽东对马克思主义国家学说和国家治理理论的杰出贡献：从无产阶级专政到人民民主专政

本主义成分。"[1]

此时，对于"各革命阶级在无产阶级领导之下的统一战线的专政"，或"在无产阶级领导之下的几个革命阶级联合起来的专政"，究竟以什么名称来命名的问题，毛泽东还没有完全考虑好。但对这种专政形式同无产阶级专政的区别，毛泽东已经认识到了。

在此基础上，毛泽东提出："中国现阶段的革命所要造成的民主共和国，一定要是一个工人、农民和其他小资产阶级在其中占一定地位起一定作用的民主共和国。换言之，即是一个工人、农民、城市小资产阶级和其他一切反帝反封建分子的革命联盟的民主共和国。这种共和国的彻底完成，只有在无产阶级领导之下才有可能。"[2]

最后，毛泽东的落脚点放在了中国共产党自身："领导中国民主主义革命和中国社会主义革命这样两个伟大的革命到达彻底的完成，除了中国共产党之外，是没有任何一个别的政党（不论是资产阶级的政党或小资产阶级的政党）能够担负的。""只有认清民主主义革命和社会主义革命的区别，同时又认清二者的联系，才能正确地领导中国革命。"[3]

当时，国民党也拿出了自己的建国纲领。国共双方的矛盾焦点，是在抗日战争胜利后建立一个什么性质的国家。在这一背景下，毛泽东在1940年1月发表《新民主主义论》，系统阐述了中国共产党的新民主主义建国纲领，同时也形成了新民主主义理论。

毛泽东在《新民主主义论》开篇就提出：我们要"建设一个中华民族的新社会和新国家。在这个新社会和新国家中，不但有新政治、新经济，而且有新文化。这就是说，我们不但要把一个政治上受

---

[1] 以上引文见《毛泽东选集》第2卷，人民出版社1991年版，第648页。
[2] 以上引文见《毛泽东选集》第2卷，人民出版社1991年版，第649页。
[3] 以上引文见《毛泽东选集》第2卷，人民出版社1991年版，第652页。

压迫、经济上受剥削的中国,变为一个政治上自由和经济上繁荣的中国,而且要把一个被旧文化统治因而愚昧落后的中国,变为一个被新文化统治因而文明先进的中国。一句话,我们要建立一个新中国"[1]。

《新民主主义论》中提出的政治、经济、文化纲领,就是围绕这个中心思想即建立一个什么样的新中国展开的。与此相对应的另一个重要思想是,"在今日,谁能领导人民驱逐日本帝国主义,并实施民主政治,谁就是人民的救星"[2]。

《新民主主义论》中提出的建国构想和国家治理方式是怎样的呢?

第一,关于国体问题。

首先,毛泽东指出,国体问题,指的就是社会各阶级在国家中的地位。而这种不同的地位,是由在革命中的地位和作用所决定的。他还指出:"中国无产阶级、农民、知识分子和其他小资产阶级,乃是决定国家命运的基本势力。这些阶级,或者已经觉悟,或者正在觉悟起来,他们必然要成为中华民主共和国的国家构成和政权构成的基本部分,而无产阶级则是领导的力量。现在所要建立的中华民主共和国,只能是在无产阶级领导下的一切反帝反封建的人们联合专政的民主共和国,这就是新民主主义的共和国,也就是真正革命的三大政策的新三民主义共和国。"[3]

然后,毛泽东将这种国体同世界上已经存在的国体作了比较:"这种新民主主义共和国,一方面和旧形式的、欧美式的、资产阶级专政的、资本主义的共和国相区别,那是旧民主主义的共和国,那种共和国已经过时了;另一方面,也和苏联式的、无产阶级专政的、社

---

[1] 以上引文见《毛泽东选集》第2卷,人民出版社1991年版,第663页。
[2] 以上引文见《毛泽东选集》第2卷,人民出版社1991年版,第674页。
[3] 以上引文见《毛泽东选集》第2卷,人民出版社1991年版,第674—675页。

三、毛泽东对马克思主义国家学说和国家治理理论的杰出贡献：从无产阶级专政到人民民主专政

会主义的共和国相区别，那种社会主义的共和国已经在苏联兴盛起来，并且还要在各资本主义国家建立起来，无疑将成为一切工业先进国家的国家构成和政权构成的统治形式；但是那种共和国，在一定的历史时期中，还不适用于殖民地半殖民地国家的革命。因此，一切殖民地半殖民地国家的革命，在一定历史时期中所采取的国家形式，只能是第三种形式，这就是所谓新民主主义共和国。这是一定历史时期的形式，因而是过渡的形式，但是不可移易的必要的形式。"[1]

最后，他又从特殊上升为一般，作了总结归纳："全世界多种多样的国家体制中，按其政权的阶级性质来划分，基本地不外乎这三种：（甲）资产阶级专政的共和国；（乙）无产阶级专政的共和国；（丙）几个革命阶级联合专政的共和国。"[2]

这一科学归纳，是对马克思列宁主义国家学说的重要补充，在"资产阶级专政的共和国""无产阶级专政的共和国"之外，补充了一种非常重要的新形式——"几个革命阶级联合专政的共和国"，即"新民主主义共和国"。这一在国体上的新认识，既反映了民族独立和民族解放新的时代潮流，也使科学社会主义在民族独立和民族解放运动风起云涌之际获得了新的广阔天地。

第二，关于政体问题。

什么是政体？毛泽东指出："所谓'政体'问题，那是指的政权构成的形式问题，指的一定的社会阶级取何种形式去组织那反对敌人保护自己的政权机关。没有适当形式的政权机关，就不能代表国家。"[3]

在政体问题上，毛泽东除了强调普选制和民主集中制，还创造性地提出了人民代表大会制。他指出："中国现在可以采取全国人民代

---

[1] 以上引文见《毛泽东选集》第2卷，人民出版社1991年版，第675页。
[2] 以上引文见《毛泽东选集》第2卷，人民出版社1991年版，第675页。
[3]《毛泽东选集》第2卷，人民出版社1991年版，第677页。

表大会、省人民代表大会、县人民代表大会、区人民代表大会直到乡人民代表大会的系统,并由各级代表大会选举政府。但必须实行无男女、信仰、财产、教育等差别的真正普遍平等的选举制,才能适合于各革命阶级在国家中的地位,适合于表现民意和指挥革命斗争,适合于新民主主义的精神。这种制度即是民主集中制。只有民主集中制的政府,才能充分地发挥一切革命人民的意志,也才能最有力量地去反对革命的敌人。'非少数人所得而私'的精神,必须表现在政府和军队的组成中,如果没有真正的民主制度,就不能达到这个目的,就叫做政体和国体不相适应。"[1]

最后,他总结说:"国体——各革命阶级联合专政。政体——民主集中制。这就是新民主主义的政治,这就是新民主主义的共和国,这就是抗日统一战线的共和国,这就是三大政策的新三民主义的共和国,这就是名副其实的中华民国。"他还强调:"我们现在虽有中华民国之名,尚无中华民国之实,循名责实,这就是今天的工作。"[2]

第三,关于中国革命要两步走的问题。

这个问题,也是与在中国建什么国、怎样建国密切关联的。问题是这样提出来的。中国不能走资产阶级专政的资本主义的路,这是由近代以来的历史所证明了的。那么,是否就可以直接走无产阶级专政的社会主义的路呢?一些人主张"一次革命论",以为可以"毕其功于一役"。

毛泽东指出:"现在的革命是第一步,将来要发展到第二步,发展到社会主义。中国也只有进到社会主义时代才是真正幸福的时代。但是现在还不是实行社会主义的时候。中国现在的革命任务是反帝反封建的任务,这个任务没有完成以前,社会主义是谈不到的。中国革

---

[1]《毛泽东选集》第 2 卷,人民出版社 1991 年版,第 677 页。
[2] 以上引文见《毛泽东选集》第 2 卷,人民出版社 1991 年版,第 677 页。

命不能不做两步走,第一步是新民主主义,第二步才是社会主义。而且第一步的时间是相当地长,决不是一朝一夕所能成就的。我们不是空想家,我们不能离开当前的实际条件。"[1]

毛泽东又强调:"两个革命阶段中,第一个为第二个准备条件,而两个阶段必须衔接,不容横插一个资产阶级专政的阶段","这是马克思主义的革命发展论"。[2]

毛泽东通过确立中国革命必须两步走的原则,进一步明确了中国革命胜利后,既不能马上建立社会主义性质的无产阶级专政新型国家,也不允许"横插一个资产阶级专政的阶段",而是首先建立新民主主义共和国这样一种"过渡的形式,但是不可移易的必要的形式"。这一在打碎旧的国家机器与建立新型社会主义国家之间需要有一个相应的"几个革命阶级联合专政的共和国",即"新民主主义共和国"的思想,是对马克思列宁主义国家学说的重要发展,并同在国家学说上的"左"倾错误、右倾错误划清了界限。

第四,关于新民主主义共和国的经济纲领和文化纲领问题。

按照马克思主义理论,国家属于上层建筑。在社会革命的大变革中,新的国家政权的建立和巩固,必须有相应的经济基础来支撑,同时也是解放和发展社会生产力的客观要求。

毛泽东在提出建立新民主主义共和国的政治纲领的同时,也阐明了新民主主义的经济纲领。他指出:"在中国建立这样的共和国,它在政治上必须是新民主主义的,在经济上也必须是新民主主义的。"[3]

毛泽东明确宣布:"大银行、大工业、大商业,归这个共和国的国家所有。""这个共和国将采取某种必要的方法,没收地主的土地,

---

[1]《毛泽东选集》第2卷,人民出版社1991年版,第683—684页。
[2]《毛泽东选集》第2卷,人民出版社1991年版,第685页。
[3]《毛泽东选集》第2卷,人民出版社1991年版,第678页。

分配给无地和少地的农民，实行中山先生'耕者有其田'的口号，扫除农村中的封建关系，把土地变为农民的私产。"[1] "中国的经济，一定要走'节制资本'和'平均地权'的路，决不能是'少数人所得而私'，决不能让少数资本家少数地主'操纵国民生计'，决不能建立欧美式的资本主义社会，也决不能还是旧的半封建社会。"[2]

将带有垄断性的大资产阶级同有益于国计民生的民族资产阶级区别对待，是新民主主义经济纲领的一大特点。毛泽东指出："在无产阶级领导下的新民主主义共和国的国营经济是社会主义的性质，是整个国民经济的领导力量，但这个共和国并不没收其他资本主义的私有财产，并不禁止'不能操纵国民生计'的资本主义生产的发展，这是因为中国经济还十分落后的缘故。"[3]

关于新民主主义文化的产生，毛泽东同样运用的是马克思主义原理，"一定的文化是一定社会的政治和经济在观念形态上的反映"[4]。毛泽东指出，在中国，"没有资本主义经济，没有资产阶级、小资产阶级和无产阶级，没有这些阶级的政治力量，所谓新的观念形态，所谓新文化，是无从发生的"[5]。在这个基础上发生和成长起来的"民族的科学的大众的文化，就是人民大众反帝反封建的文化，就是新民主主义的文化，就是中华民族的新文化"[6]。

毛泽东用充满自信的话语作为《新民主主义论》的收尾："新民主主义的政治、新民主主义的经济和新民主主义的文化相结合，这就是新民主主义共和国，这就是名副其实的中华民国，这就是我们要造

---

[1] 以上引文见《毛泽东选集》第2卷，人民出版社1991年版，第678页。
[2]《毛泽东选集》第2卷，人民出版社1991年版，第678—679页。
[3]《毛泽东选集》第2卷，人民出版社1991年版，第678页。
[4]《毛泽东选集》第2卷，人民出版社1991年版，第694页。
[5]《毛泽东选集》第2卷，人民出版社1991年版，第695页。
[6]《毛泽东选集》第2卷，人民出版社1991年版，第708—709页。

成的新中国。""举起你的双手吧,新中国是我们的。"[1]

3.《论联合政府》

如果说,《新民主主义论》针对的是国共两党在建国问题上的原则分歧,那么,到了1945年全民族抗日战争看得见胜利曙光之时,建什么国的问题已经发展成为关系中国两种命运、两个前途的实实在在的政治斗争。

按照毛泽东所说:"在中国人民面前摆着两条路,光明的路和黑暗的路。有两种中国之命运,光明的中国之命运和黑暗的中国之命运。现在日本帝国主义还没有被打败。即使把日本帝国主义打败了,也还是有这样两个前途。或者是一个独立、自由、民主、统一、富强的中国,就是说,光明的中国,中国人民得到解放的新中国;或者是另一个中国,半殖民地半封建的、分裂的、贫弱的中国,就是说,一个老中国。一个新中国还是一个老中国,两个前途,仍然存在于中国人民的面前,存在于中国共产党的面前,存在于我们这次代表大会的面前。"[2]

毛泽东这样说,是有充分的历史依据的。1943年3月,蒋介石署名出版了《中国之命运》一书,明确提出国民党的反动纲领,激起了国统区反对国民党一党专政、争取实行宪政的民主运动。在这一背景下,中国共产党于1944年9月15日在国民参政会第三届三次会议上提出了废除国民党一党专政、建立民主联合政府的主张。这样,民主联合政府的口号不胫而走,成为抗日战争后期至解放战争初期代表中国各民主党派和各革命阶级共同意愿的时代最强音。

面对这一时代潮流,蒋介石和国民党决心对抗到底。1945年2月13日,蒋介石在约见周恩来时表示,组织联合政府无异于推翻政

---

[1] 以上引文见《毛泽东选集》第2卷,人民出版社1991年版,第709页。
[2]《毛泽东选集》第3卷,人民出版社1991年版,第1025—1026页。

府。[1]同年5月5日至21日,国民党在重庆召开第六次全国代表大会,通过《对于中共问题之决议案》。也就在同月,国共两党关于建立民主联合政府的谈判宣告停止。[2]

在这种情况下,中国共产党以民族大义和中国人民前途命运为重,于1945年4月23日至6月11日在延安召开党的第七次全国代表大会,会议的政治报告就是毛泽东起草并以书面方式提交大会审议通过的《论联合政府》。

中国共产党的建立民主联合政府的主张,由于国民党和蒋介石的阻挠未能变为现实,但它却集中反映了以毛泽东为主要代表的中国共产党人在全民族抗日战争胜利前后对建什么国、怎样建国等问题的理论思考和政治主张。

《论联合政府》以"中国人民的基本要求"为开篇,指明抗日战争胜利后依然存在内战危险,"中国急需把各党各派和无党无派的代表人物团结在一起,成立民主的临时的联合政府,以便实行民主的改革,克服目前的危机,动员和统一全中国的抗日力量,有力地和同盟国配合作战,打败日本侵略者,使中国人民从日本侵略者手中解放出来。然后,需要在广泛的民主基础之上,召开国民代表大会,成立包括更广大范围的各党各派和无党无派代表人物在内的同样是联合性质的民主的正式的政府,领导解放后的全国人民,将中国建设成为一个独立、自由、民主、统一和富强的新国家。一句话,走团结和民主的路线,打败侵略者,建设新中国"[3]。

这个主张无疑比《新民主主义论》又进了一步,提出了以抗日战

---

[1] 中共中央文献研究室编:《周恩来年谱(1898—1949)》(修订本),中央文献出版社1998年版,第616页。

[2] 中共中央党史研究室:《中国共产党历史:第1卷(1921—1949)》下册,中共党史出版社2011年版,第648页。

[3] 《毛泽东选集》第3卷,人民出版社1991年版,第1029—1030页。

三、毛泽东对马克思主义国家学说和国家治理理论的杰出贡献：
从无产阶级专政到人民民主专政

争胜利为分界线，先建立"民主的临时的联合政府"，再建立"联合性质的民主的正式的政府"，最终目标是建立"独立、自由、民主、统一和富强的新国家"。最初的手段是采取"实行民主的改革"的办法，至于后面如何实现"将中国建设成为一个独立、自由、民主、统一和富强的新国家"的目标，则采取了"战略模糊"的策略。

《论联合政府》通篇，包括对"国际形势和国内形势"的分析、对"抗日战争中的两条路线"的总结等，都是围绕中国共产党的建立联合政府的主张，即中国应当走什么样的建国路线展开的。

第一，提出并阐述了中国共产党在建国问题上的一般纲领。

毛泽东指出："我们主张在彻底地打败日本侵略者之后，建立一个以全国绝对大多数人民为基础而在工人阶级领导之下的统一战线的民主联盟的国家制度，我们把这样的国家制度称之为新民主主义的国家制度。"[1]

毛泽东在论述中，排除了三种可能性。一是由于国民党主要统治集团的反动性，"中国的国家制度不应该是一个由大地主大资产阶级专政的、封建的、法西斯的、反人民的国家制度"；二是由于民族资产阶级的软弱性，"中国也不可能、因此就不应该企图建立一个纯粹民族资产阶级的旧式民主专政的国家"；三是由于中国革命严格的阶段性，"在中国社会经济的必要条件还不具备时，中国人民也不可能实现社会主义的国家制度"。[2]

毛泽东在确定建国问题上的一般纲领时，严格遵循了马克思主义的一切从实际出发、实事求是的原则，同时也遵循了一切从中国人民的根本利益和基本意愿出发的历史唯物主义原理。[3]

---

[1]《毛泽东选集》第3卷，人民出版社1991年版，第1056页。
[2] 以上引文见《毛泽东选集》第3卷，人民出版社1991年版，第1055页。
[3] 参见《毛泽东选集》第3卷，人民出版社1991年版，第1056页。

同时，毛泽东也清醒地看到，总体上处在半殖民地半封建社会的旧中国，中国人民是由不同社会地位、不同利益的阶级组成的，即使在各革命阶级之中，也存在着阶级矛盾。在这种情况下，中国共产党如何将各个阶级联合成为一个民主建国的统一战线？

对此，毛泽东指出："这些阶级之间仍然是有矛盾的，例如劳资之间的矛盾，就是显著的一种；因此，这些阶级各有一些不同的要求。抹杀这种矛盾，抹杀这种不同要求，是虚伪的和错误的。但是，这种矛盾，这种不同的要求，在整个新民主主义的阶段上，不会也不应该使之发展到超过共同要求之上。这种矛盾和这种不同的要求，可以获得调节。在这种调节下，这些阶级可以共同完成新民主主义国家的政治、经济和文化的各项建设。"[1]

这实际上涉及马克思主义关于无产阶级新型国家的矛盾调节功能，毛泽东把它表述得更为直接、更为具体、更为明确。他在《矛盾论》这篇哲学名著里讲到矛盾的同一性时说过："一切矛盾着的东西，互相联系着，不但在一定条件之下共处于一个统一体中，而且在一定条件之下互相转化，这就是矛盾的同一性的全部意义。"[2]毛泽东注意到，"由于一定的条件才构成了矛盾的同一性"，没有必要的条件，就没有同一性，因此他特别强调"条件性"，指出："这是说的条件性，即是说在一定条件之下，矛盾的东西能够统一起来，又能够互相转化；无此一定条件，就不能成为矛盾，不能共居，也不能转化。"[3]这种保持矛盾同一性的"条件性"，既为中国共产党坚持统一战线奠定了理论基石，也为中国共产党联合一切革命阶级创建新民主主义国家奠定了理论基石，同时也为后来在社会主义条件下提出正确区分和处

---

[1]《毛泽东选集》第3卷，人民出版社1991年版，第1056页。
[2]《毛泽东选集》第1卷，人民出版社1991年版，第330页。
[3]《毛泽东选集》第1卷，人民出版社1991年版，第333页。

理人民内部矛盾问题,打开了思想通道。

中国共产党用什么样的纲领来确保各个革命阶级能够团结起来,共同接受中国共产党领导呢?

毛泽东指出:"我们主张的新民主主义的政治,就是推翻外来的民族压迫,废止国内的封建主义的和法西斯主义的压迫,并且主张在推翻和废止这些之后不是建立一个旧民主主义的政治制度,而是建立一个联合一切民主阶级的统一战线的政治制度。"[1]在经济纲领上,实行孙中山先生主张的"耕者有其田"和"节制资本"。在文化纲领上,实行民族的、科学的、大众的新民主主义文化。"对于我们的社会主义和共产主义制度的将来纲领或最高纲领说来,这是我们的最低纲领。"[2]

第二,提出了民主集中制作为新民主主义政权组织原则。

在《新民主主义论》里,毛泽东已经阐述了民主集中制原则,并把民主集中制明确为新民主主义共和国的政体。

在《论联合政府》中,毛泽东进一步指出:"新民主主义的政权组织,应该采取民主集中制,由各级人民代表大会决定大政方针,选举政府。它是民主的,又是集中的,就是说,在民主基础上的集中,在集中指导下的民主。只有这个制度,才既能表现广泛的民主,使各级人民代表大会有高度的权力;又能集中处理国事,使各级政府能集中地处理被各级人民代表大会所委托的一切事务,并保障人民的一切必要的民主活动。"[3]

马克思、恩格斯、列宁都曾经论述过民主集中制。毛泽东此时的贡献在于,一是指明了在这一制度中"民主"与"集中"的辩证关系,即"在民主基础上的集中,在集中指导下的民主";二是将民主

---

[1]《毛泽东选集》第3卷,人民出版社1991年版,第1056页。
[2]《毛泽东选集》第3卷,人民出版社1991年版,第1058页。
[3]《毛泽东选集》第3卷,人民出版社1991年版,第1057页。

集中制同各级人民代表大会联系起来，同各级人民代表大会与各级政府的关系联系起来，既能实现高度的人民民主，又能高效率地处理国事。

第三，提出在新民主主义的国家制度下，允许私人资本主义经济在不能操纵国民生计的范围内获得发展。

毛泽东指出："有些人不了解共产党人为什么不但不怕资本主义，反而在一定的条件下提倡它的发展。我们的回答是这样简单：拿资本主义的某种发展去代替外国帝国主义和本国封建主义的压迫，不但是一个进步，而且是一个不可避免的过程。它不但有利于资产阶级，同时也有利于无产阶级，或者说更有利于无产阶级。现在的中国是多了一个外国的帝国主义和一个本国的封建主义，而不是多了一个本国的资本主义，相反地，我们的资本主义是太少了。"[1]"我们共产党人根据自己对于马克思主义的社会发展规律的认识，明确地知道，在中国的条件下，在新民主主义的国家制度下，除了国家自己的经济、劳动人民的个体经济和合作社经济之外，一定要让私人资本主义经济在不能操纵国民生计的范围内获得发展的便利，才能有益于社会的向前发展。"[2]

尽管新民主主义社会在毛泽东对于中国未来发展蓝图中只是一个过渡阶段，但在他看来，这既是一个不可逾越的过渡阶段，又是一个同社会主义社会有着严格界限的过渡阶段。因此，毛泽东强调："只有经过民主主义，才能到达社会主义，这是马克思主义的天经地义。""没有一个新民主主义的联合统一的国家，没有新民主主义的国家经济的发展，没有私人资本主义经济和合作社经济的发展，没有民族的科学的大众的文化即新民主主义文化的发展，没有几万万人民的个性的解放和个性的发展，一句话，没有一个由共产党领导的新式

---

[1]《毛泽东选集》第 3 卷，人民出版社 1991 年版，第 1060 页。

[2]《毛泽东选集》第 3 卷，人民出版社 1991 年版，第 1060—1061 页。

的资产阶级性质的彻底的民主革命，要想在殖民地半殖民地半封建的废墟上建立起社会主义社会来，那只是完全的空想。"[1]

第四，在阐述中国共产党建国的具体纲领时，突出强调了"废止国民党一党专政，建立民主的联合政府"主张。

毛泽东将中国共产党的主张和国民党内部搞假"宪政"的独裁集团的主张，形象地比喻为"真做"和"假做"。他指出："第一种，真做。这就是立即宣布废止国民党一党专政，成立一个由国民党、共产党、民主同盟和无党无派分子的代表人物联合组成的临时的中央政府，发布一个民主的施政纲领，如同我们在前面提出的那些中国人民的现时要求，以便恢复民族团结，打败日本侵略者。为着讨论这些事情，召集一个各党派和无党派的代表人物的圆桌会议，成立协议，动手去做。这是一个团结的方针，中国人民是坚决拥护这个方针的。"[2] 反之，则是"假做"，即："一意孤行地召开一个由国民党反人民集团一手包办的所谓'国民大会'，在这个会上通过一个实际上维持独裁反对民主的所谓'宪法'，使那个仅仅由几十个国民党人私自委任的、完全没有民意基础的、强安在人民头上的、不合法的所谓国民政府，披上合法的外衣，装模作样地'还政于民'"[3]。

后来中国政局的发展，正是沿着毛泽东所预见的这条线索演进的。国民党蒋介石集团之所以会在解放战争后期分崩离析、众叛亲离，除了军事战场的失败，政治上不放弃独裁统治是很重要的原因。相反，尽管中国共产党所倡议的政治协商会议在1946年受到蒋介石集团的阻挠未能成功，更未能阻止内战的爆发，但在经过不屈不挠的斗争之后，终于在1949年下半年发展演变成为中国共产党领导的多

---

[1] 以上引文见《毛泽东选集》第3卷，人民出版社1991年版，第1060页。
[2] 《毛泽东选集》第3卷，人民出版社1991年版，第1067页。
[3] 《毛泽东选集》第3卷，人民出版社1991年版，第1067—1068页。

党合作、政治协商机制，并在这一机制下成功召开第一届全国人民政治协商会议，宣告了中华人民共和国的成立。

历史走了曲折的路，但最终还是人民意愿占了上风。中国共产党恰恰是在历史曲折中成功实现了灵活运用武装斗争、统一战线、党的建设三大法宝创建新中国的伟大创举。这在马克思主义关于打碎旧的国家机器、建立新型国家的理论与实践上都是非凡的创造。

第五，创造性提出衡量政党作用的社会生产力与人民意愿高度统一的客观标准。

毛泽东精辟地指出："中国一切政党的政策及其实践在中国人民中所表现的作用的好坏、大小，归根到底，看它对于中国人民的生产力的发展是否有帮助及其帮助之大小，看它是束缚生产力的，还是解放生产力的。消灭日本侵略者，实行土地改革，解放农民，发展现代工业，建立独立、自由、民主、统一和富强的新中国，只有这一切，才能使中国社会生产力获得解放，才是中国人民所欢迎的。"[1]

在马克思主义的经典论述中，强调社会生产力决定作用的，强调人民在人类社会历史中的决定作用的观点，不胜枚举。但把两者紧密地、有机地结合在一起，并且作为衡量一个政党历史作用标准的，唯有毛泽东。这是毛泽东在中国两种命运、两个前途大决战展开前夕，对马克思主义国家学说所作出的极其重要的历史贡献。

在此基础上，毛泽东提出了中国共产党的使中国由农业国变为工业国的国家建设纲领："在新民主主义的政治条件获得之后，中国人民及其政府必须采取切实的步骤，在若干年内逐步地建立重工业和轻工业，使中国由农业国变为工业国。"[2]毛泽东所说的这个政治条件，就是建立一个独立、自由、民主和统一的中国。"没有独立、自由、

---

[1]《毛泽东选集》第3卷，人民出版社1991年版，第1079页。
[2]《毛泽东选集》第3卷，人民出版社1991年版，第1081页。

民主和统一，不可能建设真正大规模的工业。没有工业，便没有巩固的国防，便没有人民的福利，便没有国家的富强。"[1]

先赢得政治条件，再创造相应的经济条件和文化条件，以弥补自身的落后，毛泽东立足于中国实际所提出的这一创建新中国的现实路径，与列宁当年在十月革命成功后提出的新经济政策的建设纲领，异曲同工。"新民主主义的国家，如无巩固的经济做它的基础，如无进步的比较现时发达得多的农业，如无大规模的在全国经济比重上占极大优势的工业以及与此相适应的交通、贸易、金融等事业做它的基础，是不能巩固的。"[2]这是一条落后国家通过革命创建新国家、建设新国家的唯一现实的道路。

4. 从十二月会议到九月会议

抗日战争胜利后，在中国共产党和各民主党派的共同努力下，中国出现了一段短暂的和平建国景象，并于1946年1月召开了由国民党政府主持的政治协商会议。但好景不长，1946年6月，蒋介石集团悍然发动全面内战，将自己彻底地放到了人民的对立面。"他们将日本投降以后一个长时间内，中国共产党代表中国人民的愿望，力争和平反对内战的一切努力，看作是胆怯和力量薄弱的表现。他们过高地估计了自己力量，过低地估计了革命力量，冒险地发动战争，因而落在他们自己布置的陷阱里。"[3]

面对国民党蒋介石集团的倒行逆施，中国人民在中国共产党领导下奋起抗争，先后形成了解放区军事战场同国统区反饥饿、反迫害、反内战的第二条战线互相支持、互相配合的局面。随着蒋介石集团的

---

[1]《毛泽东选集》第3卷，人民出版社1991年版，第1080页。
[2]《毛泽东选集》第3卷，人民出版社1991年版，第1081页。
[3]《毛泽东选集》第4卷，人民出版社1991年版，第1249页。

全面进攻和重点进攻相继失败，国民党统治陷入了全民包围之中，创建新中国的历史任务正式提上了中国共产党的日程。

1947年10月10日，毛泽东起草的《中国人民解放军宣言》发表，实际上提出了中国共产党为实现"打倒蒋介石，解放全中国"目标的八项基本政策。

这八项基本政策是：

一、联合工农兵学商各被压迫阶级、各人民团体、各民主党派、各少数民族、各地华侨和其他爱国分子，组成民族统一战线，打倒蒋介石独裁政府，成立民主联合政府。

二、逮捕、审判和惩办以蒋介石为首的内战罪犯。

三、废除蒋介石统治的独裁制度，实行人民民主制度，保障人民言论、出版、集会、结社等项自由。

四、废除蒋介石统治的腐败制度，肃清贪官污吏，建立廉洁政治。

五、没收蒋介石、宋子文、孔祥熙、陈立夫兄弟等四大家族和其他首要战犯的财产，没收官僚资本，发展民族工商业，改善职工生活，救济灾民贫民。

六、废除封建剥削制度，实行耕者有其田的制度。

七、承认中国境内各少数民族有平等自治的权利。

八、否认蒋介石独裁政府的一切卖国外交，废除一切卖国条约，否认内战期间蒋介石所借的一切外债。要求美国政府撤退其威胁中国独立的驻华军队，反对任何外国帮助蒋介石打内战和使日本侵略势力复兴。同外国订立平等互惠通商友好条约。联合世界上一切以平等待我之民族共同奋斗。[1]

---

[1]《毛泽东选集》第4卷，人民出版社1991年版，第1237—1238页。

三、毛泽东对马克思主义国家学说和国家治理理论的杰出贡献：
从无产阶级专政到人民民主专政

这八项政策体现了中国共产党的彻底反帝反封建的新民主主义革命纲领。其核心是第一条，即"组成民族统一战线，打倒蒋介石独裁政府，成立民主联合政府"。同时，在政治上提出惩办战犯、实行人民民主制度、建立廉洁政治、各少数民族有平等自治的权利，在经济上提出没收官僚资本、发展民族工商业、实行耕者有其田的制度，在外交上提出废除一切卖国条约、撤退其威胁中国独立的驻华军队、同外国订立平等互惠通商友好条约、联合世界上一切以平等待我之民族共同奋斗。这些主张，代表了中国最广大人民群众的共同意愿。

正是在这一背景下，1947年12月，毛泽东在陕北杨家沟主持召开中共中央扩大会议，即十二月会议，全面制定夺取全国胜利的纲领。毛泽东在会上提出《目前形势和我们的任务》的书面报告。会议决定指出："这个报告是整个打倒蒋介石反动统治集团，建立新民主主义中国的时期内，在政治、军事、经济各方面带纲领性的文件。"

毛泽东在《目前形势和我们的任务》报告开头，就提出一个基本判断："这是一个历史的转折点。这是蒋介石的二十年反革命统治由发展到消灭的转折点。这是一百多年以来帝国主义在中国的统治由发展到消灭的转折点。"[1]

这时，中国共产党的立场，与抗日战争胜利前夕的《论联合政府》相比较，有哪些不同，又有哪些相同的呢？根本不同的是，由于国民党蒋介石集团单方面撕毁政治协商会议协议、全面发动内战，它就退出了革命统一战线的阵营，走上了彻底与人民为敌的不归路，因此，未来建立的新民主主义人民民主政权就没有它的立足之地了，而成为专政的对象。尽管如此，并没有改变新民主主义革命的性质，也没有改变中国共产党的纲领，没有改变新民主主义革命统一战线的基

---

[1]《毛泽东选集》第4卷，人民出版社1991年版，第1244页。

本阵容。《目前形势和我们的任务》就是在新民主主义革命即将取得最后胜利的关键时刻,根据中国革命形势的新变化,完成对中国共产党的纲领和政策再制定的历史任务,进一步发展了《新民主主义论》和《论联合政府》等著作所阐述的新民主主义理论。

《目前形势和我们的任务》在规划新中国的建国蓝图上,最为突出的是以下两点。

第一,明确提出新民主主义革命的三大经济纲领。

毛泽东指出:"没收封建阶级的土地归农民所有,没收蒋介石、宋子文、孔祥熙、陈立夫为首的垄断资本归新民主主义的国家所有,保护民族工商业。这就是新民主主义革命的三大经济纲领。"[1]

将资产阶级根据其所处的政治地位和经济地位以及对革命的态度,严格区分为官僚资产阶级和民族资产阶级,是毛泽东运用马克思主义阶级分析方法创造性地解决中国革命实际问题的一个范例。

关于官僚资产阶级,毛泽东指出:"这个垄断资本主义,同外国帝国主义、本国地主阶级和旧式富农密切地结合着,成为买办的封建的国家垄断资本主义。这就是蒋介石反动政权的经济基础。这个国家垄断资本主义,不但压迫工人农民,而且压迫城市小资产阶级,损害中等资产阶级。这个国家垄断资本主义,在抗日战争期间和日本投降以后,达到了最高峰,它替新民主主义革命准备了充分的物质条件。这个资本,在中国的通俗名称,叫做官僚资本。这个资产阶级,叫做官僚资产阶级,即是中国的大资产阶级。新民主主义的革命任务,除了取消帝国主义在中国的特权以外,在国内,就是要消灭地主阶级和官僚资产阶级(大资产阶级)的剥削和压迫,改变买办的封建的生产关系,解放被束缚的生产力。"[2]

---

[1]《毛泽东选集》第 4 卷,人民出版社 1991 年版,第 1253 页。
[2]《毛泽东选集》第 4 卷,人民出版社 1991 年版,第 1253—1254 页。

关于民族资产阶级,毛泽东说:"被这些阶级及其国家政权所压迫和损害的上层小资产阶级和中等资产阶级,虽然也是资产阶级,却是可以参加新民主主义革命,或者保守中立的。他们和帝国主义没有联系,或者联系较少,他们是真正的民族资产阶级。在新民主主义的国家权力到达的地方,对于这些阶级,必须坚决地毫不犹豫地给以保护。"[1]

关于实行严格区分的政策,毛泽东强调:"新民主主义革命所要消灭的对象,只是封建主义和垄断资本主义,只是地主阶级和官僚资产阶级(大资产阶级),而不是一般地消灭资本主义,不是消灭上层小资产阶级和中等资产阶级。由于中国经济的落后性,广大的上层小资产阶级和中等资产阶级所代表的资本主义经济,即使革命在全国胜利以后,在一个长时期内,还是必须允许它们存在;并且按照国民经济的分工,还需要它们中一切有益于国民经济的部分有一个发展;它们在整个国民经济中,还是不可缺少的一部分。"[2]

毛泽东的这些论述,为顺利实行新民主主义革命的三大经济纲领,既增强了工农联盟的阶级基础,又增强了同民族资产阶级和上层小资产阶级统一战线的基础。

第二,初步明确了未来新中国的经济构成。

毛泽东指出:"总起来说,新中国的经济构成是:(1)国营经济,这是领导的成分;(2)由个体逐步地向着集体方向发展的农业经济;(3)独立小工商业者的经济和小的、中等的私人资本经济。这些,就是新民主主义的全部国民经济。而新民主主义国民经济的指导方针,必须紧紧地追随着发展生产、繁荣经济、公私兼顾、劳资两利这个总

---

[1]《毛泽东选集》第4卷,人民出版社1991年版,第1254页。
[2]《毛泽东选集》第4卷,人民出版社1991年版,第1254—1255页。

目标。一切离开这个总目标的方针、政策、办法，都是错误的。"[1]

对于这三种经济成分在新中国成立后的发展，毛泽东预言："革命在全国胜利以后，由于新民主主义国家手里有着从官僚资产阶级接收过来的控制全国经济命脉的巨大的国家企业，又有从封建制度解放出来、虽则在一个颇长时间内在基本上仍然是分散的个体的、但是在将来可以逐步地引向合作社方向发展的农业经济，在这些条件下，这种小的和中等的资本主义成分，其存在和发展，并没有什么危险。"[2]

此时，各地在土地改革中，不同程度地出现了过火的偏差。为纠正这些偏差，更好地执行中国共产党在新民主主义阶段的土地改革政策，根据毛泽东的要求，中共中央在1948年2月前后制定了《中共中央关于土地改革中各社会阶级的划分及其待遇的规定（草案）》，至2月15日完稿。这个文件共有25章，毛泽东亲自撰写了前两章，也就是第一章《中国的社会经济形态》和第二章《中国目前的阶级关系和人民民主革命》。

在这两章里，从创建新中国的角度看，值得关注的有以下两点。

第一，将现时中国社会经济区分为新旧两种形态，据此进一步明确现阶段人民民主革命的任务。

关于现时中国社会经济形态及其发展趋势，毛泽东指出："在目前整个中国社会经济中，一方面，存在着外国帝国主义的经济，本国封建主义的经济、官僚资本主义的经济和自由资本主义的经济，这些就是旧中国的社会经济形态；另一方面，存在着新式的国家经济、被解放了的农民和小生产者的经济和在新民主国家指导下的私人资本主义经济，这些就是新中国的社会经济形态。就生产技术而论，中国存在着大规模的机器生产事业、中小规模的机器生产事业和以家族为单

---

[1]《毛泽东选集》第4卷，人民出版社1991年版，第1255—1256页。
[2]《毛泽东选集》第4卷，人民出版社1991年版，第1255页。

三、毛泽东对马克思主义国家学说和国家治理理论的杰出贡献：
从无产阶级专政到人民民主专政

位的手执简单工具以从事生产的各种小生产事业。旧中国的半殖民地半封建的经济形态，在鸦片战争以来的长时期内占据优势。这种优势，现在正在被新中国的新民主主义的经济形态所迅速地代替着。"[1]

由此引出了现阶段中国人民民主革命的任务："中国现阶段的人民民主革命的任务，就是要改变旧的社会经济形态、旧的生产关系以及竖立在其上面的一切社会的、政治的、精神的旧的建筑物，建立新的社会经济形态、新的生产关系以及竖立在其上面的一切社会的、政治的、精神的新的建筑物。"[2]

毛泽东明确指出，在创建新中国的过程中，必须变革原有的生产关系。"全国一切生产力，除了已经获得解放的地区以外，均被这些反动阶级所控制的反动的退步的落后的生产关系所束缚，日趋衰败，不能发展。而生产力本身的要求，则是用革命方法解除这种旧有生产关系的束缚，推翻这种旧有生产关系，建立新的生产关系，建立新民主主义的生产关系，因而使全国一切积极的生产力获得向上发展的可能，替未来的更进步的更能自由地发展生产力的社会主义社会准备条件。这个生产关系变革的内容，就是废除帝国主义者在中国所强占的特权，废除地主阶级及旧式富农的封建的土地所有权，废除官僚资产阶级的私人垄断的资本所有权。"[3]这实际上是对十二月会议提出的新民主主义革命三大经济纲领的历史逻辑和理论逻辑的阐发。

关于打碎旧的国家机器，特别是消灭国民党反动军队，毛泽东指出："在阶级社会中，一切生产关系，都是被阶级的国家权力所保护的。什么样的生产关系，就被什么样的阶级的国家权力所保护，而所谓国家权力，首先就是军队的武力。人们如果要推翻旧的生产关系，

---

[1]《毛泽东文集》第5卷，人民出版社1996年版，第57页。
[2]《毛泽东文集》第5卷，人民出版社1996年版，第58页。
[3]《毛泽东文集》第5卷，人民出版社1996年版，第61页。

建立新的生产关系,人们就或早或迟地要推翻旧的国家权力,建立新的国家权力。中国人民如果要消灭帝国主义的、封建的和买办的生产关系,完成民族独立,实行土地改革,没收官僚资本,建立新民主主义的生产关系,借以发展中国的生产力,他们就必须推翻外国帝国主义,本国地主阶级、官僚资产阶级及旧式富农所结合在一起的反动的腐朽的国家权力,首先就必须消灭一切反动军队。中国人民,中国共产党和中国人民解放军现在所从事的伟大的神圣的正义的革命战争,正是为着这个目的。"[1]这些论述,把马克思主义基本原理同当前中国革命正在发生的翻天覆地的深刻变革紧密地联系在一起。

第二,在分析中国目前阶级关系的基础上,进一步明确未来新中国各革命阶级的构成。

毛泽东指出:"无产阶级,农民,独立劳动者,以及一切受人剥削的人们,共占全国人口约百分之九十,其中农民则占全国人口的百分之七十至八十。所有这些劳动人民,在反动的国家政权下,除受经济上的剥削外,还受政治上的压迫。他们是中华民族的主体,是中国人民民主革命的基本力量。其中,以无产阶级和半无产阶级(贫农)为人民民主革命和新民主国家政权的领导阶级,而无产阶级则是主要的领导阶级。无产阶级、农民及其他劳动人民的任务,是联合自由资产阶级,以人民民主革命的方法推翻帝国主义、封建主义和官僚资本主义的剥削和压迫,建立中华人民共和国。中国无产阶级、农民和其他劳动人民,有长期的革命斗争的经验。这种革命斗争经验的集中表现,就是中国共产党的革命和建设新国家的伟大的领导能力。"[2]

1948年3月,毛泽东东渡黄河,来到晋察冀解放区。4月1日,

---

[1]《毛泽东文集》第5卷,人民出版社1996年版,第61—62页。
[2]《毛泽东文集》第5卷,人民出版社1996年版,第59—60页。

发表了《在晋绥干部会议上的讲话》。这篇讲话着重从纠正和防止在土地革命和工商业政策上的"左"倾错误出发,对《目前形势和我们的任务》中提出的基本建国方略作了进一步的阐发。主要有以下几点。

第一,完整提出新民主主义革命总路线和总政策。

毛泽东提出:"无产阶级领导的,人民大众的,反对帝国主义、封建主义和官僚资本主义的革命,这就是中国的新民主主义的革命,这就是中国共产党在当前历史阶段的总路线和总政策。"[1]

上述对新民主主义革命总路线和总政策的完整概括,包含了以下内容:(一)关于革命的领导者。"这个革命不能由任何别的阶级和任何别的政党充当领导者,只能和必须由无产阶级和中国共产党充当领导者。"(二)关于人民的范畴亦即统一战线的范围。"由参加这个革命的人们所组成的统一战线是十分广大的,这里包括了工人、农民、独立劳动者、自由职业者、知识分子、民族资产阶级以及从地主阶级分裂出来的一部分开明绅士,这就是我们所说的人民大众。"(三)关于革命对象。"这个革命所要推翻的敌人,只是和必须是帝国主义、封建主义和官僚资本主义。这些敌人的集中表现,就是蒋介石国民党的反动统治。"(四)关于建国目标和性质。"由这个人民大众所建立的国家和政府,就是中华人民共和国和无产阶级领导的各民主阶级联盟的民主联合政府。"[2]

第二,完整提出土地改革工作的总路线和总政策。

毛泽东指出:"依靠贫农,团结中农,有步骤地、有分别地消灭封建剥削制度,发展农业生产,这就是中国共产党在新民主主义的革

---

[1]《毛泽东选集》第4卷,人民出版社1991年版,第1316—1317页。
[2] 以上引文见《毛泽东选集》第4卷,人民出版社1991年版,第1313页。

命时期，在土地改革工作中的总路线和总政策。"[1]

上述对土地改革工作的总路线和总政策的完整概括，明确了以下关键问题：（一）关于土地改革与新民主主义革命的关系。"封建主义是帝国主义和官僚资本主义的同盟者及其统治的基础。因此，土地制度的改革，是中国新民主主义革命的主要内容。"（二）关于土地改革的依靠力量。"土地改革所依靠的基本力量，只能和必须是贫农。这个贫农阶层，和雇农在一起，占了中国农村人口的百分之七十左右。"（三）关于土地改革的团结力量。"土地改革必须团结中农，贫雇农必须和占农村人口百分之二十左右的中农结成巩固的统一战线。不这样做，贫雇农就会陷于孤立，土地改革就会失败。"（四）关于土地改革的任务。"土地改革的主要的和直接的任务，就是满足贫雇农群众的要求。""土地改革的一个任务，是满足某些中农的要求。必须容许一部分中农保有比较一般贫农所得土地的平均水平为高的土地量。"（五）关于土地改革的对象。"土地改革的对象，只是和必须是地主阶级和旧式富农的封建剥削制度，不能侵犯民族资产阶级，也不要侵犯地主富农所经营的工商业，特别注意不要侵犯没有剥削或者只有轻微剥削的中农、独立劳动者、自由职业者和新式富农。"（六）关于土地改革的目的。"土地改革的目的是消灭封建剥削制度，即消灭封建地主之为阶级，而不是消灭地主个人。因此，对地主必须分给和农民同样的土地财产，并使他们学会劳动生产，参加国民经济生活的行列。"（七）关于有步骤的原则。"消灭封建剥削制度应当是有步骤的，即是说，有策略的。必须依据环境所许可的情况，农民群众的觉悟程度和组织程度，决定发动斗争的策略，不要企图在一个早上消灭全部的封建剥削制度。"（八）关于有分别的原则。"所谓有分别地消灭封建制度，就是说，必须分别地主和富农，分别地主的大中小，分别地主富

---

[1]《毛泽东选集》第4卷，人民出版社1991年版，第1317页。

三、毛泽东对马克思主义国家学说和国家治理理论的杰出贡献：
从无产阶级专政到人民民主专政

农中的恶霸分子和非恶霸分子，在平分土地、消灭封建制度的大原则下面，不是一律地而是有所分别地决定和实行给予这些不同情况的人们以不同的待遇。"（九）关于发展农业生产。"在任何地区，一经消灭了封建制度，完成了土地改革任务，党和民主政府就必须立即提出恢复和发展农业生产的任务，将农村中的一切可能的力量转移到恢复和发展农业生产的方面去，组织合作互助，改良农业技术，提倡选种，兴办水利，务使增产成为可能。农村党的精力的最大部分，必须放在恢复和发展农业生产和市镇上的工业生产上面。"[1]

这时，毛泽东关注的重心，已经开始向恢复生产上转移。他在讲话中特别强调以下三点。一是"在消灭封建制度的斗争中，必须注意尽一切努力最大限度地保存一切可用的生产资料和生活资料，采取办法坚决地反对任何人对于生产资料和生活资料的破坏和浪费"[2]。二是"现在农村中流行的一种破坏工商业、在分配土地问题上主张绝对平均主义的思想，它的性质是反动的、落后的、倒退的。我们必须批判这种思想"[3]。三是强调"消灭封建制度，发展农业生产，就给发展工业生产，变农业国为工业国的任务奠定了基础，这就是新民主主义革命的最后目的"[4]。

此后，中国共产党的各项工作逐步走上正轨，全党的纪律观念和政策水平明显增强，为迎接中国革命高潮到来做好了充分准备。1948年4月30日，毛泽东主持召开中共中央书记处会议，讨论通过中共中央庆祝五一节口号。会上提出"各民主党派、各人民团体、各社会贤达迅速召开政治协商会议，讨论并实现召集人民代表大会，成立民

---

[1] 以上引文见《毛泽东选集》第4卷，人民出版社1991年版，第1313—1316页。
[2]《毛泽东选集》第4卷，人民出版社1991年版，第1316页。
[3]《毛泽东选集》第4卷，人民出版社1991年版，第1314页。
[4]《毛泽东选集》第4卷，人民出版社1991年版，第1316页。

主联合政府"[1]。这一口号的提出,标志着创建新中国的使命正式提上日程。

在战略决战开始之际,1948年9月,毛泽东在河北西柏坡主持召开中共中央政治局扩大会议,即九月会议。这次会议与前一年底召开的十二月会议相比,表现出更强的过渡性。会议全面总结了过去的工作,制定了全党的战略目标。即一方面继续完成解放战争的各项任务,特别是军事任务;另一方面各项建政和建设任务也相继提上日程,而且成为日渐紧迫的工作。

就创建新中国而言,九月会议提出了以下重要任务。

一是提出党的工作重心转移问题。会议指出:"必须尽一切可能修理和掌握铁路、公路、轮船等近代交通工具,加强城市和工业的管理工作,使党的工作的重心逐步地由乡村转到城市。"[2]还号召"全党动员学习管理工业生产、农业生产和做生意"[3]。

二是进一步提出加强集中统一领导问题。会议指出:"由于我党我军在过去长时期内是处于被敌人分割的、游击战争的并且是农村的环境之下,我们曾经允许各地方党的和军事的领导机关保持着很大的自治权","目前的形势,要求我党用最大的努力克服这些无纪律状态和无政府状态,克服地方主义和游击主义,将一切可能和必须集中的权力集中于中央和中央代表机关手里,使战争由游击战争的形式过渡到正规战争的形式"[4]。

三是强调迅速补充和扩大干部队伍问题。会议指出:"夺取全国政权的任务,要求我党迅速地有计划地训练大批的能够管理军事、政

---

[1] 中共中央文献研究室编:《毛泽东年谱(1893—1949)》(修订本)下卷,中央文献出版社2013年版,第306页。
[2] 《毛泽东选集》第4卷,人民出版社1991年版,第1347页。
[3] 《毛泽东选集》第4卷,人民出版社1991年版,第1348页。
[4] 以上引文见《毛泽东选集》第4卷,人民出版社1991年版,第1346页。

三、毛泽东对马克思主义国家学说和国家治理理论的杰出贡献：
从无产阶级专政到人民民主专政

治、经济、党务、文化教育等项工作的干部。""中国地方甚大，人口甚多，革命战争发展甚快，而我们的干部供应甚感不足，这是一个很大的困难。第三年内干部的准备，虽然大部分应当依靠老的解放区，但是必须同时注意从国民党统治的大城市中去吸收。国民党区大城市中有许多工人和知识分子能够参加我们的工作，他们的文化水平较之老解放区的工农分子的文化水准一般要高些。国民党经济、财政、文化、教育机构中的工作人员，除去反动分子外，我们应当大批地利用。"[1]

四是提出"成立中华人民共和国临时中央政府"的任务。会议指出："召集政治协商会议的口号，团结了国民党区域一切民主党派、人民团体和无党派民主人士于我党周围。现在，我们正在组织国民党区域的这些党派和团体的代表人物来解放区，准备在一九四九年召集中国一切民主党派、人民团体和无党派民主人士的代表们开会，成立中华人民共和国临时中央政府。"[2]

九月会议期间，毛泽东于9月8日和13日先后作了报告和结论。其中，和建国直接相关的有以下几点。

第一，关于人民民主专政政权的性质。

毛泽东指出："我们政权的阶级性是这样：无产阶级领导的，以工农联盟为基础，但不是仅仅工农，还有资产阶级民主分子参加的人民民主专政。"[3]

他回顾了人民民主专政的历史发展过程，指出这一过程实际上是一个否定之否定的认识与实践螺旋式上升的过程。他说："这个问题的提法，在我们党内有一个历史发展过程。大革命时期我们提的是'联

---

[1] 以上引文见《毛泽东选集》第4卷，人民出版社1991年版，第1347页。
[2] 以上引文见《毛泽东选集》第4卷，人民出版社1991年版，第1347页。
[3]《毛泽东文集》第5卷，人民出版社1996年版，第135页。

合战线',当时右的理论是政权归国民党,我们以后再来革命。后来我们搞土地革命了,六大规定的是工农民主专政,没有估计到资产阶级民主分子在帝国主义压迫下还可以跟无产阶级合作。合作是后来发生的,因为有了日本的侵略,现在又有美国的侵略,我们又回到大革命中的正确时期。现在不是国共合作,但原则上还是'国共合作'。现在不是同蒋介石合作,是同冯玉祥、李济深合作,同民主同盟、平津学生合作,同蒋介石那里分裂出来的资产阶级分子合作。'中间路线'、'第三方面'的主张行不通,但是我们要同有这种主张的分子合作。"[1]

毛泽东特别强调人民民主专政的国家政权的人民性质,指出:"我们是人民民主专政,各级政府都要加上'人民'二字,各种政权机关都要加上'人民'二字,如法院叫人民法院,军队叫人民解放军,以示和蒋介石政权不同。我们有广大的统一战线,我们政权的任务是打倒帝国主义、封建主义和官僚资本主义,要打倒它们,就要打倒它们的国家,建立人民民主专政的国家。"[2]

第二,关于人民民主专政政权的形式。

毛泽东指出:"关于建立民主集中制的各级人民代表会议制度问题,我们政权的制度是采取议会制呢,还是采取民主集中制?过去我们叫苏维埃代表大会制度,苏维埃就是代表会议,我们又叫'苏维埃',又叫'代表大会','苏维埃代表大会'就成了'代表大会代表大会'。这是死搬外国名词。现在我们就用'人民代表会议'这一名词。我们采用民主集中制,而不采用资产阶级议会制。议会制,袁世凯、曹锟都搞过,已经臭了。在中国采取民主集中制是很合适的。""我看我们可以这样决定,不必搞资产阶级的议会制和三权鼎立等。"[3]

---

[1]《毛泽东文集》第 5 卷,人民出版社 1996 年版,第 135 页。
[2]《毛泽东文集》第 5 卷,人民出版社 1996 年版,第 135—136 页。
[3]《毛泽东文集》第 5 卷,人民出版社 1996 年版,第 136 页。

第三，关于新民主主义经济的性质。

有人提出，新民主主义经济是"新资本主义"，毛泽东不赞成这个观点，指出："我看这个名词是不妥当的，因为它没有说明在我们社会经济中起决定作用的东西是国营经济、公营经济，这个国家是无产阶级领导的，所以这些经济都是社会主义性质的。农村个体经济加上城市私人经济在数量上是大的，但是不起决定作用。我们国营经济、公营经济，在数量上较小，但它是起决定作用的。我们的社会经济的名字还是叫'新民主主义经济'好。"[1]

毛泽东还重申十二月会议对新民主主义经济结构的分析："我在去年十二月二十五日报告中讲到没收官僚资本归新民主主义国家所有，新中国的经济构成，首先是国营经济，第二是由个体向集体发展的农业经济，第三是私人经济，国营经济是领导成分。"[2]他进一步分析了前两种经济成分的社会主义趋向，指出："大工业、大银行、大商业，不管是不是官僚资本，全国胜利后一定时期内都是要没收的，这是新民主主义经济的原则。而只要一没收，它们就属于社会主义部分。我们国家银行的资本，是社会主义性质的。农民在土地革命后搞合作社，要看在谁的领导之下：在资产阶级领导之下，就是资本主义的；在无产阶级领导之下，就是社会主义的。当然，今天我们农村的合作社，是个体农民在私有财产基础上组织的合作社，不完全是社会主义的，但它带有社会主义性质，是走向社会主义的。"[3]

毛泽东还提出在土地改革基础上进一步巩固对农民阶级的领导权问题："要巩固无产阶级对农民的领导权，分给农民土地只是建立了领导权，单有这一条还不够。所谓领导权，就是要使被领导者相信，将

---

[1]《毛泽东文集》第5卷，人民出版社1996年版，第139页。
[2]《毛泽东文集》第5卷，人民出版社1996年版，第140页。
[3]《毛泽东文集》第5卷，人民出版社1996年版，第140—141页。

来在经济建设方面,还要给他机器,组织合作社,使农民富裕起来,集合起来。他们信服了,领导权就巩固了,否则会失去领导权的。"[1]

他强调指出:"社会主义性质这种话应该讲,但整个国民经济还是新民主主义经济,即社会主义经济领导之下的经济体系。"[2]"新民主主义社会中有社会主义的因素,在政治、经济、文化各方面都是这样,并且是领导的因素,而总的说来是新民主主义的。"[3]"关于完成新民主主义到社会主义的过渡的准备,苏联是会帮助我们的,首先帮助我们发展经济。我国在经济上完成民族独立,还要一二十年时间。我们要努力发展经济,由发展新民主主义经济过渡到社会主义。"[4]

在九月会议上,刘少奇在9月13日的发言中,对新民主主义经济结构提出了自己的分析。与此同时,中共中央也收到了由张闻天起草、以东北局名义报送的《关于东北经济构成及经济建设基本方针的提纲》。这些意见都得到毛泽东的肯定,并被后来召开的中共七届二中全会所采纳。

从1947年十二月会议到1948年九月会议,毛泽东和中共中央紧随中国革命形势发展,一边继续指导和推动革命形势走向夺取最后胜利的高潮,一边认真擘画新中国的建国蓝图和建国方略,为1949年3月成功召开中共七届二中全会作了充分的理论准备和政策准备。

5. 中共七届二中全会

1949年3月,中共七届二中全会在河北西柏坡举行。这次会议是在中国人民革命取得全国胜利的前夕召开的,是一次极其重要的会

---

[1]《毛泽东文集》第5卷,人民出版社1996年版,第146页。
[2]《毛泽东文集》第5卷,人民出版社1996年版,第141页。
[3]《毛泽东文集》第5卷,人民出版社1996年版,第145页。
[4]《毛泽东文集》第5卷,人民出版社1996年版,第146页。

议。如果说，毛泽东在以前历次会议上的报告，主要还是立足于如何赢得中国革命最后胜利的话，这次全会上毛泽东所作的报告，则放在了党如何应对在全国胜利后出现的新情况新问题上。

就建国和建国后如何向社会主义过渡、如何搞工业化建设而言，毛泽东在中共七届二中全会上的报告提出了以下要点。

第一，在全国胜利的局面下，党的工作重心必须由乡村移到城市，城市工作必须以生产建设为中心。

毛泽东指出："从一九二七年到现在，我们的工作重点是在乡村，在乡村聚集力量，用乡村包围城市，然后取得城市。采取这样一种工作方式的时期现在已经完结。从现在起，开始了由城市到乡村并由城市领导乡村的时期。党的工作重心由乡村移到了城市。"[1]

接着，他对如何实现工作重心转移作出部署："城乡必须兼顾，必须使城市工作和乡村工作，使工人和农民，使工业和农业，紧密地联系起来。决不可以丢掉乡村，仅顾城市，如果这样想，那是完全错误的。但是党和军队的工作重心必须放在城市，必须用极大的努力去学会管理城市和建设城市。必须学会在城市中向帝国主义者、国民党、资产阶级作政治斗争、经济斗争和文化斗争，并向帝国主义者作外交斗争。既要学会同他们作公开的斗争，又要学会向他们作荫蔽的斗争。如果我们不去注意这些问题，不去学会同这些人作这些斗争，并在斗争中取得胜利，我们就不能维持政权，我们就会站不住脚，我们就会失败。在拿枪的敌人被消灭以后，不拿枪的敌人依然存在，他们必然地要和我们作拼死的斗争，我们决不可以轻视这些敌人。如果我们现在不是这样地提出问题和认识问题，我们就要犯极大的错误。"[2]

---

[1]《毛泽东选集》第4卷，人民出版社1991年版，第1426—1427页。
[2]《毛泽东选集》第4卷，人民出版社1991年版，第1427页。

毛泽东的这些话，使我们联想起列宁在十月革命胜利后面临的情况。相同的是，都面临如何巩固新生政权的艰巨任务。不同的是，由于中国革命走了与俄国十月革命不同的道路，因而：（一）有了自己的人民军队，尽管也需要从敌军的俘虏兵中不断补充兵员，同样有改造旧军官和士兵的问题，但这支军队的本色、主体、传统、性质是不会改变的。（二）有了自己的干部队伍，足以应对新解放区的基本干部需求，尽管也需要保留旧政府的留用人员，同样有甄别和改造留用人员的繁重工作，但这支干部队伍总体上是完全成熟、完全可靠、完全可以适应和胜任工作重心转变的。（三）有了一个最广泛的爱国民主统一战线，这个统一战线是经过了大革命、土地革命、抗日战争、解放战争血与火的严峻考验的，不但在夺取政权中能够发挥重要作用，而且在即将到来的巩固政权的斗争中同样能够发挥重要作用。（四）有了一整套局部执政的成熟经验，特别是政治经验、军事斗争经验，其丰富程度是其他争取民族独立和民族解放国家不能比拟的，在社会主义发展史上也是独一无二的。正因为如此，毛泽东在讲这番话的时候，显得格外从容自信。

第二，明确了城市工作部署和依靠对象。

毛泽东指出："关于恢复和发展生产的问题，必须确定：第一是国营工业的生产，第二是私营工业的生产，第三是手工业生产。从我们接管城市的第一天起，我们的眼睛就要向着这个城市的生产事业的恢复和发展。务须避免盲目地乱抓乱碰，把中心任务忘记了，以至于占领一个城市好几个月，生产建设的工作还没有上轨道，甚至许多工业陷于停顿状态，引起工人失业，工人生活降低，不满意共产党。这种状态是完全不能容许的。为了这一点，我们的同志必须用极大的努力去学习生产的技术和管理生产的方法，必须去学习同生产有密切联系的商业工作、银行工作和其他工作。只有将城市的生产恢复起来和发展起来了，将消费的城市变成生产的城市了，人民政权才能巩固起来。"[1]

他还特别强调:"如果我们在生产工作上无知,不能很快地学会生产工作,不能使生产事业尽可能迅速地恢复和发展,获得确实的成绩,首先使工人生活有所改善,并使一般人民的生活有所改善,那我们就不能维持政权,我们就会站不住脚,我们就会要失败。"[2]

关于城市工作依靠谁的问题,毛泽东指出:"我们必须全心全意地依靠工人阶级,团结其他劳动群众,争取知识分子,争取尽可能多的能够同我们合作的民族资产阶级分子及其代表人物站在我们方面,或者使他们保持中立,以便向帝国主义者、国民党、官僚资产阶级作坚决的斗争,一步一步地去战胜这些敌人。同时即开始着手我们的建设事业,一步一步地学会管理城市,恢复和发展城市中的生产事业。"[3] 也就是说,无论巩固政权还是生产建设,都要全心全意依靠工人阶级,最大限度地扩大统一战线。

第三,明确了新中国成立后的社会基本矛盾和主要经济成分。

关于基本矛盾及其基本对策,毛泽东指出:"中国革命在全国胜利,并且解决了土地问题以后,中国还存在着两种基本的矛盾。第一种是国内的,即工人阶级和资产阶级的矛盾。第二种是国外的,即中国和帝国主义国家的矛盾。因为这样,工人阶级领导的人民共和国的国家政权,在人民民主革命胜利以后,不是可以削弱,而是必须强化。对内的节制资本和对外的统制贸易,是这个国家在经济斗争中的两个基本政策。谁要是忽视或轻视了这一点,谁就将要犯绝大的错误。"[4]

关于新中国的主要经济成分和新民主主义经济形态,毛泽东指

---

[1]《毛泽东选集》第 4 卷,人民出版社 1991 年版,第 1428 页。
[2]《毛泽东选集》第 4 卷,人民出版社 1991 年版,第 1428 页。
[3]《毛泽东选集》第 4 卷,人民出版社 1991 年版,第 1427—1428 页。
[4] 以上引文见《毛泽东选集》第 4 卷,人民出版社 1991 年版,第 1433 页。

出:"国营经济是社会主义性质的,合作社经济是半社会主义性质的,加上私人资本主义,加上个体经济,加上国家和私人合作的国家资本主义经济,这些就是人民共和国的几种主要的经济成分,这些就构成新民主主义的经济形态。"[1]

以上这些关键性和方向性问题的明确,对于新中国稳步地又是逐步地朝着社会主义方向发展具有决定意义。

第四,分析了当时中国经济各种成分的状况和党所必须采取的正确政策,指出了中国由农业国转变为工业国、由新民主主义社会转变为社会主义社会的发展方向。

关于新中国成立前的基本国情,毛泽东以工农业比重这个带有本质特征的现象入手,着重指出:"中国的工业和农业在国民经济中的比重,就全国范围来说,在抗日战争以前,大约是现代性的工业占百分之十左右,农业和手工业占百分之九十左右。这是帝国主义制度和封建制度压迫中国的结果,这是旧中国半殖民地和半封建社会性质在经济上的表现,这也是在中国革命的时期内和在革命胜利以后一个相当长的时期内一切问题的基本出发点。从这一点出发,产生了我党一系列的战略上、策略上和政策上的问题。对于这些问题的进一步的明确的认识和解决,是我党当前的重要任务。"[2]

通过这样的分析,毛泽东提醒全党高度重视的一个基本国情,就是中国依然是一个经济文化落后的农业国。这种情况,不仅和发达的资本主义国家有根本的不同,而且和十月革命后列宁领导的苏俄社会主义国家也有质的区别。中国共产党就是在这样的起点上承担起建设现代化国家的历史重任和民族重任的。

接下来,毛泽东以如何将中国由农业国转变为工业国、由新民主

---

[1] 以上引文见《毛泽东选集》第 4 卷,人民出版社 1991 年版,第 1433 页。
[2] 《毛泽东选集》第 4 卷,人民出版社 1991 年版,第 1430 页。

三、毛泽东对马克思主义国家学说和国家治理理论的杰出贡献：
从无产阶级专政到人民民主专政

主义社会转变为社会主义社会为主轴，展开了有利因素与不利因素的辩证分析。他指出了以下七个因素，亦即实现这一转变必须紧紧抓住的七大变量。

一是现代性工业经济——新中国的希望和方向。毛泽东指出："中国已经有大约百分之十左右的现代性的工业经济，这是进步的，这是和古代不同的。由于这一点，中国已经有了新的阶级和新的政党——无产阶级和资产阶级，无产阶级政党和资产阶级政党。无产阶级及其政党，由于受到几重敌人的压迫，得到了锻炼，具有了领导中国人民革命的资格。谁要是忽视或轻视了这一点，谁就要犯右倾机会主义的错误。"[1]

二是个体的农业经济和手工业经济——落后但会长期存在。毛泽东指出："中国还有大约百分之九十左右的分散的个体的农业经济和手工业经济，这是落后的，这是和古代没有多大区别的，我们还有百分之九十左右的经济生活停留在古代。古代有封建的土地所有制，现在被我们废除了，或者即将被废除，在这点上，我们已经或者即将区别于古代，取得了或者即将取得使我们的农业和手工业逐步地向着现代化发展的可能性。但是，在今天，在今后一个相当长的时期内，我们的农业和手工业，就其基本形态说来，还是和还将是分散的和个体的，即是说，同古代近似的。谁要是忽视或轻视了这一点，谁就要犯'左'倾机会主义的错误。"[2]他还指出："占国民经济总产值百分之九十的分散的个体的农业经济和手工业经济，是可能和必须谨慎地、逐步地而又积极地引导它们向着现代化和集体化的方向发展的，任其自流的观点是错误的。"[3]

---

[1]《毛泽东选集》第4卷，人民出版社1991年版，第1430页。
[2]《毛泽东选集》第4卷，人民出版社1991年版，第1430—1431页。
[3]《毛泽东选集》第4卷，人民出版社1991年版，第1432页。

三是国营经济——新中国国民经济的领导成分。毛泽东指出，在中国的现代性工业中，"最大的和最主要的资本是集中在帝国主义者及其走狗中国官僚资产阶级的手里。没收这些资本归无产阶级领导的人民共和国所有，就使人民共和国掌握了国家的经济命脉，使国营经济成为整个国民经济的领导成分。这一部分经济，是社会主义性质的经济，不是资本主义性质的经济。谁要是忽视或轻视了这一点，谁就要犯右倾机会主义的错误"[1]。

四是私人资本主义工业——容许其存在和发展，但要实行"恰如其分的有伸缩性的限制政策"。毛泽东指出："中国的私人资本主义工业，占了现代性工业中的第二位，它是一个不可忽视的力量。中国的民族资产阶级及其代表人物，由于受了帝国主义、封建主义和官僚资本主义的压迫或限制，在人民民主革命斗争中常常采取参加或者保持中立的立场。由于这些，并由于中国经济现在还处在落后状态，在革命胜利以后一个相当长的时期内，还需要尽可能地利用城乡私人资本主义的积极性，以利于国民经济的向前发展。在这个时期内，一切不是于国民经济有害而是于国民经济有利的城乡资本主义成分，都应当容许其存在和发展。这不但是不可避免的，而且是经济上必要的。""我们要从各方面，按照各地、各业和各个时期的具体情况，对于资本主义采取恰如其分的有伸缩性的限制政策。孙中山的节制资本的口号，我们依然必须用和用得着。但是为了整个国民经济的利益，为了工人阶级和劳动人民现在和将来的利益，决不可以对私人资本主义经济限制得太大太死，必须容许它们在人民共和国的经济政策和经济计划的轨道内有存在和发展的余地。""如果认为我们现在不要限制资本主义，认为可以抛弃'节制资本'的口号，这是完全错误的，这就是右倾机会主义的观点。但是反过来，如果认为应当对私人资本限

---

[1]《毛泽东选集》第4卷，人民出版社1991年版，第1431页。

制得太大太死，或者认为简直可以很快地消灭私人资本，这也是完全错误的，这就是'左'倾机会主义或冒险主义的观点。"[1]

五是合作社经济——个体的农业经济和手工业经济的发展方向。毛泽东指出："必须组织生产的、消费的和信用的合作社，和中央、省、市、县、区的合作社的领导机关。这种合作社是以私有制为基础的在无产阶级领导的国家政权管理之下的劳动人民群众的集体经济组织。中国人民的文化落后和没有合作社传统，可能使得我们遇到困难；但是可以组织，必须组织，必须推广和发展。单有国营经济而没有合作社经济，我们就不可能领导劳动人民的个体经济逐步地走向集体化，就不可能由新民主主义社会发展到将来的社会主义社会，就不可能巩固无产阶级在国家政权中的领导权。谁要是忽视或轻视了这一点，谁也就要犯绝大的错误。"[2]

六是对外贸易的统制政策。毛泽东指出："人民共和国的国民经济的恢复和发展，没有对外贸易的统制政策是不可能的。从中国境内肃清了帝国主义、封建主义、官僚资本主义和国民党的统治（这是帝国主义、封建主义和官僚资本主义三者的集中表现），还没有解决建立独立的完整的工业体系问题，只有待经济上获得了广大的发展，由落后的农业国变成了先进的工业国，才算最后地解决了这个问题。而欲达此目的，没有对外贸易的统制是不可能的。"[3]

七是苏联的援助。毛泽东始终把立足点放在自力更生上，但也积极争取国际援助。这时，毛泽东预见到美国等西方国家会对新中国采取敌视的政策，因而把争取国际援助的希望主要放在了苏联。他指出："中国的经济遗产是落后的，但是中国人民是勇敢而勤劳的，中

---

[1] 以上引文见《毛泽东选集》第4卷，人民出版社1991年版，第1431—1432页。
[2] 以上引文见《毛泽东选集》第4卷，人民出版社1991年版，第1432—1433页。
[3]《毛泽东选集》第4卷，人民出版社1991年版，第1433页。

国人民革命的胜利和人民共和国的建立,中国共产党的领导,加上世界各国工人阶级的援助,其中主要地是苏联的援助,中国经济建设的速度将不是很慢而可能是相当地快的,中国的兴盛是可以计日程功的。对于中国经济复兴的悲观论点,没有任何的根据。"[1]

第五,明确了新中国的政权性质和团结一切力量的方针。

毛泽东指出:"召集政治协商会议和成立民主联合政府的一切条件,均已成熟。一切民主党派、人民团体和无党派民主人士都站在我们方面。"[2]这种局面,是俄国十月革命后所不具备的,也是中国革命进入高潮后取得的独有政治优势。

关于新中国的人民政权性质,毛泽东十分明确地称为"无产阶级领导的以工农联盟为基础的人民民主专政"[3]。对这样一个命名,他在后来发表的《论人民民主专政》一文中,作了系统的阐述。

很显然,人民民主专政命名本身,就说明了这个政权的阶级基础和群众基础的前所未有的广泛性和包容性,这个政权所要坚持的大团结方针也就孕育其中了。

对于新中国的大团结方针,毛泽东作了如下经典性的阐发:这个专政"要求我们党去认真地团结全体工人阶级、全体农民阶级和广大的革命知识分子,这些是这个专政的领导力量和基础力量。没有这种团结,这个专政就不能巩固。同时也要求我们党去团结尽可能多的能够同我们合作的城市小资产阶级和民族资产阶级的代表人物,它们的知识分子和政治派别,以便在革命时期使反革命势力陷于孤立,彻底地打倒国内的反革命势力和帝国主义势力;在革命胜利以后,迅速地恢复和发展生产,对付国外的帝国主义,使中国稳步地由农业国转变

---

[1]《毛泽东选集》第4卷,人民出版社1991年版,第1433—1434页。
[2]《毛泽东选集》第4卷,人民出版社1991年版,第1435页。
[3]《毛泽东选集》第4卷,人民出版社1991年版,第1436页。

三、毛泽东对马克思主义国家学说和国家治理理论的杰出贡献：
从无产阶级专政到人民民主专政　187

为工业国，把中国建设成一个伟大的社会主义国家。因为这样，我党同党外民主人士长期合作的政策，必须在全党思想上和工作上确定下来。我们必须把党外大多数民主人士看成和自己的干部一样，同他们诚恳地坦白地商量和解决那些必须商量和解决的问题，给他们工作做，使他们在工作岗位上有职有权，使他们在工作上做出成绩来"[1]。

以上五点，对于新中国成立后的国家政权建设以及政治格局、经济格局都是具有深远影响和决定意义的。毛泽东的这个报告，和他随后所写的《论人民民主专政》一文，构成了由中国人民政治协商会议第一届全体会议所通过的《中国人民政治协商会议共同纲领》（简称《共同纲领》）的政策基础。这个《共同纲领》，在新中国成立初期，在1954年《中华人民共和国宪法》诞生之前，起了临时宪法的作用。

6.《论人民民主专政》

1949年6月和9月，新政治协商会议筹备会在北平先后召开两次全体会议，为召开中国人民政治协商会议第一届全体会议，制定《共同纲领》，创建中华人民共和国，做必要的准备工作。

在新政治协商会议筹备会第一次全体会议之后，为了统一人们的认识，更好地做好创建新中国的各项准备工作，毛泽东于1949年6月30日中国共产党成立20周年前夕，发表了《论人民民主专政》一文。

这既是关于新中国国体、政体和一系列根本制度的奠基之作，也是中国化的马克思主义由国家学说向国家治理理论发展的奠基之作。

第一，结合中国革命实际阐发了马克思主义关于国家消亡的理论。

---

[1]《毛泽东选集》第4卷，人民出版社1991年版，第1436—1437页。

《论人民民主专政》是从马克思主义关于国家消亡的理论入手展开论述的。毛泽东指出:"人到老年就要死亡,党也是这样。阶级消灭了,作为阶级斗争的工具的一切东西,政党和国家机器,将因其丧失作用,没有需要,逐步地衰亡下去,完结自己的历史使命,而走到更高级的人类社会。我们和资产阶级政党相反。他们怕说阶级的消灭,国家权力的消灭和党的消灭。我们则公开声明,恰是为着促使这些东西的消灭而创设条件,而努力奋斗。共产党的领导和人民专政的国家权力,就是这样的条件。不承认这一条真理,就不是共产主义者。""他们必须懂得,消灭阶级,消灭国家权力,消灭党,全人类都要走这一条路的,问题只是时间和条件。"我们要"努力工作,创设条件,使阶级、国家权力和政党很自然地归于消灭,使人类进到大同境域"[1]。

毛泽东从马克思主义国家消亡理论开始,引出人民民主专政理论,有很深的寓意。它表明,中国共产党人坚守共产主义远大理想,不忘建立人民民主专政新型国家的最终目的,是为了"使人类进到大同境域";同时又坚定地表明,中国共产党人不会在短期内消灭国家,而要勇敢地肩负起建立新型国家、捍卫新型国家、建设新型国家的神圣使命。这种理想和使命始终是人民民主专政理论的基点,也为从马克思主义国家学说发展为国家治理理论铺平了道路。

第二,明确指出资产阶级共和国方案的破产使工人阶级领导的人民共和国的建立有了可能。

毛泽东回顾了先进的中国人学习西方的历程,回顾了马克思主义指导中国共产党领导的中国革命运动逐步发展壮大并已经取得基本胜利的历程,指出:"就是这样,西方资产阶级的文明,资产阶级的民主主义,资产阶级共和国的方案,在中国人民的心目中,一齐破了

---

[1] 以上引文见《毛泽东选集》第4卷,人民出版社1991年版,第1468—1469页。

三、毛泽东对马克思主义国家学说和国家治理理论的杰出贡献：
从无产阶级专政到人民民主专政

产。资产阶级的民主主义让位给工人阶级领导的人民民主主义，资产阶级共和国让位给人民共和国。这样就造成了一种可能性：经过人民共和国到达社会主义和共产主义，到达阶级的消灭和世界的大同。康有为写了《大同书》，他没有也不可能找到一条到达大同的路。资产阶级的共和国，外国有过的，中国不能有，因为中国是受帝国主义压迫的国家。唯一的路是经过工人阶级领导的人民共和国。"[1]

第三，高度凝练地总结了中国革命主要的和基本的经验，成为即将成立的新中国对内对外的基本国策。

毛泽东指出："到现在为止，中国人民已经取得的主要的和基本的经验，就是这两件事：（一）在国内，唤起民众。这就是团结工人阶级、农民阶级、城市小资产阶级和民族资产阶级，在工人阶级领导之下，结成国内的统一战线，并由此发展到建立工人阶级领导的以工农联盟为基础的人民民主专政的国家；（二）在国外，联合世界上以平等待我的民族和各国人民，共同奋斗。这就是联合苏联，联合各人民民主国家，联合其他各国的无产阶级和广大人民，结成国际的统一战线。"[2]

第四，系统阐述了人民民主专政理论。

这是毛泽东对马克思主义国家学说最重要的理论贡献，并使马克思主义国家学说朝着国家治理方面迈进了关键一步。

（1）人民民主专政理论的核心是正确处理好"人民民主"与"专政"的结合。

毛泽东指出："总结我们的经验，集中到一点，就是工人阶级（经过共产党）领导的以工农联盟为基础的人民民主专政。这个专政必须和国际革命力量团结一致。这就是我们的公式，这就是我们的主

---

[1]《毛泽东选集》第4卷，人民出版社1991年版，第1471页。
[2]《毛泽东选集》第4卷，人民出版社1991年版，第1472页。

要经验,这就是我们的主要纲领。"[1]

他还指出:"中国人民在几十年中积累起来的一切经验,都叫我们实行人民民主专政,或曰人民民主独裁,总之是一样,就是剥夺反动派的发言权,只让人民有发言权。"[2]也就是说,严格区分敌对势力与人民,是正确实行人民民主专政的先决条件。由此把人民民主专政的基本职能划分为"专政"与"民主"两个方面。

人民民主专政不能没有专政手段。毛泽东针对"你们不是要消灭国家权力吗?"的质疑指出:"我们要,但是我们现在还不要,我们现在还不能要。为什么?帝国主义还存在,国内反动派还存在,国内阶级还存在。我们现在的任务是要强化人民的国家机器,这主要地是指人民的军队、人民的警察和人民的法庭,借以巩固国防和保护人民利益。以此作为条件,使中国有可能在工人阶级和共产党的领导之下稳步地由农业国进到工业国,由新民主主义社会进到社会主义社会和共产主义社会,消灭阶级和实现大同。军队、警察、法庭等项国家机器,是阶级压迫阶级的工具。对于敌对的阶级,它是压迫的工具,它是暴力,并不是什么'仁慈'的东西。'你们不仁。'正是这样。我们对于反动派和反动阶级的反动行为,决不施仁政。我们仅仅施仁政于人民内部,而不施于人民外部的反动派和反动阶级的反动行为。"[3]

对敌对势力实行专政,对原属于敌对势力的人实行改造,给予出路,而不是统统消灭的政策,这是毛泽东在专政问题上对马克思主义国家学说的发展,同时也使这一学说进入到国家治理的层面。毛泽东指出:"对于反动阶级和反动派的人们,在他们的政权被推翻以后,只要他们不造反,不破坏,不捣乱,也给土地,给工作,让他们活下

---

[1]《毛泽东选集》第4卷,人民出版社1991年版,第1480页。
[2]《毛泽东选集》第4卷,人民出版社1991年版,第1475页。
[3]《毛泽东选集》第4卷,人民出版社1991年版,第1475—1476页。

去，让他们在劳动中改造自己，成为新人。他们如果不愿意劳动，人民的国家就要强迫他们劳动。也对他们做宣传教育工作，并且做得很用心，很充分，像我们对俘虏军官们已经做过的那样。这也可以说是'施仁政'吧，但这是我们对于原来是敌对阶级的人们所强迫地施行的，和我们对于革命人民内部的自我教育工作，不能相提并论。"[1]

毛泽东还强调指出："这种对于反动阶级的改造工作，只有共产党领导的人民民主专政的国家才能做到。这件工作做好了，中国的主要的剥削阶级——地主阶级和官僚资产阶级即垄断资产阶级，就最后地消灭了。"[2]

人民民主专政必须实行人民民主。这是人民民主专政更为重要也是更为基本的职能。毛泽东指出："人民的国家是保护人民的。有了人民的国家，人民才有可能在全国范围内和全体规模上，用民主的方法，教育自己和改造自己，使自己脱离内外反动派的影响（这个影响现在还是很大的，并将在长时期内存在着，不能很快地消灭），改造自己从旧社会得来的坏习惯和坏思想，不使自己走入反动派指引的错误路上去，并继续前进，向着社会主义社会和共产主义社会前进。"[3]

人民内部也会有犯罪现象，也需要法律制裁，但这与对敌对势力的镇压，是性质不同的两回事。毛泽东指出："我们在这方面使用的方法，是民主的即说服的方法，而不是强迫的方法。人民犯了法，也要受处罚，也要坐班房，也有死刑，但这是若干个别的情形，和对于反动阶级当作一个阶级的专政来说，有原则的区别。"[4]

毛泽东概括说："这两方面，对人民内部的民主方面和对反动派

---

[1]《毛泽东选集》第4卷，人民出版社1991年版，第1476—1477页。
[2]《毛泽东选集》第4卷，人民出版社1991年版，第1477页。
[3]《毛泽东选集》第4卷，人民出版社1991年版，第1476页。
[4]《毛泽东选集》第4卷，人民出版社1991年版，第1476页。

的专政方面,互相结合起来,就是人民民主专政。"[1]

在马克思主义关于无产阶级专政理论中,也有民主的思想,并且强调这是多数人对少数人的专政。但是,把民主与专政的关系如此突出地强调出来,作为人民民主专政的本质特征,同时也作为区别于以往任何一种专政的显著特征,并把对人民的民主与对敌对势力的专政这两者的区别讲得如此清晰、如此辩证,这是毛泽东的独创性贡献。而且通过强调人民民主职能,强调对敌对势力的人进行改造的途径和政策,第一次将人民民主专政赋予了国家治理的职能。

(2)人民民主专政理论的关键是搞清楚"人民"这个核心范畴,以此为基础厘清人民民主专政的领导核心、基本力量。

"人民"这一概念在人民民主专政理论中,既是一个极其重要的政治范畴,也是一个不断发展变动的历史范畴。毛泽东指出:"人民是什么?在中国,在现阶段,是工人阶级,农民阶级,城市小资产阶级和民族资产阶级。这些阶级在工人阶级和共产党的领导之下,团结起来,组成自己的国家,选举自己的政府,向着帝国主义的走狗即地主阶级和官僚资产阶级以及代表这些阶级的国民党反动派及其帮凶们实行专政,实行独裁,压迫这些人,只许他们规规矩矩,不许他们乱说乱动。如要乱说乱动,立即取缔,予以制裁。对于人民内部,则实行民主制度,人民有言论集会结社等项的自由权。选举权,只给人民,不给反动派。"[2]

人民民主专政既然属于全体人民所共有,就排除了"少数人所得而私"的可能。毛泽东这样解释道:"一九二四年,孙中山亲自领导的有共产党人参加的国民党第一次全国代表大会,通过了一个著名的宣言。这个宣言上说:'近世各国所谓民权制度,往往为资产阶级所

---

[1]《毛泽东选集》第4卷,人民出版社1991年版,第1475页。
[2]《毛泽东选集》第4卷,人民出版社1991年版,第1475页。

三、毛泽东对马克思主义国家学说和国家治理理论的杰出贡献：从无产阶级专政到人民民主专政

专有，适成为压迫平民之工具。若国民党之民权主义，则为一般平民所共有，非少数人所得而私也。'除了谁领导谁这一个问题以外，当作一般的政治纲领来说，这里所说的民权主义，是和我们所说的人民民主主义或新民主主义相符合的。只许为一般平民所共有、不许为资产阶级所私有的国家制度，如果加上工人阶级的领导，就是人民民主专政的国家制度了。"[1]

人民民主专政的阶级构成明确了，其领导阶级也就随之明确下来。毛泽东指出："人民民主专政需要工人阶级的领导。因为只有工人阶级最有远见，大公无私，最富于革命的彻底性。整个革命历史证明，没有工人阶级的领导，革命就要失败，有了工人阶级的领导，革命就胜利了。在帝国主义时代，任何国家的任何别的阶级，都不能领导任何真正的革命达到胜利。中国的小资产阶级和民族资产阶级曾经多次领导过革命，都失败了，就是明证。"[2]也就是说，工人阶级的领导地位，不是理论推导出来的，而是由中国革命的历史所反复证明的，也是工人阶级及其先锋队——中国共产党奋斗牺牲的最终结果。

毛泽东还进而明确了人民民主专政的基础是两个联盟，同时又以工农联盟作为主体。"人民民主专政的基础是工人阶级、农民阶级和城市小资产阶级的联盟，而主要是工人和农民的联盟，因为这两个阶级占了中国人口的百分之八十到九十。推翻帝国主义和国民党反动派，主要是这两个阶级的力量。由新民主主义到社会主义，主要依靠这两个阶级的联盟。"[3]这同样也是被中国革命历史所证明了的，是历史的结论。

中国的民族资产阶级是一个特殊的阶级。它同帝国主义和地主阶

---

[1]《毛泽东选集》第4卷，人民出版社1991年版，第1477—1478页。
[2]《毛泽东选集》第4卷，人民出版社1991年版，第1479页。
[3]《毛泽东选集》第4卷，人民出版社1991年版，第1478—1479页。

级、官僚资产阶级有矛盾,同工人阶级、农民阶级、城市小资产阶级也有矛盾,由此造成了它的两面性。但在中国革命的关键时刻,民族资产阶级站到了中国共产党领导的人民营垒一边。因此,毛泽东指出:"民族资产阶级在现阶段上,有其很大的重要性。""为了对付帝国主义的压迫,为了使落后的经济地位提高一步,中国必须利用一切于国计民生有利而不是有害的城乡资本主义因素,团结民族资产阶级,共同奋斗。我们现在的方针是节制资本主义,而不是消灭资本主义。但是民族资产阶级不能充当革命的领导者,也不应当在国家政权中占主要的地位。民族资产阶级之所以不能充当革命的领导者和所以不应当在国家政权中占主要地位,是因为民族资产阶级的社会经济地位规定了他们的软弱性,他们缺乏远见,缺乏足够的勇气,并且有不少人害怕民众。"[1]

根据各革命阶级的不同历史地位和不同历史作用,明确其在爱国民主统一战线中的地位和作用,并据此规定人民民主专政的阶级结构和人民的范畴,这是毛泽东的高明之处,也是人民民主专政具有持久生命力所在。它不但确保了中国革命取得彻底胜利,确保了新生人民政权的巩固和发展,还在后来确保参加人民民主专政的各革命阶级包括民族资产阶级都能过好社会主义这一关,成功地成为社会主义事业的建设者。从这个意义上同样可以说,人民民主专政的成功实践,是推动马克思主义国家学说发展成为国家治理理论的关键性一环。

(3)中国共产党领导、人民军队、统一战线,是中国革命的三大法宝,巩固和发展人民民主专政继续需要这三大法宝。

在阐发人民民主专政理论时,毛泽东再次强调了中国革命的三大法宝。他说:"我们的二十八年,就大不相同。我们有许多宝贵的经验。一个有纪律的,有马克思列宁主义的理论武装的,采取自我批评

---

[1] 以上引文见《毛泽东选集》第4卷,人民出版社1991年版,第1479页。

三、毛泽东对马克思主义国家学说和国家治理理论的杰出贡献：从无产阶级专政到人民民主专政

方法的，联系人民群众的党。一个由这样的党领导的军队。一个由这样的党领导的各革命阶级各革命派别的统一战线。这三件是我们战胜敌人的主要武器。这些都是我们区别于前人的。依靠这三件，使我们取得了基本的胜利。"[1]后来的历史发展表明，毛泽东所总结强调的这三大法宝，不但对中国革命彻底胜利发挥了不可替代的独特作用，而且对人民民主专政国家政权的巩固，对中国平稳顺利地进入社会主义社会，都起了不可或缺的作用。

（4）组织国民经济恢复发展和国家工业化建设是人民民主专政的重要职能。

需要特别指出的是，毛泽东在论述人民民主专政理论时，不仅着眼于人民民主与专政的关系，还着眼于人民民主专政国家在组织国民经济恢复发展和国家工业化建设中的关键作用。

毛泽东指出，人民民主专政的建立与强化，"使中国有可能在工人阶级和共产党的领导之下稳步地由农业国进到工业国，由新民主主义社会进到社会主义社会和共产主义社会，消灭阶级和实现大同"[2]。

他预见到人民民主专政的新中国建立后，"严重的经济建设任务摆在我们面前。我们熟习的东西有些快要闲起来了，我们不熟习的东西正在强迫我们去做。这就是困难"[3]。

他强调："我们必须克服困难，我们必须学会自己不懂的东西。我们必须向一切内行的人们（不管什么人）学经济工作。拜他们做老师，恭恭敬敬地学，老老实实地学。不懂就是不懂，不要装懂。不要摆官僚架子。钻进去，几个月，一年两年，三年五年，总可以学会

---

[1]《毛泽东选集》第4卷，人民出版社1991年版，第1480页。
[2]《毛泽东选集》第4卷，人民出版社1991年版，第1476页。
[3]《毛泽东选集》第4卷，人民出版社1991年版，第1480页。

的。苏联共产党人开头也有一些人不大会办经济,帝国主义者也曾等待过他们的失败。但是苏联共产党是胜利了,在列宁和斯大林领导之下,他们不但会革命,也会建设。他们已经建设起来了一个伟大的光辉灿烂的社会主义国家。苏联共产党就是我们的最好的先生,我们必须向他们学习。国际和国内的形势都对我们有利,我们完全可以依靠人民民主专政这个武器,团结全国除了反动派以外的一切人,稳步地走到目的地。"[1]在这里,毛泽东把人民民主专政看作是建设一个伟大的社会主义国家的"武器",与列宁在实行新经济政策时对苏维埃政权的论述,是高度契合的。

由"人民民主专政的国家,必须有步骤地解决国家工业化的问题"[2]这一历史任务出发,毛泽东提出了对农民的改造问题:"严重的问题是教育农民。农民的经济是分散的,根据苏联的经验,需要很长的时间和细心的工作,才能做到农业社会化。没有农业社会化,就没有全部的巩固的社会主义。农业社会化的步骤,必须和以国有企业为主体的强大的工业的发展相适应。人民民主专政的国家,必须有步骤地解决国家工业化的问题。"[3]

同样由"人民民主专政的国家,必须有步骤地解决国家工业化的问题"出发,毛泽东提出了对民族资产阶级的改造问题,并设想分两步走:"在现阶段就可以向他们中间的许多人进行许多适当的教育工作。等到将来实行社会主义即实行私营企业国有化的时候,再进一步对他们进行教育和改造的工作。"[4]后来的情况证实了毛泽东的预见。

---

[1]《毛泽东选集》第4卷,人民出版社1991年版,第1481页。
[2]《毛泽东选集》第4卷,人民出版社1991年版,第1477页。
[3]《毛泽东选集》第4卷,人民出版社1991年版,第1477页。
[4]《毛泽东选集》第4卷,人民出版社1991年版,第1477页。

通过上述对人民民主专政国家的顶层设计，不仅很好地处理了人民民主与对敌专政的相互关系，很好地处理了中国共产党领导、工农联盟与建立最广泛的爱国统一战线的关系，而且凸显了人民当家作主的国家治理职能，凸显了新型人民政权的国家管理职能。

总之，人民民主专政理论的系统提出，是一个里程碑。它标志着，从新民主主义社会向社会主义社会的过渡有了稳固的国家支撑。它标志着，从打碎旧的国家机器到建立新型人民民主国家再到进入国家治理有了平稳过渡、平稳发展的理论指引和制度安排。它标志着，以毛泽东为主要代表的中国共产党人创造性地把马克思主义国家学说发展到了国家治理理论。

正因为如此，毛泽东在中国人民政治协商会议第一届全体会议上充满自信地向全世界宣告："中国人从此站立起来了"。"随着经济建设的高潮的到来，不可避免地将要出现一个文化建设的高潮。中国人被人认为不文明的时代已经过去了，我们将以一个具有高度文化的民族出现于世界。"[1]

（二）毛泽东国家治理理论的发展

新中国成立后，毛泽东国家治理理论得到全面而丰富的发展。这一时期，毛泽东考虑的重点，已经从建什么国、走什么路，转变到建立一套什么样的国家制度体系，既能够体现社会主义优越性和人民当家作主原则，又能高效率地推进国家治理。

1949年9月《共同纲领》的通过，将人民民主专政确立为国体。随后，1954年9月《中华人民共和国宪法》的颁布，又将人民代表大会制度确立为国家根本政治制度。在政治制度安排中，将中国共产党

---

[1] 以上引文见《毛泽东文集》第5卷，人民出版社1996年版，第343、345页。

领导制度、多党合作和政治协商制度、统一战线制度、单一制国家下的民族区域自治制度确立为国家基本制度。中国特色国家治理体系有了雏形。

在这个过程中作出了奠基性贡献的,当属毛泽东亲自主持起草的新中国第一部宪法。

1. 主持起草《中华人民共和国宪法》

从 1949 年 10 月新中国成立到 1954 年 9 月第一届全国人民代表大会第一次全体会议召开之前,《共同纲领》一直起着临时宪法的作用,第一届中国人民政治协商会议全体会议执行着全国人民代表大会的职权。

在国民经济恢复工作圆满完成,新生人民政权基本巩固,国家工业化大规模展开,对农业、手工业和资本主义工商业的社会主义改造拉开序幕之时,通过自下而上的普选召开全国人民代表大会,制定社会主义类型的《中华人民共和国宪法》的任务提上日程。

从 1954 年 1 月起,毛泽东开始主持起草第一部《中华人民共和国宪法》。为了借鉴中外历史上的制宪经验,毛泽东开列了一个书单,要中央政治局委员和在京的中央委员抽时间阅读。书单如下:(一)1936 年苏联宪法及斯大林报告;(二)1918 年苏俄宪法;(三)罗马尼亚、波兰、德国、捷克等国宪法;(四)1913 年天坛宪法草案,1923 年曹锟宪法,1946 年蒋介石宪法;(五)法国 1946 年宪法。[1]

毛泽东从中深受启发。1918 年苏俄宪法,把列宁写的《被剥削劳动人民权利宣言》放在前面。毛泽东经过研究,遂决定在第一章总纲前面写一段序言。

在主持起草《中华人民共和国宪法》过程中,留存下来集中反映

---

[1] 参见《毛泽东文集》第 6 卷,人民出版社 1999 年版,第 320—321 页。

三、毛泽东对马克思主义国家学说和国家治理理论的杰出贡献：
从无产阶级专政到人民民主专政

毛泽东制宪思想的文献主要有两份。一份是陈伯达起草、毛泽东于1954年3月初修改审定的《宪法草案初稿说明》；另一份是同年6月14日毛泽东在中央人民政府委员会第三十次会议上作的《关于中华人民共和国宪法草案》讲话。

《宪法草案初稿说明》的落款是毛泽东亲署的"中华人民共和国宪法草案初稿起草小组"，比较集中地反映了毛泽东和他领导的小组起草宪法的指导思想。《宪法草案初稿说明》共分五个问题：（一）宪法草案从法律上保证实施过渡时期的总路线；（二）宪法草案从法律上发展国家的民主化；（三）宪法草案从法律上加强各民族的团结；（四）宪法草案是《共同纲领》的发展；（五）宪法草案在结构和文字上的特点。[1]这些内容所体现的毛泽东制宪思想主要有以下三点。

第一，宪法的制定要从法律上保障党和国家总任务的实施和完成。

《宪法草案初稿说明》指出："宪法的基本任务，就是要从国家的制度、国家的权力和人民的权利等方面作出正确的适合历史需要的规定，使国家在过渡时期的总任务的完成获有法律上的保证。宪法草案的主要努力，首先用在这个目的上。"草案还指出，作出这些规定，就使我国的宪法"区别于一切资本主义国家的宪法以及我国自清末以来的历次宪法。这些宪法都不敢涉及社会制度方面，而其实宪法的基本任务总是维护某种社会制度。这些规定与社会主义国家宪法基本上相同，但也有一个重要的差别，就是我国还处在过渡时期，资本主义所有制还有一定的合法性。宪法草案不限于描写已经完成的东西，也描写了没有完成但已开始实施的东西。从这一点上说，宪法草案有某种程度的纲领性；但是在整个宪法草案中，没有任何现在还没有开始

---

[1] 中共中央文献研究室编：《毛泽东年谱（1949—1976）》第2卷，中央文献出版社2013年版，第224—225页。

实施的东西。因此它仍然是宪法,而不是理想的描写"[1]。

第二,宪法的制定要从法律上保证发展国家的民主化。

《宪法草案初稿说明》把国家的社会主义化即当时正在进行的社会主义改造同国家的民主化紧密联系在一起,因为这是实现人民当家作主的根本制度保障。

《宪法草案初稿说明》指出:"国家的社会主义化从根本上保证国家的民主化。同时国家的社会主义化也要求国家的进一步民主化。宪法草案关于国家机构和人民权利的各项规定从法律上保障了国家民主化的发展。"

《宪法草案初稿说明》将这种国家的民主化同人民代表大会制度、国家主席制度联系在一起,指出:"草案规定,我国实施自下而上的代表大会制。人民经过全国人民代表大会和地方各级人民代表大会行使政权。""全国人民代表大会选出国务院作为国家管理机关,同时选出自己的执行委员会(即常务委员会。——引者注)作为国家政权机关的日常工作机关。国务院不但向全国人民代表大会负责并报告工作,而且在全国人民代表大会闭会期间,也向全国人民代表大会执行委员会负责并报告工作。这种既彻底民主而又不互相掣肘的制度,是任何资本主义国家所没有和不能有的。这种制度反映我国广大人民的政治上的统一。"[2]

关于国家主席制度,《宪法草案初稿说明》指出:"草案规定的中华人民共和国主席的制度,也与资本主义国家的和我国历史上的总统制完全不同。中华人民共和国主席是全国人民团结一致的象征。他既

---

[1] 以上转引自中共中央文献研究室编:《毛泽东传》第3卷,中央文献出版社2011年版,第1284—1285页。

[2] 以上引文见中共中央文献研究室编:《毛泽东传》第3卷,中央文献出版社2011年版,第1285页。

三、毛泽东对马克思主义国家学说和国家治理理论的杰出贡献：
从无产阶级专政到人民民主专政

不是立法的也不是行政的首脑，并不具有特殊的个人权力，但是依靠他的地位和威信，他可以向全国人民代表大会、全国人民代表大会执行委员会和国务院提出建议，或召集最高国务会议，因而向国家作出他的贡献。"在毛泽东的提议下，宪法还写进了全国人民代表大会有权罢免中华人民共和国主席、副主席的条文。他解释说："资本主义国家的总统可以解散国会，我们的主席不能解散全国人民代表大会，相反地，全国人民代表大会倒可以罢免主席。国家主席是由全国人民代表大会选出来的，并服从于它。"[1]

第三，宪法的制定要从法律上加强各民族的团结。

采用民族区域自治制度，而不是联邦或联盟的方式解决单一制国家内部的民族事务，是以毛泽东为主要代表的中国共产党人的一个创举。《宪法草案初稿说明》指出："草案在序言和总纲中确定我国是统一的多民族国家，各民族享有自由平等的地位，结成友爱互助的大家庭，反对大民族主义和地方民族主义，禁止民族间的歧视和压迫，禁止分裂各民族团结的行为。这是我国民族关系的基本原则。"[2]

关于在少数民族聚居的地区实行民族区域自治，这在《共同纲领》中已经作了原则规定。毛泽东在主持起草宪法草案时，又对民族自治区域作了进一步的详细规定。

毛泽东主持起草的《中华人民共和国宪法草案》，在正式提交1954年9月召开的第一届全国人大第一次全体会议审议通过前，曾经在《人民日报》上公布，提交全国人民讨论。在当时的6亿多人口中，有1.5亿多人参加了讨论。

在提交全国人民公开讨论以前，1954年6月14日，毛泽东主持

---

[1] 以上转引自中共中央文献研究室编：《毛泽东传》第3卷，中央文献出版社2011年版，第1285—1286页。
[2] 中共中央文献研究室编：《毛泽东传》第3卷，中央文献出版社2011年版，第1287页。

召开中央人民政府委员会第三十次会议,并作了《关于中华人民共和国宪法草案》的讲话。这是留存下来集中反映毛泽东制宪思想的又一份重要文献。

第一,宪法是国家的总章程和根本大法。

这是毛泽东制宪思想的精华,也是最为重要的思想内容。毛泽东指出:"一个团体要有一个章程,一个国家也要有一个章程,宪法就是一个总章程,是根本大法。用宪法这样一个根本大法的形式,把人民民主和社会主义原则固定下来,使全国人民有一条清楚的轨道,使全国人民感到有一条清楚的明确的和正确的道路可走,就可以提高全国人民的积极性。"[1]

他还强调,这部宪法"通过以后,全国人民每一个人都要实行,特别是国家机关工作人员要带头实行,首先在座的各位要实行。不实行就是违反宪法"[2]。

第二,宪法的制定要采取领导机关的意见和广大群众的意见相结合的方法。

毛泽东指出:"这个宪法草案,看样子是得人心的。""这个宪法草案所以得人心,是什么理由呢?我看理由之一,就是起草宪法采取了领导机关的意见和广大群众的意见相结合的方法。这个宪法草案,结合了少数领导者的意见和八千多人的意见,公布以后,还要由全国人民讨论,使中央的意见和全国人民的意见相结合。这就是领导和群众相结合,领导和广大积极分子相结合的方法。过去我们采用了这个方法,今后也要如此。一切重要的立法都要采用这个方法。这次我们采用了这个方法,就得到了比较好的、比较完全的宪法草案。"[3]

---

[1]《毛泽东文集》第6卷,人民出版社1999年版,第328页。

[2]《毛泽东文集》第6卷,人民出版社1999年版,第328页。

[3] 以上引文见《毛泽东文集》第6卷,人民出版社1999年版,第324、325页。

第三，宪法的制定要正确地恰当地总结历史经验，主要是总结我国的革命经验和建设经验，同时也要做到本国经验和国际经验的结合。

毛泽东指出："这个宪法草案，总结了历史经验，特别是最近五年的革命和建设的经验。它总结了无产阶级领导的反对帝国主义、反对封建主义、反对官僚资本主义的人民革命的经验，总结了最近几年来社会改革、经济建设、文化建设和政府工作的经验。这个宪法草案也总结了从清朝末年以来关于宪法问题的经验"[1]。

他还指出："我们这个宪法草案，主要是总结了我国的革命经验和建设经验，同时它也是本国经验和国际经验的结合。我们的宪法是属于社会主义宪法类型的。我们是以自己的经验为主，也参考了苏联和各人民民主国家宪法中好的东西。讲到宪法，资产阶级是先行的。英国也好，法国也好，美国也好，资产阶级都有过革命时期，宪法就是他们在那个时候开始搞起的。我们对资产阶级民主不能一笔抹杀，说他们的宪法在历史上没有地位。但是，现在资产阶级的宪法完全是不好的，是坏的，帝国主义国家的宪法尤其是欺骗和压迫多数人的。我们的宪法是新的社会主义类型，不同于资产阶级类型。我们的宪法，就是比他们革命时期的宪法也进步得多。我们优越于他们。"[2]

第四，宪法的制定要正确地恰当地把原则性和灵活性结合起来。

关于制定宪法坚持的原则性，毛泽东指出："原则基本上是两个：民主原则和社会主义原则。"[3]

关于制定宪法要把原则性和灵活性结合起来，毛泽东举了几个例子。

---

[1]《毛泽东文集》第6卷，人民出版社1999年版，第325页。
[2]《毛泽东文集》第6卷，人民出版社1999年版，第326页。
[3]《毛泽东文集》第6卷，人民出版社1999年版，第326页。

其中一个例子,是实行社会主义化。"宪法中规定,一定要完成社会主义改造,实现国家的社会主义工业化。这是原则性。要实行社会主义原则,是不是在全国范围内一天早晨一切都实行社会主义呢?这样形式上很革命,但是缺乏灵活性,就行不通,就会遭到反对,就会失败。因此,一时办不到的事,必须允许逐步去办。"[1]

另一个例子,是实行国家资本主义。"比如国家资本主义,是讲逐步实行。国家资本主义不是只有公私合营一种形式,而是有各种形式。一个是'逐步',一个是'各种'。这就是逐步实行各种形式的国家资本主义,以达到社会主义全民所有制。社会主义全民所有制是原则,要达到这个原则就要结合灵活性。灵活性是国家资本主义,并且形式不是一种,而是'各种',实现不是一天,而是'逐步'。这就灵活了。"[2]

还有一个例子,是如何兼顾少数民族特点。"还有少数民族问题,它有共同性,也有特殊性。共同的就适用共同的条文,特殊的就适用特殊的条文。少数民族在政治、经济、文化上都有自己的特点。少数民族经济特点是什么?比如第五条讲中华人民共和国的生产资料所有制现在有四种,实际上我们少数民族地区现在还有别种的所有制。现在是不是还有原始公社所有制呢?在有些少数民族中恐怕是有的。我国也还有奴隶主所有制,也还有封建主所有制。现在看来,奴隶制度、封建制度、资本主义制度都不好,其实它们在历史上都曾经比原始公社制度要进步。这些制度开始时是进步的,但到后来就不行了,所以就有别的制度来代替了。宪法草案第七十条规定,少数民族地区,'可以按照当地民族的政治、经济和文化的特点,制定自治条例

---

[1]《毛泽东文集》第6卷,人民出版社1999年版,第326页。
[2]《毛泽东文集》第6卷,人民出版社1999年版,第326—327页。

三、毛泽东对马克思主义国家学说和国家治理理论的杰出贡献：
从无产阶级专政到人民民主专政

和单行条例'。所有这些，都是原则性和灵活性的结合。"[1]

毛泽东在讲话中，特别强调了社会主义工业化的奋斗目标。这实际上是像中国这样的经济文化落后的国家迈向社会主义现代化国家的关键问题，决定着民族、国家和社会主义的前途命运，也是国家治理的核心问题。

他指出："我们的总目标，是为建设一个伟大的社会主义国家而奋斗。""现在我们能造什么？能造桌子椅子，能造茶碗茶壶，能种粮食，还能磨成面粉，还能造纸，但是，一辆汽车、一架飞机、一辆坦克、一辆拖拉机都不能造。""我们是一个六亿人口的大国，要实现社会主义工业化，要实现农业的社会主义化、机械化，要建成一个伟大的社会主义国家，究竟需要多少时间？现在不讲死，大概是三个五年计划，即十五年左右，可以打下一个基础。到那时，是不是就很伟大了呢？不一定。我看，我们要建成一个伟大的社会主义国家，大概经过五十年即十个五年计划，就差不多了，就像个样子了，就同现在大不一样了。""就是到五十年后像个样子了，也要和现在一样谦虚。如果到那时候骄傲了，看人家不起了，那就不好。一百年也不要骄傲。永远也不要翘尾巴。"[2]

1954年9月20日，由毛泽东呕心沥血、殚精竭虑主持起草的《中华人民共和国宪法》，在第一届全国人民代表大会第一次会议上获得通过。中华人民共和国的制宪史，由此翻开了崭新的篇章。

2.《论十大关系》和关于无产阶级专政历史经验的两篇文章

1956年，既是新中国工业化建设和社会主义改造全面收获的一年，也是国际上接连发生波兰事件和匈牙利事件的"多事之秋"。国

---

[1]《毛泽东文集》第6卷，人民出版社1999年版，第327页。
[2]《毛泽东文集》第6卷，人民出版社1999年版，第329页。

内形势与国际局势的交互作用,引发了毛泽东许多思考。在这些思考中,有许多和国家治理问题密切相关。

1956年4月25日,毛泽东主持召开中共中央政治局扩大会议,发表《论十大关系》的讲话。

《论十大关系》既是指导社会主义现代化建设的纲领性文献,也是指导社会主义国家治理的纲领性文献。

第一,鲜明提出社会主义国家治理的根本方针。

毛泽东在《论十大关系》的开头和结尾,两次强调了这一方针。在报告开始指出:"提出这十个问题,都是围绕着一个基本方针,就是要把国内外一切积极因素调动起来,为社会主义事业服务。过去为了结束帝国主义、封建主义和官僚资本主义的统治,为了人民民主革命的胜利,我们就实行了调动一切积极因素的方针。现在为了进行社会主义革命,建设社会主义国家,同样也实行这个方针。"[1]

他在报告结尾,再次强调这个方针:"我们一定要努力把党内党外、国内国外的一切积极的因素,直接的、间接的积极因素,全部调动起来,把我国建设成为一个强大的社会主义国家。"[2]这个方针后来也成为中共八大的指导思想。

为什么要提出这一方针?因为"社会主义革命的目的是为了解放生产力。农业和手工业由个体的所有制变为社会主义的集体所有制,私营工商业由资本主义所有制变为社会主义所有制,必然使生产力大大地获得解放。这样就为大大地发展工业和农业的生产创造了社会条件"[3]。报告通篇的主题,就是围绕如何吸取苏联建设的经验教训,使得中国的社会主义建设发展得更快一些,国家治理得更好一些,少走弯

---

[1]《毛泽东文集》第7卷,人民出版社1999年版,第23页。
[2]《毛泽东文集》第7卷,人民出版社1999年版,第44页。
[3]《毛泽东文集》第7卷,人民出版社1999年版,第1页。

三、毛泽东对马克思主义国家学说和国家治理理论的杰出贡献：从无产阶级专政到人民民主专政

路。用毛泽东的话来说，"最近苏联方面暴露了他们在建设社会主义过程中的一些缺点和错误，他们走过的弯路，你还想走？过去我们就是鉴于他们的经验教训，少走了一些弯路，现在当然更要引以为戒"[1]。

第二，鲜明提出社会主义国家治理的经济方针。

毛泽东在《论十大关系》一文里，概括提出了社会主义现代化建设中的五个关系，即：重工业和轻工业、农业的关系；沿海工业和内地工业的关系；经济建设和国防建设的关系；国家、生产单位和生产者个人的关系；中央和地方的关系。

在阐述这些关系中，毛泽东运用突出重点、统筹兼顾、"两条腿走路"的方法，明确了经济建设方针。也就是说，在重工业和轻工业、农业的关系上，要以优先发展重工业为重点，实行重工业和轻工业、农业并举的方针；在沿海工业和内地工业的关系上，为了平衡工业发展的布局，内地工业必须大力发展，沿海的工业基地也必须充分利用；在经济建设和国防建设的关系上，提出"我们一定要加强国防，因此，一定要首先加强经济建设"[2]；在国家、生产单位和生产者个人的关系上，提出"必须兼顾国家、集体和个人三个方面，也就是我们过去常说的'军民兼顾'、'公私兼顾'"[3]。

毛泽东在中央和地方的关系上，提出了一个重要思想：要保护好中央和地方两个积极性。他强调："解决这个矛盾，目前要注意的是，应当在巩固中央统一领导的前提下，扩大一点地方的权力，给地方更多的独立性，让地方办更多的事情。这对我们建设强大的社会主义国家比较有利。我们的国家这样大，人口这样多，情况这样复杂，有中央和地方两个积极性，比只有一个积极性好得多。我们不能像苏联那

---

[1]《毛泽东文集》第7卷，人民出版社1999年版，第23页。
[2]《毛泽东文集》第7卷，人民出版社1999年版，第28页。
[3]《毛泽东文集》第7卷，人民出版社1999年版，第28页。

样，把什么都集中到中央，把地方卡得死死的，一点机动权也没有。"[1]

这实际上提出了要在国家治理模式上，突破苏联高度集中的国家管理体制，按照民主集中制原则解决好中央与地方关系的重大课题。毛泽东清醒地看到了这一点："处理好中央和地方的关系，这对于我们这样的大国大党是一个十分重要的问题。这个问题，有些资本主义国家也是很注意的。它们的制度和我们的制度根本不同，但是它们发展的经验，还是值得我们研究。""我们的宪法规定，立法权集中在中央。但是在不违背中央方针的条件下，按照情况和工作需要，地方可以搞章程、条例、办法，宪法并没有约束。我们要统一，也要特殊。为了建设一个强大的社会主义国家，必须有中央的强有力的统一领导，必须有全国的统一计划和统一纪律，破坏这种必要的统一，是不允许的。同时，又必须充分发挥地方的积极性，各地都要有适合当地情况的特殊。"[2]

后来，毛泽东从这一思路出发，结合调动一切积极因素的建设指导思想，提出了包括中央和地方两条腿走路在内的多个"并举"，多个"两条腿走路"。其核心，是要探索一条与苏联高度集中、高度集权的国家管理体制不同的体制机制，建立一种具有生机活力的社会主义国家治理方式。正如毛泽东后来所说："我们的目标，是想造成一个又有集中又有民主，又有纪律又有自由，又有统一意志、又有个人心情舒畅、生动活泼，那样一种政治局面，以利于社会主义革命和社会主义建设，较易于克服困难，较快地建设我国的现代工业和现代农业，党和国家较为巩固，较为能够经受风险。"[3] "采取现在的方针，

---

[1]《毛泽东文集》第7卷，人民出版社1999年版，第31页。
[2] 以上引文见《毛泽东文集》第7卷，人民出版社1999年版，第32页。
[3] 中共中央文献研究室编:《毛泽东年谱（1949—1976）》第3卷，中央文献出版社2013年版，第192页。

文学艺术、科学技术会繁荣发达，党会经常保持活力，人民事业会欣欣向荣，中国会变成一个大强国而又使人可亲。"[1]

第三，初步提出社会主义国家治理的政治方针。

《论十大关系》所阐述的第六至第十个关系，主要涉及政治方面，即：汉族和少数民族的关系；党和非党的关系；革命和反革命的关系；是非关系；中国和外国的关系。

毛泽东在论述以上关系时，提出了社会主义政治建设的方针。在汉族和少数民族的关系上，要诚心诚意地积极帮助少数民族发展经济建设和文化建设，巩固各民族团结；在党和非党的关系上，要坚持多党合作，实行"长期共存、互相监督"的方针；在革命和反革命的关系上，社会上的镇反要少捉少杀，机关的肃反要一个不杀大部不捉；在是非关系上，要实行"惩前毖后、治病救人"的方针。

在中国和外国的关系上，毛泽东着重阐述了如何向外国学习的问题。他指出："我们的方针是，一切民族、一切国家的长处都要学，政治、经济、科学、技术、文学、艺术的一切真正好的东西都要学。但是，必须有分析有批判地学，不能盲目地学，不能一切照抄，机械搬用。他们的短处、缺点，当然不要学。"他特别明确指出："对于苏联和其他社会主义国家的经验，也应当采取这样的态度。"[2]

第四，明确提出社会主义国家治理的文化方针。

这一方针，是在这次中央政治局扩大会议讨论《论十大关系》报告的过程中，毛泽东受到发言者的启发提出来的。1956年4月28日，他在这次会议的总结讲话中提出："艺术问题上的百花齐放，学术问题上的百家争鸣，我看应该成为我们的方针。'百花齐放'是群众中

---

[1] 中共中央文献研究室编：《毛泽东年谱（1949—1976）》第3卷，中央文献出版社2013年版，第119页。

[2] 以上引文见《毛泽东文集》第7卷，人民出版社1999年版，第41页。

间提出来的,不晓得是谁提出来的。人们要我题词,我就写了'百花齐放,推陈出新'。'百家争鸣',这是两千年以前就有的事,春秋战国时代,百家争鸣。讲学术,这种学术也可以讲,那种学术也可以讲,不要拿一种学术压倒一切。你讲的如果是真理,信的人势必就会越来越多。"[1]

"双百"方针的提出,并非偶然。1956年1月,中共中央召开了关于知识分子问题会议。在会上,毛泽东提出了"全党努力学习科学知识,同党外知识分子团结一致,为迅速赶上世界科学先进水平而奋斗"[2]的总任务。同年5月2日,毛泽东在最高国务会议第七次会议的总结讲话里,再一次论述了"双百"方针,还强调指出:"在中华人民共和国宪法范围之内,各种学术思想,正确的、错误的,让他们去说,不去干涉他们。"[3]

"在中华人民共和国宪法范围之内",点明了"双百"方针适用的法律范围和限度,也是社会主义国家治理的法理依据。"双百"方针所要解决的核心问题,是在科学文化领域里,把政治思想问题同学术性质的、艺术性质的、技术性质的问题划分开来,做到政治上分清敌我,学术上和艺术上充分自由。这和《论十大关系》中提出的调动一切积极因素、为把我国建设成为一个强大的社会主义国家而奋斗的总目标,是完全一致的。

毛泽东《论十大关系》的诞生,不仅是探索适合中国国情的社会主义建设道路的良好开端,也是社会主义国家治理的良好开端,使社会主义中国在如何建设社会主义问题上、在如何进行社会主义国家治

---

[1]《毛泽东文集》第7卷,人民出版社1999年版,第54—55页。

[2] 中共中央文献研究室编:《毛泽东年谱(1949—1976)》第2卷,中央文献出版社2013年版,第515页。

[3] 中共中央文献研究室编:《毛泽东年谱(1949—1976)》第2卷,中央文献出版社2013年版,第575页。

理问题上，创造了比列宁领导苏维埃俄国艰难探索时期更加良好的理论环境与制度环境。毛泽东此时之所以能够取得如此的认识，除了中国自身的实践积累，与苏共第二十次代表大会的召开及其后来在国际共产主义运动中引起的波澜，也有直接的关系。

1956年2月14日至25日，苏共第二十次全国代表大会召开。大会闭幕前夕，赫鲁晓夫作了长达四个半小时的《关于个人崇拜及其后果》的报告。报告尖锐揭露和批判了斯大林领导苏联社会主义建设中的严重错误以及对他的个人崇拜所造成的严重后果，但这个报告也存在严重的偏差。同年6月和10月，社会主义阵营先后出现波兰事件和匈牙利事件。

面对国际共产主义运动的新变动，毛泽东一则以喜，一则以忧。他后来说："一九五六年，斯大林受到批判，我们一则以喜，一则以忧。揭掉盖子，破除迷信，去掉压力，解放思想，完全必要。但一棍子打死，我们就不赞成。"[1]为了表明中国共产党的原则立场，1956年4月和12月，在毛泽东主持下，中共中央政治局多次开会讨论，形成了《关于无产阶级专政的历史经验》和《再论无产阶级专政的历史经验》两篇文章，以人民日报编辑部名义先后于4月5日和12月29日发表。

在这两篇文章中，以毛泽东为主要代表的中国共产党人从正确对待和吸取苏联和斯大林的历史教训出发，就社会主义国家治理提出了以下重要观点。

第一，提出建立一定的制度保证群众路线和集体领导的贯彻实施，防止个人突出和个人崇拜现象发生。

《关于无产阶级专政的历史经验》指出："当着斯大林正确地运用列宁主义的路线而在国内外人民中获得很高的荣誉的时候，他却错误

---

[1]《毛泽东文集》第7卷，人民出版社1999年版，第370页。

地把自己的作用夸大到不适当的地位,把他个人的权力放在和集体领导相对立的地位,结果也就使自己的某些行动和自己原来所宣传的某些马克思列宁主义的基本观点处于相对立的地位。一方面承认人民群众是历史的创造者,承认党必须永远地联系群众,必须发展党内民主,发展自我批评和自下而上的批评,另一方面却又接受和鼓励个人崇拜,实行个人专断,这就使得斯大林后一时期在这个问题上陷于理论和实践相脱节的矛盾。"[1]

文章特别强调破坏党和国家的民主制度的危险性,指出:"当革命胜利之后,在工人阶级和共产党已经成为领导全国政权的阶级和政党的时候,我们党和国家的领导工作人员,由于受到官僚主义的多方面的袭击,就面临到有可能利用国家机关独断独行、脱离群众、脱离集体领导、实行命令主义、破坏党和国家的民主制度的这样一个很大的危险性。"[2]

毛泽东在审阅修改《关于无产阶级专政的历史经验》时,特意补充了一段话:"我们要是不愿意陷到这样的泥坑里去的话,也就更加要充分地注意执行这样一种群众路线的领导方法,而不应当稍为疏忽。为此,我们需要建立一定的制度来保证群众路线和集体领导的贯彻实施,而避免脱离群众的个人突出和个人英雄主义,减少我们工作中的脱离客观实际情况的主观主义和片面性。"[3]文章还指出:"中国革命的经验同样证明:只有依靠人民群众的智慧,依靠民主集中制,依靠集体领导和个人负责相结合的制度,才使我们党不论在革命时期

---

[1] 中共中央文献研究室编:《建国以来重要文献选编》第8册,中央文献出版社1994年版,第229—230页。

[2] 中共中央文献研究室编:《建国以来重要文献选编》第8册,中央文献出版社1994年版,第234页。

[3]《毛泽东文集》第7卷,人民出版社1999年版,第19页;中共中央文献研究室编:《建国以来重要文献选编》第8册,中央文献出版社1994年版,第234页。

三、毛泽东对马克思主义国家学说和国家治理理论的杰出贡献：
从无产阶级专政到人民民主专政　213

或者在国家建设时期都能够取得伟大的胜利和成就。"[1]

第二，大胆承认社会主义社会存在着矛盾，并通过各种各样的形式表现出来。

《关于无产阶级专政的历史经验》指出："有一些天真烂漫的想法，仿佛认为在社会主义社会中是不会再有矛盾存在了。否认矛盾存在，就是否认辩证法。各个社会的矛盾性质不同，解决矛盾的方式不同，但是社会的发展总是在不断的矛盾中进行的。社会主义社会的发展也是在生产力和生产关系的矛盾中进行着的。在社会主义社会和共产主义社会中，技术革新和社会制度革新的现象，都将是必然要继续发生的，否则，社会的发展就将停止下来，社会就不可能再前进了。"[2]"人们是在社会中生活着的，也就会在各种不同的情况和不同的程度上，反映各个社会中的矛盾。所以，即使到了共产主义社会，也不会是每个人都是完满无缺的。那个时候，人们本身也还将有自己的矛盾，还将有好人和坏人，还将有思想比较正确的人和思想比较不正确的人。因此，人们之间也还将有斗争，不过斗争的性质和形式不同于阶级社会罢了。"[3]

第三，根据苏联经验概括提出社会主义建设的基本经验。

1956年12月29日发表的《再论无产阶级专政的历史经验》概括提出了五条基本经验："（1）无产阶级的先进分子组织成为共产主义的政党。这个政党，以马克思列宁主义为自己的行动指南，按照民主集中制建立起来，密切地联系群众，力求成为劳动群众的核心，并

---

[1] 中共中央文献研究室编：《建国以来重要文献选编》第8册，中央文献出版社1994年版，第233页。

[2] 中共中央文献研究室编：《建国以来重要文献选编》第8册，中央文献出版社1994年版，第231—232页。

[3] 中共中央文献研究室编：《建国以来重要文献选编》第8册，中央文献出版社1994年版，第232页。

且用马克思列宁主义教育自己的党员和人民群众。(2)无产阶级在共产党领导之下,联合劳动人民,经过革命斗争从资产阶级手里取得政权。(3)在革命胜利以后,无产阶级在共产党领导之下,以工农联盟为基础,联合广大的人民群众,建立无产阶级对于地主、资产阶级的专政,镇压反革命分子的反抗,实现工业的国有化,逐步实现农业的集体化,从而消灭剥削制度和对于生产资料的私有制度,消灭阶级。(4)无产阶级和共产党领导的国家,领导人民群众有计划地发展社会主义经济和社会主义文化,在这个基础上逐步地提高人民的生活水平,并且积极准备条件,为过渡到共产主义社会而奋斗。(5)无产阶级和共产党领导的国家,坚持反对帝国主义侵略,承认各民族平等,维护世界和平,坚持无产阶级国际主义的原则,努力取得各国劳动人民的援助,并且努力援助各国劳动人民和被压迫民族。"[1]文章还指出:"我们平常所说的十月革命的道路,撇开它在当时当地所表现的具体形式来说,就是指的这些基本的东西。这些基本的东西,都是放之四海而皆准的马克思列宁主义的普遍真理。"[2]

从事后的实际效果看,这一概括有一定的积极意义。特别是在西方国家集中借斯大林的失误攻击社会主义制度和苏联道路之时,对于澄清谬误、厘清思想混乱,具有极其重要的政治意义。但是,过早地将这些既包含着一定的普遍规律又包含有相当的具体经验的内容当作"放之四海而皆准的马克思列宁主义的普遍真理",则在很大程度上束缚了中国共产党人独立自主的探索精神。

第四,结合苏联的经验教训阐述了社会主义社会的基本矛盾和国

---

[1]中共中央文献研究室编:《建国以来重要文献选编》第9册,中央文献出版社1994年版,第567页。

[2]中共中央文献研究室编:《建国以来重要文献选编》第9册,中央文献出版社1994年版,第567—568页。

三、毛泽东对马克思主义国家学说和国家治理理论的杰出贡献：从无产阶级专政到人民民主专政

家制度建设等问题。

文章认为：一方面，"斯大林的错误并不是由社会主义制度而来"[1]；另一方面，"斯大林后期的一些错误之所以发展成为全国性的、长期性的、严重的错误，而不能得到及时的纠正，正是因为他在一定范围内和一定程度上脱离了群众和集体，破坏了党和国家的民主集中制"[2]。

文章还第一次从社会主义社会生产力和生产关系、经济基础和上层建筑的矛盾运动，提出了社会主义改革的客观依据："在基本制度适合需要的情况下，在生产关系和生产力之间，在上层建筑和经济基础之间，也仍然存在着一定的矛盾。这种矛盾表现成为经济制度和政治制度的某些环节上的缺陷。这种矛盾，虽然不需要用根本性质的变革来解决，仍然需要及时地加以调整。"[3]

文章还指出："有了适合需要的基本制度，也调整了制度中的日常性质的矛盾（按照辩证法，就是处在'数量变化'阶段的矛盾），是否就可以保证不发生错误了呢？问题没有这样简单。制度是有决定性的，但是制度本身并不是万能的。无论怎样好的制度，都不能保证工作中不会发生严重的错误。有了正确的制度以后，主要的问题就在于能否正确地运用这种制度，就在于是否有正确的政策、正确的工作方法和工作作风。没有这些，人们仍然可以在正确的制度下犯严重的

---

[1] 中共中央文献研究室编：《建国以来重要文献选编》第9册，中央文献出版社1994年版，第571页。

[2] 中共中央文献研究室编：《建国以来重要文献选编》第9册，中央文献出版社1994年版，第573页。

[3] 中共中央文献研究室编：《建国以来重要文献选编》第9册，中央文献出版社1994年版，第571页。

错误，仍然可以利用良好的国家机关做出并不良好的事情。"[1]

第五，初步提出社会主义社会存在两类矛盾，其中人民内部矛盾是非根本的矛盾。

文章中有一段经过毛泽东反复修改的文字，集中论述了关于两类不同性质的矛盾的思想。文章说："在我们面前有两种性质不同的矛盾：第一种是敌我之间的矛盾（在帝国主义阵营同社会主义阵营之间，帝国主义同全世界人民和被压迫民族之间，帝国主义国家的资产阶级同无产阶级之间，等等）。这是根本的矛盾，它的基础是敌对阶级之间的利害冲突。第二种是人民内部的矛盾（在这一部分人民和那一部分人民之间，共产党内这一部分同志和那一部分同志之间，社会主义国家的政府和人民之间，社会主义国家相互之间，共产党和共产党之间，等等）。这是非根本的矛盾，它的发生不是由于阶级利害的根本冲突，而是由于正确意见和错误意见的矛盾，或者由于局部性质的利害矛盾。它的解决首先必须服从于对敌斗争的总的利益。人民内部的矛盾可以而且应该从团结的愿望出发，经过批评或者斗争获得解决，从而在新的条件下得到新的团结。"[2]

3.《关于正确处理人民内部矛盾的问题》

1956年9月，中国共产党第八次全国代表大会召开。这次大会的最重要的历史性贡献，是科学分析了中国社会主义社会主要矛盾，明确指出："我们国内的主要矛盾，已经是人民对于建立先进的工业国的要求同落后的农业国的现实之间的矛盾，已经是人民对于经济文化

---

[1] 中共中央文献研究室编：《建国以来重要文献选编》第9册，中央文献出版社1994年版，第571—572页。

[2] 中共中央文献研究室编：《建国以来重要文献选编》第9册，中央文献出版社1994年版，第562—563页。

迅速发展的需要同当前经济文化不能满足人民需要的状况之间的矛盾。"[1]"党和全国人民的当前的主要任务，就是要集中力量来解决这个矛盾，把我国尽快地从落后的农业国变为先进的工业国。"[2]

中共八大后，毛泽东对适合中国国情的社会主义建设道路的探索还在继续，对社会主义条件下的国家治理问题的探索也在继续。一个极其重要的理论成果，是毛泽东于1957年2月发表的《关于正确处理人民内部矛盾的问题》的讲话，这是继《论十大关系》之后，又一部马克思主义的纲领性文献。

在这篇讲话中，毛泽东进一步从"采用民主方法解决人民内部矛盾的问题"的思路，阐发了他对社会主义条件下推进国家治理的思想。这一思想，是《论人民民主专政》中关于对人民实行民主、对敌对势力实行专政思想的进一步发展。也就是说，在马克思主义国家治理理论发展史上，第一次明确将民主方法作为治国理政的基本方法。

毛泽东指出："许多人觉得，提出采用民主方法解决人民内部矛盾的问题，是一个新的问题。事实并不是这样。马克思主义者从来就认为无产阶级的事业只能依靠人民群众，共产党人在劳动人民中间进行工作的时候必须采取民主的说服教育的方法，决不允许采取命令主义态度和强制手段。中国共产党忠实地遵守马克思列宁主义的这个原则。我们历来就主张，在人民民主专政下面，解决敌我之间的和人民内部的这两类不同性质的矛盾，采用专政和民主这样两种不同的方法。"[3]

什么是"民主方法"呢？根据毛泽东的阐发，这一方法包含以下

---

[1] 中共中央文献研究室编：《建国以来重要文献选编》第9册，中央文献出版社1994年版，第341页。
[2] 中共中央文献研究室编：《建国以来重要文献选编》第9册，中央文献出版社1994年版，第341—342页。
[3]《毛泽东文集》第7卷，人民出版社1999年版，第211—212页。

紧密联系的三个方面。

第一，用"团结—批评—团结"的公式解决人民内部矛盾。

毛泽东指出："在一九四二年，我们曾经把解决人民内部矛盾的这种民主的方法，具体化为一个公式，叫做'团结—批评—团结'。讲详细一点，就是从团结的愿望出发，经过批评或者斗争使矛盾得到解决，从而在新的基础上达到新的团结。按照我们的经验，这是解决人民内部矛盾的一个正确的方法。"[1]"我们现在的任务，就是要在整个人民内部继续推广和更好地运用这个方法，要求所有的工厂、合作社、商店、学校、机关、团体，总之，六亿人口，都采用这个方法去解决他们内部的矛盾。"[2]

"团结—批评—团结"的公式，本来是解决党内矛盾的办法。现在，将其运用于解决人民内部矛盾，彰显了这一公式在国家治理中的地位和作用。从方法上来说，批评和自我批评的方法，实质上是一种自我教育、自我反省、自我约束的方法，与国家通过颁布宪法、法律、法规等实现对社会有效管理，正好相辅相成。从目的上来说，从团结的愿望出发，经过批评和自我批评，最终达到增强团结的目的，也体现了运用矛盾的对立统一规律实现社会和谐的国家治理思想。

第二，采用"百花齐放、百家争鸣"的方法解决属于人民内部矛盾的思想问题和是非问题。

在1956年4月中共中央政治局扩大会议上提出"百花齐放、百家争鸣"方针时，毛泽东还是把它作为解决文化艺术和学术问题的方针。到了1957年2月作《关于正确处理人民内部矛盾的问题》报告时，毛泽东把它进一步推广到用来解决思想问题和是非问题。

毛泽东指出："对待人民内部的思想问题，对待精神世界的问题，

---

[1]《毛泽东文集》第7卷，人民出版社1999年版，第210页。
[2]《毛泽东文集》第7卷，人民出版社1999年版，第211页。

三、毛泽东对马克思主义国家学说和国家治理理论的杰出贡献：
从无产阶级专政到人民民主专政

用简单的方法去处理，不但不会收效，而且非常有害。不让发表错误意见，结果错误意见还是存在着。而正确的意见如果是在温室里培养出来的，如果没有见过风雨，没有取得免疫力，遇到错误意见就不能打胜仗。因此，只有采取讨论的方法，批评的方法，说理的方法，才能真正发展正确的意见，克服错误的意见，才能真正解决问题。"[1]

他还将上述观点进一步提升到马克思主义真理观来加以认识："马克思主义必须在斗争中才能发展，不但过去是这样，现在是这样，将来也必然还是这样。正确的东西总是在同错误的东西作斗争的过程中发展起来的。真的、善的、美的东西总是在同假的、恶的、丑的东西相比较而存在，相斗争而发展的。当着某一种错误的东西被人类普遍地抛弃，某一种真理被人类普遍地接受的时候，更加新的真理又在同新的错误意见作斗争。这种斗争永远不会完结。这是真理发展的规律，当然也是马克思主义发展的规律。"[2]

意识形态建设和管理，是国家治理的重大问题。在这个问题上，有许多不同的方法。但归根到底，有两种类型的方法，即以堵为主的方法和以导为主的方法。毛泽东提出用"百花齐放、百家争鸣"的方针来解决思想问题和是非问题，其目的是想探索一条以导为主的方法，来确立和加强以马克思主义为主导的社会主义意识形态。这在马克思主义的意识形态建设史上是一个创新。毛泽东之所以提出这个方针，一方面同他的正确主张一度受到"左"倾教条主义的排斥和压制有关，中国革命的实践经历使他深深地感受到真理往往掌握在少数人手中；另一方面，也与他看到了斯大林在苏联社会主义建设上出现的严重失误有关。邓小平曾经回顾说："斯大林严重破坏社会主义法制，毛泽东同志就说过，这样的事件在英、法、美这样的西方国家不可能

---

[1]《毛泽东文集》第7卷，人民出版社1999年版，第232页。
[2]《毛泽东文集》第7卷，人民出版社1999年版，第230—231页。

发生。"[1]1956年9月,毛泽东在同南斯拉夫共产主义者同盟代表团的谈话中也表示:"我们社会主义国家必须想些办法。当然,没有集中和统一是不行的,要保持一致。人民意志统一对我们有利,使我们在短期内能实现工业化,能对付帝国主义。但这也有缺点,就在于使人不敢讲话,因此要使人有讲话的机会。"[2]而运用"双百"方针来解决思想问题和是非问题,就是毛泽东在意识形态建设和管理问题上总结提出的重要方法。

第三,人民民主专政必须在人民内部实行民主制度。

毛泽东在《关于正确处理人民内部矛盾的问题》中强调指出:"我们的专政,叫做工人阶级领导的以工农联盟为基础的人民民主专政。这就表明,在人民内部实行民主制度,而由工人阶级团结全体有公民权的人民,首先是农民,向着反动阶级、反动派和反抗社会主义改造和社会主义建设的分子实行专政。所谓有公民权,在政治方面,就是说有自由和民主的权利。"[3]他还明确指出:"专政的目的是为了保卫全体人民进行和平劳动,将我国建设成为一个具有现代工业、现代农业和现代科学文化的社会主义国家。谁来行使专政呢?当然是工人阶级和在它领导下的人民。专政的制度不适用于人民内部。人民自己不能向自己专政,不能由一部分人民去压迫另一部分人民。人民中间的犯法分子也要受到法律的制裁,但是,这和压迫人民的敌人的专政是有原则区别的。"[4]

值得重视的是毛泽东这一时期对人民内部矛盾范畴的界定。他指出:"在我国现在的条件下,所谓人民内部的矛盾,包括工人阶级内

---

[1]《邓小平文选》第2卷,人民出版社1994年版,第333页。
[2]《毛泽东文集》第7卷,人民出版社1999年版,第127页。
[3]《毛泽东文集》第7卷,人民出版社1999年版,第207—208页。
[4]《毛泽东文集》第7卷,人民出版社1999年版,第207页。

三、毛泽东对马克思主义国家学说和国家治理理论的杰出贡献：从无产阶级专政到人民民主专政

部的矛盾，农民阶级内部的矛盾，知识分子内部的矛盾，工农两个阶级之间的矛盾，工人、农民同知识分子之间的矛盾，工人阶级和其他劳动人民同民族资产阶级之间的矛盾，民族资产阶级内部的矛盾，等等。我们的人民政府是真正代表人民利益的政府，是为人民服务的政府，但是它同人民群众之间也有一定的矛盾。这种矛盾包括国家利益、集体利益同个人利益之间的矛盾，民主同集中的矛盾，领导同被领导之间的矛盾，国家机关某些工作人员的官僚主义作风同群众之间的矛盾。这种矛盾也是人民内部的一个矛盾。一般说来，人民内部的矛盾，是在人民利益根本一致的基础上的矛盾。"[1]

这实际上是站在国家治理框架内，对人民内部矛盾现状的宏观审视与判断。这种视角，在毛泽东以前提及人民内部矛盾时未曾有过。因此可以说，毛泽东在《关于正确处理人民内部矛盾的问题》中提出"用民主方法解决人民内部矛盾"[2]，并提出要实现"六有"政治局面[3]的设想，是对马克思主义国家治理理论的重要贡献。这里面，既体现着马克思主义的民主观，也体现着人民当家作主、充分相信群众、充分依靠群众以及国家推动人民自我教育、自主管理、自我提高的思想。

在《关于正确处理人民内部矛盾的问题》中，还第一次论述了社会主义社会基本矛盾。毛泽东指出："在社会主义社会中，基本的矛盾仍然是生产关系和生产力之间的矛盾，上层建筑和经济基础之间的矛盾。不过社会主义社会的这些矛盾，同旧社会的生产关系和生产力的矛盾、上层建筑和经济基础的矛盾，具有根本不同的性质和情况罢

---

[1]《毛泽东文集》第7卷，人民出版社1999年版，第205—206页。
[2]《毛泽东文集》第7卷，人民出版社1999年版，第212页。
[3]"六有"政治局面指又有集中又有民主、又有纪律又有自由、又有统一意志又有个人心情舒畅生动活泼的政治局面。

了。"[1]"它不是对抗性的矛盾,它可以经过社会主义制度本身,不断地得到解决。"[2]

他还具体描述了社会主义社会的生产关系和生产力、上层建筑和经济基础之间既相适应又相矛盾的状况:"社会主义生产关系已经建立起来,它是和生产力的发展相适应的;但是,它又还很不完善,这些不完善的方面和生产力的发展又是相矛盾的。除了生产关系和生产力发展的这种又相适应又相矛盾的情况以外,还有上层建筑和经济基础的又相适应又相矛盾的情况。人民民主专政的国家制度和法律,以马克思列宁主义为指导的社会主义意识形态,这些上层建筑对于我国社会主义改造的胜利和社会主义劳动组织的建立起了积极的推动作用,它是和社会主义的经济基础即社会主义的生产关系相适应的;但是,资产阶级意识形态的存在,国家机构中某些官僚主义作风的存在,国家制度中某些环节上缺陷的存在,又是和社会主义的经济基础相矛盾的。我们今后必须按照具体的情况,继续解决上述的各种矛盾。"[3]

上述这些思想,是对《再论无产阶级专政的历史经验》中提出的社会主义改革依据的进一步发展,为马克思主义国家治理理论注入了依据社会主义基本矛盾不断推动改革的制度生命力。

4. 读苏联《政治经济学教科书》的思考

1957年下半年起,中国的社会主义建设遭遇了严重挫折。

痛定思过。1959年12月至1960年2月,毛泽东带领一部分理论工作者认真研读苏联《政治经济学教科书》,发表了一系列意见,比较系统地总结了社会主义改造和社会主义建设的历史经验。毛泽东在

---

[1]《毛泽东文集》第7卷,人民出版社1999年版,第214页。
[2]《毛泽东文集》第7卷,人民出版社1999年版,第213—214页。
[3]《毛泽东文集》第7卷,人民出版社1999年版,第215页。

这次读书期间的谈话，后来被整理成为《读苏联〈政治经济学教科书〉的谈话》。

由于经济建设上急躁冒进的指导思想未能得到彻底纠正，反映到这次总结上，难免有这样那样的局限，甚至得出一些错误的结论，但就总体来说，仍然提出了不少正确的思想。其中对社会主义国家治理提出了若干重要的论断。

第一，提出中国正处在社会主义不发达阶段的重要论断，为国家治理初步判明了历史方位。

超越阶段，是"大跃进"和人民公社化运动产生的理论根源。当时甚至提出了准备向共产主义过渡的口号。第一次郑州会议以后，逐步划清了公社集体所有制和全民所有制的界限，明确了当时所处的阶段仍然是社会主义阶段，刹住了"共产风"。但是，社会主义社会要不要划分阶段，当时究竟处在社会主义的哪一个发展阶段，对这两个问题并没有搞清楚。

毛泽东在《读苏联〈政治经济学教科书〉的谈话》里提出："社会主义这个阶段，又可能分为两个阶段，第一个阶段是不发达的社会主义，第二个阶段是比较发达的社会主义。后一阶段可能比前一阶段需要更长的时间。经过后一阶段，到了物质产品、精神财富都极为丰富和人们的共产主义觉悟极大提高的时候，就可以进入共产主义社会了。"[1]

毛泽东没有把话讲死，留了一些余地，是想表明这个问题还有待实践来证明。但说话的语气是肯定的。这一重要论断，为后来邓小平同志在改革开放初期提出社会主义初级阶段理论作了重要的思想准备。

第二，提出要利用商品生产、商品交换和价值法则，进一步从经

---

[1]《毛泽东文集》第8卷，人民出版社1999年版，第116页。

济运行机制上明确了国家治理平台。

长期以来，对于社会主义社会还要不要商品生产、还能不能大力发展商品生产的问题，一直搞不清楚。在"大跃进"和人民公社化运动中，更是刮起了一股取消商品生产的风。

针对这个问题，1958年11月毛泽东在第一次郑州会议上明确指出："现在要利用商品生产、商品交换和价值法则，作为有用的工具，为社会主义服务。"[1]他提出："现在，我们有些人大有要消灭商品生产之势。他们向往共产主义，一提商品生产就发愁，觉得这是资本主义的东西，没有分清社会主义商品生产和资本主义商品生产的区别，不懂得在社会主义条件下利用商品生产的作用的重要性。这是不承认客观法则的表现，是不认识五亿农民的问题。在社会主义时期，应当利用商品生产来团结几亿农民。我以为有了人民公社以后，商品生产、商品交换更要发展，要有计划地大大发展社会主义的商品生产"[2]。

生产与需求，是一对矛盾。毛泽东在《读苏联〈政治经济学教科书〉的谈话》里提出："人民的需要是逐步满足的。"[3]"人们生活的需要，是不断增长的。需要刺激生产的不断发展，生产也不断创造新的需要。人们对粮食的需要，在数量方面总不能是无限制的，但是在品种方面也会变化。"[4]像这样用唯物辩证法来谈生产与需求的相互促进的关系，并不多见。

尽管当时还不可能提出从高度集中的计划经济体制向社会主义市场经济转变问题，但是，能够在探索中认识到我国是商品生产很不发达的国家，提出要有计划地大力发展社会主义的商品生产，已经是对

---

[1]《毛泽东文集》第7卷，人民出版社1999年版，第435页。

[2]《毛泽东文集》第7卷，人民出版社1999年版，第437页。

[3]《毛泽东文集》第8卷，人民出版社1999年版，第136页。

[4]《毛泽东文集》第8卷，人民出版社1999年版，第137页。

以苏联为代表的高度集中的计划经济体制的深刻反思。正因为如此，在中国始终没有建立起纯而又纯的计划经济体制，始终存在着高度集中的计划经济体制与相对独立分散的各类市场（包括自由市场）并存的局面。这也是中国能够通过实践探索较早地走出计划经济认识误区的重要因素。

第三，进一步确认矛盾是社会运动发展的动力。

什么是社会主义社会发展的动力？毛泽东在《读苏联〈政治经济学教科书〉的谈话》里指出："没有矛盾就没有运动。社会总是运动发展的。在社会主义时代，矛盾仍然是社会运动发展的动力。"[1]还说："教科书在这里承认社会主义社会中生产关系和生产力的矛盾的存在，也讲要克服这个矛盾，但是不承认矛盾是动力。""这一段说批评和自我批评是社会主义社会发展的强大动力，这个说法不妥当。矛盾才是动力，批评和自我批评是解决矛盾的方法。"[2]

毛泽东还进一步揭示了社会主义社会基本矛盾运动的规律，提出："我们要以生产力和生产关系的平衡和不平衡，生产关系和上层建筑的平衡和不平衡，作为纲，来研究社会主义社会的经济问题。"[3]

这种平衡和不平衡的关系是怎样的呢？他认为："生产力和生产关系之间、生产关系和上层建筑之间的矛盾和不平衡是绝对的。上层建筑适应生产关系，生产关系适应生产力，或者说它们之间达到平衡，总是相对的。平衡和不平衡这个矛盾的两个侧面，不平衡是绝对的，平衡是相对的。如果只有平衡，没有不平衡，生产力、生产关系、上层建筑就不能发展了，就固定了。矛盾、斗争、分解是绝对的，统一、一致、团结是相对的，有条件的。有了这样的观点，就

---

[1]《毛泽东文集》第8卷，人民出版社1999年版，第133页。
[2]《毛泽东文集》第8卷，人民出版社1999年版，第133页。
[3]《毛泽东文集》第8卷，人民出版社1999年版，第130—131页。

能够正确认识我们的社会和其他事物；没有这样的观点，认识就会停滞、僵化。"[1]

从适应与不适应到平衡与不平衡，进一步触及了社会主义社会基本矛盾运行的本质特征。

第四，基本形成中国社会主义现代化建设的奋斗目标。

新中国成立之初，没有立即提出"现代化"的目标，当时的提法叫"工业化"。当时的设想是，"准备以二十年时间完成中国的工业化"[2]。1955年，又提出准备用50年的时间把中国"建成为一个强大的高度社会主义工业化的国家"[3]。到了1957年3月，毛泽东在全国宣传工作会议上的讲话里提出："我们一定会建设一个具有现代工业、现代农业和现代科学文化的社会主义国家。"[4]这是比较早地提到"现代化"目标的一次讲话。同年10月，他在八届三中全会的讲话里还解释说："过去我们经常讲把我国建成一个工业国，其实也包括了农业的现代化。"[5]

毛泽东在《读苏联〈政治经济学教科书〉的谈话》里，进一步明确提出："建设社会主义，原来要求是工业现代化，农业现代化，科学文化现代化，现在要加上国防现代化。"[6]这一提法，已经非常接近周恩来在全国人大三届一次会议所作政府工作报告中正式提出的四个现代化目标。现代化目标的提出，表明党对工业化认识的进一步深化。特别值得注意的是，毛泽东还强调："在我们这样的国家，完成

---

[1]《毛泽东文集》第8卷，人民出版社1999年版，第131页。
[2]《毛泽东文集》第6卷，人民出版社1999年版，第207页。
[3]《毛泽东文集》第6卷，人民出版社1999年版，第390页。
[4]《毛泽东文集》第7卷，人民出版社1999年版，第268页。
[5]《毛泽东文集》第7卷，人民出版社1999年版，第310页。
[6]《毛泽东文集》第8卷，人民出版社1999年版，第116页。

三、毛泽东对马克思主义国家学说和国家治理理论的杰出贡献：
从无产阶级专政到人民民主专政

社会主义建设是一个艰巨任务，建成社会主义不要讲得过早了。"[1]这表明，"大跃进"的教训对他来说，是刻骨铭心的。

在当时条件下，实现现代化的目标是和赶超发达国家联系在一起的。"大跃进"中片面强调钢产量指标的教训表明，赶超发达国家，关键的问题还是全面提高劳动生产率，而不仅仅是几项经济指标。毛泽东意识到这个问题，表示："苏联的工农业劳动生产率，现在还没有超过美国，我们则差得更远。人口虽多，但是劳动生产率远远比不上人家，还要继续紧张地努力若干年，分几个阶段，把我们的国家搞强大起来，使我们的人民进步起来。"[2]

5. 在七千人大会上的讲话

"大跃进"严重失误，造成了国民经济的严重困难。为了统一全党思想、团结人民共渡难关，1962年初召开了扩大的中央工作会议。同年1月30日，毛泽东发表《在扩大的中央工作会议上的讲话》。这篇讲话在国家治理理论上的突出贡献，是系统阐述了民主集中制思想。

民主集中制思想，经历了从党内政治生活准则发展为国家政体的过程。

早在革命时期，毛泽东总结党内实行民主集中制的经验，逐步认识到如何认识和把握"民主制和集中制的关系"[3]，是一个重要课题。一方面，要"确实扩大党内的民主生活"[4]；另一方面，又要"不至

---

[1]《毛泽东文集》第8卷，人民出版社1999年版，第116页。
[2]《毛泽东文集》第8卷，人民出版社1999年版，第124页。
[3]《毛泽东选集》第2卷，人民出版社1991年版，第529页。
[4]《毛泽东选集》第2卷，人民出版社1991年版，第529页。

于走到极端民主化"[1]。毛泽东承认这两者是有矛盾的,但又是可以统一的,"民主集中制就是这两个带着矛盾性的东西的统一"[2]。

最早明确提出将来在国家政体实行民主集中制的,是毛泽东在1940年1月发表的《新民主主义论》。新中国成立前后,在《共同纲领》和1954年《中华人民共和国宪法》中,都明确规定国家实行民主集中制。[3]

毛泽东对民主集中制的理解,有其独到的视角。他指出:"由于我们的国家是一个小生产的家长制占优势的国家,又在全国范围内至今还没有民主生活,这种情况反映到我们党内,就产生了民主生活不足的现象。这种现象,妨碍着全党积极性的充分发挥。"[4]因此,他强调:"扩大党内民主,应看作是巩固党和发展党的必要的步骤,是使党在伟大斗争中生动活跃,胜任愉快,生长新的力量,突破战争难关的一个重要的武器。"[5]这些在长期实践中得来的深刻认识,对于新中国成立后将民主集中制原则运用于国家政体安排及其实践,并形成适合党情国情的一整套体制机制安排,具有十分重要的作用。

《在扩大的中央工作会议上的讲话》对民主集中制思想最重要的

---

[1]《毛泽东选集》第2卷,人民出版社1991年版,第529页。

[2]《毛泽东文集》第3卷,人民出版社1996年版,第399页。

[3]《共同纲领》中规定:"各级政权机关一律实行民主集中制。其主要原则为:人民代表大会向人民负责并报告工作。人民政府委员会向人民代表大会负责并报告工作。在人民代表大会和人民政府委员会内,实行少数服从多数的制度。各下级人民政府均由上级人民政府加委并服从上级人民政府。全国各地方人民政府均服从中央人民政府。"(《建国以来重要文献选编》第1册,中央文献出版社1992年版,第5页)1954年《中华人民共和国宪法》规定:"全国人民代表大会、地方各级人民代表大会和其他国家机关,一律实行民主集中制。"(《建国以来重要文献选编》第5册,中央文献出版社1993年版,第522页)

[4]《毛泽东选集》第2卷,人民出版社1991年版,第529页。

[5]《毛泽东选集》第2卷,人民出版社1991年版,第529页。

三、毛泽东对马克思主义国家学说和国家治理理论的杰出贡献：
从无产阶级专政到人民民主专政

发展，是明确提出"没有高度的民主，不可能有高度的集中"，"不充分实行无产阶级的民主制，就不可能有真正的无产阶级的集中制"。[1]

第一，阐述了民主与集中的辩证关系。

毛泽东指出："没有民主就没有集中。"[2] "我们的集中制，是建立在民主基础上的集中制。无产阶级的集中，是在广泛民主基础上的集中。"[3]

他还强调："没有民主，不可能有正确的集中，因为大家意见分歧，没有统一的认识，集中制就建立不起来。什么叫集中？首先是要集中正确的意见。在集中正确意见的基础上，做到统一认识，统一政策，统一计划，统一指挥，统一行动，叫做集中统一。"[4]

第二，阐述了发扬民主与科学决策的关系。

毛泽东指出："没有民主，意见不是从群众中来，就不可能制定出好的路线、方针、政策和办法。我们的领导机关，就制定路线、方针、政策和办法这一方面说来，只是一个加工工厂。大家知道，工厂没有原料就不可能进行加工。没有数量上充分的和质量上适当的原料，就不可能制造出好的成品来。"[5]

他还指出："如果没有民主，不了解下情，情况不明，不充分搜集各方面的意见，不使上下通气，只由上级领导机关凭着片面的或者不真实的材料决定问题，那就难免不是主观主义的，也就不可能达到统一认识，统一行动，不可能实现真正的集中。我们这次会议的主要议题，不是要反对分散主义，加强集中统一吗？如果离开充分发扬民主，这种集中，这种统一，是真的还是假的？是实的还是空的？是正

---

[1]《毛泽东文集》第8卷，人民出版社1999年版，第296页。
[2]《毛泽东文集》第8卷，人民出版社1999年版，第293页。
[3]《毛泽东文集》第8卷，人民出版社1999年版，第294页。
[4]《毛泽东文集》第8卷，人民出版社1999年版，第293—294页。
[5]《毛泽东文集》第8卷，人民出版社1999年版，第294页。

确的还是错误的？当然只能是假的、空的、错误的。"[1]

第三，阐述了无产阶级民主制与无产阶级专政的关系。

毛泽东指出："在我们国家，如果不充分发扬人民民主和党内民主，不充分实行无产阶级的民主制，就不可能有真正的无产阶级的集中制。没有高度的民主，不可能有高度的集中，而没有高度的集中，就不可能建立社会主义经济。"[2]

这段重要论述，把实现高度民主作为达到高度集中和建立社会主义经济的前提，为后来把社会主义民主作为治国理政的重要原则，把建设高度民主确立为社会主义建设的重要目标，提供了重要的思想准备和理论基础。

遗憾的是，后来由于"以阶级斗争为纲"的指导思想占了上风，最终导致了"文化大革命"的发生，而且持续时间长达十年，给社会主义民主与法制带来严重破坏。毛泽东的这些富有远见卓识的思想，没能坚持到底。这是一个沉痛的历史教训。它也说明，一个正确思想和认识，往往需要经过正反两方面的经验教训，经过反复曲折和比较，才有可能最终确立起来。

（三）毛泽东国家治理理论在新中国国家制度与实践上作出的独创性贡献

站在今天的角度，回顾新中国国家治理的这段艰难曲折的探索发展历程，概括起来说，毛泽东国家治理理论在新中国国家制度与实践上，作出了以下九个方面的独创性贡献。

第一，创立人民民主专政国体。《中国共产党章程》规定："中国

---

[1]《毛泽东文集》第8卷，人民出版社1999年版，第294页。
[2]《毛泽东文集》第8卷，人民出版社1999年版，第296—297页。

三、毛泽东对马克思主义国家学说和国家治理理论的杰出贡献：
从无产阶级专政到人民民主专政

共产党领导人民发展社会主义民主政治。坚持党的领导、人民当家作主、依法治国有机统一，走中国特色社会主义政治发展道路，扩大社会主义民主，建设中国特色社会主义法治体系，建设社会主义法治国家，巩固人民民主专政，建设社会主义政治文明。"[1]《中华人民共和国宪法》规定："中华人民共和国是工人阶级领导的、以工农联盟为基础的人民民主专政的社会主义国家。"[2]党的十九届四中全会决定指出："我国是工人阶级领导的、以工农联盟为基础的人民民主专政的社会主义国家，国家的一切权力属于人民。"[3]人民民主专政始终是新中国的国体，是国家长治久安、人民幸福、民族复兴的可靠保证。实践证明，毛泽东为人民民主专政规定的基本原则，即将对人民最广泛的民主和对极少数敌对势力的有效专政紧密结合起来，是行之有效的。而且，这两方面都要纳入依法治国的基本方略，无论是实行人民民主还是向敌对势力专政都要纳入法治轨道，做到于法有据，才是国家治理的长远之道。

第二，完善民主集中制。即把民主集中制作为各级党组织和人民政权机关的组织原则与组织形式。《中国共产党章程》规定："坚持民主集中制。民主集中制是民主基础上的集中和集中指导下的民主相结合[4]。它既是党的根本组织原则，也是群众路线在党的生活中的运

---

[1]《中国共产党章程》（中国共产党第十九次全国代表大会部分修改，2017年10月24日通过），载《人民日报》2017年10月29日。

[2]《中华人民共和国宪法》，载《人民日报》2018年3月22日。

[3]《中共中央关于坚持和完善中国特色社会主义制度 推进国家治理体系和治理能力现代化若干重大问题的决定》（2019年10月31日中国共产党第十九届中央委员会第四次全体会议通过），载《人民日报》2019年11月6日。

[4] 这一表述，在1982年9月中共十二大通过的《中国共产党章程》里，是"党内充分发扬民主，在民主的基础上实行高度的集中"（《十二大以来重要文献选编》（上），中央文献出版社2011年版，第57页）。从1992年10月中共十四大通过的《中国共产党章程（修正案）》起，修改为现在的表述。

用。""努力造成又有集中又有民主，又有纪律又有自由，又有统一意志又有个人心情舒畅生动活泼的政治局面。"[1]《中华人民共和国宪法》规定："中华人民共和国的国家机构实行民主集中制的原则。全国人民代表大会和地方各级人民代表大会都由民主选举产生，对人民负责，受人民监督。国家行政机关、监察机关、审判机关、检察机关都由人民代表大会产生，对它负责，受它监督。中央和地方的国家机构职权的划分，遵循在中央的统一领导下，充分发挥地方的主动性、积极性的原则。"[2]特别需要指出的是，如今对民主集中制的理解，在坚持"集中指导下的民主"的基础上，增加了"民主基础上的集中"的内容，并且强调民主集中制是上述两者的结合与统一。这一理解，就更加全面，也更加辩证了。

第三，创立人民代表大会制度这一根本政治制度。其核心理念，是人民当家作主。没有这个核心理念，人民代表大会制度就失去了灵魂。人民代表大会制度，又从根本上同资本主义国家的议会制区别开来，体现和坚持了社会主义原则。没有这个原则，人民代表大会制度就失去了正确方向。在1954年6月将《中华人民共和国宪法（草案）》提交中央人民政府委员会第三十次会议审议时，毛泽东对此有过说明。他指出："我们的宪法草案，结合了原则性和灵活性。原则基本上是两个：民主原则和社会主义原则。我们的民主不是资产阶级的民主，而是人民民主，这就是无产阶级领导的、以工农联盟为基础的人民民主专政。人民民主的原则贯串在我们整个宪法中。另一个是社会主义原则。"[3]人民代表大会制度，很

---

[1]《中国共产党章程》（中国共产党第十九次全国代表大会部分修改，2017年10月24日通过），载《人民日报》2017年10月29日。
[2]《中华人民共和国宪法》，载《人民日报》2018年3月22日。
[3]《毛泽东文集》第6卷，人民出版社1999年版，第326页。

好地将人民当家作主（即人民民主）与社会主义结合起来，并使之具有中国特色。

第四，创立以社会主义公有制和按劳分配为主体的社会主义经济制度。这项工作，是通过以第一个五年计划为标志的大规模国家工业化建设和对农业、手工业、资本主义工商业的社会主义改造完成的。正如毛泽东所说："我们进行社会主义革命所用的方法是和平的方法。"[1]"在我国的条件下，用和平的方法，即用说服教育的方法，不但可以改变个体的所有制为社会主义的集体所有制，而且可以改变资本主义所有制为社会主义所有制。"[2]他还指出："社会主义革命的目的是为了解放生产力。农业和手工业由个体的所有制变为社会主义的集体所有制，私营工商业由资本主义所有制变为社会主义所有制，必然使生产力大大地获得解放。这样就为大大地发展工业和农业的生产创造了社会条件。"[3]尽管这一体制机制还有不完善的地方，还有受苏联传统模式影响的问题，但后来的事实证明：这一经济制度的主要方面是与我国社会生产力水平和迅速从农业国转变为工业国的内在要求相适应的，并且有很强的自我修复能力和调整能力。而最为重要的是，在社会生产水平相对低下的情况下，能够既大体上满足了人民最基本的生活需要，又大体支撑起了国家大规模工业化的原料与资金积累的需要。这为改革开放后的发展奠定了基础，培养了人才，积累了经验，创造了必要条件。

第五，创立以马克思主义为指导、以"双百"方针为准则、以六条政治标准为准绳的社会主义意识形态体系。尽管当时还存在着马克思主义同各种非马克思主义思想并存的情况，存在着意识形态

---

[1]《毛泽东文集》第7卷，人民出版社1999年版，第1页。
[2]《毛泽东文集》第7卷，人民出版社1999年版，第2页。
[3]《毛泽东文集》第7卷，人民出版社1999年版，第1页。

领域中的过火批判，但总的来说，在曲折中逐步确立起马克思主义在意识形态的主导地位，确立起社会主义意识形态的主体地位。在实行"双百"方针中，为更好地判断是非曲直，毛泽东在《关于正确处理人民内部矛盾的问题》中，总结提出六条政治标准："（一）有利于团结全国各族人民，而不是分裂人民；（二）有利于社会主义改造和社会主义建设，而不是不利于社会主义改造和社会主义建设；（三）有利于巩固人民民主专政，而不是破坏或者削弱这个专政；（四）有利于巩固民主集中制，而不是破坏或者削弱这个制度；（五）有利于巩固共产党的领导，而不是摆脱或者削弱这种领导；（六）有利于社会主义的国际团结和全世界爱好和平人民的国际团结，而不是有损于这些团结。这六条标准中，最重要的是社会主义道路和党的领导两条。"[1]这实际上就是后来提出的"四项基本原则"的雏形。

第六，创立中国共产党领导的多党合作、政治协商制度和爱国统一战线体制。建立最广泛的爱国统一战线，是中国共产党克敌制胜的三大法宝之一，也是创建新中国的重要政治基础。毛泽东对此一直高度重视，并且形成政治协商会议这样一个重要制度安排。尽管这个制度在"文化大革命"中遭到严重破坏，但还是在曲折中坚持下来。如今，成为中国特色社会主义制度的一大特色、亮点与优势，协商民主也发展成为人民民主的一种重要实现形式。中国共产党与各民主党派自全民族抗日战争中后期起，特别是在共同与国民党蒋介石集团撕毁政协协议、发动全面内战、坚持独裁统治的斗争中，逐步结成肝胆相照、荣辱与共的关系。在新中国人民政权巩固、抗美援朝取得胜利、完成社会主义改造中，民主党派、政治协商和爱国统一战线更是发挥了不可替代的重要作用。进入社会主义社会，毛泽东及时提出中国共

---

[1]《毛泽东文集》第7卷，人民出版社1999年版，第234页。

三、毛泽东对马克思主义国家学说和国家治理理论的杰出贡献：
从无产阶级专政到人民民主专政

产党和各民主党派"两个万岁"[1]的倡议，并确立了"长期共存、互相监督"的基本方针。

第七，创立单一制国家制度框架内的民族区域自治制度和各族人民大团结体制。从我国多民族一体的历史传统和维护祖国统一的现实需要出发，在单一制国家制度框架内，实行民族区域自治制度，这是中国共产党人的创造。这一制度的实行，彻底告别和铲除了民族压迫的旧制度，充分体现了祖国统一、民族平等、共同发展、相濡以沫的全中国各族人民根本利益与共同愿望，使近代以来因西方列强瓜分中国、侵略中国造成的四分五裂局面得以"破镜重圆"，掀开了民族平等、民族团结、民族融合的新的历史篇章。这是中国共产党人为实现中华民族持续发展、生生不息所作出的重大贡献。

第八，创立人民群众广泛参与、自我教育、高度自治的基层治理制度。中国共产党从诞生之日起，就把全心全意为人民服务作为自己的唯一宗旨。在毛泽东的大力倡导和精心培育下，中国共产党形成了密切联系群众、发动群众、依靠群众、相信群众、发挥群众的首创精神的优良传统，并形成一整套行之有效的办法。进入社会主义社会后，毛泽东一直在探索能让人民群众自我教育、自我管理的有效途径。这方面的典型事例，就是毛泽东所倡导的"两参一改三结合"。"两参"，即干部参加生产劳动，工人参加企业管理；"一改"，即改革企业中不合理的规章制度；"三结合"，即在技术革新和技术革命运动中实行企业领导干部、技术人员和工人三结合的原则。

第九，创立中国共产党领导制度。毛泽东特别强调："工、农、商、学、兵、政、党这七个方面，党是领导一切的。党要领导工业、

---

[1] "两个万岁"即中国共产党万岁，民主党派万岁。

农业、商业、文化教育、军队和政府。"[1]他在《工作方法六十条（草案）》里，提出县以上党委要抓社会主义建设工作，抓工业工作，抓农业工作，抓技术革命，抓爱国卫生运动等。尽管这种领导体制，后来出现了党政不分的问题，但从主导方面看，在新中国国家制度的初创时期，把中国共产党领导贯彻落实到国家治理的各个领域、各个方面、各个层级，这对确立中国共产党对国家治理的全面领导是具有奠基性作用的。同时，毛泽东又提出："一方面要反对空头政治家，另一方面要反对迷失方向的实际家。"中国共产党领导，主要是政治领导，但一定要和业务工作紧密结合起来，"政治和经济的统一，政治和技术的统一，这是毫无疑义的，年年如此，永远如此。这就是又红又专。"[2]正是在这个意义上，毛泽东特别强调思想工作和政治工作"是完成经济工作和技术工作的保证，它们是为经济基础服务的。思想和政治又是统帅，是灵魂。只要我们的思想工作和政治工作稍为一放松，经济工作和技术工作就一定会走到邪路上去"[3]。他还设想："我们计划在三个五年计划之内造就一百万到一百五十万高级知识分子（包括大学毕业生和专科毕业生）。"[4]"那时党的中央委员会的成分也会改变，中央委员会中应该有许多工程师，许多科学家。"[5]他之所以强调这一点，是因为"我们进入了这样一个时期，就是我们现在所从事的、所思考的、所钻研的，是钻社会主义工业化，钻社会主义改造，钻现代化的国防，并且开始要钻原子能这样的历史的新时期"[6]。

以上总结了毛泽东国家治理理论在新中国国家制度与实践上作出

---

[1]《毛泽东文集》第8卷，人民出版社1999年版，第305页。
[2] 以上引文见《毛泽东文集》第7卷，人民出版社1999年版，第351页。
[3]《毛泽东文集》第7卷，人民出版社1999年版，第351页。
[4]《毛泽东文集》第7卷，人民出版社1999年版，第102页。
[5]《毛泽东文集》第7卷，人民出版社1999年版，第102页。
[6]《毛泽东文集》第6卷，人民出版社1999年版，第395页。

的独创性贡献。需要说明的是，这不仅是毛泽东个人的功劳，更是以毛泽东同志为代表的第一代中国共产党人的集体功劳，而毛泽东无愧于是其中的领袖与核心。同时，这些杰出贡献，从新中国发展的历史长河来说，也仅仅是"万里长征走完了第一步"。然而，历史就是历史，历史不能任意选择，更不能任意假设。无论走得多远，都不能忘记过去，都不能忘记毛泽东为新中国国家治理立下的筚路蓝缕、奠定基业之功。

四、改革开放新时期对马克思主义国家治理理论的实践创新和理论创新：从加强民主与法制到建设社会主义法治国家

中共十一届三中全会后，中国进入改革开放和社会主义现代化建设新时期，新中国国家治理体系建设和国家治理理论发展也随之进入了一个新时期。这个时期最显著的特征，就是改革开放使新中国建立的社会主义基本制度焕发出新的生机和活力，并以此为基础发展形成中国特色社会主义制度，为马克思主义国家治理理论作出了原创性贡献。

首先把这个问题作为重大理论与现实问题提上议程的，是改革开放和社会主义现代化建设的总设计师邓小平。

（一）邓小平理论对国家治理理论的卓越贡献

中共十一届三中全会后，以邓小平同志为主要代表的中国共产党人，作出把党和国家工作中心转移到经济建设上来、实行改革开放的历史性决策，深刻总结新中国成立以来正反两方面经验，围绕什么是社会主义、怎样建设社会主义这一根本问题，解放思想，实事求是，深刻揭示社会主义本质，确立社会主义初级阶段基本路线，制定了到二十一世纪中叶分三步走、基本实现社会主义现代化的发展战略，在开创中国特色社会主义的过程中，开启了在全面加强社会主义民主和法制的基础上推进国家治理的新时期。

四、改革开放新时期对马克思主义国家治理理论的实践创新和理论创新：
从加强民主与法制到建设社会主义法治国家

1. 中共十一届三中全会开启国家治理新时期

在新中国历史上具有伟大历史转折意义的中共十一届三中全会，是在1978年12月18日至22日召开的。在此之前，召开了中共中央工作会议，为这次全会的成功举行作了充分准备。

12月13日，邓小平在中共中央工作会议闭幕会上发表《解放思想，实事求是，团结一致向前看》的讲话。这个讲话实际上成为随后召开的十一届三中全会的主题报告。

这篇带有纲领性的讲话，深刻总结了"文化大革命"破坏社会主义民主与法制的沉痛教训，在社会主义国家治理问题上具有拨乱反正的意义。

第一，深刻分析了思想僵化的体制根源，为真正形成毛泽东倡导的"六有"国家政治局面指明了解放思想的方向。

邓小平指出，造成思想僵化的一个重要原因，是民主集中制遭到破坏。"因为民主集中制受到破坏，党内确实存在权力过分集中的官僚主义。这种官僚主义常常以'党的领导'、'党的指示'、'党的利益'、'党的纪律'的面貌出现，这是真正的管、卡、压。许多重大问题往往是一两个人说了算，别人只能奉命行事。这样，大家就什么问题都用不着思考了。"[1]

他进一步指出思想和僵化对党和国家领导体制的严重损害："思想一僵化，条条、框框就多起来了。比如说，加强党的领导，变成了党去包办一切、干预一切；实行一元化领导，变成了党政不分、以党代政；坚持中央的统一领导，变成了'一切统一口径'。"[2]

接下来，邓小平指出解放思想对党和国家发展的极端重要性："一个党，一个国家，一个民族，如果一切从本本出发，思想僵化，

---

[1]《邓小平文选》第2卷，人民出版社1994年版，第141—142页。
[2]《邓小平文选》第2卷，人民出版社1994年版，第142页。

迷信盛行，那它就不能前进，它的生机就停止了，就要亡党亡国。这是毛泽东同志在整风运动中反复讲过的。只有解放思想，坚持实事求是，一切从实际出发，理论联系实际，我们的社会主义现代化建设才能顺利进行，我们党的马列主义、毛泽东思想的理论也才能顺利发展。从这个意义上说，关于真理标准问题的争论，的确是个思想路线问题，是个政治问题，是个关系到党和国家的前途和命运的问题。"[1]

第二，重申真正实行民主集中制，特别要创造民主的条件。

邓小平指出："解放思想，开动脑筋，一个十分重要的条件就是要真正实行无产阶级的民主集中制。我们需要集中统一的领导，但是必须有充分的民主，才能做到正确的集中。"[2]

他强调："一个革命政党，就怕听不到人民的声音，最可怕的是鸦雀无声。"[3]"当前这个时期，特别需要强调民主。因为在过去一个相当长的时间内，民主集中制没有真正实行，离开民主讲集中，民主太少。""我们要创造民主的条件，要重申'三不主义'：不抓辫子，不扣帽子，不打棍子。在党内和人民内部的政治生活中，只能采取民主手段，不能采取压制、打击的手段。宪法和党章规定的公民权利、党员权利、党委委员的权利，必须坚决保障，任何人不得侵犯。"[4]

第三，强调加强社会主义民主与法制，提出使民主制度化、法律化。

邓小平指出："为了保障人民民主，必须加强法制。必须使民主制度化、法律化，使这种制度和法律不因领导人的改变而改变，不因领导人的看法和注意力的改变而改变。"[5]

---

[1]《邓小平文选》第2卷，人民出版社1994年版，第143页。
[2]《邓小平文选》第2卷，人民出版社1994年版，第144页。
[3]《邓小平文选》第2卷，人民出版社1994年版，第144—145页。
[4] 以上引文见《邓小平文选》第2卷，人民出版社1994年版，第144页。
[5] 以上引文见《邓小平文选》第2卷，人民出版社1994年版，第146页。

四、改革开放新时期对马克思主义国家治理理论的实践创新和理论创新：从加强民主与法制到建设社会主义法治国家

他提出当前的主要矛盾是法制不健全,"以言代法"。他说:"现在的问题是法律很不完备,很多法律还没有制定出来。往往把领导人说的话当做'法',不赞成领导人说的话就叫做'违法',领导人的话改变了,'法'也就跟着改变。所以,应该集中力量制定刑法、民法、诉讼法和其他各种必要的法律,例如工厂法、人民公社法、森林法、草原法、环境保护法、劳动法、外国人投资法等等,经过一定的民主程序讨论通过,并且加强检察机关和司法机关,做到有法可依,有法必依,执法必严,违法必究。国家和企业、企业和企业、企业和个人等等之间的关系,也要用法律的形式来确定;它们之间的矛盾,也有不少要通过法律来解决。现在立法的工作量很大,人力很不够,因此法律条文开始可以粗一点,逐步完善。有的法规地方可以先试搞,然后经过总结提高,制定全国通行的法律。修改补充法律,成熟一条就修改补充一条,不要等待'成套设备'。总之,有比没有好,快搞比慢搞好。此外,我们还要大力加强对国际法的研究。"[1]

针对社会主义国家内部国家法律与党规党法的关系,邓小平深刻指出:"国要有国法,党要有党规党法。党章是最根本的党规党法。没有党规党法,国法就很难保障。"[2]

1979年6月,邓小平接见外宾时再次表示:"民主和法制,这两个方面都应该加强,过去我们都不足。要加强民主就要加强法制。没有广泛的民主是不行的,没有健全的法制也是不行的。我们吃够了动乱的苦头。"还说:"民主要坚持下去,法制要坚持下去。这好像两只手,任何一只手削弱都不行。"[3]

在全面纠正"文化大革命"对国家制度的严重破坏过程中,邓小

---

[1]《邓小平文选》第2卷,人民出版社1994年版,第146—147页。
[2]《邓小平文选》第2卷,人民出版社1994年版,第147页。
[3] 以上引文见《邓小平文选》第2卷,人民出版社1994年版,第189页。

平深感民主与法制精神的缺失,深切地意识到社会主义民主与法制的极端重要性。他指出:"我们这个国家有几千年封建社会的历史,缺乏社会主义的民主和社会主义的法制。现在我们要认真建立社会主义的民主制度和社会主义法制。只有这样,才能解决问题。"[1]为此,他提出"使民主制度化、法律化"[2]的目标,并强调:"社会主义民主和社会主义法制是不可分的。不要社会主义法制的民主,不要党的领导的民主,不要纪律和秩序的民主,决不是社会主义民主。"[3]

社会主义国家的历史经验,特别是"文化大革命"的教训表明,在人民民主专政(或无产阶级专政)的国家政权巩固之后,必须果断迅速地将这一人民民主专政国体以适当形式纳入社会主义民主与法制的轨道。邓小平敏锐地意识到这一点,及时地在国家治理上提出了"使民主制度化、法律化"的重大历史任务,从而开启了国家治理新时期。

2. 党和国家领导体制改革的提出

进入 1980 年,随着拨乱反正取得成效,各项工作走上正轨,安定团结的政治局面初步形成,党和国家领导制度改革的问题逐渐提上日程。1980 年 1 月 16 日,邓小平在中共中央召开的干部会议上发表《目前的形势和任务》,提出:"我们要改善党的领导,除了改善党的组织状况以外,还要改善党的领导工作状况,改善党的领导制度。"[4]他强调:"不好好研究这个问题,不解决这个问题,坚持不了党的领导,提高不了党的威信。"[5]

---

[1]《邓小平文选》第 2 卷,人民出版社 1994 年版,第 348 页。
[2]《邓小平文选》第 2 卷,人民出版社 1994 年版,第 359 页。
[3]《邓小平文选》第 2 卷,人民出版社 1994 年版,第 359 页。
[4]《邓小平文选》第 2 卷,人民出版社 1994 年版,第 269 页。
[5]《邓小平文选》第 2 卷,人民出版社 1994 年版,第 271 页。

四、改革开放新时期对马克思主义国家治理理论的实践创新和理论创新：
从加强民主与法制到建设社会主义法治国家

1980年2月召开的中共十一届五中全会，专题研究了坚持党的领导、改善党的领导问题。同年8月，中共中央政治局召开扩大会议，讨论党和国家领导制度改革及有关问题。8月18日，邓小平代表中共中央在会上作了《党和国家领导制度的改革》的讲话。8月31日，中央政治局讨论通过了这个讲话。

这篇讲话科学总结历史经验，在社会主义国家治理上，提出了依靠社会主义改革不断克服自身的体制机制弊端、增强社会主义制度优越性的根本思路。

第一，提出了党和国家领导制度改革的历史任务，并初步提出了若干设想。

邓小平指出："为了适应社会主义现代化建设的需要，为了适应党和国家政治生活民主化的需要，为了兴利除弊，党和国家的领导制度以及其他制度，需要改革的很多。我们要不断总结历史经验，深入调查研究，集中正确意见，从中央到地方，积极地、有步骤地继续进行改革。"[1]

他还表示，这次国务院领导成员的变动，是改善政府领导制度的第一步。在实施中主要考虑的几项原则是："一是权力不宜过分集中。权力过分集中，妨碍社会主义民主制度和党的民主集中制的实行，妨碍社会主义建设的发展，妨碍集体智慧的发挥，容易造成个人专断，破坏集体领导，也是在新的条件下产生官僚主义的一个重要原因。""二是兼职、副职不宜过多。一个人的知识、经验、精力有限，左右上下兼职过多，工作难以深入，特别是妨碍选拔更多更适当的同志来担任领导工作。副职过多，效率难以提高，容易助长官僚主义和形式主义。""三是着手解决党政不分、以党代政的问题。中央一部分主要领导同志不兼任政府职务，可以集中精力管党，管路线、方针、

---

[1]《邓小平文选》第2卷，人民出版社1994年版，第322页。

政策。这样做,有利于加强和改善中央的统一领导,有利于建立各级政府自上而下的强有力的工作系统,管好政府职权范围的工作。""四是从长远着想,解决好交接班的问题。""让比较年轻的同志走上第一线,老同志当好他们的参谋,支持他们的工作,这是保持党和政府正确领导的连续性、稳定性的重大战略措施。"[1] 上述这些原则,都是总结以往的经验教训,为提高国家治理效能、防止出现权力过分集中和以党代政等问题提出来的。

第二,提出改革党和国家领导制度及其他制度,是为了充分发挥社会主义制度的优越性,加速现代化建设事业的发展。

邓小平指出:"改革党和国家领导制度及其他制度,是为了充分发挥社会主义制度的优越性,加速现代化建设事业的发展。"[2]

如何充分发挥社会主义制度的优越性,邓小平明确了三项带有根本性、长期性的任务:"我们要充分发挥社会主义制度的优越性,当前和今后一个时期,主要应当努力实现以下三个方面的要求:(一)经济上,迅速发展社会生产力,逐步改善人民的物质文化生活;(二)政治上,充分发扬人民民主,保证全体人民真正享有通过各种有效形式管理国家、特别是管理基层地方政权和各项企业事业的权力,享有各项公民权利,健全革命法制,正确处理人民内部矛盾,打击一切敌对力量和犯罪活动,调动人民群众的积极性,巩固和发展安定团结、生动活泼的政治局面;(三)为了实现以上两方面的要求,组织上,迫切需要大量培养、发现、提拔、使用坚持四项基本原则的、比较年轻的、有专业知识的社会主义现代化建设人才。"[3]

他强调:"我们进行社会主义现代化建设,是要在经济上赶上发

---

[1] 以上引文见《邓小平文选》第2卷,人民出版社1994年版,第321页。
[2]《邓小平文选》第2卷,人民出版社1994年版,第322页。
[3]《邓小平文选》第2卷,人民出版社1994年版,第322页。

达的资本主义国家,在政治上创造比资本主义国家的民主更高更切实的民主,并且造就比这些国家更多更优秀的人才。达到上述三个要求,时间有的可以短些,有的要长些,但是作为一个社会主义大国,我们能够也必须达到。所以,党和国家的各种制度究竟好不好,完善不完善,必须用是否有利于实现这三条来检验。"[1]

第三,分析了党和国家当时实行的一些具体制度中存在的弊端,提出废除干部领导职务终身制和铲除官僚主义问题。

邓小平指出:"党和国家现行的一些具体制度中,还存在不少的弊端,妨碍甚至严重妨碍社会主义优越性的发挥。如不认真改革,就很难适应现代化建设的迫切需要,我们就要严重地脱离广大群众。"[2]

在邓小平看来,这些弊端中最突出的"官僚主义现象,权力过分集中的现象,家长制现象,干部领导职务终身制现象和形形色色的特权现象"[3]。

他认为,官僚主义在我国有其一定的特殊性。一是"它同我们长期认为社会主义制度和计划管理制度必须对经济、政治、文化、社会都实行中央高度集权的管理体制有密切关系。我们的各级领导机关,都管了很多不该管、管不好、管不了的事,这些事只要有一定的规章,放在下面,放在企业、事业、社会单位,让他们真正按民主集中制自行处理,本来可以很好办,但是统统拿到党政领导机关、拿到中央部门来,就很难办。谁也没有这样的神通,能够办这么繁重而生疏的事情。这可以说是目前我们所特有的官僚主义的一个总病根"。二是"官僚主义的另一病根是,我们的党政机构以及各种企业、事业领导机构中,长期缺少严格的从上而下的行政法规和个人负责制,缺少

---

[1]《邓小平文选》第2卷,人民出版社1994年版,第322—323页。
[2]《邓小平文选》第2卷,人民出版社1994年版,第327页。
[3]《邓小平文选》第2卷,人民出版社1994年版,第327页。

对于每个机关乃至每个人的职责权限的严格明确的规定,以至事无大小,往往无章可循,绝大多数人往往不能独立负责地处理他所应当处理的问题,只好成天忙于请示报告,批转文件。有些本位主义严重的人,甚至遇到责任互相推诿,遇到权利互相争夺,扯不完的皮"。三是"干部缺少正常的录用、奖惩、退休、退职、淘汰办法,反正工作好坏都是铁饭碗,能进不能出,能上不能下。这些情况,必然造成机构臃肿,层次多,副职多,闲职多,而机构臃肿又必然促成官僚主义的发展。因此,必须从根本上改变这些制度"。[1] 提出这些问题的指向,显然都是要推进党和国家领导体制改革。

关于权力过分集中的问题,邓小平指出:"权力过分集中的现象,就是在加强党的一元化领导的口号下,不适当地、不加分析地把一切权力集中于党委,党委的权力又往往集中于几个书记,特别是集中于第一书记,什么事都要第一书记挂帅、拍板。党的一元化领导,往往因此而变成了个人领导。全国各级都不同程度地存在这个问题。权力过分集中于个人或少数人手里,多数办事的人无权决定,少数有权的人负担过重,必然造成官僚主义,必然要犯各种错误,必然要损害各级党和政府的民主生活、集体领导、民主集中制、个人分工负责制等等。这种现象,同我国历史上封建专制主义的影响有关,也同共产国际时期实行的各国党的工作中领导者个人高度集权的传统有关。"[2]

关于干部领导职务实际上存在的终身制现象,邓小平指出:"干部领导职务终身制现象的形成,同封建主义的影响有一定关系,同我们党一直没有妥善的退休解职办法也有关系。"[3]"五中全会讨论的党章草案,提出废除干部领导职务终身制,现在看来,还需要进一步修

---

[1] 以上引文见《邓小平文选》第 2 卷,人民出版社 1994 年版,第 328 页。
[2] 以上引文见《邓小平文选》第 2 卷,人民出版社 1994 年版,第 328—329 页。
[3]《邓小平文选》第 2 卷,人民出版社 1994 年版,第 331 页。

改、补充。关键是要健全干部的选举、招考、任免、考核、弹劾、轮换制度,对各级各类领导干部(包括选举产生、委任和聘用的)职务的任期,以及离休、退休,要按照不同情况,作出适当的、明确的规定。任何领导干部的任职都不能是无限期的。"[1]

第四,强调领导制度、组织制度问题带有根本性、全局性、稳定性和长期性,关系到党和国家是否改变颜色。

邓小平指出:"我们过去发生的各种错误,固然与某些领导人的思想、作风有关,但是组织制度、工作制度方面的问题更重要。这些方面的制度好可以使坏人无法任意横行,制度不好可以使好人无法充分做好事,甚至会走向反面。""我们今天再不健全社会主义制度,人们就会说,为什么资本主义制度所能解决的一些问题,社会主义制度反而不能解决呢?这种比较方法虽然不全面,但是我们不能因此而不加以重视。"[2]

他由此得出结论说:"领导制度、组织制度问题更带有根本性、全局性、稳定性和长期性。这种制度问题,关系到党和国家是否改变颜色,必须引起全党的高度重视。"[3]

总之,邓小平《党和国家领导制度的改革》讲话,是一篇有关社会主义国家治理的标志性的重要文献,不仅标志着社会主义国家党和国家领导制度改革的起步,也标志着社会主义政治体制改革的开始。它为破解国家治理难题注入了社会主义改革的活力,社会主义国家治理体系和治理能力的现代化,实际上也是由此拉开帷幕的。

3. 第二个历史决议对国家治理问题的再思考

为最终实现拨乱反正目标,邓小平亲自主持起草了《关于建国以

---

[1]《邓小平文选》第 2 卷,人民出版社 1994 年版,第 331—332 页。
[2]《邓小平文选》第 2 卷,人民出版社 1994 年版,第 333 页。
[3]《邓小平文选》第 2 卷,人民出版社 1994 年版,第 333 页。

来党的若干历史问题的决议》。1981年6月27日，中共十一届六中全会一致通过了该决议。

这是中国共产党历史上的第二个历史决议，不仅对新中国成立后党的历史作出实事求是的科学评价，对毛泽东和毛泽东思想的历史地位、卓越贡献、当代价值作出实事求是的科学评价，而且对社会主义国家治理理论与实践也作出了系统的阐述。

第一，明确提出我国的社会主义制度还是处于初级的阶段的重大判断。

第二个历史决议指出："尽管我们的社会主义制度还是处于初级的阶段，但是毫无疑问，我国已经建立了社会主义制度，进入了社会主义社会，任何否认这个基本事实的观点都是错误的。"[1]

第二，明确提出通过社会主义改革不断显示社会主义制度优越性。

第二个历史决议指出："我们的社会主义制度由比较不完善到比较完善，必然要经历一个长久的过程。这就要求我们在坚持社会主义基本制度的前提下，努力改革那些不适应生产力发展需要和人民利益的具体制度，并且坚决地同一切破坏社会主义的活动作斗争。随着我们事业的发展，社会主义的巨大优越性必将越来越充分地显示出来。"[2]

第二个历史决议还进一步指出："社会主义生产关系的变革和完善必须适应于生产力的状况，有利于生产的发展。""社会主义生产关系的发展并不存在一套固定的模式，我们的任务是要根据我国生产力发展的要求，在每一个阶段上创造出与之相适应和便于继续前进的生产关系的具体形式。"[3]

---

[1]《三中全会以来重要文献选编》（下），人民出版社1982年版，第838页。
[2]《三中全会以来重要文献选编》（下），人民出版社1982年版，第838页。
[3] 以上引文见《三中全会以来重要文献选编》（下），人民出版社1982年版，第840、841页。

第三，强调四项基本原则作为立国之本的极端重要性。

第二个历史决议指出："我们总结建国以来三十二年历史经验的根本目的，就是要在坚持社会主义道路，坚持人民民主专政即无产阶级专政，坚持共产党的领导，坚持马克思列宁主义、毛泽东思想这四项基本原则的基础上，把全党、全军和全国各族人民的意志和力量进一步集中到建设社会主义现代化强国这个伟大目标上来。四项基本原则，是全党团结和全国各族人民团结的共同的政治基础，也是社会主义现代化建设事业顺利进行的根本保证。一切偏离四项基本原则的言论和行动都是错误的，一切否定和破坏四项基本原则的言论和行动都是不能容许的。"[1]

第四，科学分析了我国社会主义社会主要矛盾。

第二个历史决议指出："在社会主义改造基本完成以后，我国所要解决的主要矛盾，是人民日益增长的物质文化需要同落后的社会生产之间的矛盾。党和国家工作的重点必须转移到以经济建设为中心的社会主义现代化建设上来，大大发展社会生产力，并在这个基础上逐步改善人民的物质文化生活。我们过去所犯的错误，归根到底，就是没有坚定不移地实现这个战略转移"[2]。还强调："今后，除了发生大规模外敌入侵（那时仍然必须进行为战争所需要和容许的经济建设），决不能再离开这个重点。党的各项工作都必须服从和服务于经济建设这个中心"[3]。

上述四点，从我国所处历史方位、社会主要矛盾、主要任务、基本原则、基本途径等方面，实际上初步形成了作为中国共产党在社会主义初级阶段基本路线框架的"一个中心、两基本点"的主要内容，

---

[1]《三中全会以来重要文献选编》（下），人民出版社1982年版，第837—838页。
[2]《三中全会以来重要文献选编》（下），人民出版社1982年版，第839—840页。
[3]《三中全会以来重要文献选编》（下），人民出版社1982年版，第840页。

也为发展国家治理理论与实践提供了一个更为稳固、更为宽广的制度平台。

第五,明确提出逐步建设高度民主的社会主义政治制度,是社会主义革命的根本任务之一。

第二个历史决议指出:"逐步建设高度民主的社会主义政治制度,是社会主义革命的根本任务之一。建国以来没有重视这一任务,成了'文化大革命'得以发生的一个重要条件,这是一个沉痛教训。"[1]

如何"逐步建设高度民主的社会主义政治制度",第二个历史决议明确了两项任务,都是属于国家治理层面的,即加强各级国家机关建设,完善社会主义法制。决议指出:"必须根据民主集中制的原则加强各级国家机关的建设,使各级人民代表大会及其常设机构成为有权威的人民权力机关,在基层政权和基层社会生活中逐步实现人民的直接民主,特别要着重努力发展各城乡企业中劳动群众对于企业事务的民主管理。必须巩固人民民主专政,完善国家的宪法和法律并使之成为任何人都必须严格遵守的不可侵犯的力量,使社会主义法制成为维护人民权利,保障生产秩序、工作秩序、生活秩序,制裁犯罪行为,打击阶级敌人破坏活动的强大武器。"[2]

第二个历史决议还把"高度民主"作为中国共产党在新时期的奋斗目标:"我们党在新的历史时期的奋斗目标,就是要把我们的国家,逐步建设成为具有现代农业、现代工业、现代国防和现代科学技术的,具有高度民主和高度文明的社会主义强国。"[3]

第六,对于党和国家肌体中存在的某些阴暗面,必须在宪法、法律和党章的范围内加以解决。

---

[1]《三中全会以来重要文献选编》(下),人民出版社1982年版,第841页。
[2]《三中全会以来重要文献选编》(下),人民出版社1982年版,第841—842页。
[3]《三中全会以来重要文献选编》(下),人民出版社1982年版,第837页。

第二个历史决议指出:"在我国,在人民民主专政的国家政权建立以后,尤其是社会主义改造基本完成、剥削阶级作为阶级已经消灭以后,虽然社会主义革命的任务还没有最后完成,但是革命的内容和方法已经同过去根本不同。对于党和国家肌体中确实存在的某些阴暗面,当然需要作出恰当的估计并运用符合宪法、法律和党章的正确措施加以解决,但决不应该采取'文化大革命'的理论和方法。在社会主义条件下进行所谓'一个阶级推翻一个阶级'的政治大革命,既没有经济基础,也没有政治基础。"[1]

第二个历史决议对社会主义经济建设、精神文明建设、民族团结、国防建设、对外关系、党的建设等,也都提出了指导原则。

第二个历史决议最后还指出:"社会主义不但要消灭一切剥削制度和剥削阶级,而且要大大发展社会生产力,完善和发展社会主义的生产关系和上层建筑,并在这个基础上逐步消灭一切阶级差别,逐步消灭一切主要由于社会生产力发展不足而造成的重大社会差别和社会不平等,直到共产主义的实现。这是人类历史上空前伟大的革命。我们现在为建设社会主义现代化国家而进行的斗争,正是这个伟大革命的一个阶段。这种革命和剥削制度被推翻以前的革命不同,不是通过激烈的阶级对抗和冲突来实现,而是通过社会主义制度本身,有领导、有步骤、有秩序地进行。这个转入和平发展时期的革命比过去的革命更深刻,更艰巨"[2]。

突出强调大力发展社会生产力在消灭一切剥削制度和剥削阶级、逐步消灭重大社会差别和社会不平等中的决定性作用,这又回到了马克思主义国家学说的本意,为在改革中逐步发展和完善国家治理校正了航向。

---

[1]《三中全会以来重要文献选编》(下),人民出版社1982年版,第811页。
[2]《三中全会以来重要文献选编》(下),人民出版社1982年版,第845页。

4. 制定 1982 年宪法

1982年9月1日，邓小平在中国共产党第十二次全国代表大会开幕式上的讲话中第一次鲜明地提出："把马克思主义的普遍真理同我国的具体实际结合起来，走自己的道路，建设有中国特色的社会主义，这就是我们总结长期历史经验得出的基本结论。"[1]

"建设有中国特色的社会主义"，既是改革开放新时期的时代最强音，也是推进国家治理理论创新与实践创新的总目标。

党的十二大报告明确提出中国共产党在新的历史时期的总任务，并将"把我国建设成为高度文明、高度民主的社会主义国家"[2]作为奋斗目标，将"大力推进社会主义物质文明和精神文明的建设，继续健全社会主义民主和法制，认真整顿党的作风和组织"[3]作为实现奋斗目标的重要举措。

在国家治理理论上，党的十二大报告对在"文化大革命"中被搞乱了的人民民主专政理论正本清源，回归到它的本意，指出："我们的国家制度是人民民主专政制度。这种制度，一方面保证占人口绝大多数的劳动人民当家作主，另一方面保证对极少数破坏社会主义的敌对分子实行专政。社会主义事业是全体人民的事业。只有建设高度的社会主义民主，才能使各项事业的发展符合人民的意志、利益和需要，使人民增强主人翁的责任感，充分发挥主动性和积极性，也才能对极少数敌对分子实行有效的专政，保障社会主义建设的顺利进行。"[4]也就是说，在民主与专政的关系上，人民当家作主是主导方面。只有建设高度的社会主义民主，确保人民当家作主，才能有效地

---

[1]《邓小平文选》第3卷，人民出版社1993年版，第3页。
[2]《十二大以来重要文献选编》(上)，人民出版社1986年版，第13页。
[3]《十二大以来重要文献选编》(上)，人民出版社1986年版，第13页。
[4]《十二大以来重要文献选编》(上)，人民出版社1986年版，第33页。

四、改革开放新时期对马克思主义国家治理理论的实践创新和理论创新：
从加强民主与法制到建设社会主义法治国家　253

巩固人民民主专政。这是党和人民付出"文化大革命"的沉重代价换来的一条重要经验。

因此，党的十二大报告提出："社会主义的物质文明和精神文明建设，都要靠继续发展社会主义民主来保证和支持。建设高度的社会主义民主，是我们的根本目标和根本任务之一。"[1] 如何发展高度的社会主义民主？党的十二大报告强调两条举措。一是"社会主义民主要扩展到政治生活、经济生活、文化生活和社会生活的各个方面，发展各个企业事业单位的民主管理，发展基层社会生活的群众自治。民主应当成为人民群众进行自我教育的方法"[2]。二是"社会主义民主的建设必须同社会主义法制的建设紧密地结合起来，使社会主义民主制度化、法律化"[3]。

中共十二大后，重新修改宪法、制定1982年宪法的历史任务提上日程。这是党和国家法制建设的一件大事，也是国家治理体系上的一件大事。

1982年12月4日，第五届全国人民代表大会第五次会议通过了新的《中华人民共和国宪法》，即现行宪法。1982年宪法继承和发展了1954年宪法的基本原则，很好地总结了社会主义建设以来特别是十一届三中全会以来的成功经验。

第一，在重申人民民主专政国家性质和国体的基础上，进一步强调人民当家作主和人民民主原则。

彭真在《关于中华人民共和国宪法修改草案的报告》中指出："人民民主专政的国家性质决定，在我国，人民，只有人民，才是国家和社会的主人。宪法修改草案明确规定：'中华人民共和国的一切

---

[1]《十二大以来重要文献选编》（上），人民出版社1986年版，第33页。
[2]《十二大以来重要文献选编》（上），人民出版社1986年版，第34页。
[3]《十二大以来重要文献选编》（上），人民出版社1986年版，第34页。

权力属于人民。'这是我国国家制度的核心内容和根本准则。草案并具体规定:'人民行使国家权力的机关是全国人民代表大会和地方各级人民代表大会。''人民依照法律规定,通过各种途径和形式,管理国家事务,管理经济和文化事业,管理社会事务。'十亿人民掌握国家权力,是维护人民的根本利益的可靠保证,也是我们的国家能够经得起各种风险的可靠保证。"[1]

他还进一步指出:"宪法修改草案关于公民的基本权利和义务的规定,是《总纲》关于人民民主专政的国家制度和社会主义的社会制度的原则规定的延伸。我们的国家制度和社会制度从法律上和事实上保证我国公民享有广泛的、真实的自由和权利。草案恢复了一九五四年宪法关于公民在法律面前一律平等的规定。我国的法律是工人阶级领导全国人民制定的,是广大人民的意志和利益的集中表现。在这样的法律面前,在它的实施上,所有公民都是平等的,任何公民都不允许有超越宪法和法律的特权。恢复这项规定是十分必要的。这是保证社会主义民主和社会主义法制实施的一条基本原则。""根据历史的经验和'文化大革命'的教训,草案关于公民的各项基本权利的规定,不仅恢复了一九五四年宪法的内容,而且规定得更加切实和明确,还增加了新的内容。例如关于公民的人格尊严不受侵犯的条文,是新增加的;关于公民的人身自由,宗教信仰自由,公民住宅不受侵犯,通信自由和通信秘密受法律保护,以及公民对于任何国家机关和国家工作人员有提出批评和建议的权利,对于任何国家机关和国家工作人员的违法失职行为有提出申诉、控告或检举的权利,等等,都比过去规定得更加具体。为了保证公民权利的实现和逐步扩大,草案还规定了

---

[1]《十二大以来重要文献选编》(上),人民出版社1986年版,第140页。有关1982年宪法内容的引文,参见该书第219页。

四、改革开放新时期对马克思主义国家治理理论的实践创新和理论创新：
从加强民主与法制到建设社会主义法治国家

国家相应的基本政策和措施。"[1]

第二，把社会主义法制放在十分重要的地位，强调国家维护社会主义法制的统一和尊严。

1982年宪法总纲第五条明确规定："国家维护社会主义法制的统一和尊严。一切法律、行政法规和地方性法规都不得同宪法相抵触。一切国家机关和武装力量、各政党和各社会团体、各企业事业组织都必须遵守宪法和法律。一切违反宪法和法律的行为，必须予以追究。任何组织或者个人都不得有超越宪法和法律的特权。"[2]

在序言中，增加了"发展社会主义民主，健全社会主义法制"[3]的内容，并郑重规定："本宪法以法律的形式确认了中国各族人民奋斗的成果，规定了国家的根本制度和根本任务，是国家的根本法，具有最高的法律效力。全国各族人民、一切国家机关和武装力量、各政党和各社会团体、各企业事业组织，都必须以宪法为根本的活动准则，并且负有维护宪法尊严、保证宪法实施的职责。"[4]

这实际上在国家治理理论与实践中，确立了宪法至上的最高准则，是社会主义制宪史上的一大历史性进步。

第三，根据国家政权建设的丰富经验和改革开放的时代要求，对国家机构作了许多重要的新规定。

这些新规定主要包括：扩大全国人大常委会的职权和加强它的组织，增设一些专门委员会；恢复设立国家主席和副主席；设立中央军事委员会，中央军委实行主席负责制；国务院增设审计机关，依照法律规定独立行使审计监督权，地方各级人民政府也相应地设立审计机

---

[1] 以上引文见《十二大以来重要文献选编》（上），人民出版社1986年版，第140—141页。
[2]《十二大以来重要文献选编》（上），人民出版社1986年版，第220页。
[3]《十二大以来重要文献选编》（上），人民出版社1986年版，第217页。
[4]《十二大以来重要文献选编》（上），人民出版社1986年版，第218—219页。

关；县级以上的地方各级人大设立常委会，省、直辖市的人大和它的常委会有权制定和颁布地方性法规；改变农村人民公社的政社合一的体制，设立乡政权；规定国家领导人连续任职不得超过两届，取消了实际上存在的领导职务的终身制。[1]

彭真在《关于中华人民共和国宪法修改草案的报告》中，阐述了以上这些规定所遵循的方向和所体现的要求，主要有以下三点。

一是使全体人民能够更好地行使国家权力。彭真指出："我们国家政治体制的改革和国家机构的设置，都应当是从政治上和组织上保证全体人民掌握国家权力，真正成为国家的主人。根据这个原则，从中央来说，主要是加强全国人民代表大会。我国国大人多，全国人大代表的人数不宜太少；但是人数多了，又不便于进行经常的工作。全国人大常委会是人大的常设机关，它的组成人员也可以说是人大的常务代表，人数少，可以经常开会，进行繁重的立法工作和其他经常工作。所以适当扩大全国人大常委会的职权是加强人民代表大会制度的有效办法。从地方来说，主要是加强各级地方政权（包括基层政权）的民主基础，同时适当扩大他们的职权，以便各地能够在中央统一领导下因地制宜地发展本地的建设事业。在基层社会生活中，还要加强群众性自治组织的建设，以便发动群众自己管理自己的公共事务和公益事业。实现这些规定，将使我国社会主义民主得到进一步的发展。"[2]

二是使国家机关能够更有效地领导和组织社会主义建设事业。彭真指出："国家机构的设置和职责权限的规定，要体现这样的精神：在法律的制定和重大问题的决策上，必须由国家权力机关，即全国人大和地方各级人大，充分讨论，民主决定，以求真正集中和代表人民

---

[1] 以上内容见《十二大以来重要文献选编》（上），人民出版社1986年版，第151—153页。

[2]《十二大以来重要文献选编》（上），人民出版社1986年版，第153—154页。

四、改革开放新时期对马克思主义国家治理理论的实践创新和理论创新：
从加强民主与法制到建设社会主义法治国家　257

的意志和利益；而在它们的贯彻执行上，必须实行严格的责任制，以求提高工作效率。这种责任制对于发展社会主义民主，保证人民行使国家权力，是不可缺少的。人民通过国家权力机关作出决定以后，只有这些决定得到行政机关的迅速有效的执行，人民的意志才能得到实现。"[1]这样的规定，在毛泽东反复阐明的高度民主与高度集中相结合原则的基础上，又根据改革开放后的新经验增加了责任制原则，使各级国家权力机关的"议行合一"特征更加彰显、更加完善。

三是使各个国家机关更好地分工合作、相互配合。彭真指出："在社会主义制度下，形成了全体人民根本利益的一致。因此，我们国家可以而且必须由人民代表大会统一地行使国家权力；同时在这个前提下，对于国家的行政权、审判权、检察权和武装力量的领导权，也都有明确的划分，使国家权力机关和行政、审判、检察机关等其他国家机关能够协调一致地工作。国家主席、国务院、中央军委、最高人民法院和最高人民检察院，都由全国人大产生并对它负责，受它监督。全国人大、国家主席和其他国家机关都在他们各自的职权范围内进行工作。国家机构的这种合理分工，既可以避免权力过分集中，又可以使国家的各项工作有效地进行。"[2]

最后，彭真强调这些规定还会随着国家机构改革的深入而不断发展："当前我国正在进行国家机构的改革，宪法修改草案关于国家机构的规定，反映了这方面改革的方针和成果，并将推动这方面的改革继续前进。"[3]

第四，既充分肯定社会主义革命和建设取得的经济制度成果，又为经济体制改革打开了体制机制的通道。

---

[1]《十二大以来重要文献选编》（上），人民出版社1986年版，第154—155页。
[2]《十二大以来重要文献选编》（上），人民出版社1986年版，第155页。
[3]《十二大以来重要文献选编》（上），人民出版社1986年版，第155页。

此刻，拨乱反正的历史任务圆满完成，经济体制改革刚在农村取得突破，城市改革、国企改革以及各个部门和领域的改革还有待展开。这种情况反映到1982年宪法中，还有许多方面需要进一步探索。

这部宪法难能可贵的是，在改革开放刚刚起步之时，就为改革开放在守正基础上不断推进理论创新、实践创新、制度创新铺平了道路，指明了方向。

彭真在报告中指出："宪法修改草案正确地反映了社会主义经济制度在我国已经确立起来和正在发展壮大的事实，肯定了生产资料的社会主义公有制是我国社会主义经济制度的基础。"[1]

同时，1982年宪法根据"国营、集体和个体这三种经济，各在一定范围内有其优越性，虽然它们的地位和作用不同，但都是不可缺少的"[2] 这个事实规定："在法律规定范围内的城乡劳动者个体经济，是社会主义公有制经济的补充。国家保护个体经济的合法的权利和利益。国家通过行政管理，指导、帮助和监督个体经济。"[3]

土地所有权是农村改革的核心问题。彭真指出："关于土地的所有权问题，宪法修改草案从我国的现实状况出发，作出了明确规定。城市的土地属于国家所有。农村和城市郊区的土地，除由法律规定属于国家所有的以外，属于集体所有。宅基地和自留地、自留山，归农户长期使用，但是不属于农户私有。对于集体所有的土地，国家为了公共利益的需要，可以依照法律实行征用。"[4]

中共十二大确定了"贯彻计划经济为主、市场调节为辅原则"[5]的方针，为冲破高度集中的计划体制束缚打开了缺口。1982年宪法为

---

[1]《十二大以来重要文献选编》(上)，人民出版社1986年版，第142—143页。

[2]《十二大以来重要文献选编》(上)，人民出版社1986年版，第144页。

[3]《十二大以来重要文献选编》(上)，人民出版社1986年版，第222页。

[4]《十二大以来重要文献选编》(上)，人民出版社1986年版，第143—144页。

[5]《十二大以来重要文献选编》(上)，人民出版社1986年版，第22页。

四、改革开放新时期对马克思主义国家治理理论的实践创新和理论创新：
从加强民主与法制到建设社会主义法治国家　259

此规定："国家在社会主义公有制基础上实行计划经济。国家通过经济计划的综合平衡和市场调节的辅助作用，保证国民经济按比例地协调发展。"[1]"国营企业在服从国家的统一领导和全面完成国家计划的前提下，在法律规定的范围内，有经营管理的自主权。""集体经济组织在接受国家计划指导和遵守有关法律的前提下，有独立进行经济活动的自主权。"[2]彭真在报告中也指出："我国的国民经济必须有计划地发展，而计划管理体制又必须适合于我国存在着多种经济形式的具体情况和经济发展的现实水平。"[3]

中共十二大明确指出："实行对外开放，按照平等互利的原则扩大对外经济技术交流，是我国坚定不移的战略方针。"[4]1982年宪法则规定："中华人民共和国允许外国的企业和其他经济组织或者个人依照中华人民共和国法律的规定在中国投资，同中国的企业或者其他经济组织进行各种形式的经济合作。"[5]

第五，首次将建设高度的社会主义精神文明郑重写入国家宪法。

中共十二大报告指出："我们在建设高度物质文明的同时，一定要努力建设高度的社会主义精神文明。这是建设社会主义的一个战略方针问题。社会主义的历史经验和我国当前的现实情况都告诉我们，是否坚持这样的方针，将关系到社会主义的兴衰和成败。"[6]

彭真在《关于中华人民共和国宪法修改草案的报告》中表示："充实了有关社会主义精神文明建设的条款，是这次修改宪法的重要进展之一。""关于社会主义精神文明建设中的文化建设这个方面，这

---

[1]《十二大以来重要文献选编》(上)，人民出版社1986年版，第222页。
[2] 以上引文见《十二大以来重要文献选编》(上)，人民出版社1986年版，第223页。
[3]《十二大以来重要文献选编》(上)，人民出版社1986年版，第145页。
[4]《十二大以来重要文献选编》(上)，人民出版社1986年版，第24页。
[5]《十二大以来重要文献选编》(上)，人民出版社1986年版，第223页。
[6]《十二大以来重要文献选编》(上)，人民出版社1986年版，第25页。

次宪法修改草案的《总纲》，根据全民讨论中提出的意见，将教育、科学、卫生体育、文化各自单列一条。这比原来草案中合为一条，加重了份量，也充实了内容。"[1]

彭真在报告里，还特别对社会主义精神文明建设中的几个重要问题作了说明。

一是关于指导思想。彭真指出："关于社会主义精神文明建设中的思想建设这个方面，首先应当提到，马克思列宁主义、毛泽东思想是我们的根本指导思想，这已经作为四项基本原则之一写在宪法修改草案的《序言》中。"[2]

二是关于公民和社会道德风尚。彭真指出："宪法修改草案第二十四条规定：'国家通过普及理想教育、道德教育、文化教育、纪律和法制教育，通过在城乡不同范围的群众中制定和执行各种守则、公约，加强社会主义精神文明的建设。'这就是要努力使越来越多的公民成为有理想、有道德、有文化、守纪律的公民，从而树立起新的社会道德风尚，形成我们民族的革命的朝气蓬勃的精神面貌。"[3]

三是关于对全体人民的"五爱"要求。彭真指出："这一条还规定：'国家提倡爱祖国、爱人民、爱劳动、爱科学、爱社会主义的公德'。这是建国初期的《共同纲领》中关于国民公德的'五爱'要求的发展。《共同纲领》中提出的'五爱'要求，鲜明、朴实，起过很好的教育作用，广大人民对它有深刻的印象。在当时的历史条件下，还没有向全国人民提出'爱社会主义'的要求。现在，提出这样的要求就是理所当然的了，因此原来'五爱'中的'爱护公共财物'现在

---

[1]《十二大以来重要文献选编》（上），人民出版社1986年版，第147页。
[2]《十二大以来重要文献选编》（上），人民出版社1986年版，第148—149页。
[3]《十二大以来重要文献选编》（上），人民出版社1986年版，第149页。有关1982年宪法内容的引文，参见该书第224—225页。

改为'爱社会主义'。'爱社会主义'不是抽象的,爱护公共财物正是爱社会主义的一项重要内容。"[1]

四是关于进行共产主义的思想教育。彭真指出:"这一条还提出要在人民中进行共产主义的思想教育[2]。共产主义思想是社会主义精神文明的核心。还在新民主主义革命时期,毛泽东同志就明确地指出:'当作国民文化的方针来说,居于指导地位的是共产主义的思想'。现在,我们已经建立了社会主义制度,就应该而且能够在全国范围内和全体规模上加强对干部和群众的共产主义教育,只有这样才能指导我们的现代化建设坚持社会主义的方向,使我们社会的发展保持前进的目标和精神的动力。"[3]

关于如何正确进行共产主义思想教育,彭真指出:"共产主义的思想教育应该体现在帮助越来越多的公民树立辩证唯物主义和历史唯物主义的世界观,培养全心全意为人民服务的劳动态度和工作态度,把个人利益同集体利益、国家利益结合起来,把目前利益同长远利益结合起来,并使个人的目前的利益服从共同的长远的利益。这种教育当然不是要超越历史发展的阶段去推行只有在生产力高度发展的共产主义高级阶段才能实行的经济和社会制度。相反,这种教育必须同现阶段在经济和社会生活中坚持实行按劳分配和明确的经济责任制等各项社会主义原则相结合,也只有在这样的思想教育的指导下,各项社会主义的原则和政策才能得到充分的和正确的贯彻。"[4]

---

[1]《十二大以来重要文献选编》(上),人民出版社1986年版,第149页。有关1982年宪法内容的引文,参见该书第225页。

[2] 1982年宪法总纲第24条中规定:"在人民中进行爱国主义、集体主义和国际主义、共产主义的教育"。见《十二大以来重要文献选编》(上),人民出版社1986年版,第225页。

[3]《十二大以来重要文献选编》(上),人民出版社1986年版,第149—150页。

[4]《十二大以来重要文献选编》(上),人民出版社1986年版,第150页。

彭真在报告里还强调:"宪法修改草案中关于公民的基本权利和义务的许多条款,实际上同时包含着建设社会主义精神文明的要求。在我们的社会主义国家里,思想教育、社会舆论、道德要求和法律规定,这几个方面是相互结合的。""建立同社会主义政治制度相适应的权利义务观念和组织纪律观念,养成社会主义的公民意识,正是在全社会建设社会主义精神文明的重要内容。"[1]

1982年宪法在中国特色社会主义制宪史上,树立了一个新的里程碑。后来,这部宪法又经过多次修改,不断与时俱进,但总的原则与精神经受了历史、实践和时代的不断检验。

30年后,2012年12月4日,习近平总书记在首都各界纪念现行宪法公布施行30周年大会上的讲话中评价说:"30年来的发展历程充分证明,我国宪法是符合国情、符合实际、符合时代发展要求的好宪法,是充分体现人民共同意志、充分保障人民民主权利、充分维护人民根本利益的好宪法,是推动国家发展进步、保证人民创造幸福生活、保障中华民族实现伟大复兴的好宪法,是我们国家和人民经受住各种困难和风险考验、始终沿着中国特色社会主义道路前进的根本法制保证。"[2]

5. 社会主义政治体制改革的顶层设计

进入20世纪80年代中期,随着改革开放从农村向城市深入发展,社会主义政治体制改革也进一步提上了日程。社会主义政治体制改革的全局性、方向性和系统性很强,又涉及国家治理的许多方面,更需要顶层设计。邓小平在这方面继续发挥着核心作用。

1986年6月至11月,邓小平接连在多次讲话和谈话中,论述了

---

[1] 以上引文见《十二大以来重要文献选编》(上),人民出版社1986年版,第150、151页。
[2]《习近平谈治国理政》第1卷,外文出版社2018年版,第137页。

四、改革开放新时期对马克思主义国家治理理论的实践创新和理论创新：
从加强民主与法制到建设社会主义法治国家　263

社会主义政治体制改革问题。后来，在中共十三大召开前后，又有过多次论述。这些论述包含着他对国家治理问题的深入思考。

第一，政治体制改革必须适应经济体制改革的要求。

1986年6月，邓小平在听取经济情况汇报时表示："现在看，不搞政治体制改革不能适应形势。改革，应该包括政治体制的改革，而且应该把它作为改革向前推进的一个标志。我们要精兵简政，真正下放权力，扩大社会主义民主，把人民群众和基层组织的积极性调动起来。""一九八〇年就提出政治体制改革，但没有具体化，现在应该提到日程上来。"[1]

随后，他不断提出这问题，指出："现在我们的经济体制改革进行得基本顺利。但是随着改革的发展，不可避免地会遇到障碍。对于改革，在党内、国家内有一部分人反对，但是真正反对的并不多。重要的是政治体制不适应经济体制改革的要求。"[2]还指出："我们提出改革时，就包括政治体制改革。现在经济体制改革每前进一步，都深深感到政治体制改革的必要性。不改革政治体制，就不能保障经济体制改革的成果，不能使经济体制改革继续前进，就会阻碍生产力的发展，阻碍四个现代化的实现。"[3]

第二，进行政治体制改革的目的，是要有利于巩固社会主义制度，有利于巩固党的领导，有利于在党的领导和社会主义制度下发展生产力。

1987年6月，中共十三大召开前，邓小平在同南斯拉夫外宾谈话时提出："我们的改革要达到一个什么目的呢？总的目的是要有利于巩固社会主义制度，有利于巩固党的领导，有利于在党的领导和社

---

[1]以上引文见《邓小平文选》第3卷，人民出版社1993年版，第160页。
[2]《邓小平文选》第3卷，人民出版社1993年版，第176页。
[3]《邓小平文选》第3卷，人民出版社1993年版，第176页。

会主义制度下发展生产力。对中国来说，就是要有利于贯彻执行党的十一届三中全会以来所制定的一系列路线、方针、政策。要做到这些，我个人考虑有三条：第一，党和行政机构以及整个国家体制要增强活力，就是说不要僵化，要用新脑筋来对待新事物；第二，要真正提高效率；第三，要充分调动人民和各行各业基层的积极性。"[1]

在此前的一次谈话中，邓小平还谈道："我们评价一个国家的政治体制、政治结构和政策是否正确，关键看三条：第一是看国家的政局是否稳定；第二是看能否增进人民的团结，改善人民的生活；第三是看生产力能否得到持续发展。"[2]

第二，进行政治体制改革的主要任务，总的来讲是要消除官僚主义，发展社会主义民主，调动人民和基层单位的积极性。

1986年9月，邓小平在同波兰外宾谈话时强调："我们政治体制改革总的目标是三条：第一，巩固社会主义制度；第二，发展社会主义社会的生产力；第三，发扬社会主义民主，调动广大人民的积极性。而调动人民积极性的最中心的环节，还是发展生产力，提高人民的生活水平。生产力发展了，人民积极性调动起来了，社会主义国家的力量就增强了，社会主义制度就巩固了。"[3]

同年11月，邓小平在会见日本首相中曾根康弘时，在谈话中系统论述了政治体制改革的目标问题。他指出：

> 我们越来越感到进行政治体制改革的必要性和紧迫性，但现在还没有完全理出头绪。最近我在设想，要向着三个目标进行。第一个目标是始终保持党和国家的活力。这里说的活力，主

---

[1]《邓小平文选》第3卷，人民出版社1993年版，第241页。
[2]《邓小平文选》第3卷，人民出版社1993年版，第213页。
[3]《邓小平文选》第3卷，人民出版社1993年版，第178页。

四、改革开放新时期对马克思主义国家治理理论的实践创新和理论创新：从加强民主与法制到建设社会主义法治国家

要是指领导层干部的年轻化。几年前我们就提出干部队伍要"四化"，即革命化、年轻化、知识化、专业化。这些年在这方面做了一些事情，但只是开始。领导层干部年轻化的目标，并不是三五年就能够实现的，十五年内实现就很好了。明年党的十三大要前进一步，但还不能完成，设想十四大再前进一步，十五大完成这个任务。这不是我们这样年纪的人完成得了的。但是制定一个目标十分重要。哪一天中国出现一大批三四十岁的优秀的政治家、经济管理家、军事家、外交家就好了。同样，我们也希望中国出现一大批三四十岁的优秀的科学家、教育家、文学家和其他各种专家。要制定一系列制度包括干部制度和教育制度，鼓励年轻人。在这方面，严格说来我们刚刚开步走，需要思考的问题和需要采取的措施还很多，必须认真去做。

第二个目标是克服官僚主义，提高工作效率。效率不高同机构臃肿、人浮于事、作风拖拉有关，但更主要的是涉及党政不分，在很多事情上党代替了政府工作，党和政府很多机构重复。我们要坚持党的领导，不能放弃这一条，但是党要善于领导。几年前就提出这个问题了，但如何做还没有考虑清楚。搞四个现代化不讲工作效率不行。现在的世界，人类进步一日千里，科学技术方面更是这样，落后一年，赶都难赶上。所以必须解决效率问题。当然，提高工作效率不仅是党政分开问题，还有其他方面的问题也需要解决。

第三个目标是调动基层和工人、农民、知识分子的积极性。这些年来搞改革的一条经验，就是首先调动农民的积极性，把生产经营的自主权力下放给农民。农村改革是权力下放，城市经济体制改革也要权力下放，下放给企业，下放给基层，同时广泛调动工人和知识分子的积极性，让他们参与管理，实现管理民主化。各方面都要解决这个问题。

领导层有活力，克服了官僚主义，提高了效率，调动了基层和人民的积极性，四个现代化才真正有希望。[1]

邓小平对政治体制改革的内容，也提出了一些设想，指出："政治体制改革包括什么内容，应该议一下，理出个头绪。""改革的内容，首先是党政要分开，解决党如何善于领导的问题。这是关键，要放在第一位。第二个内容是权力要下放，解决中央和地方的关系，同时地方各级也都有一个权力下放问题。第三个内容是精简机构，这和权力下放有关。"[2]还提出："要通过改革，处理好法治和人治的关系，处理好党和政府的关系。"[3]

第三，中国共产党的领导不能动摇，但党要善于领导。

在政治体制改革中，邓小平反复强调："党的领导是不能动摇的，但党要善于领导，党政需要分开，这个问题要提上议事日程。"[4]他还说："党政要分开，这涉及政治体制改革。党委如何领导？应该只管大事，不能管小事。党委不要设经济管理部门，那些部门的工作应该由政府去管，现在实际上没有做到。"[5]

需要指出的是，邓小平提出"党政要分开"，针对的是"文化大革命"非常时期造成的以党代政、党政不分的状况。在当时，这个问题已成为深化改革绕不过去的"拦路虎"和"绊脚石"。但提出"党政要分开"，绝非是削弱党的领导。正如邓小平所说："党管政府怎么管法，也需要总结经验。党政分开，从十一届三中全会以后就提出了这个问题。我们坚持党的领导，问题是党善于不善于领导。

---

[1]《邓小平文选》第 3 卷，人民出版社 1993 年版，第 179—180 页。
[2]《邓小平文选》第 3 卷，人民出版社 1993 年版，第 177 页。
[3]《邓小平文选》第 3 卷，人民出版社 1993 年版，第 177 页。
[4]《邓小平文选》第 3 卷，人民出版社 1993 年版，第 177 页。
[5]《邓小平文选》第 3 卷，人民出版社 1993 年版，第 177 页。

四、改革开放新时期对马克思主义国家治理理论的实践创新和理论创新：
从加强民主与法制到建设社会主义法治国家

党要善于领导，不能干预太多，应该从中央开始。这样提不会削弱党的领导。干预太多，搞不好倒会削弱党的领导，恐怕是这样一个道理。"[1]

第四，中国的政治体制改革，要讲社会主义的民主，也要讲社会主义的法制。

1987年6月，邓小平在会见美国前总统卡特时指出："政治体制改革包括民主和法制。我们的民主同法制是相关联的。人们往往把民主同美国联系起来，认为美国的制度是最理想的民主制度。我们不能搬你们的。我相信你会理解这一点。中国如果照搬你们的多党竞选、三权鼎立那一套，肯定是动乱局面。"[2]"中国的政治体制改革，要讲社会主义的民主，也要讲社会主义的法制。"[3]

由于历史、制度与文化的差异，对于民主问题，中国人的理解同西方人的理解是不同的。邓小平指出："调动积极性是最大的民主。至于各种民主形式怎么搞法，要看实际情况。比如讲普选，现在我们在基层，就是在乡、县两级和城市区一级、不设区的市一级搞直接选举，省、自治区、设区的市和中央是间接选举。像我们这样一个大国，人口这么多，地区之间又不平衡，还有这么多民族，高层搞直接选举现在条件还不成熟，首先是文化素质不行。又比如讲党派，我们也有好多个民主党派，都接受共产党的领导，实行中国共产党领导的多党合作、政治协商制度。对于这一点，西方许多舆论也认为，像中国这样一个大国，如果没有中国共产党来领导，许多事情很难办，首先吃饭问题就解决不了。我们的改革不能离开社会主义道路，不能没有共产党的领导，这两点是相互联系的，是一个问题。没有共产党的

---

[1]《邓小平文选》第3卷，人民出版社1993年版，第163—164页。
[2]《邓小平文选》第3卷，人民出版社1993年版，第244页。
[3]《邓小平文选》第3卷，人民出版社1993年版，第245页。

领导,就没有社会主义道路。"[1]

他还强调:"政治体制改革的内容现在还在讨论。这个问题太困难,每项改革涉及的人和事都很广泛,很深刻,触及许多人的利益,会遇到很多的障碍,需要审慎从事。我们首先要确定政治体制改革的范围,弄清从哪里着手。要先从一两件事上着手,不能一下子大干,那样就乱了。国家这么大,情况太复杂,改革不容易,因此决策一定要慎重,看到成功的可能性较大以后再下决心。"[2]

第五,社会主义政治体制改革,不能照搬西方,不能搞自由化。

这是政治体制改革需要始终坚持的一条原则。对此,邓小平明确指出:"在改革中,不能照搬西方的,不能搞自由化。过去我们那种领导体制也有一些好处,决定问题快。如果过分强调搞互相制约的体制,可能也有问题。"[3]

政治体制改革的关键,是要搞清楚社会主义民主同西方民主的本质区别,搞清楚社会主义制度的优越性在哪里。邓小平指出:"一般讲政治体制改革都讲民主化,但民主化的含义不十分清楚。资本主义社会讲的民主是资产阶级的民主,实际上是垄断资本的民主,无非是多党竞选、三权鼎立、两院制。我们的制度是人民代表大会制度,共产党领导下的人民民主制度,不能搞西方那一套。社会主义国家有个最大的优越性,就是干一件事情,一下决心,一做出决议,就立即执行,不受牵扯。""这方面是我们的优势,我们要保持这个优势,保证社会主义的优越性。至于经济管理、行政管理的效率,资本主义国家在许多方面比我们好一些。我们的官僚主义确实多得很。就拿人事制度来说,社会主义国家恐怕有个共同的问题,就是干部老化僵化,首

---

[1]《邓小平文选》第3卷,人民出版社1993年版,第242页。
[2]《邓小平文选》第3卷,人民出版社1993年版,第176—177页。
[3]《邓小平文选》第3卷,人民出版社1993年版,第178页。

四、改革开放新时期对马克思主义国家治理理论的实践创新和理论创新：
从加强民主与法制到建设社会主义法治国家　269

先表现在思想上，组织上也有这种状况。所以，我们必须进行政治体制改革，而这种改革又不能搬用西方那一套所谓的民主，不能搬用他们的三权鼎立，不能搬用他们的资本主义制度，而要搞社会主义民主。我们要根据社会主义国家自己的实践、自己的情况来决定改革的内容和步骤。每一个社会主义国家的改革又都是不同的，历史不同，经验不同，现在所处的情况不同，各国的改革不可能一样。但是，共同的一点是要保持自己的优势，避免资本主义社会的毛病和弊端。"[1] 他反复强调："政治体制改革很复杂，每一个措施都涉及千千万万人的利益。所以，政治体制改革要分步骤、有领导、有秩序地进行。我们不能照搬资本主义国家那一套，不能搞资产阶级自由化。比如共产党的领导，这个丢不得，一丢就是动乱局面，或者是不稳定状态。一旦不稳定甚至动乱，什么建设也搞不成。"[2]

1986年9月，邓小平在同波兰外宾的谈话中还说："我们两国原来的政治体制都是从苏联模式来的。看来这个模式在苏联也不是很成功的。即使在苏联是百分之百的成功，但是它能够符合中国的实际情况吗？能够符合波兰的实际情况吗？各国的实际情况是不相同的。我们现在提出政治体制改革，是根据我国的实际情况决定的。"[3]

以上这些论述，确保社会主义政治体制改革这一前无古人的宏伟事业，在错综复杂的国际国内环境中，始终保持了正确方向。对于政治体制改革的时间表，邓小平表示："改革总要有一个期限，不能太迟，明年党的代表大会要有一个蓝图。"[4]

1987年10月召开的党的十三大，明确提出中国共产党在社会主

---

[1] 以上引文见《邓小平文选》第3卷，人民出版社1993年版，第240—241页。
[2]《邓小平文选》第3卷，人民出版社1993年版，第252页。
[3]《邓小平文选》第3卷，人民出版社1993年版，第178页。
[4]《邓小平文选》第3卷，人民出版社1993年版，第177—178页。

义初级阶段的基本路线,并在这条基本路线中将"把我国建设成为富强、民主、文明的社会主义现代化国家"[1]作为奋斗目标,将"建立和发展充满活力的社会主义经济、政治、文化体制"[2]作为社会主义初级阶段的重要内涵,将有秩序有步骤地进行社会主义民主政治建设作为社会主义初级阶段必须确立的具有长远意义的指导方针之一,将"关于社会主义民主政治和社会主义精神文明是社会主义重要特征的观点"[3]作为围绕"建设有中国特色的社会主义的道路"发挥和发展的一系列科学理论观点之一。

党的十三大还根据邓小平的有关论述,将社会主义经济体制改革目标与政治体制改革目标统一起来,明确提出:"政治体制和经济体制改革的目的,都是为了在党的领导下和社会主义制度下更好地发展社会生产力,充分发挥社会主义的优越性。也就是说,我们最终要在经济上赶上发达的资本主义国家,在政治上创造比这些国家更高更切实的民主,并且造就比这些国家更多更优秀的人才。要用这些要求来检验改革的成效。"[4]在此基础上,强调政治体制"改革的长远目标,是建立高度民主、法制完备、富有效率、充满活力的社会主义政治体制"[5]。

在国家治理问题上,党的十三大强调:人民代表大会制度,共产党领导的多党合作和政治协商制度,按照民主集中制的原则办事,"是我们的特点和优势,决不能丢掉这些特点和优势,照搬西方的'三权分立'和多党轮流执政"[6]。"社会主义民主政治的本质和核心,

---

[1]《十三大以来重要文献选编》(上),人民出版社1991年版,第15页。
[2]《十三大以来重要文献选编》(上),人民出版社1991年版,第13页。
[3]《十三大以来重要文献选编》(上),人民出版社1991年版,第56页。
[4]《十三大以来重要文献选编》(上),人民出版社1991年版,第34—35页。
[5]《十三大以来重要文献选编》(上),人民出版社1991年版,第35页。
[6]《十三大以来重要文献选编》(上),人民出版社1991年版,第35页。

四、改革开放新时期对马克思主义国家治理理论的实践创新和理论创新：
从加强民主与法制到建设社会主义法治国家　271

是人民当家作主"[1]。在党的制度建设上，强调："切实加强党的制度建设，对于党的正确路线的巩固和发展，对于党的决策的民主化和科学化，对于充分发挥各级党组织和党员的积极性、创造性，十分重要。以党内民主来逐步推动人民民主，是发展社会主义民主政治的一条切实可行、易于见效的途径。"[2]这些重要论述，体现着邓小平关于国家治理建设与改革思想，都在党的十二大基础上，使中国特色社会主义国家治理理论继续向前推进。

6. 1992年邓小平南方谈话

20世纪80年代末至90年代初，中国特色社会主义事业面临着国内外的严峻考验。国内1989年政治风波后，改革开放继续朝什么方向攻坚克难、劈波斩浪，成为举世瞩目的关键问题。国际上接连发生东欧剧变、苏联解体后，中国能不能挺得住、中国向何处去，人们都在拭目以待。

在这个关键时刻，1992年1月18日至2月21日，邓小平先后到武昌、深圳、珠海、上海等地视察，途中多次发表重要谈话，精辟地分析国际国内形势，科学地总结了十一届三中全会以来党的基本实践和基本经验，明确地回答了多年来经常困扰和束缚人们思想的许多重大认识问题。

邓小平在南方谈话中，对社会主义国家如何在解放和发展社会生产力、促进改革开放基础上，推进国家治理提出了一些重要论断。

第一，赋予革命以更加宽广的社会革命寓意，指明了在社会主义条件下通过改革不断解放和发展生产力来推动国家治理的根本途径。

邓小平指出："革命是解放生产力，改革也是解放生产力。""社

---

[1]《十三大以来重要文献选编》（上），人民出版社1991年版，第44页。
[2]《十三大以来重要文献选编》（上），人民出版社1991年版，第50—51页。

会主义基本制度确立以后,还要从根本上改变束缚生产力发展的经济体制,建立起充满生机和活力的社会主义经济体制,促进生产力的发展,这是改革,所以改革也是解放生产力。过去,只讲在社会主义条件下发展生产力,没有讲还要通过改革解放生产力,不完全。应该把解放生产力和发展生产力两个讲全了。"[1]

在此之前,邓小平还指出:"改革是社会主义制度的自我完善,在一定的范围内也发生了某种程度的革命性变革。这是一件大事,表明我们已经开始找到了一条建设有中国特色的社会主义的路子。"[2]"现在我们干的是中国几千年来从未干过的事。这场改革不仅影响中国,而且会影响世界。"[3]

第二,深刻阐明中国共产党在社会主义初级阶段的基本路线在治国理政中的定海神针作用,要求做到一百年不动摇。

邓小平强调:"不坚持社会主义,不改革开放,不发展经济,不改善人民生活,只能是死路一条。基本路线要管一百年,动摇不得。只有坚持这条路线,人民才会相信你,拥护你。谁要改变三中全会以来的路线、方针、政策,老百姓不答应,谁就会被打倒。这一点,我讲过几次。"[4]

他还指出:"在这短短的十几年内,我们国家发展得这么快,使人民高兴,世界瞩目,这就足以证明三中全会以来路线、方针、政策的正确性,谁想变也变不了。说过去说过来,就是一句话,坚持这个路线、方针、政策不变。""当然,随着实践的发展,该完善的完善,该修补的修补,但总的要坚定不移。即使没有新的主意也可以,就是不

---

[1]《邓小平文选》第3卷,人民出版社1993年版,第370页。
[2]《邓小平文选》第3卷,人民出版社1993年版,第142页。
[3]《邓小平文选》第3卷,人民出版社1993年版,第118页。
[4]《邓小平文选》第3卷,人民出版社1993年版,第370—371页。

四、改革开放新时期对马克思主义国家治理理论的实践创新和理论创新：
从加强民主与法制到建设社会主义法治国家　273

要变，不要使人们感到政策变了。有了这一条，中国就大有希望。"[1]

第三，深刻阐明判断改革开放是否成功的标准和社会主义的本质特征，为社会主义国家治理保持正确方向提供了科学依据。

邓小平指出："改革开放迈不开步子，不敢闯，说来说去就是怕资本主义的东西多了，走了资本主义道路。要害是姓'资'还是姓'社'的问题。判断的标准，应该主要看是否有利于发展社会主义社会的生产力，是否有利于增强社会主义国家的综合国力，是否有利于提高人民的生活水平。"[2]他还斩钉截铁地指出："社会主义的本质，是解放生产力，发展生产力，消灭剥削，消除两极分化，最终达到共同富裕。就是要对大家讲这个道理。"[3]

邓小平还以兴办特区为例，说明要从整个国家制度的大系统来评判改革开放举措的性质。他说："对办特区，从一开始就有不同意见，担心是不是搞资本主义。深圳的建设成就，明确回答了那些有这样那样担心的人。特区姓'社'不姓'资'。从深圳的情况看，公有制是主体，外商投资只占四分之一，就是外资部分，我们还可以从税收、劳务等方面得到益处嘛！多搞点'三资'企业，不要怕。只要我们头脑清醒，就不怕。我们有优势，有国营大中型企业，有乡镇企业，更重要的是政权在我们手里。有的人认为，多一分外资，就多一分资本主义，'三资'企业多了，就是资本主义的东西多了，就是发展了资本主义。这些人连基本常识都没有。我国现阶段的'三资'企业，按照现行的法规政策，外商总是要赚一些钱。但是，国家还要拿回税收，工人还要拿回工资，我们还可以学习技术和管理，还可以得到信息、打开市场。因此，'三资'企业受到我国整个政治、经济条

---

[1] 以上引文见《邓小平文选》第3卷，人民出版社1993年版，第371页。
[2] 《邓小平文选》第3卷，人民出版社1993年版，第372页。
[3] 《邓小平文选》第3卷，人民出版社1993年版，第373页。

件的制约,是社会主义经济的有益补充,归根到底是有利于社会主义的。"[1]

第四,深刻阐明计划经济不是社会主义的本质特征,重申社会主义也有市场,在发展道路上和国家治理体系上冲破了苏联模式和社会主义传统观念的束缚。

邓小平指出:"计划多一点还是市场多一点,不是社会主义与资本主义的本质区别。计划经济不等于社会主义,资本主义也有计划;市场经济不等于资本主义,社会主义也有市场。计划和市场都是经济手段。"[2]

他还指出:"社会主义要赢得与资本主义相比较的优势,就必须大胆吸收和借鉴人类社会创造的一切文明成果,吸收和借鉴当今世界各国包括资本主义发达国家的一切反映现代社会化生产规律的先进经营方式、管理方法。"[3]

社会主义可以搞市场经济的思想一经提出,在人们思想中引起了又一次思想解放。中国的社会主义改革开放彻底冲破了苏联高度集中的计划经济体制的长期束缚,彻底冲破了苏联传统模式和社会主义传统观念的严重束缚,真正走上了中国特色社会主义的康庄大道。中国特色社会主义的国家治理体系由此诞生。

第五,深刻阐明了逐步实现共同富裕的构想。

邓小平指出:"走社会主义道路,就是要逐步实现共同富裕。共同富裕的构想是这样提出的:一部分地区有条件先发展起来,一部分地区发展慢点,先发展起来的地区带动后发展的地区,最终达到共同富裕。"[4]

---

[1]《邓小平文选》第 3 卷,人民出版社 1993 年版,第 372—373 页。
[2]《邓小平文选》第 3 卷,人民出版社 1993 年版,第 373 页。
[3]《邓小平文选》第 3 卷,人民出版社 1993 年版,第 373 页。
[4]《邓小平文选》第 3 卷,人民出版社 1993 年版,第 373—374 页。

他还说:"什么时候突出地提出和解决这个问题,在什么基础上提出和解决这个问题,要研究。可以设想,在本世纪末达到小康水平的时候,就要突出地提出和解决这个问题。到那个时候,发达地区要继续发展,并通过多交利税和技术转让等方式大力支持不发达地区。不发达地区又大都是拥有丰富资源的地区,发展潜力是很大的。总之,就全国范围来说,我们一定能够逐步顺利解决沿海同内地贫富差距的问题。"[1]

他还特别强调:"如果富的愈来愈富,穷的愈来愈穷,两极分化就会产生,而社会主义制度就应该而且能够避免两极分化。"[2]

第六,深刻提出巩固和发展社会主义制度还需要一个很长的历史阶段的重大论断,强调在整个改革开放的过程中必须始终注意坚持四项基本原则。

邓小平指出:"不仅经济要上去,社会秩序、社会风气也要搞好,两个文明建设都要超过他们[3],这才是有中国特色的社会主义。""事实证明,共产党能够消灭丑恶的东西。在整个改革开放过程中都要反对腐败。对干部和共产党员来说,廉政建设要作为大事来抓。还是要靠法制,搞法制靠得住些。总之,只要我们的生产力发展,保持一定的经济增长速度,坚持两手抓,社会主义精神文明建设就可以搞上去。"[4]

他特别强调:"在整个改革开放的过程中,必须始终注意坚持四项基本原则。十二届六中全会我提出反对资产阶级自由化还要搞二十年,现在看起来还不止二十年。资产阶级自由化泛滥,后果极其严重。特区搞建设,花了十几年时间才有这个样子,垮起来可是一夜之间啊。

---

[1]《邓小平文选》第3卷,人民出版社1993年版,第374页。
[2]《邓小平文选》第3卷,人民出版社1993年版,第374页。
[3] 指当时的亚洲"四小龙"。
[4] 以上引文见《邓小平文选》第3卷,人民出版社1993年版,第378、379页。

垮起来容易，建设就很难。在苗头出现时不注意，就会出事。"[1]

针对西方敌对势力处心积虑想借机搞垮中国的图谋，邓小平讲了一段语重心长的话："依靠无产阶级专政保卫社会主义制度，这是马克思主义的一个基本观点。马克思说过，阶级斗争学说不是他的发明，真正的发明是关于无产阶级专政的理论。历史经验证明，刚刚掌握政权的新兴阶级，一般来说，总是弱于敌对阶级的力量，因此要用专政的手段来巩固政权。对人民实行民主，对敌人实行专政，这就是人民民主专政。运用人民民主专政的力量，巩固人民的政权，是正义的事情，没有什么输理的地方。我们搞社会主义才几十年，还处在初级阶段。巩固和发展社会主义制度，还需要一个很长的历史阶段，需要我们几代人、十几代人，甚至几十代人坚持不懈地努力奋斗，决不能掉以轻心。"[2]

他还指出："帝国主义搞和平演变，把希望寄托在我们以后的几代人身上。""中国要出问题，还是出在共产党内部。对这个问题要清醒，要注意培养人，要按照'革命化、年轻化、知识化、专业化'的标准，选拔德才兼备的人进班子。我们说党的基本路线要管一百年，要长治久安，就要靠这一条。真正关系到大局的是这个事。"[3]

第七，强调改革开放的成功，不是靠本本，而是靠实践，实事求是是马克思主义的精髓。

邓小平指出："我的入门老师是《共产党宣言》和《共产主义ABC》。最近，有的外国人议论，马克思主义是打不倒的。打不倒，并不是因为大本子多，而是因为马克思主义的真理颠扑不破。实事求是是马克思主义的精髓。要提倡这个，不要提倡本本。我们改革开放

---

[1]《邓小平文选》第3卷，人民出版社1993年版，第379页。
[2]《邓小平文选》第3卷，人民出版社1993年版，第379—380页。
[3]《邓小平文选》第3卷，人民出版社1993年版，第380页。

四、改革开放新时期对马克思主义国家治理理论的实践创新和理论创新：
从加强民主与法制到建设社会主义法治国家

的成功，不是靠本本，而是靠实践，靠实事求是。农村搞家庭联产承包，这个发明权是农民的。农村改革中的好多东西，都是基层创造出来，我们把它拿来加工提高作为全国的指导。实践是检验真理的唯一标准。我读的书并不多，就是一条，相信毛主席讲的实事求是。过去我们打仗靠这个，现在搞建设、搞改革也靠这个。我们讲了一辈子马克思主义，其实马克思主义并不玄奥。马克思主义是很朴实的东西，很朴实的道理。"[1]

第八，对马克思主义和科学社会主义表达了必胜的信心。

当时，由于东欧剧变、苏联解体，世界社会主义运动迅速走向低谷，西方一些人预言20世纪将是共产主义的"终结"，国内一些人也出现理想信念的动摇。对此，邓小平指出："我坚信，世界上赞成马克思主义的人会多起来的，因为马克思主义是科学。它运用历史唯物主义揭示了人类社会发展的规律。封建社会代替奴隶社会，资本主义代替封建主义，社会主义经历一个长过程发展后必然代替资本主义。这是社会历史发展不可逆转的总趋势，但道路是曲折的。资本主义代替封建主义的几百年间，发生过多少次王朝复辟？所以，从一定意义上说，某种暂时复辟也是难以完全避免的规律性现象。一些国家出现严重曲折，社会主义好像被削弱了，但人民经受锻炼，从中吸收教训，将促使社会主义向着更加健康的方向发展。因此，不要惊慌失措，不要认为马克思主义就消失了，没用了，失败了。哪有这回事！"[2]

邓小平在南方谈话中总结过去、寄语未来："现在建设中国式的社会主义，经验一天比一天丰富。"[3]"恐怕再有三十年的时间，我们才会在各方面形成一整套更加成熟、更加定型的制度。在这个制度下

---

[1]《邓小平文选》第3卷，人民出版社1993年版，第382页。
[2]《邓小平文选》第3卷，人民出版社1993年版，第382—383页。
[3]《邓小平文选》第3卷，人民出版社1993年版，第372页。

的方针、政策,也将更加定型化。"[1]

这一时期,从党和国家领导制度改革的提出,到社会主义政治体制改革的启动,特别是中国特色社会主义制度的创立,还处在起步阶段,许多问题难以一下子提出完整的顶层设计方案。但是,已经积累了丰富的历史经验与教训。这些经验教训主要来自两个方面。一是自身的成功经验与"文化大革命"的沉痛教训,二是苏联的经验与教训。对这些经验教训的深刻反思与继续探索,主要是在邓小平领导下完成的,集中体现在《邓小平文选》第2卷和第3卷的有关著作中。这些著作,既完整记录了创立中国特色社会主义制度的全过程,也完整记录了探索建立中国特色社会主义国家治理理论的艰辛历程。

这一时期,在邓小平领导下,中国特色社会主义航船顶住层层惊涛骇浪,平稳绕过道道暗礁险滩,不断驶向更加辉煌的未来。与之相伴随,中国社会主义国家治理也发生了三个具有深远影响的转变。一是人民民主专政的职能由以专政为主向以发展人民民主的转变;二是社会主义民主与社会主义法制逐渐结合为一体并上升为国家制度的转变;三是改革由"摸着石头过河"向找到一条道路、形成一个理论、完备为一套制度的方向转变。

这是邓小平对马克思主义国家治理理论与实践的卓越历史性贡献。

(二)"三个代表"重要思想对国家治理理论的创新发展

中共十三届四中全会后,以江泽民同志为主要代表的中国共产党人创立了"三个代表"重要思想,加深了对什么是社会主义、怎样建设社会主义和建设什么样的党、怎样建设党的认识,积累了治党治国

---

[1]《邓小平文选》第3卷,人民出版社1993年版,第372页。

四、改革开放新时期对马克思主义国家治理理论的实践创新和理论创新：
从加强民主与法制到建设社会主义法治国家   279

新的宝贵经验，反映了当代世界和中国的发展变化对党和国家工作的新要求，同时也成为推进中国特色社会主义制度和国家治理体系自我完善和发展的行动指南。

当时面临的任务和挑战主要来自三个方面。一是如何迅速将邓小平南方谈话中有关社会主义可以有市场的重大论断转化为实实在在的体制机制安排，转化为国家治理的实际效能。二是如何在20世纪与21世纪之交及时擘画中国特色社会主义事业跨世纪发展的宏伟蓝图，并提出落实的战略举措。三是如何在打破以美国为首的西方国家对华"制裁"的基础上，以更大力度推进全方位对外开放，取得加入世界贸易组织谈判的成功，在经济全球化浪潮中实现中国经济和中国制造业等的迅速发展壮大。

1. 社会主义市场经济体系的建立

确立什么样的经济体制，集中体现着对于什么是社会主义、怎样建设社会主义这一根本问题的认识，直接决定着社会主义国家治理的水平与效能。

1992年10月召开的中国共产党第十四次全国代表大会，在邓小平南方谈话的强有力推动下，作出"我国经济体制改革的目标是建立社会主义市场经济体制，以利于进一步解放和发展生产力"[1]的重要决策，推动中国特色社会主义国家治理建设与改革进入了一个前所未有的新阶段。

在此之前，同年6月9日，江泽民在中共中央党校省部级干部进修班上的讲话中提出："加快经济体制改革的根本任务，就是要尽快建立社会主义的新经济体制。而建立新经济体制的一个关键问题，是

---

[1]《十四大以来重要文献选编》（上），人民出版社1996年版，第18—19页。

要正确认识计划和市场问题及其相互关系,就是要在国家宏观调控下,更加重视和发挥市场在资源配置中的作用。"至于这种新经济体制如何命名,他表示:"我个人的看法,比较倾向于使用'社会主义市场经济体制'这个提法。"[1]

党的十四大报告,首先以"十四年伟大实践的基本总结"为题,对十一届三中全会后的十四年成就作了回顾和总结,第一次概括了"建设有中国特色社会主义理论",并指出:"坚持党的基本路线不动摇,必须巩固和发展团结稳定的政治局面。没有政治稳定,社会动荡不安,什么改革开放,什么经济建设,统统搞不成。必须坚持四项基本原则,坚决排除一切导致中国混乱甚至动乱的因素。同时,如果不坚持经济建设为中心,不实行改革开放,没有经济的发展,也不可能有巩固的团结和稳定。基本路线不变,社会政治稳定,有了这两条,我们就能够不断地胜利前进。"[2]

这条经验,为后来总结提出正确处理好改革、发展、稳定三者的关系奠定了基础。历史证明,中国共产党领导下的改革开放的新中国,之所以能创造经济快速发展和社会长期稳定两大奇迹,一个重要的成功经验就是处理好了改革、发展、稳定三者的辩证关系。这是中国共产党治国理政的卓越贡献。

党的十四大报告的第二部分,以"九十年代改革和建设的主要任务"为题,系统提出了建立社会主义市场经济体制的总体规划。

报告指出:"我国经济体制改革确定什么样的目标模式,是关系整个社会主义现代化建设全局的一个重大问题。这个问题的核心,是正确认识和处理计划与市场的关系。传统的观念认为,市场经济是资本

---

[1] 以上引文见《江泽民文选》第1卷,人民出版社2006年版,第198、202页。
[2]《江泽民文选》第1卷,人民出版社2006年版,第223—224页。

四、改革开放新时期对马克思主义国家治理理论的实践创新和理论创新：
　　从加强民主与法制到建设社会主义法治国家

主义特有的东西，计划经济才是社会主义经济的基本特征。"[1]报告系统回顾了十一届三中全会后逐步打破这一传统观念的历程，指出："实践的发展和认识的深化，要求我们明确提出，我国经济体制改革的目标是建立社会主义市场经济体制，以利于进一步解放和发展生产力。"[2]

报告系统阐述了建立社会主义市场经济体制的顶层设计，为使社会主义市场经济体制国家与治理体系同步协调发展和完善提出了总体思路。

一是明确了社会主义市场经济体制的基本特征和要素结构。"我们要建立的社会主义市场经济体制，就是要使市场在社会主义国家宏观调控下对资源配置起基础性作用，使经济活动遵循价值规律的要求，适应供求关系的变化；通过价格杠杆和竞争机制的功能，把资源配置到效益较好的环节中去，并给企业以压力和动力，实现优胜劣汰；运用市场对各种经济信号反应比较灵敏的优点，促进生产和需求的及时协调。同时也要看到市场有其自身的弱点和消极方面，必须加强和改善国家对经济的宏观调控。"[3]

二是明确了社会主义市场经济体制同社会主义基本制度及其各个组成部分的关系。"社会主义市场经济体制是同社会主义基本制度结合在一起的。在所有制结构上，以公有制包括全民所有制和集体所有制经济为主体，个体经济、私营经济、外资经济为补充，多种经济成分长期共同发展，不同经济成分还可以自愿实行多种形式的联合经营。国有企业、集体企业和其他企业都进入市场，通过平等竞争发挥国有企业的主导作用。在分配制度上，以按劳分配为主体，其他分配方式为补充，兼顾效率与公平。运用包括市场在内的各种调节手段，

---

[1]《江泽民文选》第1卷，人民出版社2006年版，第225页。
[2]《江泽民文选》第1卷，人民出版社2006年版，第226页。
[3]《江泽民文选》第1卷，人民出版社2006年版，第226—227页。

既鼓励先进，促进效率，合理拉开收入差距，又防止两极分化，逐步实现共同富裕。在宏观调控上，我们社会主义国家能够把人民的当前利益与长远利益、局部利益与整体利益结合起来，更好地发挥计划和市场两种手段的长处。国家计划是宏观调控的重要手段之一。要更新计划观念，改进计划方法，重点是合理确定国民经济和社会发展的战略目标，搞好经济发展预测、总量调控、重大结构与生产力布局规划，集中必要的财力物力进行重点建设，综合运用经济杠杆，促进经济更好更快地发展。"[1]

三是明确了以建立社会主义市场经济体制为中心，加快改革开放、推动经济发展和社会全面进步的十个关系全局的主要任务。包括：（一）围绕社会主义市场经济体制的建立，加快经济改革步伐。（二）进一步扩大对外开放，更多更好地利用国外资金、资源、技术和管理经验。（三）调整和优化产业结构，高度重视农业，加快发展基础工业、基础设施和第三产业。（四）加速科技进步，大力发展教育，充分发挥知识分子的作用。（五）充分发挥各地优势，加快地区经济发展，促进全国经济布局合理化。（六）积极推进政治体制改革，使社会主义民主和法制建设有一个较大的发展。（七）下决心进行行政管理体制和机构改革，切实做到转变职能、理顺关系、精兵简政、提高效率。（八）坚持两手抓，两手都要硬，把社会主义精神文明建设提高到新水平。（九）不断改善人民生活，严格控制人口增长，加强环境保护。（十）加强军队建设，增强国防实力，保障改革开放和经济建设顺利进行。[2]

党的十四大报告的结尾，对邓小平南方谈话中有关制度建设的殷切期望作出回应，提出："在九十年代，我们要初步建立起新的经济

---

[1]《江泽民文选》第 1 卷，人民出版社 2006 年版，第 227 页。
[2] 具体内容见《江泽民文选》第 1 卷，人民出版社 2006 年版，第 228—241 页。

四、改革开放新时期对马克思主义国家治理理论的实践创新和理论创新：
从加强民主与法制到建设社会主义法治国家

体制，实现达到小康水平的第二步发展目标。再经过二十年的努力，到建党一百周年的时候，我们将在各方面形成一整套更加成熟更加定型的制度。在这样的基础上，到下世纪中叶建国一百周年的时候，就能够达到第三步发展目标，基本实现社会主义现代化。"[1]

为贯彻落实党的十四大决策部署，1993年11月，中共十四届三中全会审议通过了《中共中央关于建立社会主义市场经济体制若干问题的决定》。这是中国共产党历史上第一个关于建立社会主义市场经济体制的专门文献，具有特别的意义。

这个《决定》的重要作用，是使党的十四大报告提出的原则设想具体化，勾画了社会主义市场经济体制的基本框架。这个框架包含以下内容：（1）必须坚持以公有制为主体、多种经济成分共同发展的方针，进一步转换国有企业经营机制，建立适应市场经济要求，产权清晰、权责明确、政企分开、管理科学的现代企业制度；（2）建立全国统一开放的市场体系，实现城乡市场紧密结合，国内市场与国际市场相互衔接，促进资源的优化配置；（3）转变政府管理经济的职能，建立以间接手段为主的完善的宏观调控体系，保证国民经济的健康运行；（4）建立以按劳分配为主体，效率优先、兼顾公平的收入分配制度，鼓励一部分地区一部分人先富起来，走共同富裕的道路；（5）建立多层次的社会保障制度，为城乡居民提供同我国国情相适应的社会保障，促进经济发展和社会稳定。[2]

《决定》强调："这些主要环节是相互联系和相互制约的有机整体，构成社会主义市场经济体制的基本框架。必须围绕这些主要环节，建立相应的法律体系，采取切实措施，积极而有步骤地全面推进

---

[1]《江泽民文选》第1卷，人民出版社2006年版，第253页。
[2]《十四大以来重要文献选编》（上），人民出版社1996年版，第520—521页。

改革，促进社会生产力的发展。"[1]

1995年9月，江泽民在中共十四届五中全会上的讲话中，针对社会主义市场经济条件下搞现代化建设所遇到的涉及全局的新矛盾新问题，总结提出并系统阐述了正确处理社会主义现代化建设中的若干重大关系。这些关系包括：改革、发展、稳定的关系；速度和效益的关系；经济建设和人口、资源、环境的关系；第一、第二、第三产业的关系；东部地区和中西部地区的关系；市场机制和宏观调控的关系；公有制经济和其他经济成分的关系；收入分配中国家、企业和个人的关系；扩大对外开放和坚持自力更生的关系；中央和地方的关系；国防建设和经济建设的关系；物质文明建设和精神文明建设的关系。[2]

经过10年持续不懈的努力，到2002年11月，党的十六大报告郑重宣告："社会主义市场经济体制初步建立。"[3]可见事非经过不知难。

2. 确立中国特色社会主义的经济纲领、政治纲领、文化纲领

1997年9月召开的中国共产党第十五次全国代表大会，是在邓小平逝世不久后举行的。为了更好回应国内外的关切，大会响亮地提出"高举邓小平理论伟大旗帜，把建设有中国特色社会主义事业全面推向二十一世纪"[4]。

党的十五大报告科学评价了邓小平的历史地位，第一次概括提出邓小平理论，并系统阐述了邓小平理论科学体系。

党的十五大报告进一步科学阐述了社会主义初级阶段理论，以此

---

[1]《十四大以来重要文献选编》（上），人民出版社1996年版，第521页。
[2] 见《江泽民文选》第1卷，人民出版社2006年版，第460—475页。
[3]《江泽民文选》第3卷，人民出版社2006年版，第530页。
[4]《江泽民文选》第2卷，人民出版社2006年版，第1页。

作为中国特色社会主义的理论依据和实践依据，也是中国特色社会主义国家治理理论的依据。这是因为，"我们讲一切从实际出发，最大的实际就是中国现在处于并将长时期处于社会主义初级阶段。我们讲要搞清楚'什么是社会主义、怎样建设社会主义'，就必须搞清楚什么是初级阶段的社会主义，在初级阶段怎样建设社会主义"[1]。报告指出："我国进入社会主义的时候，就生产力发展水平来说，还远远落后于发达国家。这就决定了必须在社会主义条件下经历一个相当长的初级阶段，去实现工业化和经济的社会化、市场化、现代化。这是不可逾越的历史阶段。"[2]

党的十五大报告，对十三大报告有关社会主义初级阶段基本特征的描述，根据新的认识与实践，作了更加全面准确的阐述。报告强调，这个初级阶段，"是通过改革和探索，建立和完善比较成熟的充满活力的社会主义市场经济体制、社会主义民主政治体制和其他方面体制的历史阶段"；是"在建设物质文明的同时努力建设精神文明的历史阶段"。报告还根据邓小平南方谈话的重要论述，增加了"这样的历史进程，至少需要一百年时间。至于巩固和发展社会主义制度，那还需要更长得多的时间，需要几代人、十几代人，甚至几十代人坚持不懈地努力奋斗"[3]。

党的十五大报告在改革理论上的一个重大发展，是提出了全面改革理论，指出："改革是全面改革，是在坚持社会主义基本制度的前提下，自觉调整生产关系和上层建筑的各个方面和环节，来适应初级阶段生产力发展水平和实现现代化的历史要求。"[4]这实际上把先前突

---

[1]《江泽民文选》第2卷，人民出版社2006年版，第13页。
[2]《江泽民文选》第2卷，人民出版社2006年版，第14页。
[3]以上引文见《江泽民文选》第2卷，人民出版社2006年版，第14—15页。
[4]《江泽民文选》第2卷，人民出版社2006年版，第16页。

出强调的经济领域改革同日后日益凸显的全方位改革紧密联系起来,将经济基础的改革同上层建筑改革紧密结合起来,以解放和发展社会生产力为总目标,全面推进国家治理的建设与改革。这实际上是党关于改革观的一次认识上的飞跃,其意义和影响都是深远的。

党的十五大报告从全面改革观出发,完整提出中国特色社会主义经济、政治、文化纲领,既实现了党的基本路线在经济、政治、文化等方面的展开,形成党在社会主义初级阶段的基本纲领,又实现了中国特色社会主义国家治理的具体化,为正确处理改革、发展同稳定的关系、保持稳定的政治环境和社会秩序提供了制度与体制机制保障。

关于中国特色社会主义经济纲领,党的十五大报告指出:"建设有中国特色社会主义的经济,就是在社会主义条件下发展市场经济,不断解放和发展生产力。这就要坚持和完善社会主义公有制为主体、多种所有制经济共同发展的基本经济制度;坚持和完善社会主义市场经济体制,使市场在国家宏观调控下对资源配置起基础性作用;坚持和完善按劳分配为主体的多种分配方式,允许一部分地区一部分人先富起来,带动和帮助后富,逐步走向共同富裕;坚持和完善对外开放,积极参与国际经济合作和竞争。保证国民经济持续快速健康发展,人民共享经济繁荣成果。"[1]

关于中国特色社会主义政治纲领,党的十五大报告指出:"建设有中国特色社会主义的政治,就是在中国共产党领导下,在人民当家作主的基础上,依法治国,发展社会主义民主政治。这就要坚持和完善工人阶级领导的、以工农联盟为基础的人民民主专政;坚持和完善人民代表大会制度和共产党领导的多党合作、政治协商制度以及民族区域自治制度;发展民主,健全法制,建设社会主义法治国家。实现社会安定,政府廉洁高效,全国各族人民团结和睦,生动活泼的政治

---

[1]《江泽民文选》第2卷,人民出版社2006年版,第17页。

四、改革开放新时期对马克思主义国家治理理论的实践创新和理论创新：
从加强民主与法制到建设社会主义法治国家 287

局面。"[1]

关于中国特色社会主义文化纲领，党的十五大报告指出："建设有中国特色社会主义的文化，就是以马克思主义为指导，以培育有理想、有道德、有文化、有纪律的公民为目标，发展面向现代化、面向世界、面向未来的，民族的科学的大众的社会主义文化。这就要坚持用邓小平理论武装全党，教育人民；努力提高全民族的思想道德素质和教育科学文化水平；坚持为人民服务、为社会主义服务的方向和百花齐放、百家争鸣的方针，重在建设，繁荣学术和文艺。建设立足中国现实、继承历史文化优秀传统、吸取外国文化有益成果的社会主义精神文明。"[2]

党的十五大报告还强调："上述建设有中国特色社会主义的经济、政治、文化的基本目标和基本政策，有机统一，不可分割，构成党在社会主义初级阶段的基本纲领。这个纲领，是邓小平理论的重要内容，是党的基本路线在经济、政治、文化等方面的展开，是这些年来最主要经验的总结。"[3]

党的十五大报告进一步提出了跨世纪发展目标："展望下世纪，我们的目标是，第一个十年实现国民生产总值比二〇〇〇年翻一番，使人民的小康生活更加宽裕，形成比较完善的社会主义市场经济体制；再经过十年的努力，到建党一百年时，使国民经济更加发展，各项制度更加完善；到世纪中叶建国一百年时，基本实现现代化，建成富强民主文明的社会主义国家。"[4]这里已经初步提出了第二个百年奋斗目标，而第一个百年奋斗目标的形成还有待于进一步

---

[1]《江泽民文选》第2卷，人民出版社2006年版，第17页。
[2]《江泽民文选》第2卷，人民出版社2006年版，第17—18页。
[3]《江泽民文选》第2卷，人民出版社2006年版，第18页。
[4]《江泽民文选》第2卷，人民出版社2006年版，第4页。

发展。

除了上述对国家改革发展和治国理政具有战略意义的决策,党的十五大报告还提出了以下有关国家治理的重要论断。

一是重申正确处理改革、发展同稳定的关系。"在社会主义初级阶段,正确处理改革、发展同稳定的关系,保持稳定的政治环境和社会秩序,具有极端重要的意义。没有稳定,什么事也干不成。必须坚持党的领导和人民民主专政,坚持物质文明和精神文明两手抓、两手都要硬的方针,排除一切破坏稳定的因素,反对资产阶级自由化,警惕国际国内敌对势力的渗透、颠覆和分裂活动。必须把改革的力度、发展的速度和社会可以承受的程度统一起来,在社会政治稳定中推进改革、发展,在改革、发展中实现社会政治稳定。"[1]

二是提出全面认识公有制经济的含义。"公有制经济不仅包括国有经济和集体经济,还包括混合所有制经济中的国有成分和集体成分。公有制的主体地位主要体现在:公有资产在社会总资产中占优势;国有经济控制国民经济命脉,对经济发展起主导作用。"[2]

三是明确我国社会主义初级阶段的基本经济制度。"公有制为主体、多种所有制经济共同发展,是我国社会主义初级阶段的一项基本经济制度。这一制度的确立,是由社会主义性质和初级阶段国情决定的:第一,我国是社会主义国家,必须坚持公有制作为社会主义经济制度的基础;第二,我国处在社会主义初级阶段,需要在公有制为主体的条件下发展多种所有制经济;第三,一切符合'三个有利于'的所有制形式都可以而且应该用来为社会主义服务。"[3]

四是明确分配结构和分配方式。"坚持按劳分配为主体、多种分

---

[1]《江泽民文选》第2卷,人民出版社2006年版,第16页。
[2]《江泽民文选》第2卷,人民出版社2006年版,第19页。
[3]《江泽民文选》第2卷,人民出版社2006年版,第19页。

四、改革开放新时期对马克思主义国家治理理论的实践创新和理论创新：
从加强民主与法制到建设社会主义法治国家

配方式并存的制度。把按劳分配和按生产要素分配结合起来，坚持效率优先、兼顾公平，有利于优化资源配置，促进经济发展，保持社会稳定。依法保护合法收入，允许和鼓励一部分人通过诚实劳动和合法经营先富起来，允许和鼓励资本、技术等生产要素参与收益分配。取缔非法收入，对侵吞公有财产和用偷税逃税、权钱交易等非法手段牟取利益的，坚决依法惩处。整顿不合理收入，对凭借行业垄断和某些特殊条件获得个人额外收入的，必须纠正。调节过高收入，完善个人所得税制，开征遗产税等新税种。规范收入分配，使收入差距趋向合理，防止两极分化。"[1]

五是明确实施科教兴国战略和可持续发展战略。"要充分估量未来科学技术特别是高技术发展对综合国力、社会经济结构和人民生活的巨大影响，把加速科技进步放在经济社会发展的关键地位，使经济建设真正转到依靠科技进步和提高劳动者素质的轨道上来。要从国家长远发展需要出发，制订中长期科学发展规划，统观全局，突出重点，有所为、有所不为，加强基础性研究和高技术研究，加快实现高技术产业化。"并且明确："我国是人口众多、资源相对不足的国家，在现代化建设中必须实施可持续发展战略。"[2]

六是明确有中国特色社会主义的文化是综合国力的重要标志。"有中国特色社会主义的文化，是凝聚和激励全国各族人民的重要力量，是综合国力的重要标志。它渊源于中华民族五千年文明史，又植根于有中国特色社会主义的实践，具有鲜明的时代特点；它反映我国社会主义经济和政治的基本特征，又对经济和政治的发展起巨大促进作用。"[3]

---

[1]《江泽民文选》第2卷，人民出版社2006年版，第22—23页。
[2] 以上引文见《江泽民文选》第2卷，人民出版社2006年版，第25、26页。
[3]《江泽民文选》第2卷，人民出版社2006年版，第33页。

七是明确走有中国特色的精兵之路。"贯彻积极防御的军事战略方针,加强质量建设,走有中国特色的精兵之路。从严治军,大力加强思想政治建设,发扬我军优良传统,在精神文明建设方面走在全社会前列。适应世界军事领域的深刻变化,加强教育训练,提高现代技术特别是高技术条件下的防卫作战能力。"[1]

八是明确提出党的建设新的伟大工程的总目标。"面向新世纪,党中央领导全党正在继续推进这个新的伟大工程,就是要把党建设成为用邓小平理论武装起来、全心全意为人民服务、思想上政治上组织上完全巩固、能够经受住各种风险、始终走在时代前列、领导全国人民建设有中国特色社会主义的马克思主义政党。全党要按照新的伟大工程的总目标,从思想上、组织上、作风上全面加强党的建设,不断提高领导水平和执政水平,不断增强拒腐防变的能力,以新的面貌和更强大的战斗力,带领人民完成新的历史任务。"[2]

以上这些内容,极大地拓展了中国特色社会主义制度创新和体制机制创新空间,为构建充满活力、包容多样的国家治理体系打开了通道。

3. 依法治国,建设社会主义法治国家

党的十五大还有一大历史性贡献,就是明确提出了"依法治国"和"建设社会主义法治国家"的战略任务。

依法治国的提出,不是偶然的。从深化社会主义政治体制改革来说,经过多年发展提出了要把社会主义民主同社会主义法制紧密结合起来的客观要求。同时,建立社会主义市场经济体制的实践也迫切要求推进相关立法,并从整体上提升国家的法治化水平。

---

[1]《江泽民文选》第 2 卷,人民出版社 2006 年版,第 36 页。
[2]《江泽民文选》第 2 卷,人民出版社 2006 年版,第 42—43 页。

四、改革开放新时期对马克思主义国家治理理论的实践创新和理论创新：
从加强民主与法制到建设社会主义法治国家

江泽民指出："人类历史即将进入二十一世纪。党的十四届五中全会提出了我国到二〇一〇年的跨世纪发展蓝图。到那时，我国社会主义市场经济体制将达到比较完善的程度。世界经济的实践证明，一个比较成熟的市场经济，必然要求并具有比较完备的法制。市场经营活动的运行、市场秩序的维系、国家对经济活动的宏观调控和管理，以及生产、交换、分配、消费等各个环节，都需要法律的引导和规范；在国际经济交往中，也需要按照国际惯例和国与国之间约定的规则办事。这些都是市场经济的内在要求。我们要实现经济体制和经济增长方式的根本性转变，也必须按照市场的一般规则和我们的国情，健全和完善法制，全面建立社会主义市场经济和集约型经济所必需的法律体系。"[1]

党的十五大报告也指出："发展民主必须同健全法制紧密结合，实行依法治国。依法治国，就是广大人民群众在党的领导下，依照宪法和法律规定，通过各种途径和形式管理国家事务，管理经济文化事业，管理社会事务，保证国家各项工作都依法进行，逐步实现社会主义民主的制度化、法律化，使这种制度和法律不因领导人的改变而改变，不因领导人看法和注意力的改变而改变。依法治国，是党领导人民治理国家的基本方略，是发展社会主义市场经济的客观需要，是社会文明进步的重要标志，是国家长治久安的重要保障。"[2]

在依法治国的总框架下，明确了中国共产党的领导核心地位。党的十五大报告指出："党领导人民制定宪法和法律，并在宪法和法律范围内活动。依法治国把坚持党的领导、发扬人民民主和严格依法办事统一起来，从制度和法律上保证党的基本路线和基本方针的贯彻实

---

[1]《江泽民文选》第1卷，人民出版社2006年版，第511—512页。
[2]《江泽民文选》第2卷，人民出版社2006年版，第28—29页。

施,保证党始终发挥总揽全局、协调各方的领导核心作用。"[1]"共产党执政就是领导和支持人民掌握管理国家的权力,实行民主选举、民主决策、民主管理和民主监督,保证人民依法享有广泛的权利和自由,尊重和保障人权。"[2]

在依法治国的总框架下,明确了健全民主制度的发展方向和基本要求。"发展社会主义民主,制度更带有根本性、全局性、稳定性和长期性。"[3]党的十五大报告对坚持和完善人民代表大会制度,坚持和完善共产党领导的多党合作和政治协商制度,巩固和发展广泛的爱国统一战线,坚持和完善民族区域自治制度,扩大基层民主,逐步形成深入了解民情、充分反映民意、广泛集中民智的决策机制等,提出了原则性要求。

在依法治国的总框架下,明确了加强法制建设的路径和要求。重申"有法可依、有法必依、执法必严、违法必究"方针,强调"一切政府机关都必须依法行政,切实保障公民权利,实行执法责任制和评议考核制",要求"推进司法改革,从制度上保证司法机关依法独立公正地行使审判权和检察权,建立冤案、错案责任追究制度"。还强调"加强执法和司法队伍建设","着重提高领导干部的法制观念和依法办事能力"。党的十五大报告还明确了法制建设的时间表:"到二〇一〇年形成有中国特色社会主义法律体系。"[4]

在依法治国的总框架下,明确了完善民主监督制度的重要举措。党的十五大报告提出:"要深化改革,完善监督法制,建立健全依法行使权力的制约机制。坚持公平、公正、公开的原则,直接涉及群众

---

[1]《江泽民文选》第2卷,人民出版社2006年版,第29页。
[2]《江泽民文选》第2卷,人民出版社2006年版,第29页。
[3]《江泽民文选》第2卷,人民出版社2006年版,第29页。
[4]以上引文见《江泽民文选》第2卷,人民出版社2006年版,第30—31页。

四、改革开放新时期对马克思主义国家治理理论的实践创新和理论创新：
从加强民主与法制到建设社会主义法治国家

切身利益的部门要实行公开办事制度。把党内监督、法律监督、群众监督结合起来，发挥舆论监督的作用。加强对宪法和法律实施的监督，维护国家法制统一。加强对党和国家方针政策贯彻的监督，保证政令畅通。加强对各级干部特别是领导干部的监督，防止滥用权力，严惩执法犯法、贪赃枉法。"[1]

依法治国、建设社会主义法治国家的提出，在社会主义国家治理的理论创新和实践创新上迈出了重要一步。它表明，随着社会主义改革的深入，社会主义市场经济体制的建立和发展，社会主义法治国家建设也进入一个新的发展阶段。如果说，在社会主义改革起步阶段，人民民主专政职能实现了由以专政为主向以人民民主为主的转变的话，那么，社会主义改革进入到建立和发展社会主义市场经济阶段，人民民主专政职能又开始经历一次具有重大意义的转变，即进入了将人民民主同社会主义法制紧密结合，依法治国、建设社会主义法治国家的新阶段。

此后，党和国家对这个问题的认识继续深化。2000年1月20日，江泽民在中共中央政治局会议上的讲话中，提出建立与发展社会主义市场经济、社会主义法律体系相适应的社会主义思想道德体系。他说："我们发展社会主义市场经济，建设有中国特色社会主义，除了要确立与之相适应的社会主义法律体系，还必须在全社会形成与之相适应的社会主义思想道德体系。在中国历史上，很多人都主张儒法并用，就是思想教育手段和法制手段并用。法是他律，德是自律。一个社会治理水平的高低，与人们的思想道德素质有密切的关联。孔子就说过：'道之以政，齐之以刑，民免而无耻；道之以德，齐之以礼，有耻且格。'治理国家是一个复杂的系统工程，必须统筹兼顾、多管齐下。西方发达国家搞的是资本主义市场经济，

---

[1] 以上引文见《江泽民文选》第2卷，人民出版社2006年版，第31—32页。

他们有自己的法律制度来规范市场秩序，也有一套资本主义的市场道德规范。我们发展的是社会主义市场经济，也必须形成社会主义的市场道德规范。"[1]

对于中国这样一个长期缺少严格的法制传统的国家来说，依法治国的提出与实施具有特别重要的意义。江泽民指出："依法治国是社会进步、社会文明的一个重要标志，是我们建设社会主义现代化国家的必然要求。经过全党全社会共同努力，随着社会主义民主法制建设的日益加强，随着社会主义市场经济体制的建立和完善，我们党和政府依法治国的水平必将不断提高。"[2]

4. 构建适应经济全球化发展趋势的全方位对外开放体系

20世纪90年代初，在打破以美国为首的西方国家"制裁"后，中共中央预见到经济全球化的客观大趋势，适时作出抓紧推进"复关"谈判的重大决策。

1993年11月，江泽民在西雅图同美国总统克林顿首次会晤时，明确提出了中国处理"复关"问题的三项原则：第一，关贸总协定是一个国际性组织，如果没有中国这个最大的发展中国家参加是不完整的；第二，中国要参加，毫无疑问是作为发展中国家参加；第三，中国加入这个组织，其权利和义务一定要平衡。[3]

以后，根据谈判的进程和斗争的需要，党和国家从政治上、战略上考虑，相继提出了"态度积极、方法灵活、善于磋商、不可天真"和"态度积极、坚持原则、我们不急、水到渠成"等工作方针[4]，并根据形势的需要，及时把握谈判的时机和分寸，最后于1999年11月

---

[1]《江泽民文选》第2卷，人民出版社2006年版，第567页。
[2]《江泽民文选》第1卷，人民出版社2006年版，第513页。
[3] 参见《江泽民文选》第2卷，人民出版社2006年版，第530页、584页注〔13〕。
[4]《江泽民文选》第2卷，人民出版社2006年版，第530页。

四、改革开放新时期对马克思主义国家治理理论的实践创新和理论创新：
从加强民主与法制到建设社会主义法治国家

15日与美国达成了双边协议，为解决我国加入世界贸易组织问题创造了重要条件。

2001年11月10日，在卡塔尔首都多哈举行的世界贸易组织第四届部长级会议，通过了中国加入世界贸易组织的决定。12月11日，中国正式成为世贸组织的第143名成员。加入世界贸易组织，使中国经济在全球化进程中获得参与制定规则和竞争的有利位置，从而得到更为广阔的发展空间，对推动经济体制改革和现代化建设产生深刻影响，标志着我国对外开放进入了一个新的阶段。

这一时期的全方位对外开放新格局，是在20世纪80年代末90年代初国际风云激烈动荡下实现的。正如江泽民在2000年1月20日中共中央政治局会议上通报中央政治局常委"三讲"情况的讲话中所说："这十年，我们所处的国际国内环境发生了深刻变化，天下很不太平。八十年代末九十年代初，东欧剧变、苏联解体，世界社会主义发生了严重挫折。一些西方国家对我国在政治上施压，在经济上搞所谓'制裁'。我们遇到了空前巨大的压力。"[1] 此外，"世界范围内进行的经济结构调整，高新技术产业的迅猛发展，也加剧了国际经济竞争。从一九九七年下半年开始，亚洲金融危机给我国经济发展带来了不小影响。世界经济波动对我国经济的影响和冲击越来越直接，我们发展经济和维护国家经济安全的任务变得更为艰巨和严峻"[2]。

在这一复杂多变的国际环境下，党和国家始终毫不动摇地坚持对外开放的基本国策，并朝着构建全方位对外开放新格局的目标稳步前进。

中共十四大和十四届三中全会提出，对外开放的地域要扩大，形成多层次、多渠道、全方位开放的格局，充分利用国际国内两个市

---

[1]《江泽民文选》第2卷，人民出版社2006年版，第521—522页。
[2]《江泽民文选》第2卷，人民出版社2006年版，第522页。

场、两种资源，积极推进以质取胜和市场多元化等战略措施。这为构建全方位对外开放新格局指明了正确方向。

随着全国多层次、多渠道、全方位对外开放新格局的形成和发展，随着原来在经济特区实行的某些优惠政策和灵活措施在内地不少地方逐步推行并取得显著成效，在经济特区的一些干部群众中出现了特区已经不"特"，特区还要不要"特"、还要不要继续发展的议论。甚至还出现了认为在全国形成全方位对外开放格局的新形势下，经济特区的地位和作用可以削弱甚至可以逐步消失的看法。

1994年6月，江泽民在深圳视察时，针对经济特区建设上出现的一些思想认识问题，在讲话中郑重重申："中央对发展经济特区的决心不变，中央对经济特区的基本政策不变，经济特区在全国改革开放和现代化建设中的历史地位和作用不变。要把发展经济特区贯穿于社会主义现代化建设的整个过程，我国基本实现现代化要搞多久，经济特区就要搞多久。对这一点，不能有任何动摇。"[1]同时提出殷切希望："今后，经济特区发展所必需的而又有可能实行的一些灵活政策的优势还得有，但保持经济特区优势的立足点和重点不应该再放在这上面了，而主要应该通过深化各项改革，调整经济结构，加强全面管理，提高人员素质，完善投资环境，增进经济效益，健全法制规范，使整体经济水平再上一个台阶。总之，要增创新优势，更上一层楼。通过增创和发挥经济特区的新优势来发展经济特区的新特色。在这一点上，看来还需要有一个观念的更新。"[2]

1997年9月，中共十五大进一步提出，对外开放是一项长期的基本国策，我们要以更加积极的姿态走向世界，完善全方位、多层次、宽领域的对外开放格局。

---

[1]《江泽民文选》第1卷，人民出版社2006年版，第374页。
[2]《江泽民文选》第1卷，人民出版社2006年版，第375页。

四、改革开放新时期对马克思主义国家治理理论的实践创新和理论创新：
从加强民主与法制到建设社会主义法治国家

根据党的十四大和十五大作出的有关加快形成对外开放新格局的一系列重要决策，中共中央和国务院采取了一系列重大举措，大力推进对外开放，扩大开放沿海城市和内陆边境城市、沿江城市和省会城市，开发开放以上海浦东新区为龙头的长江流域开发带，形成了对外开放的新格局，有力地促进了我国经济和其他各项事业的发展。

其中，上海浦东开放决策，是这一时期最具全局影响力的最大举措。

1991年1、2月间，邓小平在上海视察时表示："我们说上海开发晚了"，"开发浦东，这个影响就大了，不只是浦东的问题，是关系上海发展的问题，是利用上海这个基地发展长江三角洲和长江流域的问题。抓紧浦东开发，不要动摇，一直到建成"。他还说："金融很重要，是现代经济的核心。金融搞好了，一着棋活，全盘皆活。""中国在金融方面取得国际地位，首先要靠上海。"[1]

党的十四大召开前，1992年6月，江泽民在国务院召开的长江三角洲及长江沿江地区经济发展规划座谈会上讲话，指出："现在，亚太地区经济发展势头强劲，国际市场竞争激烈。这对我们来说既是机遇，也是挑战，对于扩大我国对外贸易是有利的，当然也会面对更多竞争对手。在这样的国际形势下，我们要不落后于亚太地区其他国家的经济发展，并在增长速度方面超过他们，加快改革开放步伐，抓紧开发以浦东为龙头的长江三角洲和沿江地区，更是刻不容缓。应该认识到，党中央、国务院在继续抓好珠江三角洲开放开发的同时，决定以开发开放浦东为龙头，带动长江三角洲和沿江地区开发开放和经济发展，这是我国经济发展区域布局和扩大对外开放格局的一个重要战略决策。"[2]他还强调："长江三角洲和沿江地区开发开放的快慢，将

---

[1] 以上引文见《邓小平文选》第3卷，人民出版社1993年版，第366—367页。
[2]《江泽民文选》第1卷，人民出版社2006年版，第207页。

在很大程度上决定我国实现第二步战略目标乃至整个社会主义现代化的进程。"[1]

1997年下半年，亚洲金融危机发生后，我国经济受到不小冲击。中共中央和国务院提出坚定信心、心中有数、未雨绸缪、沉着应付、埋头苦干、趋利避害的指导方针，果断采取扩大国内需求、实行积极的财政政策、加强基础设施建设、保持人民币汇率稳定等重大措施，继续保持经济增长的势头。扩大国内需求，开拓国内市场，是关系我国未来发展全局的重大课题。与此同时，中共中央决策实施"引进来"和"走出去"相结合的开放战略，作为在新形势下增强我国综合国力和国际竞争力的战略举措。

1997年12月，江泽民在会见全国外资工作会议代表时的讲话中分析了当时的国际经济形势："现在，世界经济、科技和综合国力的竞争日趋激烈。近来，东南亚发生的金融风波，波及世界许多地方。我国利用外资工作既面临新的机遇，也遇到新的挑战。我们要更加努力地完善全方位、多层次、宽领域的对外开放格局，把利用外资提高到新的水平。"[2]他在讲话中提出一个大战略："我们不仅要积极吸引外国企业到中国投资办厂，也要积极引导和组织国内有实力的企业走出去，到国外去投资办厂，利用当地的市场和资源。视野要放开一些，既要看到欧美市场，也要看到广大发展中国家的市场。"[3]

他还指出："'引进来'和'走出去'，是我们对外开放基本国策两个紧密联系、相互促进的方面，缺一不可。这个指导思想一定要明确。现在，国际竞争这样激烈，无论从目前搞活国有企业还是从我国经济的长远发展来看，非这样做不可。这个问题，我从非洲访问回来

---

[1]《江泽民文选》第1卷，人民出版社2006年版，第206—207页。
[2]《江泽民文选》第2卷，人民出版社2006年版，第91页。
[3]《江泽民文选》第2卷，人民出版社2006年版，第92页。

四、改革开放新时期对马克思主义国家治理理论的实践创新和理论创新：
从加强民主与法制到建设社会主义法治国家　299

后就谈过。我们要进一步抓紧这方面的研究、部署和组织实施工作，争取在两三年内取得明显成效。关键是要有领导有步骤地组织和支持一批国有大中型骨干企业走出去，形成开拓国外投资市场的初步规模。这是一个大战略，既是对外开放的重要战略，也是经济发展的重要战略。"[1]事实证明，有计划有步骤地走出去投资办厂，与各国特别是发展中国家搞经济技术合作，同西部大开发一样，也是关系我国发展全局和前途的重大战略之举。

中国人口压力大，人均资源很有限，必须积极开拓国际市场和利用国外资源，以利增加我国经济发展的动力和后劲。"走出去"和"引进来"，是对外开放基本国策两个相辅相成的方面，二者缺一不可。此前的20年，以引进来为主，这是完全必要的。不先把外国的资金、技术、人才、管理经验等引进来，我们的产品、技术、管理水平就难以提高。经过20年改革发展，国家经济水平已大为提高，有能力也有条件走出去了。江泽民指出："只有大胆地积极地走出去，才能弥补我们国内资源和市场的不足；才能把我们的技术、设备、产品带出去，我们也才更有条件引进更新的技术，发展新的产业；才能由小到大逐步形成我们自己的跨国公司，以利更好地参与经济全球化的竞争；也才能更好地促进发展中国家的经济发展，从而增强反对霸权主义和强权政治、维护世界和平的国际力量。在这个问题上，不仅要从我国现在的实际出发，还要着眼于国家长远的发展和安全。"[2]

江泽民提出："无论是开拓国际市场还是利用国外资源，都要贯彻多元化的方针。"[3]一是努力开拓欧美市场。"开拓欧美市场，难度较大，一方面是由于西方国家采取了许多保护自己市场的措施，另一

---

[1]《江泽民文选》第2卷，人民出版社2006年版，第92页。
[2]《江泽民文选》第2卷，人民出版社2006年版，第569页。
[3]《江泽民文选》第2卷，人民出版社2006年版，第569页。

方面是由于我们的技术水平、产品质量竞争力还不高。尽管如此,我们在这些市场上还是有了一些基础,要继续不断提高我们的产品质量,努力开拓欧美市场。"[1]二是继续努力开拓亚洲、非洲、拉丁美洲一些发展中国家的市场。"这些国家经济发展水平较低,我国的产品和技术对他们还是比较适用的,何况那里市场广阔、资源丰富。应该精心组织我们的企业特别是国有大中型企业到这些国家去开拓市场,发展贸易,开展经济技术合作。"[2]

实践证明,构建全方位对外开放新格局,努力在经济全球化大潮中趋利避害、做大做优做强自己,使中国的改革开放水平和综合国力在短短10年间又上了一个新台阶。与此同时,党和政府还在国际竞争和防范风险中,提高了在复杂的国际国内条件下驾驭经济发展全局的能力,提高了在全方位对外开放条件下治国理政和确保国家安全的能力。

构建全方位对外开放新格局、积极参与经济全球化的实践也说明,在全球市场竞争日趋激烈的情况下,要增强我国经济发展的后劲,提高抗御各种风险冲击的能力,保证我国经济的长远发展,必须依靠科技进步和创新,增强自主创新能力,实现技术发展的跨越。

构建全方位对外开放新格局、积极参与经济全球化的实践还说明,没有科学严密的管理,就没有现代化。科学管理,不仅包括国家事务和经济、社会、文化事业的管理,也包括各行各业各个部门的管理。正如江泽民所指出:"我们与发达国家现代化水平的差距,有时并不表现在具体的建设项目上,而是表现在管理水平上。加强和改善全社会管理,必须提上议事日程,真正形成各方面严格科学管理的制度和机制。"[3]

---

[1]《江泽民文选》第2卷,人民出版社2006年版,第569页。
[2]《江泽民文选》第2卷,人民出版社2006年版,第569—570页。
[3]《江泽民文选》第2卷,人民出版社2006年版,第560—561页。

5. 始终代表中国先进生产力的发展要求，代表中国先进文化的前进方向，代表中国最广大人民的根本利益

中共十三届四中全会以来，以江泽民同志为核心的党的第三代中央领导集体，在建设中国特色社会主义的实践中，加深了对什么是社会主义、怎样建设社会主义和建设什么样的党、怎样建设党的认识，积累了治党治国新的宝贵经验，创立了"三个代表"重要思想，实现了中国共产党指导思想上的又一次与时俱进，也是中国特色社会主义国家治理理论的创新发展。

"三个代表"重要思想的形成经历了一个过程。2000年2月25日，江泽民在广东考察工作时的讲话中指出："总结我们党七十多年的历史，可以得出一个重要结论，这就是：我们党所以赢得人民的拥护，是因为我们党在革命、建设、改革的各个历史时期，总是代表着中国先进生产力的发展要求，代表着中国先进文化的前进方向，代表着中国最广大人民的根本利益，并通过制定正确的路线方针政策，为实现国家和人民的根本利益而不懈奋斗。"他强调指出："人类又来到一个新的世纪之交和新的千年之交。在新的历史条件下，我们党如何更好地做到这'三个代表'，是一个需要全党同志特别是党的高级干部深刻思考的重大课题。"[1]

同年5月14日，江泽民在上海主持召开江苏、浙江、上海党建工作座谈会时的讲话中，又进一步指出："始终做到'三个代表'，是我们党的立党之本、执政之基、力量之源。"[2]他在这次讲话里，还谈到他在提出"三个代表"过程中的一些思考："怎样使我们党在复杂的国内外形势下始终充满活力，带领全国各族人民推进建设有中国特色社会主义的宏伟事业，实现中华民族的伟大复兴，是我想得最多的

---

[1] 以上引文见《江泽民文选》第3卷，人民出版社2006年版，第2页。
[2]《江泽民文选》第3卷，人民出版社2006年版，第15页。

一个问题。去年'法轮功'问题暴露出来后,引起了我的深思,提出了'法轮功'的兴起和对中国共产党的'信任危机'问题。最近,具有八十多年历史的国民党在台湾地区的选举中下台,又进一步引起了我的思考。马克思主义的唯物辩证法认为,事物都有一个诞生、发育、成长到逐步消亡的过程,包括国家最后也是要消亡的。当然,这是一个很漫长的历史过程。中国共产党是一九二一年成立的,七十多年来为中华民族的独立和发展,为中国人民的解放和幸福,作出了巨大贡献。然而,如何使我们党始终保持旺盛的生命力,是我们必须认真思考的一个重大课题。今年二月,我在广东考察工作时提出坚持'三个代表'要求,出发点和着眼点就在这里。明年是我们党成立八十周年。我们不仅要隆重庆祝,而且要认真总结党八十年来的历史经验,继往开来,更好地前进。"[1]

2001年7月1日,江泽民在庆祝中国共产党成立80周年大会的讲话中系统阐述"三个代表"重要思想的科学内涵。这是最为完备、最为系统地阐述"三个代表"重要思想的代表作。

关于始终代表中国先进生产力的发展要求,江泽民指出:"我们党要始终代表中国先进生产力的发展要求,就是党的理论、路线、纲领、方针、政策和各项工作,必须努力符合生产力发展的规律,体现不断推动社会生产力的解放和发展的要求,尤其要体现推动先进生产力发展的要求,通过发展生产力不断提高人民群众的生活水平。"[2]"敏锐地把握我国社会生产力的发展趋势和要求,坚持以经济建设为中心,通过制定和实施正确的路线方针政策,采取切实的工作步骤,不断促进先进生产力的发展。这是我们党始终站在时代前列、

---

[1]《江泽民文选》第3卷,人民出版社2006年版,第14页。
[2]《江泽民文选》第3卷,人民出版社2006年版,第272—273页。

四、改革开放新时期对马克思主义国家治理理论的实践创新和理论创新：从加强民主与法制到建设社会主义法治国家

保持先进性的根本体现和根本要求。"[1]

关于始终代表中国先进文化的前进方向，江泽民指出："要始终代表中国先进文化的前进方向，就是党的理论、路线、纲领、方针、政策和各项工作，必须努力体现发展面向现代化、面向世界、面向未来的，民族的科学的大众的社会主义文化的要求，促进全民族思想道德素质和科学文化素质的不断提高，为我国经济发展和社会进步提供精神动力和智力支持。"[2]"牢牢把握中国先进文化的发展趋势和要求，坚持以马克思列宁主义、毛泽东思想、邓小平理论为指导，立足于建设有中国特色社会主义的实践，着眼于世界科学文化发展的前沿，不断发展健康向上、丰富多彩的，具有中国风格、中国特色的社会主义文化，满足人民群众日益增长的精神文化需求，引导广大人民群众从思想上精神上正确武装和不断提高起来。这也是我们党始终站在时代前列、保持先进性的根本体现和根本要求。"[3]

关于始终代表中国最广大人民的根本利益，江泽民指出："要始终代表中国最广大人民的根本利益，就是党的理论、路线、纲领、方针、政策和各项工作，必须坚持把人民的根本利益作为出发点和归宿，充分发挥人民群众的积极性、主动性、创造性，在社会不断发展进步的基础上，使人民群众不断获得切实的经济、政治、文化利益。"[4]"全心全意为人民服务，立党为公，执政为民，是我们党同一切剥削阶级政党的根本区别。任何时候我们都必须坚持尊重社会发展规律与尊重人民历史主体地位的一致性，坚持为崇高理想奋斗与为最广大人民谋利益的一致性，坚持完成党的各项工作与实现人民利益的

---

[1]《江泽民文选》第3卷，人民出版社2006年版，第273页。
[2]《江泽民文选》第3卷，人民出版社2006年版，第276页。
[3]《江泽民文选》第3卷，人民出版社2006年版，第276—277页。
[4]《江泽民文选》第3卷，人民出版社2006年版，第279页。

一致性。"[1]

江泽民指出:"'三个代表'要求,是我们党保持先进性、始终成为建设有中国特色社会主义坚强领导核心的基本要求,与坚持马克思列宁主义、毛泽东思想、邓小平理论,坚持党的工人阶级先锋队性质和全心全意为人民服务的宗旨是一致的。全党同志一定要坚持把全面落实'三个代表'要求,统一于党的建设的各个方面,统一于党领导人民进行改革开放和社会主义现代化建设的全过程。"[2]

从江泽民对"三个代表"重要思想的阐述可以看出,这一思想提出的出发点和立足点是要解决好建设一个什么样的党、怎样建设党的问题。同时,中国共产党是执政党,是中国特色社会主义事业的领导核心。因此,"三个代表"重要思想必须涉及治国理政的方方面面,必须解决好什么是社会主义、怎样建设社会主义的问题。这就使"三个代表"重要思想必然地、符合逻辑地成为中国共产党的指导思想。

将"三个代表"重要思想正式确立为中国共产党的指导思想并写入《中国共产党章程》,是中共十六大的历史贡献。

党的十六大报告系统总结中共十三届四中全会以来形成的十条基本经验,指出:"这些经验,联系党成立以来的历史经验,归结起来就是,我们党必须始终代表中国先进生产力的发展要求,代表中国先进文化的前进方向,代表中国最广大人民的根本利益。这是坚持和发展社会主义的必然要求,是我们党艰辛探索和伟大实践的必然结论。"[3]

党的十六大报告指出:"'三个代表'重要思想,是在科学判断党的历史方位的基础上提出来的。"报告从党与国家关系变化的角度,审视历史方位的变化:"我们党历经革命、建设和改革,已经从领导人民

---

[1]《江泽民文选》第 3 卷,人民出版社 2006 年版,第 279 页。
[2]《江泽民文选》第 3 卷,人民出版社 2006 年版,第 281 页。
[3]《江泽民文选》第 3 卷,人民出版社 2006 年版,第 536 页。

四、改革开放新时期对马克思主义国家治理理论的实践创新和理论创新：
从加强民主与法制到建设社会主义法治国家

为夺取全国政权而奋斗的党，成为领导人民掌握全国政权并长期执政的党；已经从受到外部封锁和实行计划经济条件下领导国家建设的党，成为对外开放和发展社会主义市场经济条件下领导国家建设的党。"[1]

党的十六大报告强调："贯彻'三个代表'重要思想，关键在坚持与时俱进，核心在坚持党的先进性，本质在坚持执政为民。"[2] 报告从四个方面论述了贯彻"三个代表"重要思想的主要途径和基本要求。

一是理论的创新发展。"必须使全党始终保持与时俱进的精神状态，不断开拓马克思主义理论发展的新境界。坚持党的思想路线，解放思想、实事求是、与时俱进，是我们党坚持先进性和增强创造力的决定性因素。与时俱进，就是党的全部理论和工作要体现时代性，把握规律性，富于创造性。能否始终做到这一点，决定着党和国家的前途命运。""创新是一个民族进步的灵魂，是一个国家兴旺发达的不竭动力，也是一个政党永葆生机的源泉。世界在变化，我国改革开放和现代化建设在前进，人民群众的伟大实践在发展，迫切要求我们党以马克思主义的理论勇气，总结实践的新经验，借鉴当代人类文明的有益成果，在理论上不断扩展新视野，作出新概括。"[3]

二是事业的创新发展。"必须把发展作为党执政兴国的第一要务，不断开创现代化建设的新局面。马克思主义执政党必须高度重视解放和发展生产力。离开发展，坚持党的先进性、发挥社会主义制度的优越性和实现民富国强都无从谈起。党的先进性是具体的、历史的，必须放到推动当代中国先进生产力和先进文化的发展中去考察，放到维护和实现最广大人民根本利益的奋斗中去考察，归根到底要看党在推

---

[1] 以上引文见《江泽民文选》第3卷，人民出版社2006年版，第536、536—537页。
[2]《江泽民文选》第3卷，人民出版社2006年版，第537页。
[3] 以上引文见《江泽民文选》第3卷，人民出版社2006年版，第537页。

动历史前进中的作用。""我们党在中国这样一个经济文化落后的发展中大国领导人民进行现代化建设,能不能解决好发展问题,直接关系人心向背、事业兴衰。党要承担起推动中国社会进步的历史责任,必须始终紧紧抓住发展这个执政兴国的第一要务,把坚持党的先进性和发挥社会主义制度的优越性,落实到发展先进生产力、发展先进文化、实现最广大人民的根本利益上来,推动社会全面进步,促进人的全面发展。"[1]

三是人民的共同富裕。"必须最广泛最充分地调动一切积极因素,不断为中华民族的伟大复兴增添新力量。最大多数人的利益和全社会全民族的积极性创造性,对党和国家事业的发展始终是最具有决定性的因素。在我国社会深刻变革、党和国家事业快速发展的进程中,妥善处理各方面的利益关系,把一切积极因素充分调动和凝聚起来,至关紧要。""在建设中国特色社会主义的进程中,全国人民的根本利益是一致的,各种具体的利益关系和内部矛盾可以在这个基础上进行调节。制定和贯彻党的方针政策,基本着眼点是要代表最广大人民的根本利益,正确反映和兼顾不同方面群众的利益,使全体人民朝着共同富裕的方向稳步前进。"[2]

四是以改革精神推进党的建设。"必须以改革的精神推进党的建设,不断为党的肌体注入新活力。高度重视和不断加强自身建设,是我们党从小到大、由弱到强,从挫折中奋起、在战胜困难中不断成熟的一大法宝。总结党八十多年来的历史经验,最根本的一条,就是党的建设必须按照党的政治路线来进行,围绕党的中心任务来展开,朝着党的建设总目标来加强,不断提高党的创造力、凝聚力和战斗力。""坚持用时代发展的要求审视自己,以改革的精神加强和完善自

---

[1] 以上引文见《江泽民文选》第3卷,人民出版社2006年版,第538—539页。
[2] 以上引文见《江泽民文选》第3卷,人民出版社2006年版,第539、540页。

己,这是我们党始终保持马克思主义政党本色、永不脱离群众和具有蓬勃活力的根本保证。"[1]

"三个代表"重要思想的创立,将党的建设新的伟大工程同中国特色社会主义伟大事业紧密联系在一起,将从严治党同治国理政紧密联系在一起,进一步丰富和发展了中国特色社会主义国家治理理论与实践。

从中共十三届四中全会到中共十六大的13年间,以江泽民同志为主要代表的中国共产党人,开创全面改革开放新局面,推进党的建设新的伟大工程,成功地把中国特色社会主义伟大事业推向21世纪,为国家治理开拓了更为广阔的三大制度平台,即社会主义市场经济体制的经济社会运行平台,依法治国、建设社会主义法治国家的国家法律体系运行平台,顺应经济全球化浪潮的全方位对外开放国际经贸运行平台。

(三)科学发展观对国家治理理论的创新发展

中共十六大以后,以胡锦涛同志为主要代表的中国共产党人,团结带领全党全国各族人民,在全面建设小康社会进程中推进实践创新、理论创新、制度创新,深刻认识和回答了新形势下实现什么样的发展、怎样发展等重大问题,形成了科学发展观,抓住重要战略机遇期,聚精会神搞建设,一心一意谋发展,强调坚持以人为本、全面协调可持续发展,着力保障和改善民生,促进社会公平正义,推进党的执政能力建设和先进性建设,先后取得抗击"非典"、汶川特大地震抗震抢险救灾、应对2008年国际金融危机的胜利,成功举办2008年北京奥林匹克运动会,成功在新形势下坚持和发展了中国特色社会主义。

---

[1] 以上引文见《江泽民文选》第3卷,人民出版社2006年版,第541页。

1. 提出科学发展观

2002年11月召开的党的十六大,在中国特色社会主义制度建设上的主要成果,是将"坚持中国共产党的领导,巩固和完善人民民主专政的国体和人民代表大会制度的政体,坚持和完善共产党领导的多党合作和政治协商制度以及民族区域自治制度""推进政治体制改革,发展民主,健全法制,依法治国,建设社会主义法治国家,保证人民行使当家作主的权利""坚持物质文明和精神文明两手抓,实行依法治国和以德治国相结合""社会主义精神文明是中国特色社会主义的重要特征"等内容,正式写入"党领导人民建设中国特色社会主义必须坚持的基本经验"。[1]

党的十六大报告,在阐述贯彻落实"三个代表"重要思想时,突出强调"创新"在国家治理中的重要性,指出"创新是一个民族进步的灵魂,是一个国家兴旺发达的不竭动力,也是一个政党永葆生机的源泉";突出强调保持党的先进性,指出"党的先进性是具体的、历史的,必须放到推动当代中国先进生产力和先进文化的发展中去考察,放到维护和实现最广大人民根本利益的奋斗中去考察,归根到底要看党在推动历史前进中的作用";突出强调发展是"党执政兴国的第一要务",指出"党要承担起推动中国社会进步的历史责任,必须始终紧紧抓住发展这个执政兴国的第一要务,把坚持党的先进性和发挥社会主义制度的优越性,落实到发展先进生产力、发展先进文化、实现最广大人民的根本利益上来,推动社会全面进步,促进人的全面发展"。[2]

党的十六大报告在阐述发展社会主义民主政治时,提出:"发展社会主义民主政治,最根本的是要把坚持党的领导、人民当家作主和依法治国有机统一起来。党的领导是人民当家作主和依法治国的根本

---

[1] 以上引文见《江泽民文选》第3卷,人民出版社2006年版,第534、536页。
[2] 以上引文见《江泽民文选》第3卷,人民出版社2006年版,第537、538、538—539页。

四、改革开放新时期对马克思主义国家治理理论的实践创新和理论创新：
从加强民主与法制到建设社会主义法治国家

保证，人民当家作主是社会主义民主政治的本质要求，依法治国是党领导人民治理国家的基本方略。"还提出："要着重加强制度建设，实现社会主义民主政治的制度化、规范化和程序化。"同时，将"健全基层自治组织和民主管理制度"作为"坚持和完善社会主义民主制度"的重要内容之一。[1]

党的十六大报告还郑重提出全面建设小康社会的奋斗目标，指出："经过全党和全国各族人民的共同努力，我们胜利实现了现代化建设'三步走'战略的第一步、第二步目标，人民生活总体上达到小康水平。这是社会主义制度的伟大胜利，是中华民族发展史上一个新的里程碑。""我国正处于并将长期处于社会主义初级阶段，现在达到的小康还是低水平的、不全面的、发展很不平衡的小康"。"综观全局，二十一世纪头二十年，对我国来说，是一个必须紧紧抓住并且可以大有作为的重要战略机遇期。根据十五大提出的到二〇一〇年、建党一百年和新中国成立一百年的发展目标，我们要在本世纪头二十年，集中力量，全面建设惠及十几亿人口的更高水平的小康社会，使经济更加发展、民主更加健全、科教更加进步、文化更加繁荣、社会更加和谐、人民生活更加殷实。"[2]

全面建设小康社会，就成为以胡锦涛同志为主要代表的中国共产党人团结带领全党全国各族人民奋斗的目标。

这时的国际国内条件都发生了一些重要变化，呈现一系列新的阶段性特征。一是经济实力显著增强，同时生产力水平总体上还不高，自主创新能力还不强，长期形成的结构性矛盾和粗放型增长方式尚未根本改变；二是社会主义市场经济体制初步建立，同时影响发展的体制机制障碍依然存在，改革攻坚面临深层次矛盾和问题；三是人民生

---

[1] 以上引文见《江泽民文选》第3卷，人民出版社2006年版，第553、554页。
[2] 以上引文见《江泽民文选》第3卷，人民出版社2006年版，第542、542—543页。

活总体上达到小康水平,同时收入分配差距拉大趋势还未根本扭转,城乡贫困人口和低收入人口还有相当数量,统筹兼顾各方面利益难度加大;四是协调发展取得显著成绩,同时农业基础薄弱、农村发展滞后的局面尚未改变,缩小城乡、区域发展差距和促进经济社会协调发展任务艰巨;五是社会主义民主政治不断发展、依法治国基本方略扎实贯彻,同时民主法制建设与扩大人民民主和经济社会发展的要求还不完全适应,政治体制改革需要继续深化;六是社会主义文化更加繁荣,同时人民精神文化需求日趋旺盛,人们思想活动的独立性、选择性、多变性、差异性明显增强,对发展社会主义先进文化提出了更高要求;七是社会活力显著增强,同时社会结构、社会组织形式、社会利益格局发生深刻变化,社会建设和管理面临诸多新课题;八是对外开放日益扩大,同时面临的国际竞争日趋激烈,发达国家在经济科技上占优势的压力长期存在,可以预见和难以预见的风险增多,统筹国内发展和对外开放要求更高。

上述这些情况归结到一点,就是需要在发展观念、发展方式上有重大突破。科学发展观就是在这一背景下应运而生的。

2003年2月中下旬,一场突如其来的非典型性肺炎疫病灾害暴发,暴露出我国在公共卫生体系建设、突发事件应急机制等方面存在着不容忽视的短板。这引起中共中央高度重视,也引发了对实现什么样的发展、怎样发展问题的深入思考。

2003年7月28日,胡锦涛在全国防治"非典"工作会议上的讲话中提出:"我们要更好坚持全面发展、协调发展、可持续发展的发展观,更加自觉地坚持推动社会主义物质文明、政治文明、精神文明协调发展,坚持在经济社会发展的基础上促进人的全面发展,坚持促进人与自然的和谐。"[1]

---

[1]《胡锦涛文选》第2卷,人民出版社2016年版,第67页。

四、改革开放新时期对马克思主义国家治理理论的实践创新和理论创新：
从加强民主与法制到建设社会主义法治国家　311

同年8月28日至9月1日，胡锦涛在江西考察工作时的讲话中指出："要牢固树立协调发展、全面发展、可持续发展的科学发展观，积极探索符合实际的发展新路子，进一步完善社会主义市场经济体制，把加大结构调整力度同培育新的经济增长点结合起来，把推进城市发展和推进农村发展结合起来，把发挥科学技术的作用和发挥人力资源的优势结合起来，把发展经济和保护资源环境结合起来，把对外开放和对内开放结合起来，努力走出一条生产发展、生活富裕、生态良好的文明发展道路。"[1]

同年10月，中共十六届三中全会通过《中共中央关于完善社会主义市场经济体制若干问题的决定》，将"坚持以人为本，树立全面、协调、可持续的发展观"写入中央文件。

胡锦涛在全会上的讲话中强调："树立和落实全面发展、协调发展、可持续发展的科学发展，对于我们更好坚持发展才是硬道理的战略思想具有重大意义。树立和落实科学发展观，这是二十多年改革开放实践的经验总结，是战胜非典疫情给我们的重要启示，也是推进全面建设小康社会的迫切要求。"[2]

他还指出："树立和落实科学发展观，十分重要的一环就是要正确处理增长数量和质量、速度和效益的关系。增长是发展的基础，没有经济数量增长，没有物质财富积累，就谈不上发展。但是，增长并不简单等同于发展，如果单纯扩大数量，单纯追求速度，而不重视质量和效益，不重视经济、政治、文化协调发展，不重视人与自然的和谐，就会出现增长失调、从而最终制约发展的局面。忽视社会主义民主法制建设，忽视社会主义精神文明建设，忽视各项社会事业发展，

---

[1]《胡锦涛在江西考察工作时强调　继承发扬党的优良革命传统加快全面建设小康社会步伐》，《人民日报》2003年9月3日第1版。
[2]《胡锦涛文选》第2卷，人民出版社2016年版，第104页。

忽视资源环境保护，经济建设是难以搞上去的，即使一时搞上去了最终也可能要付出沉重代价。"[1]这是深刻总结发展经验和得失得出的科学结论。

2004年3月10日，胡锦涛在中央人口资源环境座谈会上的讲话中，对科学发展观的科学内涵、基本要求和指导意义作了全面阐述，并对如何树立和落实科学发展观提出了明确的要求。这标志着科学发展观的形成。

胡锦涛在讲话中指出："经验表明，一个国家坚持什么样的发展观，对这个国家发展会产生重大影响，不同的发展观往往会导致不同的发展结果。坚持以人为本、全面协调可持续的发展观，是我们以邓小平理论和'三个代表'重要思想为指导，从新世纪新阶段党和国家事业发展全局出发提出的重大战略思想。科学发展观总结了二十多年来我国改革开放和现代化建设的成功经验，吸取了世界上其他国家在发展进程中的经验教训，概括了战胜非典疫情给我们的重要启示，揭示了经济社会发展的客观规律，反映了我们党对发展问题的新认识。"[2]

胡锦涛系统阐释了科学发展观的科学内涵和基本要求。

关于"以人为本"，他指出："坚持以人为本，就是要以实现人的全面发展为目标，从人民群众根本利益出发谋发展、促发展，不断满足人民群众日益增长的物质文化需要，切实保障人民群众经济、政治、文化权益，让发展成果惠及全体人民。"[3]

关于"全面发展"，他指出："全面发展，就是要以经济建设为中心，全面推进经济、政治、文化建设，实现经济发展和社会全面

---

[1]《胡锦涛文选》第2卷，人民出版社2016年版，第105页。
[2]《胡锦涛文选》第2卷，人民出版社2016年版，第166页。
[3]《胡锦涛文选》第2卷，人民出版社2016年版，第166—167页。

四、改革开放新时期对马克思主义国家治理理论的实践创新和理论创新：
从加强民主与法制到建设社会主义法治国家　313

进步。"[1]

关于"协调发展"，他指出："协调发展，就是要统筹城乡发展、统筹区域发展、统筹经济社会发展、统筹人与自然和谐发展、统筹国内发展和对外开放，推进生产力和生产关系、经济基础和上层建筑相协调，推进经济、政治、文化建设各个环节各个方面相协调。"[2]

关于"可持续发展"，他指出："可持续发展，就是要促进人与自然的和谐，实现经济发展和人口、资源、环境相协调，坚持走生产发展、生活富裕、生态良好的文明发展道路，保证一代接一代永续发展。"[3]

很显然，以人为本、全面协调可持续的科学发展观的提出，不仅是发展观念、发展理念的一个变革，也会带来国家治理方式的深刻变革，从而为中华民族在实现永续发展的同时，实现国家长治久安。

2007年10月，中国共产党第十七次全国代表大会召开。胡锦涛在大会上作题为《高举中国特色社会主义伟大旗帜为夺取全面建设小康社会新胜利而奋斗》的报告。

党的十七大报告中对科学发展观的指导地位、时代背景、科学内涵、精神实质和根本要求作了全面系统的阐述。指出："科学发展观，是对党的三代中央领导集体关于发展的重要思想的继承和发展，是马克思主义关于发展的世界观和方法论的集中体现，是同马克思列宁主义、毛泽东思想、邓小平理论和'三个代表'重要思想既一脉相承又与时俱进的科学理论，是我国经济社会发展的重要指导方针，是发展中国特色社会主义必须坚持和贯彻的重大战略思想。"[4]

---

[1]《胡锦涛文选》第2卷，人民出版社2016年版，第167页。
[2]《胡锦涛文选》第2卷，人民出版社2016年版，第167页。
[3]《胡锦涛文选》第2卷，人民出版社2016年版，第167页。
[4]《胡锦涛文选》第2卷，人民出版社2016年版，第622页。

报告强调:"科学发展观,第一要义是发展,核心是以人为本,基本要求是全面协调可持续,根本方法是统筹兼顾。"[1]

报告要求全党深刻认识当时面临的机遇和挑战,指出:"我们必须始终保持清醒头脑,立足社会主义初级阶段这个最大的实际,科学分析我国全面参与经济全球化的新机遇新挑战,全面认识工业化、信息化、城镇化、市场化、国际化深入发展的新形势新任务,深刻把握我国发展面临的新课题新矛盾,更加自觉地走科学发展道路,奋力开拓中国特色社会主义更为广阔的发展前景。"[2]

报告要求全党做到"两个着力":"着力转变不适应不符合科学发展观的思想观念,着力解决影响和制约科学发展的突出问题,把全社会的发展积极性引导到科学发展上来,把科学发展观贯彻落实到经济社会发展各个方面。"[3]

党的十七大报告还总结了改革开放的成功经验,将其归结为"十个结合"。这既是对中国特色社会主义基本经验的总结,也是对党治国理政成功经验的总结。这"十个结合"是:"把坚持马克思主义基本原理同推进马克思主义中国化结合起来,把坚持四项基本原则同坚持改革开放结合起来,把尊重人民首创精神同加强和改善党的领导结合起来,把坚持社会主义基本制度同发展市场经济结合起来,把推动经济基础变革同推动上层建筑改革结合起来,把发展社会生产力同提高全民族文明素质结合起来,把提高效率同促进社会公平结合起来,把坚持独立自主同参与经济全球化结合起来,把促进改革发展同保持社会稳定结合起来,把推进中国特色社会主义伟大事业同推进党的建

---

[1]《胡锦涛文选》第2卷,人民出版社2016年版,第623页。
[2]《胡锦涛文选》第2卷,人民出版社2016年版,第623页。
[3]《胡锦涛文选》第2卷,人民出版社2016年版,第626—627页。

设新的伟大工程结合起来"[1]。从而揭示了推进国家治理的理论指导、政治基石、根本力量、经济政治文化社会支撑、国际联系,揭示了改革发展稳定、伟大事业与伟大工程两大基本关系。

党的十七大报告的一个新特点,是更加重视制度建设。这一方面是社会主义市场经济的发展与成熟度,要求进一步加强相关制度建设;另一方面是依法治国基本方略确立后,有力地推动着中国特色社会主义制度建设和法律体系建设。党的十七大报告在经济建设与改革上,提出"从制度上更好发挥市场在资源配置中的基础性作用,形成有利于科学发展的宏观调控体系";在政治建设与改革上,提出"坚持和完善人民代表大会制度、中国共产党领导的多党合作和政治协商制度、民族区域自治制度以及基层群众自治制度,不断推进社会主义政治制度自我完善和发展";在文化建设与改革上,提出"在时代的高起点上推动文化内容形式、体制机制、传播手段创新,解放和发展文化生产力";在社会建设与改革上,提出"要健全党委领导、政府负责、社会协同、公众参与的社会管理格局,健全基层社会管理体制";在党的建设上,提出"以健全民主集中制为重点加强制度建设"[2]。

同时,党的十七大报告在对全面建设小康社会提出的新的更高要求中,增加了有关制度的内容,提出:"到二〇二〇年全面建设小康社会目标实现之时,我们这个历史悠久的文明古国和发展中社会主义大国,将成为工业化基本实现、综合国力显著增强、国内市场总体规模位居世界前列的国家,成为人民富裕程度普遍提高、生活质量明显改善、生态环境良好的国家,成为人民享有更加充分民主权利、具有

---

[1]《胡锦涛文选》第2卷,人民出版社2016年版,第620页。
[2] 以上引文见《胡锦涛文选》第2卷,人民出版社2016年版,第629、634—635、641、645、652页。

更高文明素质和精神追求的国家,成为各方面制度更加完善、社会更加充满活力而又安定团结的国家,成为对外更加开放、更加具有亲和力、为人类文明作出更大贡献的国家。"[1]

科学发展观,抓住重要战略机遇期,聚精会神搞建设,一心一意谋发展,强调坚持以人为本、全面协调可持续发展,着力保障和改善民生,促进社会公平正义,推进党的执政能力建设和先进性建设,成功在新形势下坚持和发展了中国特色社会主义。这是以胡锦涛同志为主要代表的中国共产党人,在全面建设小康社会进程中推进实践创新、理论创新、制度创新作出的重大贡献,也是对中国特色社会主义国家治理理论与实践的重要贡献。

2. 构建社会主义和谐社会

社会治理,是国家治理的基础性环节,既关系到国家治理的效能,也关系到国家治理的方式。党的十六大后,党和国家从全面建设小康社会的战略全局出发,下决心补足社会建设和社会治理短板,作出建设社会主义和谐社会的战略决策,从而使中国特色社会主义事业总体布局由经济建设、政治建设、文化建设"三位一体"发展成为经济建设、政治建设、文化建设、社会建设"四位一体"。

党的十六大后,为实现全面建设小康社会目标,工业化、城镇化进程明显加快,经济社会生活出现经济成分、组织形式、就业方式、利益关系、分配方式日趋多样化的新情况。

2004年9月,中共十六届五中全会通过《中共中央关于加强党的执政能力建设的决定》。在加强党的执政能力建设的总体目标里,增加了实现社会和谐的目标[2];在加强党的执政能力建设的主要任务

---

[1]《胡锦涛文选》第2卷,人民出版社2016年版,第628—629页。
[2] 参见《十六大以来重要文献选编》(中),中央文献出版社2006年版,第276页。

四、改革开放新时期对马克思主义国家治理理论的实践创新和理论创新：
从加强民主与法制到建设社会主义法治国家　317

里，提出："按照推动社会主义物质文明、政治文明、精神文明协调发展的要求，不断提高驾驭社会主义市场经济的能力、发展社会主义民主政治的能力、建设社会主义先进文化的能力、构建社会主义和谐社会的能力、应对国际局势和处理国际事务的能力。"[1]

《决定》的第七部分系统阐述了"坚持最广泛最充分地调动一切积极因素，不断提高构建社会主义和谐社会的能力"问题。提出："形成全体人民各尽其能、各得其所而又和谐相处的社会，是巩固党执政的社会基础、实现党执政的历史任务的必然要求。要适应我国社会的深刻变化，把和谐社会建设摆在重要位置，注重激发社会活力，促进社会公平和正义，增强全社会的法律意识和诚信意识，维护社会安定团结。"[2] 并明确了五项重点工作：（一）全面贯彻尊重劳动、尊重知识、尊重人才、尊重创造的方针，不断增强全社会的创造活力。（二）妥善协调各方面的利益关系，正确处理人民内部矛盾。（三）加强社会建设和管理，推进社会管理体制创新。（四）健全工作机制，维护社会稳定。（五）坚持党的群众路线，加强和改进新形势下的群众工作。[3]

2005年2月，中共中央举办省部级主要领导干部提高构建社会主义和谐社会能力专题研讨班。胡锦涛在研讨班上的讲话中，系统论述了构建社会主义和谐社会的战略决策。

关于提出构建社会主义和谐社会的重大意义，胡锦涛指出："我们党明确提出构建社会主义和谐社会的重大任务，就是要求全党同志在建设中国特色社会主义伟大实践中更加自觉地加强社会主义和谐社会建设，使社会主义物质文明、政治文明、精神文明建设与和谐社会

---

[1]《十六大以来重要文献选编》（中），中央文献出版社2006年版，第276页。
[2]《十六大以来重要文献选编》（中），中央文献出版社2006年版，第286页。
[3] 以上内容见《十六大以来重要文献选编》（中），中央文献出版社2006年版，第286—288页。

建设全面发展。这表明,随着我国经济社会不断发展,中国特色社会主义事业总体布局更加明确地由社会主义经济建设、政治建设、文化建设三位一体发展为社会主义经济建设、政治建设、文化建设、社会建设四位一体。构建社会主义和谐社会,是我们党从全面建设小康社会、开创中国特色社会主义事业新局面全局出发提出的一项重大任务,适应了我国改革发展进入关键时期的客观要求,体现了广大人民群众根本利益和共同愿望。"[1]

关于为什么要提出构建社会主义和谐社会,胡锦涛在讲话里列举了以下理由:一是"我国改革发展正处在一个关键时期。一些国家和地区发展历程表明,在人均国内生产总值突破一千美元之后,经济社会就进入了一个关键发展阶段。在这个阶段,既有因为举措得当从而促进经济快速发展和社会平稳进步的成功经验,也有因为应对失误从而导致经济徘徊不前和社会长期动荡的失败教训。综合起来看,在当前和今后相当长一段时间内,我国经济社会发展面临的矛盾和问题可能更复杂、更突出"[2]。二是"随着我国社会主义市场经济不断发展,随着我国公有制为主体、多种所有制经济共同发展的基本经济制度和按劳分配为主体、多种分配方式并存的分配制度不断完善,随着我国工业化、城镇化和经济结构调整加速,随着我国社会组织形式、就业结构、社会结构变革加快,我们正面临着并将长期面对一些亟待解决的突出矛盾和问题,我国经济社会发展也出现了一些必须认真把握的新趋势新特点"[3]。

他所说的这些新趋势新特点主要是:"资源能源紧缺压力加大,对经济社会发展的瓶颈制约日益突出,转变经济增长方式要求十分迫

---

[1]《胡锦涛文选》第 2 卷,人民出版社 2016 年版,第 274 页。
[2]《胡锦涛文选》第 2 卷,人民出版社 2016 年版,第 274—275 页。
[3]《胡锦涛文选》第 2 卷,人民出版社 2016 年版,第 275 页。

切；城乡发展不平衡、地区发展不平衡、经济社会发展不平衡的矛盾更加突出，缩小发展差距和促进经济社会协调发展任务艰巨；人民群众物质文化需要不断提高并更趋多样化，社会利益关系更趋复杂，特别是受经济文化发展水平等多方面限制，统筹兼顾各方面利益难度加大；体制创新进入攻坚阶段，深化改革，扩大开放，进一步触及深层次矛盾和问题；劳动者就业结构和方式不断变化，人员流动性大大加强，社会组织和管理面临新问题；人民群众民主法制意识不断增强，政治参与积极性不断提高，对发展社会主义民主政治和落实依法治国基本方略提出了新要求；各种思想文化相互激荡，人们受各种思想观念影响的渠道明显增多、程度明显加深，人们思想活动的独立性、选择性、多变性、差异性明显增强；社会上存在的消极腐败现象以及各类严重犯罪活动等也给社会稳定与和谐带来了严重影响，等等。我们要抓住和用好重要战略机遇期、实现全面建设小康社会宏伟目标，就必须正确应对这些矛盾和问题，花更大气力妥善协调各方面利益关系，正确处理各种社会矛盾，大力促进社会和谐。"[1]

胡锦涛从治国理政的要求出发，阐述了构建社会主义和谐社会的意义，指出："从我们党肩负的使命看，构建社会主义和谐社会，是巩固党执政的社会基础、实现党执政的历史任务的必然要求。构建社会主义和谐社会，是我们党坚持立党为公、执政为民的必然要求，是我们党实现好、维护好、发展好最广大人民根本利益的重要体现，也是我们党实现执政的历史任务的重要条件。巩固党执政的社会基础、实现党执政的历史任务要求我们：必须紧紧依靠人民群众，团结一切可以团结的力量，调动一切可以调动的积极因素，把人民群众以及各方面积极性、主动性、创造性充分发挥出来，为实现全面建设小康社会宏伟目标而奋斗；必须正确认识和妥善处理人民内部矛盾和其他社

---

[1]《胡锦涛文选》第2卷，人民出版社2016年版，第275—276页。

会矛盾，协调好各方面利益关系，不断在发展的基础上满足人民群众日益增长的物质文化需要，保证人民群众共享改革发展成果；必须抓紧解决人民群众生产生活中的突出问题和困难，夯实党执政的阶级基础和群众基础，保持党同人民群众的血肉联系；必须加强社会建设和管理，营造良好人际环境，保持良好社会秩序，维护社会稳定，保证广大人民群众安居乐业。"[1]

胡锦涛在讲话里进一步明确了构建社会主义和谐社会的目标："我们所要建设的社会主义和谐社会，应该是民主法治、公平正义、诚信友爱、充满活力、安定有序、人与自然和谐相处的社会。"他对这一目标所包含的六个基本特征，逐一作了阐述，指出："民主法治，就是社会主义民主得到充分发扬，依法治国基本方略得到切实落实，各方面积极因素得到广泛调动；公平正义，就是社会各方面利益关系得到妥善协调，人民内部矛盾和其他社会矛盾得到正确处理，社会公平正义得到切实维护和实现；诚信友爱，就是全社会互帮互助、诚实守信，全体人民平等友爱、融洽相处；充满活力，就是能够使一切有利于社会进步的创造愿望得到尊重，创造活动得到支持，创造才能得到发挥，创造成果得到肯定；安定有序，就是社会组织机制健全，社会管理完善，社会秩序良好，人民群众安居乐业，社会保持安定团结；人与自然和谐相处，就是生产发展，生活富裕，生态良好。"[2]

胡锦涛还从马克思主义社会建设理论中回顾了理论创新的发展历程，指出："实现社会和谐，建设美好社会，始终是人类孜孜以求的一个社会理想，也是包括中国共产党在内的马克思主义政党不懈追求的一个社会理想。""关于社会主义社会建设的理论，是马克思主义理论的重要组成部分。马克思、恩格斯在继承前人思想成果的基础上，

---

[1]《胡锦涛文选》第 2 卷，人民出版社 2016 年版，第 277 页。
[2] 以上引文见《胡锦涛文选》第 2 卷，人民出版社 2016 年版，第 285 页。

创立了科学社会主义理论，勾画了美好社会的蓝图，指明了实现美好社会理想的正确途径。""列宁在领导俄国十月革命和社会主义建设的过程中，就建设社会主义社会提出了一系列重要思想。""马克思、恩格斯、列宁关于未来社会的科学设想，指明了构建社会主义和谐社会的前进方向。"[1]他总结道："我们党提出构建社会主义和谐社会，符合马克思主义基本原理，符合马克思主义关于社会主义社会的科学设想。我们党在社会主义社会建设理论和实践上取得的新进展，既是对党执政经验的总结，也是对国外一些执政党执政经验教训的借鉴；既是对我国社会主义建设规律认识的深化，也是对共产党执政规律、社会主义建设规律、人类社会发展规律认识的深化；既是对中国特色社会主义理论的丰富和发展，也是对马克思主义关于社会主义社会建设理论的丰富和发展。"[2]

社会治理是国家治理的基础，又是国家治理的深化。从这个意义上可以说，构建社会主义和谐社会理论的提出，是对马克思主义国家治理理论的进一步完善与发展，也是对中国特色社会主义国家治理理论的丰富和发展。

2006年10月，中共十六届六中全会通过《中共中央关于构建社会主义和谐社会若干重大问题的决定》。

《决定》明确了到2020年构建社会主义和谐社会的目标和主要任务，其中包括"社会主义民主法制更加完善，依法治国基本方略得到全面落实，人民的权益得到切实尊重和保障；城乡、区域发展差距扩大的趋势逐步扭转，合理有序的收入分配格局基本形成，家庭财产普遍增加，人民过上更加富足的生活；社会就业比较充分，覆盖城乡居民的社会保障体系基本建立；基本公共服务体系更加完备，政府管理

---

[1] 以上引文见《胡锦涛文选》第2卷，人民出版社2016年版，第279、280、281页。
[2]《胡锦涛文选》第2卷，人民出版社2016年版，第284—285页。

和服务水平有较大提高","全社会创造活力显著增强,创新型国家基本建成;社会管理体系更加完善,社会秩序良好;资源利用效率显著提高,生态环境明显好转"[1]。这些内容,将社会治理同国家治理紧密结合起来,勾画出在构建社会主义和谐社会中推进国家治理向更高水平不断提升的蓝图。

《决定》对构建社会主义和谐社会工作作了部署,并强调:"构建社会主义和谐社会是一个不断化解社会矛盾的持续过程。我们要始终保持清醒头脑,居安思危,深刻认识我国发展的阶段性特征,科学分析影响社会和谐的矛盾和问题及其产生的原因,更加积极主动地正视矛盾、化解矛盾,最大限度地增加和谐因素,最大限度地减少不和谐因素,不断促进社会和谐。"[2]

3. 统筹城乡经济社会发展

处理好城乡关系,历来是关系长治久安的国家治理重大课题。消灭城乡差别、实现城乡均衡发展,也是马克思主义社会理想的重要内容。马克思和恩格斯在《共产党宣言》中提出:"把农业和工业结合起来;通过把人口更平均地分布于全国的办法逐步消灭城乡差别。"[3]进入21世纪,在全面建设小康社会的进程中,以胡锦涛同志为主要代表的中国共产党人,郑重地提出了这一历史任务。

2002年11月,党的十六大报告提出:"统筹城乡经济社会发展,建设现代农业,发展农村经济,增加农民收入,是全面建设小康社会的重大任务。"[4]

---

[1] 以上引文见《十六大以来重要文献选编》(下),中央文献出版社2008年版,第651页。
[2]《十六大以来重要文献选编》(下),中央文献出版社2008年版,第650页。
[3]《马克思恩格斯文集》第2卷,人民出版社2009年版,第53页注②。
[4]《江泽民文选》第3卷,人民出版社2006年版,第546页。

2003年1月8日，胡锦涛在中央农村工作会议上的讲话中提出："农村经济和城市经济是相互联系、相互依赖、相互补充、相互促进的。农村发展离不开城市辐射和带动，城市发展也离不开农村促进和支持。统筹城乡经济社会发展，就是要充分发挥城市对农村的带动作用和农村对城市的促进作用，实现城乡经济社会一体化发展。这既是解决'三农'问题的重大战略，又是增强城市发展后劲的有效措施。"[1]

2004年9月，胡锦涛在中共十六届四中全会第三次全体会议上的讲话中提出："综观一些工业化国家发展历程，在工业化初始阶段，农业支持工业、为工业提供积累是带有普遍性的趋向；但在工业化达到相当程度以后，工业反哺农业、城市支持农村，实现工业与农业、城市与农村协调发展，也是带有普遍性的趋向。""要在国家总体实力不断增强的基础上，在深入挖掘农业和农村发展潜力的同时，不断加大对农业发展的支持力度，发挥城市对农村的辐射和带动作用，发挥工业对农业的支持和反哺作用，走城乡互动、工农互促的协调发展道路。"[2]

从提出统筹城乡经济社会发展，到提出实现城乡经济社会一体化发展，再到提出发挥工业对农业的支持和反哺作用，走城乡互动、工农互促的协调发展道路，思路越来越清晰，也越来越具体。

2005年10月，中共十六届五中全会通过《中共中央关于制定国民经济和社会发展第十一个五年规划的建议》。这个建议以全面贯彻落实科学发展观为主线，提出："必须促进城乡区域协调发展。全面建设小康社会的难点在农村和西部地区。要从社会主义现代化建设全局出发，统筹城乡区域发展。坚持把解决好'三农'问题作为全党工作的重中之重，实行工业反哺农业、城市支持农村，推进社会主义新

---

[1]《胡锦涛文选》第2卷，人民出版社2016年版，第18页。
[2]《胡锦涛文选》第2卷，人民出版社2016年版，第247页。

农村建设，促进城镇化健康发展。落实区域发展总体战略，形成东中西优势互补、良性互动的区域协调发展机制。"[1]

《建议》明确提出建设社会主义新农村的重大战略任务，指出："建设社会主义新农村是我国现代化进程中的重大历史任务。要按照生产发展、生活宽裕、乡风文明、村容整洁、管理民主的要求，坚持从各地实际出发，尊重农民意愿，扎实稳步推进新农村建设。"[2]《建议》还就积极推进城乡统筹发展、推进现代农业建设、全面深化农村改革、大力发展农村公共事业、千方百计增加农民收入等方面工作作了部署。

2005年12月，中共中央、国务院发布《关于推进社会主义新农村建设的若干意见》。《意见》提出：统筹城乡经济社会发展，扎实推进社会主义新农村建设；推进现代农业建设，强化社会主义新农村建设的产业支撑；促进农民持续增收，夯实社会主义新农村建设的经济基础；加强农村基础设施建设，改善社会主义新农村建设的物质条件；加快发展农村社会事业，培养推进社会主义新农村建设的新型农民；全面深化农村改革，健全社会主义新农村建设的体制保障；加强农村民主政治建设，完善建设社会主义新农村的乡村治理机制。这些举措，几乎囊括了农村工作的方方面面，形成一个完整的社会主义新农村建设体系。

同时，从2004年起，中央每年印发有关"三农"问题的一号文件。到党的十八大召开前，中央一号文件的主题分别为：关于促进农民增加收入若干政策（2004年），关于进一步加强农村工作、提高农业综合生产能力若干政策（2005年），关于推进社会主义新农村建设的若干意见（2006年），关于积极发展现代农业、扎实推进社会主义

---

[1]《十六大以来重要文献选编》（中），中央文献出版社2006年版，第1064页。
[2]《十六大以来重要文献选编》（中），中央文献出版社2006年版，第1066页。

新农村建设的若干意见（2007年），关于切实加强农村基础设施建设、进一步促进农业发展农民增收的若干意见（2008年），关于促进农业稳定发展农民持续增收的若干意见（2009年），关于加大统筹城乡发展力度、进一步夯实农业农村发展基础的若干意见（2010年），关于加快水利改革发展的决定（2011年），关于加快推进农业科技创新、进一步增强农村发展活力的若干意见（2012年）。这些文件的制定和实施，有力地推动着社会主义新农村建设全面铺开。

2005年12月29日，十届全国人大常委会第十九次会议决定废止《中华人民共和国农业税条例》。这一历史性的重大举措，深得广大农民衷心拥护。

2007年10月，党的十七大报告进一步提出："加快建立覆盖城乡居民的社会保障体系"，"探索建立农村养老保险制度。全面推进城镇职工基本医疗保险、城镇居民基本医疗保险、新型农村合作医疗制度建设。完善城乡居民最低生活保障制度，逐步提高保障水平"。[1]这标志着在社会保障方面开始采取切实有效的措施缩小城乡居民差距。

2009年5月，胡锦涛在中共第十七届中央政治局第十三次集体学习时讲话，专门论述了加快建立覆盖城乡居民的社会保障体系问题。

胡锦涛提出："加快建立覆盖城乡居民的社会保障体系，要坚持广覆盖、保基本、多层次、可持续方针，以社会保险、社会救助、社会福利为基础，以基本养老、基本医疗、最低生活保障制度为重点，以慈善事业、商业保险为补充，统筹协调做好各项工作，实现社会保障事业可持续发展。"[2]

在加快健全社会保障制度体系方面，提出："要把人人享有基本

---

[1] 以上引文见《胡锦涛文选》第2卷，人民出版社2016年版，第643、644页。
[2]《胡锦涛文选》第3卷，人民出版社2016年版，第212页。

生活保障作为优先目标,坚持效率和公平、统一性和灵活性相结合,立足当前、着眼长远,统筹城乡、整体设计,分步实施、配套推进,积极而为、量力而行,逐步将各类人员纳入社会保障覆盖范围,实现城乡统筹和应保尽保。"[1]

在加强社会保障统筹方面,提出:"要抓紧制定实施全国统一的各种社会保险关系转续办法,实现劳动者到哪里就业,社会保障就接续到哪里。要加强城乡养老保险、医疗保险、最低生活保障制度的政策衔接,完善社会保障公共服务管理平台。要加快推进公共服务设施和服务网络建设,早日实现社会保障全国一卡通。"[2]

在加强社会保障水平方面,提出:"要根据经济发展水平和各方面承受能力,加大公共财政对社会保障体系建设的投入,提高社会保障程度。""要逐步提高城乡最低生活保障和失业、工伤保险待遇。""要针对人口老龄化加速趋势,未雨绸缪,完善确保社会保障长期可持续发展的体制机制。"[3]

在加强社会保障法制建设方面,提出:"要加快制定和完善社会保障法律法规","增强社会保障的强制性、规范性、稳定性。"[4]

到党的十八大召开前夕,统筹城乡发展、建设社会主义新农村工作取得显著成效。农业综合生产能力提高,粮食连年增产。城镇化水平明显提高,城乡区域发展协调性增强。农村综合改革、集体林权制度改革不断深化。城乡就业持续扩大,城乡最低生活保障标准和农村扶贫标准大幅提升。城乡免费义务教育全面实现。城乡基本养老保险制度全面建立,新型社会救助体系基本形成。

---

[1]《胡锦涛文选》第3卷,人民出版社2016年版,第212页。

[2]《胡锦涛文选》第3卷,人民出版社2016年版,第213页。

[3] 以上引文见《胡锦涛文选》第3卷,人民出版社2016年版,第214页。

[4]《胡锦涛文选》第3卷,人民出版社2016年版,第214页。

4. 提出生态文明建设

随着工业化的深入推进和经济快速发展，资源环境问题日渐凸显，成为国家治理的重要课题。

2003年10月，胡锦涛在中共十六届四中全会第二次全体会议上阐述科学发展观时提出："坚持在开发利用自然中实现人与自然的和谐相处，实现经济社会可持续发展。"[1]

2004年3月，胡锦涛在中央人口资源环境工作座谈会上的讲话中，提出要在中央人口资源环境工作牢固树立四个观念，即：以人为本的观念；节约资源的观念；保护环境的观念；人与自然相和谐的观念。

关于牢固树立保护环境的观念，他提出："良好生态环境是社会生产力持续发展和人们生存质量不断提高的重要基础。要彻底改变以牺牲环境、破坏资源为代价的粗放型增长方式，不以牺牲环境为代价去换取一时的经济增长，不能以眼前发展损害长远利益，不能用局部发展损害全局利益。"[2]

关于牢固树立人与自然相和谐的观念，他提出："自然界是包括人类在内的一切生物的摇篮，是人类赖以生存和发展的基本条件。保护自然就是保护人类，建设自然就是造福人类。要倍加爱护和保护自然，尊重自然规律。对自然界不能只讲索取不讲投入、只讲利用不讲建设。发展经济要充分考虑自然的承载能力和承受能力，坚决禁止过度性放牧、掠夺性采矿、毁灭性砍伐等掠夺自然、破坏自然的做法。要研究绿色国民经济核算方法，探索将发展过程中的资源消耗、环境损失、环境效益纳入经济发展水平的评价体系，建立和维护人与自然相对平衡的关系。"[3]

---

[1]《胡锦涛文选》第2卷，人民出版社2016年版，第104页。
[2]《胡锦涛文选》第2卷，人民出版社2016年版，第171页。
[3]《胡锦涛文选》第2卷，人民出版社2016年版，第171页。

2005年10月，中共十六届五中全会通过的"十一五"规划建议，将转变增长方式作为"十一五"时期的重点。胡锦涛在讲话中指出："粗放型经济增长方式不转变，能源资源瓶颈制约就难以打破，经济运行就不可能进入良性循环，经济社会发展良好势头也难以长期保持。对这个问题，我们必须有危机感和紧迫感。要把转变增长方式作为'十一五'时期的战略重点，使经济增长建立在提高人口素质、高效利用资源、减少环境污染、注重质量效益的基础上，努力取得突破性进展。"[1]

经过一段实践的探索和经验积累，特别是经过"十一五"规划顺利实施的检验，2007年10月在党的十七大报告中，首次将"建设生态文明"列入全面建设小康社会的重要目标，提出："建设生态文明，基本形成节约能源资源和保护生态环境的产业结构、增长方式、消费模式。循环经济形成较大规模，可再生能源比重显著上升。主要污染物排放得到有效控制，生态环境质量明显改善。生态文明观念在全社会牢固树立。"[2]

党的十七大报告还明确提出："到二〇二〇年全面建设小康社会目标实现之时，我们这个历史悠久的文明古国和发展中社会主义大国，将成为工业化基本实现、综合国力显著增强、国内市场总体规模位居世界前列的国家，成为人民富裕程度普遍提高、生活质量明显改善、生态环境良好的国家，成为人民享有更加充分民主权利、具有更高文明素质和精神追求的国家，成为各方面制度更加完善、社会更加充满活力而又安定团结的国家，成为对外更加开放、更加具有亲和力、为人类文明作出更大贡献的国家。"[3]

---

[1]《胡锦涛文选》第2卷，人民出版社2016年版，第368页。
[2]《胡锦涛文选》第2卷，人民出版社2016年版，第628页。
[3]《胡锦涛文选》第2卷，人民出版社2016年版，第628—629页。

党的十七大后,生态文明建设逐步展开,并取得明显成效。

一是加大了立法的力度和强度。相继制定了《清洁生产促进法》《环境影响评价法》《放射性污染防治法》《循环经济促进法》,修订了《固体废物污染环境防治法》《水污染防治法》等法律,出台了《规划环境影响评价条例》等行政法规,初步形成适应经济社会发展需要的环境法律和标准体系。

二是加强了规划与指导。从"十一五"规划起,国家将环保目标纳入五年规划之中。一些地方也加强规划和指导,到2012年上半年,已有8个省(区)制定了建设生态文明的文件。环保管理机构得到建立健全。国家先将环境保护局升格为总局,2008年又升格为环境保护部。各级财政对环保的投入逐年增加。

三是对高污染、高耗能的企业和行业进行重点治理。党和政府将节能的重点放在搞好钢铁、有色、化工、建材等行业的节能工作上,并依法淘汰了一大批小火电、小煤矿等落后产能。

四是大力推进节能减排工作。国家环保总局同各省级人民政府签订减排目标责任书。各省、自治区、直辖市成立由政府主要负责人挂帅的节能减排领导小组。2007年,国务院印发《节能减排综合性工作方案》,有关部门发布《节能减排全民行动实施方案》,在全国范围内组织开展"节能减排全民行动"。

五是加快发展绿色低碳能源。建立健全法规制度和相关政策,加大对发展清洁能源和可再生能源的支持力度,有序发展水电,积极发展核电,鼓励和支持农村、边远地区和条件适宜地区大力发展生物质能、太阳能、地热、风能等新能源。到2010年,我国核电在建规模、水电装机容量、可再生能源装机容量、农村沼气用户量均居世界第一位,风电装机容量居世界第二位。

"冰冻三尺,非一日之寒"。我国的资源环境保护问题和污染治理问题,都是在工业化进程中长期形成的,短板突出、欠账严重。尽管这一时期取得了上述成效,增强了生态文明建设的意识和信心,但治理还刚刚起步。总体来说,我国环境形势依然十分严峻,总体恶化的趋势没有得到根本扭转。

正如胡锦涛所指出的:"我国发展面临着越来越突出的资源环境制约,人民群众对良好生态环境的要求越来越迫切。主要问题是:资源约束收紧,我国石油对外依存度已上升到百分之五十六点七,重要矿产资源对外依存度也在快速上升,我国年均缺水量达五百三十六亿立方米,三分之二的城市缺水,耕地已近十八亿亩红线;环境污染突出,环境状况总体恶化趋势还没有根本遏制,一些重点流域水污染严重,部分城市灰霾现象凸显,环境群体性事件增多;生态系统退化,全国水土流失面积占国土面积百分之三十七、沙化土地面积占百分之十八,百分之九十以上的草原不同程度退化,地面沉陷面积扩大,生态系统破坏带来的自然灾害频发。"[1]

胡锦涛进一步分析了产生这些问题的原因,指出:"这些问题的产生,一方面是因为我国人口众多、资源短缺、环境容量有限、生态脆弱,加之我国发展很快,发达国家几百年发展进程中逐步显露的问题在我国被压缩到几十年集中显现;另一方面是经济发展方式没有根本转变,生态文明理念没有牢固树立,生态不文明的做法还很普遍。全党同志一定要站在中国特色社会主义全面发展和中华民族永续发展的高度,增强生态危机意识,充分认识生态文明建设的重要性、必要性、紧迫性。"[2]

正因为如此,"经过多年实践,大家有一个普遍共识,就是必须把生态文明建设放在突出地位,纳入中国特色社会主义事业总体布

---

[1]《胡锦涛文选》第 3 卷,人民出版社 2016 年版,第 609—610 页。
[2]《胡锦涛文选》第 3 卷,人民出版社 2016 年版,第 610 页。

局，进一步强调生态文明建设地位和作用"[1]。

2012年11月召开的党的十八大完成了这一历史任务，将生态文明建设纳入中国特色社会主义总体布局，使经济建设、政治建设、文化建设、社会建设"四位一体"进一步发展为经济建设、政治建设、文化建设、社会建设、生态文明建设"五位一体"，由此掀开了生态文明建设新篇章。

从中共十六大到中共十八大前夕的10年间，以胡锦涛为主要代表的中国共产党人，在全面建设小康社会进程中推进实践创新、理论创新、制度创新，成功在新形势下坚持和发展了中国特色社会主义，为国家治理打下了更为坚实的基础，即：民生和社会保障的基础；统筹城乡发展，建设社会主义新农村的基础；加强社会治理，构建社会主义和谐社会的基础；在开发利用自然中实现人与自然的和谐相处，建设生态文明的基础。

以上，我们回顾了自党的十一届三中全会直至党的十八大召开前，改革开放和社会主义现代化建设新时期对中国特色社会主义国家治理理论与实践的创新发展。这些重大成果，既是在新中国成立以来奠定的坚实基础上继续开拓进取、创新发展的结果，也是开创中国特色社会主义新道路的结果。在这一过程中，邓小平立下了不可磨灭的开创与奠基之功，同时也凝结着以邓小平同志为主要代表的中国共产党人、以江泽民同志为主要代表的中国共产党人和以胡锦涛同志为主要代表的中国共产党人等几代中国共产党人接力发展的重要贡献。这些都为在党的十八大后中国特色社会主义进入新时代，最终系统形成中国特色社会主义国家治理理论，创造了理论创新和实践创新的宝贵经验。

---

[1]《胡锦涛文选》第3卷，人民出版社2016年版，第609页。

五、新时代对马克思主义国家治理理论的原创性贡献：从全面依法治国到国家治理体系现代化

中共十八大以后，中国特色社会主义进入新时代，中国特色社会主义国家治理理论创新和实践创新，也进入了一个新阶段。

进入新时代，中国共产党所面临的主要任务是，实现第一个百年奋斗目标，开启实现第二个百年奋斗目标新征程，朝着实现中华民族伟大复兴的宏伟目标继续前进。

新时代的突出特点，是改革发展进入了关键时刻，中华民族伟大复兴进入了"行百里，半九十"的重要阶段；国际上，世界面临百年未有之大变局，治党治国治军都面临诸多挑战。

经过改革开放长期发展，中国特色社会主义事业取得重大成就，为新时代发展中国特色社会主义事业奠定了坚实基础、创造了有利条件。同时，外部环境变化带来许多新的风险挑战，国内改革发展稳定面临不少长期没有解决的深层次矛盾和问题以及新出现的一些矛盾和问题，管党治党一度宽松软带来党内消极腐败现象蔓延、政治生态出现严重问题，党群干群关系受到损害，党的创造力、凝聚力、战斗力受到削弱，党治国理政面临重大考验。

以习近平同志为核心的党中央就是在这样的历史背景和时代背景下，继续推进中国特色社会主义国家治理理论创新和实践创新，提出并坚定不移完善和发展中国特色社会主义制度，推进国家治理体系和治理能力现代化。

（一）切实加强党对一切工作的全面领导

改革开放以后，党为加强和改善党的领导进行持续努力，为党和国家事业发展提供了根本政治保证。同时，党内也存在不少对坚持党的领导认识模糊、行动乏力问题，存在不少落实党的领导弱化、虚化、淡化、边缘化问题，特别是对党中央重大决策部署执行不力，有的搞"上有政策、下有对策"，甚至口是心非、擅自行事。切实加强党对一切工作的全面领导，成为党的十八大后亟待破解的重大课题。

以习近平同志为核心的党中央旗帜鲜明地提出，中国特色社会主义最本质的特征是中国共产党领导，中国特色社会主义制度的最大优势是中国共产党领导，中国共产党是最高政治领导力量。党的领导是党和国家的根本所在、命脉所在，是全国各族人民的利益所系、命运所系，全党必须自觉在思想上政治上行动上同党中央保持高度一致，提高科学执政、民主执政、依法执政水平，提高把方向、谋大局、定政策、促改革的能力，确保充分发挥党总揽全局、协调各方的领导核心作用。

习近平总书记明确提出：党的领导是全面的、系统的、整体的，保证党的团结统一是党的生命；党中央集中统一领导是党的领导的最高原则，加强和维护党中央集中统一领导是全党共同的政治责任，坚持党的领导首先要旗帜鲜明讲政治，保证全党服从中央。

党的十八大以来，以习近平同志为核心的党中央采取一系列果断措施，切实加强党对一切工作的全面领导。党的十八届六中全会审议通过《关于新形势下党内政治生活的若干准则》，党中央出台《中共中央政治局关于加强和维护党中央集中统一领导的若干规定》，严明党的政治纪律和政治规矩，防止和反对个人主义、分散主义、自由主义、本位主义、好人主义等，发展积极健康的党内政治文化，推动营造风清气正的良好政治生态。党中央要求党的领导干部提高政治判断力、政治领悟力、政治执行力，胸怀"国之大者"，对党忠诚、听党指挥、为党尽责。党健全党的领导制度体系，完善党领导人大、政府、政协、监察机关、审判机关、检察机关、武装力量、人民团体、企事业单位、基层群众性自治组织、社会组织等制度，确保党在各种组织中发挥领导作用。党坚持民主集中制，建立健全党对重大工作的领导体制，强化党中央决策议事协调机构职能作用，完善推动党中央重大决策落实机制，严格执行向党中央请示报告制度，强化政治监督，深化政治巡视，查处违背党的路线方针政策、破坏党的集中统一领导问题，清除"两面人"，保证全党在政治立场、政治方向、政治原则、政治道路上同党中央保持高度一致。

严格执行向党中央请示报告制度。从2015年1月起，中央书记处和中央纪律检查委员会、全国人大常委会党组、国务院党组、全国政协党组、最高人民法院党组、最高人民检察院党组每年向中央政治局常委会、中央政治局报告工作；中央政治局委员、书记处书记，全国人大常委会、国务院、全国政协党组成员，最高人民法院、最高人民检察院党组书记每年向党中央和习近平总书记书面述职。

强化党中央决策议事协调机构职能作用。先后成立中央全面深化改革委员会、中央国家安全委员会、中央网络安全和信息化委员会、中央财经委员会、中央全面依法治国委员会等，习近平总书记亲自挂帅，全面加强党对重大工作的领导。

党中央相继召开全国组织工作会议、全国宣传思想工作会议、中央统战工作会议、中央党的群团工作会议、党的新闻舆论工作座谈会、全国国有企业党的建设工作会议、全国高校思想政治工作会议、全军政治工作会议等一系列重要会议，习近平总书记都出席并发表重要讲话，对加强党的全面领导作出部署要求。

系统完善党的领导制度体系，全党增强"四个意识"，自觉在思想上政治上行动上同党中央保持高度一致，不断提高政治判断力、政治领悟力、政治执行力，确保党中央权威和集中统一领导，确保党发挥总揽全局、协调各方的领导核心作用，党的领导制度体系不断完善，党的领导方式更加科学，全党思想上更加统一、政治上更加团结、行动上更加一致，党的政治领导力、思想引领力、群众组织力、社会号召力显著增强。

（二）以自我革命统领社会革命

治国必先治党，治党务必从严。这是从中国国情和中国共产党在治国理政中的核心领导地位得出的必然结论。

当时的主要考验是，能不能坚决扭转腐败案件高发频发的现象，能不能坚决改变管党治党宽松软的状况，能不能坚决遏制"四风"[1]蔓延的情况。

2012年11月，党的十八大刚刚闭幕，习近平总书记和中共中央政治局常委同采访十八大的中外记者见面时发出"打铁还需自身硬"的誓言，指出："新形势下，我们党面临着许多严峻挑战，党内存在着许多亟待解决的问题。尤其是一些党员干部中发生的贪污腐败、脱离群众、形式主义、官僚主义等问题，必须下大气力解决。全党必须警醒起来。打铁还需自身硬。我们的责任，就是同全党同志一道，坚持党要管党、从严治党，切实解决自身存在的突出问题，切实改进工作作风，密切联系群众，使我们党始终成为中国特色社会主义事业的坚强领导核心。"[2]

如何做到"打铁还需自身硬"？党的十八大后，以习近平同志为核心的党中央团结带领全党扎扎实实地推进全面从严治党。

---

[1]"四风"即形式主义、官僚主义、享乐主义和奢靡之风。
[2]《习近平谈治国理政》第1卷，外文出版社2018年版，第4—5页。

1. 把党章和党的纪律规矩立起来

2012年11月16日,习近平总书记发表《认真学习党章 严格遵守党章》的署名文章,指出:"党章是党的总章程,集中体现了党的性质和宗旨、党的理论和路线方针政策、党的重要主张,规定了党的重要制度和体制机制,是全党必须共同遵守的根本行为规范。没有规矩,不成方圆。党章就是党的根本大法,是全党必须遵循的总规矩。在各级党组织的全部活动中,都要坚持引导广大党员、干部特别是领导干部自觉学习党章、遵守党章、贯彻党章、维护党章,自觉加强党性修养,增强党的意识、宗旨意识、执政意识、大局意识、责任意识,切实做到为党分忧、为国尽责、为民奉献。"[1]

他还要求:"各级领导干部要把学习党章作为必修课,走上新的领导岗位的同志要把学习党章作为第一课,带头遵守党章各项规定。凡是党章规定党员必须做到的,领导干部要首先做到;凡是党章规定党员不能做的,领导干部要带头不做。"[2]

2013年1月22日,习近平总书记在十八届中央纪委二次全会上的讲话中,着重论述了严明党的政治纪律的问题,指出:"严明党的纪律,首要的就是严明政治纪律。党的纪律是多方面的,但政治纪律是最重要、最根本、最关键的纪律,遵守党的政治纪律是遵守党的全部纪律的重要基础。政治纪律是各级党组织和全体党员在政治方向、政治立场、政治言论、政治行为方面必须遵守的规矩,是维护党的团结统一的根本保证。""如果党的政治纪律成了摆设,就会形成'破窗效应',使党的章程、原则、制度、部署丧失严肃性和权威性,党就

---

[1] 习近平:《认真学习党章 严格遵守党章》(2012年11月16日),《求是》2012年第23期。

[2] 习近平:《认真学习党章 严格遵守党章》(2012年11月16日),《求是》2012年第23期。

会沦为各取所需、自行其是的'私人俱乐部'。"[1]

他强调:"党章是我们党的总章程、总规矩。严明政治纪律就要从遵守和维护党章入手。遵守党的政治纪律,最核心的,就是坚持党的领导,坚持党的基本理论、基本路线、基本纲领、基本经验、基本要求,同党中央保持高度一致,自觉维护中央权威。同党中央保持一致不是一个空洞口号,而是一个重大政治原则。在指导思想和路线方针政策以及关系全局的重大原则问题上,全党必须在思想上政治上行动上同党中央保持高度一致。"[2]

全面从严治党的丰富实践,为党内法规制度创新奠定了坚实基础。根据习近平总书记的部署,党中央制定了《中央党内法规制定工作五年规划纲要(2013—2017年)》,于2013年11月正式印发实施。这是中国共产党历史上第一部关于制定和完善党内法规的规划,标志着党内法规建设进入了一个新阶段。

《规划纲要》在指导思想上提出,要"牢牢把握加强党的执政能力建设、先进性和纯洁性建设这条主线,坚持解放思想、改革创新,坚持党要管党、从严治党,以党章为根本,以民主集中制为核心,积极推进党内法规制定工作,加快构建党内法规制度体系,为全面提高党的建设科学化水平、加强和改善党的领导、确保党始终成为中国特色社会主义事业的坚强领导核心提供坚实制度保障"[3]。

《规划纲要》还提出以下重要思想:"完善党的领导和党的工作方面的党内法规,进一步改进党的领导方式和执政方式";"完善党的思想建设方面的党内法规,为做好理论创新和理论武装工作提供制度保

---

[1] 以上引文见《十八大以来重要文献选编》(上),中央文献出版社2014年版,第131—132、134页。
[2]《十八大以来重要文献选编》(上),中央文献出版社2014年版,第132页。
[3]《十八大以来重要文献选编》(上),中央文献出版社2014年版,第478页。

障";"完善党的组织建设方面的党内法规,着力提高组织工作制度化水平";"完善党的作风建设方面的党内法规,为推动作风转变提供强大动力";"完善党的反腐倡廉建设方面的党内法规,切实把权力关进制度的笼子里";"完善党的民主集中制建设方面的党内法规,加快构建党内民主制度体系";"提高党内法规制定质量和执行力"。[1]它的实施,极大地推动了党内法规建设和制度建设。

2015年1月13日,习近平总书记在十八届中央纪委五次全会上的讲话中,着重强调党内规矩问题。他指出:"我们党的党内规矩是党的各级组织和全体党员必须遵守的行为规范和规则。党的规矩总的包括什么呢?其一,党章是全党必须遵循的总章程,也是总规矩。其二,党的纪律是刚性约束,政治纪律更是全党在政治方向、政治立场、政治言论、政治行动方面必须遵守的刚性约束。其三,国家法律是党员、干部必须遵守的规矩,法律是党领导人民制定的,全党必须模范执行。其四,党在长期实践中形成的优良传统和工作惯例。"[2]

以上这些论述,将党的章程、党内法规、党的规矩整合成为全面从严治党的党内规则制度体系,这在党的历史上还是第一次。这以后,经过不懈努力,到中国共产党百年华诞前夕,形成了比较完善的党内法规体系,党的建设科学化、制度化、规范化水平明显提高。与此同时,党坚持把尊崇党章、遵守党章放在首位,严格依规治党,坚持纪严于法、纪在法前,实现纪法分开,实现了党的纪律法规建设理论的重大创新。

2. 驰而不息整治"四风"

2012年12月4日,习近平总书记主持召开中共中央政治局会议,

---

[1] 以上引文见《十八大以来重要文献选编》(上),中央文献出版社2014年版,第481、483、484、486、487、488、490页。

[2]《十八大以来重要文献选编》(中),中央文献出版社2016年版,第347页。

审议通过具有深远影响的《中央政治局关于改进工作作风、密切联系群众的八项规定》。

《八项规定》要求中央政治局全体同志：（一）要改进调查研究，到基层调研要深入了解真实情况，总结经验、研究问题、解决困难、指导工作，向群众学习、向实践学习，多同群众座谈，多同干部谈心，多商量讨论，多解剖典型，多到困难和矛盾集中、群众意见多的地方去，切忌走过场、搞形式主义；要轻车简从、减少陪同、简化接待，不张贴悬挂标语横幅，不安排群众迎送，不铺设迎宾地毯，不摆放花草，不安排宴请。（二）要精简会议活动，切实改进会风，严格控制以中央名义召开的各类全国性会议和举行的重大活动，不开泛泛部署工作和提要求的会，未经中央批准一律不出席各类剪彩、奠基活动和庆祝会、纪念会、表彰会、博览会、研讨会及各类论坛；提高会议实效，开短会、讲短话，力戒空话、套话。（三）要精简文件简报，切实改进文风，没有实质内容、可发可不发的文件、简报一律不发。（四）要规范出访活动，从外交工作大局需要出发合理安排出访活动，严格控制出访随行人员，严格按照规定乘坐交通工具，一般不安排中资机构、华侨华人、留学生代表等到机场迎送。（五）要改进警卫工作，坚持有利于联系群众的原则，减少交通管制，一般情况下不得封路、不清场闭馆。（六）要改进新闻报道，中央政治局同志出席会议和活动应根据工作需要、新闻价值、社会效果决定是否报道，进一步压缩报道的数量、字数、时长。（七）要严格文稿发表，除中央统一安排外，个人不公开出版著作、讲话单行本，不发贺信、贺电，不题词、题字。（八）要厉行勤俭节约，严格遵守廉洁从政有关规定，严格执行住房、车辆配备等有关工作和生活待遇的规定。[1]

---

[1]《中共中央政治局召开会议　审议关于改进工作作风、密切联系群众的有关规定　分析研究二〇一三年经济工作　中共中央总书记习近平主持会议》，《人民日报》2012年12月5日第1版。

2013年1月22日,习近平总书记在十八届中央纪委二次全会上的讲话里指出:"改进工作作风的任务非常繁重,八项规定是一个切入口和动员令。八项规定既不是最高标准,更不是最终目的,只是我们改进作风的第一步,是我们作为共产党人应该做到的基本要求。'善禁者,先禁其身而后人。'各级领导干部要以身作则、率先垂范,说到的就要做到,承诺的就要兑现。"[1]

习近平总书记在多次讲话中还强调,要聚焦党的作风建设,集中解决形式主义、官僚主义、享乐主义和奢靡之风这"四风"问题。"因为这'四风'是违背我们党的性质和宗旨的,是当前群众深恶痛绝、反映最强烈的问题,也是损害党群干群关系的重要根源。党内存在的其他问题都与这'四风'有关,或者说是这'四风'衍生出来的。'四风'问题解决好了,党内其他一些问题解决起来也就有了更好条件。党的十八大之后,中央政治局首先抓改进工作作风,也是这个考虑。"[2]

习近平总书记还指出:"党要管党、从严治党,是党的建设的一贯要求和根本方针。现在,党内有些同志感到不适应,有的说要求太严,管得太死,束缚了手脚;有的说党员、干部也有七情六欲,管党治党应'人性化';有的说都去抓管党治党,经济社会发展没精力抓了。说来说去,就是希望松一点、宽一点。2012年12月,我在中央政治局会议审议八项规定时就说过,我们不舒服一点、不自在一点,老百姓的舒适度就好一点、满意度就高一点,对我们的感觉就好一点。《诗经》中说'战战兢兢,如临深渊,如履薄冰',就是说官当得越大,就越要谨慎,古往今来都是如此,每一个党员、干部特别是领

---

[1]《习近平在十八届中央纪委二次全会上发表重要讲话强调 更加科学有效地防治腐败 坚定不移把反腐倡廉建设引向深入》,《人民日报》2013年1月23日第1版。
[2]《十八大以来重要文献选编》(上),中央文献出版社2014年版,第314页。

导干部都应该明白这个道理。"[1]

在力戒"四风"的关键时刻,习近平总书记强调:"坚持坚持再坚持,把作风建设抓到底。作风问题本质上是党性问题。对我们共产党人来讲,能不能解决好作风问题,是衡量对马克思主义信仰、对社会主义和共产主义信念、对党和人民忠诚的一把十分重要的尺子。我们既要用铁的纪律整治各种面上的顶风违纪行为,更要睁大火眼金睛,任凭不正之风'七十二变',也要把它们揪出来,有多少就处理多少。抓作风建设要返璞归真、固本培元,在加强党性修养的同时,弘扬中华优秀传统文化。"[2]

党风的好转,有力地带动了政风、行业风气和社会风气的逐步好转。2016年1月12日,习近平总书记在第十八届中央纪委六次全会上的讲话中,回顾这段不平常的历程时说:"党的十八大之后,党中央讨论加强党的建设如何抓时,就想到要解决'老虎吃天不知从哪儿下口'的问题。后来决定就抓八项规定,下口就要真正把那块吃进去、消化掉,不要这吃一嘴那吃一嘴,囫囵吞枣,最后都没有消化。我们抓住作风建设这条主线,一以贯之,步步深入。中央政治局从自身做起,形成以上率下的良好氛围。我们强调,作风建设一定要咬住'常'、'长'二字,经常抓、深入抓、持久抓。我们开展党的群众路线教育实践活动、'三严三实'专题教育,健全改进作风常态化制度。我们抓住重要节点,紧盯享乐主义和奢靡之风,加强日常监督检查,严肃查处违规违纪问题,坚决防止反弹,推动党的作风持续向好。我们着眼于以优良党风带动民风社风,发挥优秀党员、干部、道德模范的作用,把家风建设作为领导干部作风建设重要内容,弘扬真善美、

---

[1] 习近平:《在第十八届中央纪律检查委员会第六次全体会议上的讲话》(2016年1月12日),《人民日报》2016年5月3日第2版。
[2]《习近平谈治国理政》第2卷,外文出版社2017年版,第165页。

抑制假恶丑，营造崇德向善、见贤思齐的社会氛围，推动社会风气明显好转。"[1]

3. 确保纪检巡视全覆盖

纪检巡视全覆盖的重大举措，是针对经常出现的制度执行中的"破窗效应"，政策掌握中的"你有政策、我有对策"，中央国家机关的"灯下黑"等情况提出来的。这为全面从严治党提供了一项重要的制度保证。

习近平总书记指出："大量案例表明，权力越大，越容易出现'灯下黑'。强化党内监督，首先要把中央和国家机关管好。派驻机构监督是党和国家监督体系的重要内容，我们实行单独派驻和综合派驻相结合，实现对中央一级党和国家机关全面派驻。各派驻机构强化监督执纪问责，'派'的权威和'驻'的优势明显增强。"[2]

从 2013 年 5 月起，开展了中央巡视组巡视工作，至今已形成巡视制度。2015 年 8 月，中共中央颁布实施修订的《中国共产党巡视工作条例》。2017 年 7 月，中央再次颁布新修订的《中国共产党巡视工作条例》。

巡视制度的建立、完善和持续实施，是全面从严治党的一项制度创新。习近平总书记指出："巡视是党内监督的战略性制度安排。明代以后有八府巡按，走到哪里，捧着尚方宝剑，八面威风。我们的巡视不是八府巡按，但必须有权威性，成为国之利器、党之利器。推动巡视向纵深发展，根本在于贯彻中央巡视工作方针。要重点检查被巡

---

[1] 习近平：《在第十八届中央纪律检查委员会第六次全体会议上的讲话》(2016 年 1 月 12 日)，《人民日报》2016 年 5 月 3 日第 2 版。

[2] 习近平：《在第十八届中央纪律检查委员会第六次全体会议上的讲话》(2016 年 1 月 12 日)，《人民日报》2016 年 5 月 3 日第 2 版。

视党组织是否维护党章权威、贯彻从严治党方针、执行党的路线方针政策和决议，是否存在党的领导弱化、主体责任缺失、从严治党不力等问题，督促其担负起管党治党责任。要以党的纪律为尺子，重点检查政治纪律执行情况，着力发现腐败、纪律、作风和选人用人方面的突出问题，更好发挥震慑遏制治本作用。要以贯彻执行巡视工作条例为契机，提高依规依纪巡视能力，推动巡视工作制度化、规范化。"[1]

对巡视制度建设，习近平总书记高度重视，强调从三个方面入手："要继续创新体制机制，建立健全组织领导、统筹协调、报告反馈、整改落实、队伍建设等工作机制。要创新组织制度，内部挖潜、盘活存量，充实队伍、优化结构。要创新方式方法，使专项巡视更专、更活、更准。"[2]

对巡视工作成效，习近平总书记给予充分肯定："我们加强对巡视工作的领导，擦亮巡视利剑，聚焦发现问题、形成震慑。中央巡视组开展8轮巡视，完成对31个省区市和新疆生产建设兵团、中管国有重要骨干企业、中管金融单位党组织的全面扫描。中央纪委立案审查的中管干部中，一半以上是根据巡视移交的问题线索查处的。我们开展专项巡视，冲着具体事、具体人、具体问题而去，推动查处一批严重违纪违法案件，公开反馈和整改情况，强化不敢、知止的氛围。巡视发现的问题触目惊心，主要表现在违反政治纪律、破坏政治规矩，违反党章要求、无视组织原则，违反廉洁纪律、寻租腐败严重，'四风'屡禁不绝、顶风违纪多发。针对发现的问题，我们坚持标本兼治，剑指问题，倒逼改革，完善制度。各省区市党委、部分中央部委和国家机关部门党组（党委）规范巡视工作，形成了上下联动态势。巡视成为全面从严治党的重要支撑，凸显了党内监督制度的

---

[1]《习近平谈治国理政》第2卷，外文出版社2017年版，第170页。
[2] 以上引文见《习近平谈治国理政》第2卷，外文出版社2017年版，第171页。

力量。"[1]

2017年10月,习近平总书记在党的十九大报告中,又对巡视工作提出更高要求:"深化政治巡视,坚持发现问题、形成震慑不动摇,建立巡视巡察上下联动的监督网。"[2]

习近平总书记既赋予纪检巡视工作很大的责任,又对纪检干部队伍提出严格要求:"纪检监察机关要接受最严格的约束和监督,加大严管严治、自我净化力度,针对自身权力运行机制和管理监督体系的薄弱环节,扎紧织密制度笼子,坚决防止'灯下黑',努力建设一支政治素质高、忠诚干净担当、专业化能力强、敢于善于斗争的纪检监察铁军"[3]。

4. 坚持反腐败无禁区全覆盖零容忍

腐败是党长期执政的最大威胁,反腐败是一场输不起也决不能输的重大政治斗争。持续不断地开展反腐败斗争,是国家治理的重要内容,也是把马克思主义政党治理同国家治理紧密结合的重要手段。

2021年2月20日,习近平总书记在党史学习教育动员大会上的讲话里,深刻总结中国共产党的百年经验指出:"堡垒最容易从内部被攻破。从某种意义上说,自从党成立以来,我们党面临的最大风险是内部变质、变色、变味,丧失马克思主义政党的政治本色,背离党的宗旨而失去最广大人民支持和拥护。党的百年历史,也是我们党不断保持党的先进性和纯洁性,不断防范被瓦解、被腐化的危险的历史。要教育引导

---

[1] 习近平:《在第十八届中央纪律检查委员会第六次全体会议上的讲话》(2016年1月12日),《人民日报》2016年5月3日第2版。

[2]《习近平谈治国理政》第3卷,外文出版社2020年版,第53页。

[3]《习近平在十九届中央纪委五次全会上发表重要讲话强调 充分发挥全面从严治党引领保障作用 确保"十四五"时期目标任务落到实处》,《人民日报》2021年1月23日第1版。

全党通过总结历史经验教训，着眼于解决党的建设的现实问题，不断提高党的领导水平和执政水平、增强拒腐防变和抵御风险能力，确保我们党在世界形势深刻变化的历史进程中始终走在时代前列，在应对国内外各种风险挑战的历史进程中始终成为全国人民的主心骨，在坚持和发展中国特色社会主义的历史进程中始终成为坚强领导核心。"[1]

习近平总书记自党的十八大后就下达了严惩腐败的动员令，严厉查处了周永康、薄熙来、孙政才、令计划等严重违纪违法案件，大得党心军心民心。他反复强调：不得罪成百上千的腐败分子，就要得罪十四亿人民，必须把权力关进制度的笼子里，依纪依法设定权力、规范权力、制约权力、监督权力。

大量事实表明，腐败案件背后，往往与政治上的团团伙伙、结党营私结合在一起。习近平总书记指出："从党的十八大以来查处的中管干部违纪违法案件看，腐败分子往往集政治蜕变、经济贪婪、生活腐化、作风专横于一身。党的十八大以来，党中央反复强调领导干部要严守政治纪律和政治规矩，但有的置若罔闻，搞结党营私、拉帮结派、团团伙伙，一门心思钻营权力；有的明知在换届中组织没有安排他，仍派亲信到处游说拉票，搞非组织活动；有的政治野心不小，扬言'活着要进中南海，死了要入八宝山'；有的在其主政的地方建'独立王国'，搞小山头、拉小圈子，对党中央决策部署阳奉阴违，为实现个人政治野心而不择手段。"[2]

由于腐败的背后有巨大的利益、巨大的诱惑，一些人在反腐败斗争已经形成高压态势之后仍然不收手。这是一场事关从严治党、国家治理的殊死较量。反腐败斗争一刻也不能松劲。

---

[1] 习近平：《在党史学习教育动员大会上的讲话》（2021年2月20日），《求是》2021年第7期。

[2] 《习近平谈治国理政》第2卷，外文出版社2017年版，第161—162页。

习近平总书记对这种复杂情况十分清醒、十分坚定,明确指出:"当前,腐败问题依然存在。有的仍心存侥幸,搞迂回战术,卖官帽、批土地、抢项目、收红包,变着花样收钱敛财,动辄几百万、几千万甚至数以亿计;有的欺瞒组织、对抗组织,藏匿赃款赃物,与相关人员订立攻守同盟,企图逃避党纪国法惩处。他们故意制造一些噪音杂音,企图混淆视听,自己好从中脱身。'四风'在面上有所收敛,但并没有绝迹。党的十八大之后查处的领导干部,很多在享乐主义和奢靡之风上没有收手,贪图享乐,大吃大喝,花天酒地,骄奢淫逸,依然我行我素。有的'四风'问题改头换面、花样翻新,出现了各种变异。种种现实表明,全面从严治党任务依然艰巨,必须持续保持高压态势。"[1]

如何持续保持高压态势?习近平总书记指出:"实现不敢腐,坚决遏制腐败现象滋生蔓延势头。只要谁敢搞腐败,就必须付出代价。一棵参天大树,如任蛀虫繁衍啃咬,最终必会逐渐枯萎。惩治腐败这一手必须紧抓不放、利剑高悬,坚持无禁区、全覆盖、零容忍。要重点查处政治问题和腐败问题交织,不收敛不收手,问题线索反映集中、群众反映强烈、现在重要岗位且可能还要提拔使用的领导干部。要深入剖析严重违纪违法干部的典型案例,发挥警示、震慑、教育作用。"[2]

加大国际追逃追赃力度,是党的十八大后反腐败斗争的一个创举。事实证明,惩治腐败,是国家治理的重要内容,也是对国家治理能力的一个严峻考验。必须做到"魔高一尺,道高一丈"。习近平总书记指出:"我们坚定不移反对腐败,使我们占据了国际道义制高点。过去,美国等西方国家总想用反腐败问题来拿捏我们,不断在联合国、二十国集团、亚太经合组织等场合提出所谓反腐败问题。现

---

[1]《习近平谈治国理政》第 2 卷,外文出版社 2017 年版,第 162—163 页。
[2]《习近平谈治国理政》第 2 卷,外文出版社 2017 年版,第 166 页。

在，我们在国际上一举转为战略主动。我们加强反腐败国际多边双边合作，启动'天网行动'，加大追逃追赃力度，将一批外逃多年的犯罪分子缉拿归案。我们主动提出一系列反腐败国际合作倡议，倡议构建国际反腐新秩序，特别是加大对美国等西方国家在反腐败合作方面的压力，要求他们不要成为腐败分子的'避罪天堂'。原来他们认为那些犯罪嫌疑人是他们手中的牌，现在都成了手里的烫山芋。各方面对我们敢于向腐败亮剑是佩服的，我们的反腐行动赢得了国际社会尊重。"[1]

"老虎""苍蝇"一起打，也是党的十八大后的一个新举措。习近平总书记指出："相对于'远在天边'的'老虎'，群众对'近在眼前'嗡嗡乱飞的'蝇贪'感受更为真切。'微腐败'也可能成为'大祸害'，它损害的是老百姓切身利益，啃食的是群众获得感，挥霍的是基层群众对党的信任。对基层贪腐以及执法不公等问题，要认真纠正和严肃查处，维护群众切身利益，让群众更多感受到反腐倡廉的实际成果。"[2]

"有志者，事竟成。"经过持续五年的强力反腐败斗争，2017年10月，习近平总书记在党的十九大报告中宣布："不敢腐的目标初步实现，不能腐的笼子越扎越牢，不想腐的堤坝正在构筑，反腐败斗争压倒性态势已经形成并巩固发展。"[3]

在反腐败斗争取得历史性成就面前，以习近平同志为核心的党中央依然保持清醒的头脑。

2021年1月22日，习近平总书记在十九届中央纪委五次全会上的讲话中指出："必须清醒看到，腐败这个党执政的最大风险仍然存

---

[1] 习近平：《在第十八届中央纪律检查委员会第六次全体会议上的讲话》（2016年1月12日），《人民日报》2016年5月3日第2版。
[2]《习近平谈治国理政》第2卷，外文出版社2017年版，第167页。
[3]《习近平谈治国理政》第3卷，外文出版社2020年版，第6—7页。

在，存量还未清底，增量仍有发生。政治问题和经济问题交织，威胁党和国家政治安全。传统腐败和新型腐败交织，贪腐行为更加隐蔽复杂。腐败问题和不正之风交织，'四风'成为腐败滋长的温床。腐蚀和反腐蚀斗争长期存在，稍有松懈就可能前功尽弃，反腐败没有选择，必须知难而进。"[1]

5. 加强对权力运行的制约和监督

加强对权力运行的制约和监督，既是马克思主义国家治理理论中的一个难题，也是中国特色社会主义国家治理体系中亟待破解的重大课题。

经过长期不懈的实践探索，特别是经过党的十八大后全面从严治党的成功实践，终于形成了对权力运行进行有效的制约和监督的一整套体制机制。其标志，就是2016年10月中共十八届六中全会通过的《关于新形势下党内政治生活的若干准则》和《中国共产党党内监督条例》。

制定一个新的加强和规范党内政治生活的文件的要求，是在全面从严治党的过程中提出来的。习近平总书记指出："1980年制定的《关于党内政治生活的若干准则》，对于当时恢复和健全党内民主、维护党的集中统一、严肃党的纪律、促进党的团结，实现政治上、思想上、组织上、作风上的拨乱反正，实现全党工作中心的转移，发挥了重要历史作用。当前，《准则》对我们严肃和规范党内政治生活、弘扬党的优良传统和作风仍具有重要现实指导意义。""30多年来，形势任务和党内情况发生了很大变化，党的建设既积累了大量新成果新

---

[1]《习近平在十九届中央纪委五次全会上发表重要讲话强调　充分发挥全面从严治党引领保障作用　确保"十四五"时期目标任务落到实处》，《人民日报》2021年1月23日第1版。

经验，又面临许多新情况新问题。"[1]这就需要根据新的形势和新问题提出新的要求。

习近平总书记指出："我们党抓党的建设，很重要的一条经验就是要不断总结我们党长期以来形成的历史经验和成功做法，并结合新的形势任务和实践要求加以创新。因此，有必要通过六中全会，对近年来特别是党的十八大以来从严治党的理论和实践进行总结，看哪些经过实践检验是好的，必须长期坚持；哪些可以进一步完善并上升为制度规定，以党内法规的形式固化下来；哪些需要结合新的情况继续深化。所以，党中央决定同时制定准则、修订条例，这是着眼于推进全面从严治党、坚持思想建党和制度治党相结合的一个重要安排。"[2]

2004年2月，党中央颁行过一个试行的《中国共产党党内监督条例（试行）》。党的十八大后，对该条例作了较大幅度的修改，于2016年10月十八届六中全会通过后施行。

《中国共产党党内监督条例》是新形势下加强党内监督的顶层设计，是规范党内监督的基本法规。历史反复证明，对国家权力运行的制约和监督，必须首先从对执政党的权力运行进行制约和监督做起。党内监督缺位，必然导致党的领导弱化、党的建设缺失、全面从严治党不力。党内监督是永葆党的肌体健康的生命之源，要不断增强向体内病灶开刀的自觉性，使积极开展监督、主动接受监督成为全党的自觉行动。

关于党内监督的原则，习近平总书记指出："党内监督要坚持惩前毖后、治病救人，立足于小、立足于早，开展批评和自我批评，及

---

[1] 习近平：《关于〈关于新形势下党内政治生活的若干准则〉和〈中国共产党党内监督条例〉的说明》，《人民日报》2016年11月3日第2版。

[2] 习近平：《关于〈关于新形势下党内政治生活的若干准则〉和〈中国共产党党内监督条例〉的说明》，《人民日报》2016年11月3日第2版。

时进行约谈函询、诫勉谈话，及时发现问题、纠正偏差。分析这些年来查处的典型腐败案件，都有一个量变到质变、小节到大错的过程。如果在刚发现问题时组织就及时拉一把，一些干部也不至于在错误的道路上越滑越远。党组织要多了解党员、干部日常的思想、工作、作风、生活状况，多注意干部群众的反映，抓早抓小，防微杜渐。要把党内监督体现在时时处处事事上，敦促党员、干部按本色做人、按角色办事。全党同志要习惯于在同志间相互提醒和督促中修正错误、共同进步。"[1]

关于在党内监督中高度重视和充分发挥党员民主监督作用，保障党员民主监督权利，习近平总书记指出："党员民主监督是党内监督的基本方式。党员的民主监督不仅是权利，更是不容推卸的义务，是对党应尽的责任。基层党组织和党员要加强对党的领导干部的监督，督促其正常参加组织生活、履行党员义务。在党的会议上，党员要勇于对违反党章党规的行为提出意见，有根据地批评党的任何组织和任何党员，负责地向党反映党的任何组织和党员违纪违法的事实。各级党组织要保障党员知情权和监督权，鼓励和支持党员在党内监督中发挥积极作用，对干扰妨碍监督、打击报复监督的人要依纪严肃处理。"[2]

关于党内监督同国家机关监督、民主党派监督、群众监督、舆论监督等结合起来，习近平总书记指出："党内监督在党和国家各种监督形式中是最根本的、第一位的，但如果不同有关国家机关监督、民主党派监督、群众监督、舆论监督等结合起来，就不能形成监督合力。各级领导干部要主动接受各方面监督，这既是一种胸怀，也

---

[1] 习近平：《在党的十八届六中全会第二次全体会议上的讲话（节选）》（2016年10月27日），《求是》2017年第1期。

[2] 习近平：《在党的十八届六中全会第二次全体会议上的讲话（节选）》（2016年10月27日），《求是》2017年第1期。

是一种自信。要支持人民政协依照章程进行民主监督，重视民主党派和无党派人士提出的意见、批评、建议，鼓励党外人士讲真话、进诤言。要自觉接受群众监督，畅通信访举报渠道，对违规违纪典型问题严肃处理，及时回应人民群众关切。要加强舆论监督，通过对典型案例进行曝光剖析，发挥警示作用，为全面从严治党营造良好舆论氛围。"[1]

党内监督如何同国家监察有机结合起来，形成国家治理的合力，也是需要解决的问题。习近平总书记指出："强化党内监督是为了保证党立党为公、执政为民，强化国家监察是为了保证国家机器依法履职、秉公用权，强化群众监督是为了保证权力来自人民、服务人民。要把党内监督同国家监察、群众监督结合起来，同法律监督、民主监督、审计监督、司法监督、舆论监督等协调起来，形成监督合力，推进国家治理体系和治理能力现代化。"[2]

他还提出："行政监察法要体现党中央关于中央纪委、监察部合署办公，中央纪委履行党的纪律检查和政府行政监察两项职能，对党中央全面负责的精神。监察对象要涵盖所有公务员。要坚持党对党风廉政建设和反腐败工作的统一领导，扩大监察范围，整合监察力量，健全国家监察组织架构，形成全面覆盖国家机关及其公务员的国家监察体系。"[3]

2018年3月，十三届全国人大一次会议审议通过了首部《中华人民共和国监察法》。这部国家监察法的通过，使以习近平同志为核心的党中央作出的关于深化国家监察体制改革的重大决策得以实现，成

---

[1] 习近平：《在党的十八届六中全会第二次全体会议上的讲话（节选）》（2016年10月27日），《求是》2017年第1期。
[2]《习近平谈治国理政》第2卷，外文出版社2017年版，第169页。
[3]《习近平谈治国理政》第2卷，外文出版社2017年版，第169页。

为强化党和国家自我监督的重大举措。

一是切实实现了监察全覆盖。国家监察体制改革之前，党内监督已经实现全覆盖，而依照行政监察法的规定，行政监察对象主要是行政机关及其工作人员，还没有做到对所有行使公权力的公职人员全覆盖。在我国，党管干部是坚持党的领导的重要原则。作为执政党，我们党不仅管干部的培养、提拔、使用，还必须对干部进行教育、管理、监督，必须对违纪违法的干部作出处理，对党员干部和其他公职人员的腐败行为进行查处。

二是切实使反腐败力量形成合力。国家监察体制改革之前，党的纪律检查机关依照党章党规对党员的违纪行为进行审查，行政监察机关依照行政监察法对行政机关工作人员的违法违纪行为进行监察。深化国家监察体制改革，组建党统一领导的反腐败工作机构即监察委员会，就是将行政监察部门、预防腐败机构和检察机关查处贪污贿赂、失职渎职以及预防职务犯罪等部门的工作力量整合起来，把反腐败资源集中起来，把执纪和执法贯通起来，攥指成拳，形成合力。

三是构建党统一指挥、全面覆盖、权威高效的监督体系。国家监察法明确监察委员会的性质、地位，明确"各级监察委员会是行使国家监察职能的专责机关"，从而与党章关于"党的各级纪律检查委员会是党内监督专责机关"相呼应，通过国家立法把党对反腐败工作集中统一领导的体制机制固定下来，把制度优势转化为治理效能。

实践证明，国家监察法的制定，是坚持党内监督与国家监察有机统一、坚持走中国特色监察道路的创制之举，是推进国家治理体系和治理能力现代化的战略举措。在我国监督体系中，党内监督和国家监察发挥着十分重要的作用。党内监督是对全体党员尤其是对党员干部实行的监督，国家监察是对所有行使公权力的公职人员实行的监督。我国80%的公务员和超过95%的领导干部是共产党员，这就决定了党内监督和国家监察具有高度的内在一致性，也决定了实行党内监督和国家监察相统一的必然性。这种把二者有机统一起来的监督制度具有鲜明的中国特色。深化国家监察体制改革，成立监察委员会，并与党的纪律检查机关合署办公，代表党和国家行使监督权和监察权，履行纪检、监察两项职责，加强对所有行使公权力的公职人员的监督，从而在我们党和国家形成巡视、派驻、监察三个全覆盖的统一的权力监督格局，形成发现问题、纠正偏差、惩治腐败的有效机制，为实现党和国家长治久安走出了一条中国特色监察道路。

国家监察法明确监察委员会由同级人大产生，对它负责，受它监督，拓宽了人民监督权力的途径，提高了社会主义民主政治制度化、规范化、法治化水平，丰富和发展了人民代表大会制度的内涵，推动了人民代表大会制度与时俱进，对推进国家治理体系和治理能力现代化具有深远意义。

对人民赋予的权力进行有效制约和监督，任重而道远。2021年1月22日，习近平总书记在十九届中央纪委五次全会上的讲话中提出："要完善党和国家监督体系，使监督融入'十四五'建设之中。要把监督贯穿于党领导经济社会发展全过程，把完善权力运行和监督制约机制作为实施规划的基础性建设，构建全覆盖的责任制度和监督制度。党委（党组）要履行主体责任，书记作为第一责任人要敢抓真管，纪检监察机关要盯住重点人重点事。要健全党和国家监督体系，以党内监督为主导，不断完善权力监督制度和执纪执法体系，各种监督协调贯通，形成常态长效的监督合力。要充分发挥监督在基层治理中的作用，推动监督落地，让群众参与到监督中来。"[1]

---

[1]《习近平在十九届中央纪委五次全会上发表重要讲话强调 充分发挥全面从严治党引领保障作用 确保"十四五"时期目标任务落到实处》，《人民日报》2021年1月23日第1版。

6. 严肃党内政治生活

党的十八大以后，全面从严治党，强力反腐败，强力反"四风"，纪检巡视监察全覆盖，发现的问题令人触目惊心。有些党员、干部政治信仰出现严重危机，一些地方和部门选人用人风气不正，形式主义、官僚主义、享乐主义和奢靡之风盛行，特权思想和特权现象较为普遍。特别是搞任人唯亲、排斥异己的有之，搞团团伙伙、拉帮结派的有之，搞匿名诬告、制造谣言的有之，搞收买人心、拉动选票的有之，搞封官许愿、弹冠相庆的有之，搞自行其是、阳奉阴违的有之，搞尾大不掉、妄议中央的也有之，政治问题和经济问题相互交织，贪腐程度触目惊心。这"七个有之"问题严重影响党的形象和威信，严重损害党群干群关系，引起广大党员、干部、群众强烈不满和义愤。产生这些问题的主要原因，是党内健康政治生活和良好政治生态遭到严重破坏。

习近平总书记敏锐地抓住党的政治建设这个中心环节，形成以政治建设为统领全面从严治党的崭新格局。他强调指出："开展严肃认真的党内政治生活，是我们党作为马克思主义政党区别于其他政党的重要特征，是我们党的光荣传统。长期实践证明，严肃认真的党内政治生活是我们党坚持党的性质和宗旨、保持先进性和纯洁性的重要法宝，是解决党内矛盾和问题的'金钥匙'，是广大党员、干部锤炼党性的'大熔炉'，是纯洁党风的'净化器'。"[1]

习近平总书记指出："政治生态好，人心就顺、正气就足；政治生态不好，就会人心涣散、弊病丛生。当前，有的地方和部门正气不彰、邪气不祛；'明规矩'名存实亡，'潜规则'大行其道；求真务实、埋头苦干的受到排挤，好大喜功、急功近利的如鱼得水。这种

---

[1] 习近平：《在党的十八届六中全会第二次全体会议上的讲话（节选）》（2016年10月27日），《求是》2017年第1期。

风气不纠正、不扭转,对干部队伍杀伤力很大。'浇风易渐,淳化难归。'净化政治生态同修复自然生态一样,绝非一朝一夕之功,需要综合施策、协同推进。""要抓住建章立制,立'明规矩'、破'潜规则',围绕发生的腐败案例,查找漏洞,吸取教训,着重完善党内政治生活等各方面制度,压缩消极腐败现象生存空间和滋生土壤,通过体制机制改革和制度创新促进政治生态不断改善。"[1]

如何加强党的政治建设?习近平总书记提出以下五个着力点:

一是抓好思想教育这个根本。加强思想教育和理论武装,是党内政治生活的首要任务,是保证全党步调一致的前提。党内政治生活出现这样那样的问题,根子还是一些党员、干部理想信念这个"压舱石"发生了动摇,世界观、人生观、价值观这个"总开关"出现了松动。理想信念,源自坚守,成于磨砺。要坚持不懈强化理论武装,毫不放松加强党性教育,持之以恒加强道德教育,教育引导广大党员、干部筑牢信仰之基、补足精神之钙、把稳思想之舵,坚守真理、坚守正道、坚守原则、坚守规矩,明大德、严公德、守私德,重品行、正操守、养心性,做到以信念、人格、实干立身。

习近平总书记特别强调政治文化的作用,指出:"党内政治生活、政治生态、政治文化是相辅相成的,政治文化是政治生活的灵魂,对政治生态具有潜移默化的影响。要注重加强党内政治文化建设,倡导和弘扬忠诚老实、光明坦荡、公道正派、实事求是、艰苦奋斗、清正廉洁等价值观,旗帜鲜明抵制和反对关系学、厚黑学、官场术、'潜规则'等庸俗腐朽的政治文化,不断培厚良好政治生态的土壤。"[2]

二是抓好严明纪律这个关键。纪律严明是加强和规范党内政治生

---

[1] 以上引文见《习近平谈治国理政》第2卷,外文出版社2017年版,第167、168页。
[2] 习近平:《在党的十八届六中全会第二次全体会议上的讲话(节选)》(2016年10月27日),《求是》2017年第1期。

活的内在要求和重要保证。政治纪律和政治规矩是党最根本、最重要的纪律，遵守政治纪律和政治规矩是遵守党的全部纪律的基础。各级党组织和广大党员要自觉遵守政治纪律和政治规矩，不断增强政治意识、大局意识、核心意识、看齐意识，做到坚守政治信仰、站稳政治立场、把准政治方向。要坚持有令必行、有禁必止，坚决查处各种违反纪律的行为，使各项纪律规矩真正成为"带电的高压线"，防止出现"破窗效应"。

他特别提出："要按照准则精神，对现有制度规范进行梳理，该修订的修订，该补充的补充，该新建的新建，让党内政治生活有规可依、有章可循。"[1]

三是抓好选人用人这个导向。选人用人是党内政治生活的风向标，用人上的不正之风和腐败现象对政治生活危害最烈，端正用人导向是严肃党内政治生活的治本之策。要落实好干部标准，严把政治关、品行关、作风关、廉洁关，真正让忠诚干净担当、为民务实清廉、奋发有为、锐意改革、实绩突出的干部得到褒奖和重用，让阳奉阴违、阿谀逢迎、弄虚作假、不干实事、会跑会要的干部没市场、受惩戒。要大力整治选人用人上的不正之风，使用人风气更加清朗，坚决纠正"劣币驱逐良币"的逆淘汰现象，以用人环境的风清气正促进政治生态的山清水秀。要完善从严管理监督干部制度体系，解决"重选轻管"问题。同时，要抓紧健全容错纠错机制，加大正向激励力度，引导广大干部保持良好精神状态，奋发有为、敢于担当。

四是用好组织生活这个经常性手段。党的组织生活是党内政治生活的重要内容和载体，是党组织对党员进行教育管理监督的重要形式。一个班子强不强、有没有战斗力，同有没有严肃认真的组织生活密切相关。批评和自我批评是我们党强身治病、保持肌体健康的锐利

---

[1] 习近平：《在党的十八届六中全会第二次全体会议上的讲话（节选）》（2016年10月27日），《求是》2017年第1期。

武器，也是加强和规范党内政治生活的重要手段。领导干部要带头，班子要作表率，在党内营造批评和自我批评的良好风气。

他强调："领导干部要坚决反对事不关己、高高挂起，明知不对、少说为佳的庸俗哲学，坚决克服文过饰非、知错不改等错误倾向。"[1]

五是抓住继承和创新这两个关键环节。我们党在长期实践中形成的党内政治生活的光荣传统，不论过去、现在还是将来，都是党的宝贵财富。光荣传统不能丢，丢了就丢了魂；红色基因不能变，变了就变了质。同时，我们要立足新的实际，不断从内容、形式、载体、方法、手段等方面进行改进和创新，善于以新的经验指导新的实践，更好发挥党内政治生活的作用，努力在全党造成一个又有集中又有民主、又有纪律又有自由、又有统一意志又有个人心情舒畅生动活泼的政治局面。

习近平总书记还强调："关键看是否有效解决了党内政治生活存在的突出矛盾和问题。党的各级组织和每个党员、干部要自觉用准则对照自己的思想和行动，敢于直面问题，勇于自我解剖，向顽瘴痼疾开刀。一方面，要注重解决那些量大面广、表现突出的问题，诸如工作中搞独断专行、搞'一言堂'和自由主义、分散主义问题，作风上搞形式主义、官僚主义、享乐主义和奢靡之风问题，滥用权力、贪污受贿、腐化堕落、违法乱纪问题，有纪不依、执纪不严、违纪不究问题，不思进取、不敢担当、庸懒无为问题，等等。这类问题，群众看得真切，界限尺度比较明确，重在严格执行制度，加强刚性约束。另一方面，要着力解决政治性强、破坏力大的问题，诸如在重大问题上不同党中央保持一致、不执行党的政治纪律和政治规矩问题，对党不忠诚老实、阳奉阴违、弄虚作假、做'两面人'问题，选人用人上

---

[1]习近平：《在党的十八届六中全会第二次全体会议上的讲话（节选）》（2016年10月27日），《求是》2017年第1期。

任人唯亲、任人唯利和跑官要官、买官卖官、拉票贿选问题，结党营私、拉帮结派、政治野心膨胀问题，等等。这类问题，往往隐蔽性强，不到关键时刻难以暴露，重在确立判断标准，及时查处典型，形成有效机制。"[1]

总之，党的十八大以来，全面从严治党的政治引领和政治保障作用充分发挥，党的自我净化、自我完善、自我革新、自我提高能力显著增强，管党治党宽松软状况得到根本扭转，反腐败斗争取得压倒性胜利并全面巩固，消除了党、国家、军队内部存在的严重隐患，党在革命性锻造中更加坚强。

习近平总书记总结党的百年历史经验指出："我们党历经千锤百炼而朝气蓬勃，一个很重要的原因就是我们始终坚持党要管党、全面从严治党，不断应对好自身在各个历史时期面临的风险考验，确保我们党在世界形势深刻变化的历史进程中始终走在时代前列，在应对国内外各种风险挑战的历史进程中始终成为全国人民的主心骨！"[2]

中国共产党的全面领导、中国共产党的全面从严治党，在中国特色社会主义国家治理体系中，占有举足轻重的地位。把全面从严治党纳入国家战略全局，纳入国家治理体系之中，是以习近平同志为核心的党中央的一个历史性的、划时代的贡献。

（三）驾驭我国经济发展大局的能力显著提升

经过党团结带领人民长期不懈推进社会主义现代化建设，特别是

---

[1] 习近平：《在党的十八届六中全会第二次全体会议上的讲话（节选）》（2016年10月27日），《求是》2017年第1期。

[2] 习近平：《在庆祝中国共产党成立100周年大会上的讲话》（2021年7月1日），《人民日报》2021年7月2日第2版。

经过改革开放新时期以来的快速发展，国家综合国力不断增强、人民生活水平迅速提高，在中国特色社会主义进入新时代后，我国社会主要矛盾已经转化为人民日益增长的美好生活需要和不平衡不充分的发展之间的矛盾。

在这种情况下，能不能顺应人民对美好幸福生活的追求，调整党和国家发展理念，将经济社会发展的指导思想由快速增长转变到高质量发展上来，将改革发展的重心调整到以人民为中心的理念上来，这对中国共产党的治国理政能力和水平是一个严峻考验。

2012年11月，习近平总书记和新当选的中央政治局常委同中外记者见面时表示："我们的人民热爱生活，期盼有更好的教育、更稳定的工作、更满意的收入、更可靠的社会保障、更高水平的医疗卫生服务、更舒适的居住条件、更优美的环境，期盼孩子们能成长得更好、工作得更好、生活得更好。人民对美好生活的向往，就是我们的奋斗目标。人世间的一切幸福都需要靠辛勤的劳动来创造。我们的责任，就是要团结带领全党全国各族人民，继续解放思想，坚持改革开放，不断解放和发展社会生产力，努力解决群众的生产生活困难，坚定不移走共同富裕的道路。"[1]

1. 经济社会发展理念和思路的转变

站在经济发展已经转到高质量发展轨道的起点上，站在全面建成小康社会、实现第一个百年奋斗目标的新的历史起点上，2021年1月11日，习近平总书记在省部级主要领导干部学习贯彻党的十九届五中全会精神专题研讨班上的讲话中，曾经这样回顾指导经济社会发展理念转变的历史过程。他说：

---

[1]《习近平谈治国理政》第1卷，外文出版社2018年版，第4页。

党的十八大以来，我们党对经济形势进行科学判断，对发展理念和思路作出及时调整，引导我国经济发展取得了历史性成就、发生了历史性变革。这里，我概要讲一下其中主要的方面。一是坚持以人民为中心的发展思想。2012年11月15日，在十八届中央政治局常委同中外记者见面时，我就强调人民对美好生活的向往就是我们的奋斗目标，强调要坚定不移走共同富裕的道路。2015年10月29日，在党的十八届五中全会上，我明确提出了坚持以人民为中心的发展思想。2020年10月29日，在党的十九届五中全会上，我进一步强调要努力促进全体人民共同富裕取得更为明显的实质性进展。二是不再简单以国内生产总值增长率论英雄。2012年12月15日，在中央经济工作会议上，我强调不能不顾客观条件、违背规律盲目追求高速度。2013年4月25日，在中央政治局常委会会议上，我强调不要把国家确定的调控目标作为各地经济增长的底线，更不要相互攀比甚至层层加码，要立足提高质量和效益来推动经济持续健康发展，追求实实在在、没有水分的生产总值，追求有效益、有质量、可持续的经济发展。三是我国经济处于"三期叠加"时期。2013年7月25日，在中央政治局常委会会议上，我强调我国经济正处于增长速度换挡期、结构调整阵痛期、前期刺激政策消化期叠加的阶段，加上世界经济也在深度调整，发展环境十分复杂，要准确认识我国经济发展阶段性特征，实事求是进行改革调整。四是经济发展进入新常态。2013年12月10日，在中央经济工作会议上，我提出"新常态"。2014年12月9日，也是在中央经济工作会议上，我从9个方面的趋势性变化分析了我国经济发展进入新常态的原因，强调认识新常态、适应新常态、引领新常态是当前和今后一个时期我国经济发展的大逻辑。五是使市场在资源配置中起决定性作用、更好发挥政府作用。2013年11月，在党的十八届三中全会上,我强调市场配置资源是最有效率的形式,市场决定资源配置是市场经济的一般规律,强调要使市场在资源配置中起决定性作用,对市场作用作了全新定位。六是绿水青山就是金山银山。2013年9月7日,在纳扎尔巴耶夫大学发表演讲时,我明确提出这个观点,强调建设生态文明、建设美丽中国是我们的一项战略任务,要给子孙后代留下天蓝、地绿、水净的美好家园。2014年3月7日,在参加十二届全国人大二次会议贵州代表团审议时,我进一步强调了这个观点。七是坚持新发展理念。2015年10月,在党的十八届五中全会上,我提出了创新、协调、绿色、开放、共享的发展理念,强调创新发展注重的是解决发展动力问题,协调发展注重的是解决发展不平衡问题,绿色发展注重的是解决人与自然和谐问题,开放发展注重的是解决发展内外联动问题,共享发展注重的是解决社会公平正义问题,强调坚持新发展理念是关系我国发展全局的一场深刻变革。八是推进供给侧结构性改革。2015年11月10日,在中央财经领导小组会议上,我提出要着力加强供给侧结构性改革。2015年12月18日,在中央经济工作会议上,我强调供给侧结构性改革的关键是抓好"去产能、去库存、去杠杆、降成本、补短板"。2018年12月19日,在中央经济工作会议上,我提出了"巩固、增强、提升、畅通"的8字新要求,强调这八字方针是当前和今后一个时期深化供给侧结构性改革、推动经济高质量发展管总的要求。九是发展不平衡不充分。2017年10月,在党的十九大上,我强调我国社会主要矛盾已经转化为人民日益增长的美好生活需要和不平衡不充分的发展之间的矛盾,强调这是关系全局的历史性变化。十是推动高质量发展。2017年10月,在党的十九大上,我强调基于我国社会主要矛盾已经转化为人民日益增长的美好生活需要和不平衡不充分的发展之间的矛盾这一事实,以及新发展理念的要求,我国经济已由高速增长阶段转向高质量发展阶段。十一是建设现代化经济体系。2017年10月,在党的十九大上,我强调建设现代化经济体系是跨越关口的迫切要求和我国发展的战略目标。十二是构建以国内大循环为主体、国内国际双循环相互促进的新发展格局。2020年4月10日,在中央财经委会议上,我强调要构建以国内大循环为主体、国内国际双循环相互促进的新发展格局。十三是统筹发展和安全。2015年5月29日,在中央政治局集体学习时,我强调要牢固树立安全发展理念。2016年1月18日,在省部级主要领导干部专题研讨班上,我从4个方面分析了我们搞开放发展所面临的风险挑战。2018年1月5日,在新进中央委员会的委员、候补委员和省部级主要领导干部研讨班上,我从8个方面列举了16个需要高度重视的风险。2019年1月21日,我们专门举办了省部级主要领导干部坚持底线思维着力防范化解重大风险专题研讨班,我在开班式上分析了要防范化解政治、意识形态、经济、对美经贸斗争、科技、社会、对外工作、党自身等8个领域的重大风险并提出了明确要求,强调我们必须始终保持高度警惕,既要高度警惕"黑天鹅"事件,也要防范"灰犀牛"事件。

我回顾这个过程是要强调,党的十八大以来我们对经济社会发展提出了许多重大理论和理念,其中新发展理念是最重要、最主要的。新发展理念是一个系统的理论体系,回答了关于发展的目的、动力、方式、路径等一系列理论和实践问题,阐明了我们党关于发展的政治立场、价值导向、发展模式、发展道路等重大政治问题。全党必须完整、准确、全面贯彻新发展理念。[1]

---

[1] 习近平:《把握新发展阶段,贯彻新发展理念,构建新发展格局》(2021年1月11日),《求是》2021年第9期。

不断根据历史方位发展、形势变化、社会主要矛盾变化,搞清楚实现什么样的发展、怎样发展,建设什么样的社会主义现代化强国、怎样建设社会主义现代化强国,对发展理念、发展目标、发展战略及时作调整,是国家治理的核心内容。党的十八大以来,以习近平同志为核心的党中央就根据急剧变化的国内国际形势作出敏锐的反应与科学的判断,及时而又稳健地对发展理念与思路作出调整,显示出高超的驾驭国家发展全局的能力。

2. 经济发展新常态的提出

2013年12月中央经济工作会议,是党的十八届三中全会作出加快转变经济发展方式、培育经济发展新动力、实现经济持续健康发展决策之后召开的。

会议提出,观察当前和今后世界经济形势,必须联系国际金融危机的大背景。国际金融危机影响具有长期性,国际市场争夺更趋激烈,必须顺势而为、转变思路。要冷静扎实办好自己的事,大力推进改革创新,把发展的强大动力和内需的巨大潜力释放出来,以转变经济发展方式的主动、调整经济结构的主动、改革开放的主动,赢得在经济发展上的主动和国际竞争中的主动,努力创造和维护政治关系友好、经贸规则有利、发展空间广阔的良好环境。

根据这一判断,会议明确,做好2014年经济工作,最核心的是要坚持稳中求进、改革创新。要稳扎稳打,步步为营,巩固稳中向好的发展态势,促进经济社会大局稳定,为全面深化改革创造条件。同时,要积极推动全面深化改革,坚持问题导向,勇于突破创新,以改革促发展、促转方式调结构、促民生改善。"稳"也好,"改"也好,是辩证统一、互为条件的。一静一动,静要有定力,动要有秩序,关键是把握好这两者之间的度。

会议实际上提出了破除对"唯GDP"的路径依赖问题,指出:

要全面认识持续健康发展和生产总值增长的关系，不能把发展简单化为增加生产总值，抓住机遇保持国内生产总值合理增长、推进经济结构调整，努力实现经济发展质量和效益得到提高又不会带来后遗症的速度。[1]

2014年的经济改革和经济发展，按照"稳中求进"的工作总基调，取得了预期的成效，实现了经济社会持续稳步发展。全年主要目标和任务得到较好完成，经济运行处在合理区间，经济结构调整出现积极变化，深化改革开放取得重大进展，人民生活水平提高。

这一时期的特点，是中国经济发展已经进入到中高速增长阶段，但许多人仍然期盼经济恢复到两位数增长时期。在这一过程中，对经济形势怎么看、怎么办，出现了一些议论。针对这些情况，习近平总书记在2014年12月中央经济工作会议上强调指出："科学认识当前形势，准确研判未来走势，是做好经济工作的基本前提。最近，国内外都有一些议论，说中国经济增速下降，是不是出了什么问题？也有一些人认为，中国经济增速已经降至7.5%以下，为什么不采取强刺激措施？等等。我想，分析和看待这个问题，必须历史地、辩证地认识我国经济发展的阶段性特征。"他回顾说："去年，中央作出一个判断，即我国经济发展正处于增长速度换挡期、结构调整阵痛期、前期刺激政策消化期'三期叠加'阶段。今年年中，在中央政治局会议上，我对'三期叠加'进一步作了分析，强调经济工作要适应经济发展新常态。不久前，在北京亚太经合组织工商领导人峰会上，我概要分析了我国经济发展新常态下速度变化、结构优化、动力转换三大特点。这里，我想用对比的方法，谈谈我国经济发展新常态带来的几个

---

[1] 以上内容见《中央经济工作会议在北京举行　习近平李克强作重要讲话》，《人民日报》2013年12月14日第1版。

趋势性变化。"[1]

习近平总书记从9个方面阐述了这些变化。

第一,从消费需求看,过去,我国消费具有明显的模仿型排浪式特征,你有我有全都有,消费是一浪接着一浪地增长。现在,"羊群效应"没有了,模仿型排浪式消费阶段基本结束,消费拉开档次,个性化、多样化消费渐成主流,保证产品质量安全、通过创新供给激活需求的重要性显著上升。随着我国收入水平提高和消费结构变化,供给体系进行一些调整是必然的,但我国有13亿多人,总体消费水平还不高、余地还很大。我们必须采取正确的消费政策,释放消费潜力,使消费继续在推动经济发展中发挥基础作用。

第二,从投资需求看,过去,投资需求空间巨大,只要有钱敢干,投资都有回报,投资在经济发展中扮演着重要角色。现在,经历了30多年高强度大规模开发建设后,传统产业、房地产投资相对饱和,但基础设施互联互通和一些新技术、新产品、新业态、新商业模式的投资机会大量涌现,对创新投融资方式提出了新要求。我国总储蓄率仍然较高。我们必须善于把握投资方向,消除投资障碍,使投资继续对经济发展发挥关键作用。

第三,从出口和国际收支看,国际金融危机发生前,国际市场空间扩张很快,只要有成本优势,出口就能扩大,出口成为拉动我国经济快速发展的重要动能。现在,全球总需求不振,我国低成本比较优势也发生了转化。同时,我国出口竞争优势依然存在,多少年打拼出来的国际市场也是重要资源。高水平引进来、大规模走出去正在同步发生,人民币国际化程度明显提高,国际

---

[1]《习近平谈治国理政》第2卷,外文出版社2017年版,第229页。

收支双顺差局面正在向收支基本平衡方向发展。我们必须加紧培育新的比较优势，积极影响国际贸易投资规则重构，使出口继续对经济发展发挥支撑作用。

第四，从生产能力和产业组织方式看，过去，供给不足是长期困扰我们的一个主要矛盾，现在传统产业供给能力大幅超出需求，钢铁、水泥、玻璃等产业的产能已近峰值，房地产出现结构性、区域性过剩，各类开发区、工业园区、新城新区的规划建设总面积超出实际需要。在产能过剩的条件下，产业结构必须优化升级，企业兼并重组、生产相对集中不可避免。互联网技术加快发展，创新方式层出不穷，新兴产业、服务业、小微企业作用更加凸显，生产小型化、智能化、专业化将成为产业组织新特征。

第五，从生产要素相对优势看，过去，我们有源源不断的新生劳动力和农业富余劳动力，劳动力成本低是最大优势，引进技术和管理就能迅速变成生产力。现在，人口老龄化日趋发展，劳动年龄人口总量下降，农业富余劳动力减少，在许多领域我国科技创新与国际先进水平相比还有较大差距，能够拉动经济上水平的关键技术人家不给了，这就使要素的规模驱动力减弱。随着要素质量不断提高，经济增长将更多依靠人力资本质量和技术进步，必须让创新成为驱动发展新引擎。

第六，从市场竞争特点看，过去，主要是数量扩张和价格竞争。现在，竞争正逐步转向质量型、差异化为主的竞争，消费者更加注重品质和个性化，竞争必须把握市场潜在需求，通过供给创新满足需求。企业依赖税收和土地等优惠政策形成竞争优势、外资超国民待遇的方式已经难以为继，统一全国市场、提高资源配置效率是经济发展的内生性要求。我们必须深化改革开放，加快形成统一透明、有序规范的市场环境，为市场充分竞争创造良好条件。

第七，从资源环境约束看，过去，能源资源和生态环境空间相对较大，可以放开手脚大开发、快发展。现在，环境承载能力已经达到或接近上限，难以承载高消耗、粗放型的发展了。人民群众对清新空气、清澈水质、清洁环境等生态产品的需求越来越迫切，生态环境越来越珍贵。我们必须顺应人民群众对良好生态环境的期待，推动形成绿色低碳循环发展新方式，并从中创造新的增长点。

第八，从经济风险积累和化解看，过去，经济高度发展掩盖了一些矛盾和风险。现在，伴随着经济增速下调，各类隐性风险逐步显性化，地方政府性债务、影子银行、房地产等领域风险正在显露，就业也存在结构性风险。这些风险，有的来自经济结构调整中政府行为越位，有的来自市场主体在经济繁荣时的盲目投资，有的来自缺乏长远考虑而过度承诺，有的则与国际金融危机冲击有直接关系。综合判断，我们面临的风险总体可控，但化解以高杠杆和泡沫化为主要特征的各类风险将持续一段时间。我们必须标本兼治、对症下药，建立健全化解各类风险的体制机制，通过延长处理时间减少一次性风险冲击力度，如果有发生系统性风险的威胁，就要果断采取外科手术式的方法进行处理。

第九，从资源配置模式和宏观调控方式看，过去，总需求增长潜在空间大，实行凯恩斯主义的办法就能有效刺激经济发展；经济发展中的短板很清楚，产业政策只要按照"雁行理论"效仿先行国家就能形成产业比较优势。现在，从需求方面看，全面刺激政策的边际效果明显递减；从供给方面看，既要全面化解产能过剩，也要通过发挥市场机制作用探索未来产业发展方向。我们必须全面把握总供求关系新变化，科学进行宏观调控，适度干预但不盲目，必要时在把握好度的前提下坚定出手，平衡好增强活力和创造环境的关系，真正形成市场和政府合理分工，推动发展新模式。

以上这些趋势性变化说明，在"三期叠加"这个阶段，经济发展速度必然会下降，但也不会无限下滑；经济结构调整是痛苦的，却是不得不过的关口；前期政策消化是必需的，但可以通过有效引导减缓消化过程中各类风险的影响。这也说明，我国经济正在向形态更高级、分工更复杂、结构更合理的阶段演化。这些趋势性变化，既是新常态的外在特征，又是新常态的内在动因，有的可能进一步强化，有的则可能发生变化。

总起来说，我国经济发展进入新常态后，增长速度正从10%左右的高速增长转向7%左右的中高速增长，经济发展方式正从规模速度型粗放增长转向质量效率型集约增长，经济结构正从增量扩能为主转向调整存量、做优增量并举的深度调整，经济发展动力正从传统增长点转向新的增长点。我国经济发展进入新常态，是我国经济发展阶段性特征的必然反映，是不以人的意志为转移的。认识新常态，适应新常态，引领新常态，是当前和今后一个时期我国经济发展的大逻辑。[1]

以上这些判断，其科学性和预见性已经被后来的发展所证实。

3. 全力推进供给侧结构性改革

2015年的经济工作，处于"十二五"规划圆满收官、为"十三五"开局打下良好基础的关键阶段。这一年，经济运行总体平稳，稳中有进，稳中有好，经济保持中高速增长，经济结构优化，改革开放向纵深迈进，民生持续改善，社会大局总体稳定，全年主要目

---

[1]《习近平谈治国理政》第2卷，外文出版社2017年版，第230—233页。

标任务顺利完成。为增强发展后劲，推动经济向高质量发展转变，中央提出共建"一带一路"倡议，并决策出台实施京津冀协同发展、长江经济带两大战略，为全面建成小康社会进而全面建设社会主义现代化国家打造新的增长极，也为贯彻落实十八届五中全会提出的新发展理念做出榜样。

2015年12月，习近平总书记在中央经济工作会议上的讲话中提出："认识新常态、适应新常态、引领新常态，是当前和今后一个时期我国经济发展的大逻辑，这是我们综合分析世界经济长周期和我国发展阶段性特征及其相互作用作出的重大判断。"[1]他在讲话里着重讲了对新常态怎么看、新常态怎么干的问题，以便统一全党特别是领导干部的认识。

关于对新常态怎么看的问题，习近平总书记强调要把握好三个问题。

一是统一思想、深化认识。他指出："我国经济正在从粗放向集约、从简单分工向复杂分工的高级形态演进，这是客观要求。我们不论主观上怎么想，但不能违背客观规律。粗放型经济发展方式曾经在我国发挥了很大作用，大兵团作战加快了我国经济发展步伐，但现在再按照过去那种粗放型发展方式来做，不仅国内条件不支持，国际条件也不支持，是不可持续的，不抓紧转变，总有一天会走进死胡同。这一点，一定要认识到位。""提高经济发展质量和效益，是这次五中全会突出强调的一点，针对的就是要加快转变经济发展方式、调整经济结构。大家要加深对'三期叠加'和经济发展新常态的认识和理解，彻底抛弃用旧的思维逻辑和方式方法再现高增长的想法，切实把

---

[1]《中央经济工作会议在北京举行 习近平李克强作重要讲话》，《人民日报》2015年12月22日第1版。

思想和行动统一到党中央重大判断和决策部署上来。"[1]

二是克服困难、闯过关口。他指出:"改革开放以来,我国各方面产能井喷式增长,其中相当多产能是在世界经济增长黄金期面向国外需求以及国内高速增长阶段形成的,为了应对国际金融危机冲击,一些产能又有所扩大。现在,技术变革加快、消费结构升级、国际市场增长放缓同时发生,相当部分生产能力达到峰值,许多生产能力无法在市场实现,加上社会生产成本上升,导致实体经济边际利润率和平均利润率下滑。这种情况,不仅我们遇到了,其他国家也遇到了。正是由于这个原因,大量资金流向虚拟经济,使资产泡沫膨胀,金融风险逐步显现,社会再生产中的生产、流通、分配、消费整体循环不畅。这是一个绕不过去的历史关口。如果我们加快改革创新,抓紧做好工作,就能顺利过关。如果我们不能抓住时机进行战略性调整,不能破旧立新,就很难渡过这个关口,问题积重难返,就会影响整个战略目标的实现。"[2]

三是锐意改革、大胆创新。他指出:"我们面临的困难和问题,确实同国际金融危机这一外因的影响有直接关系,但内因是起决定性作用的,内因就是我们正面对着深刻的供给侧、结构性、体制性矛盾。我们要解放思想、实事求是、与时俱进,按照创新、协调、绿色、开放、共享的发展理念,在理论上作出创新性概括,在政策上作出前瞻性安排,加大结构性改革力度,矫正要素配置扭曲,扩大有效供给,提高供给结构适应性和灵活性,提高全要素生产率。由于目前的问题主要不是周期性的,不可能通过短期刺激实现V型反弹,我国经济可能会经历一个L型增长阶段。我们要做打持久战的准备,敢于

---

[1]《习近平谈治国理政》第2卷,外文出版社2017年版,第239—240页。
[2]《习近平谈治国理政》第2卷,外文出版社2017年版,第240—241页。

经历痛苦的磨难，适当提高换挡降速容忍度，先筑底、后回升。"[1]

关于新常态怎么干的问题，习近平总书记强调："推进供给侧结构性改革，是适应和引领经济发展新常态的重大创新，是适应国际金融危机发生后综合国力竞争新形势的主动选择，是适应我国经济发展新常态的必然要求。"[2]

围绕推进供给侧结构性改革，习近平总书记提出要做好十个方面的工作重点转变。（一）推动经济发展，要更加注重提高发展质量和效益。（二）稳定经济增长，要更加注重供给侧结构性改革。（三）实施宏观调控，要更加注重引导市场行为和社会心理预期。（四）调整产业结构，要更加注重加减乘除并举。（五）推进城镇化，要更加注重以人为核心。（六）促进区域发展，要更加注重人口经济和资源环境空间均衡。（七）保护生态环境，要更加注重促进形成绿色生产方式和消费方式。（八）保障改善民生，要更加注重对特定人群特殊困难的精准帮扶。（九）进行资源配置，要更加注重使市场在资源配置中起决定性作用。（十）扩大对外开放，要更加注重推进高水平双向开放。[3]

2016年经济社会保持平稳健康发展，缓中趋稳、稳中向好，实现了"十三五"良好开局，供给侧结构性改革全面推开，经济运行保持在合理区间，质量和效益提高。以"三去一降一补"[4]五大任务为抓手，推动供给侧结构性改革取得初步成效，部分行业供求关系、政府和企业理念行为发生积极变化，经济结构继续优化，创新对发展的支撑作用增强。改革开放取得新突破，主要领域"四梁八柱"性改革基

---

[1]《习近平谈治国理政》第2卷，外文出版社2017年版，第241页。
[2]《习近平谈治国理政》第2卷，外文出版社2017年版，第244页。
[3] 以上内容见《习近平谈治国理政》第2卷，外文出版社2017年版，第242—244页。
[4] "三去一降一补"，即去产能、去库存、去杠杆、降成本、补短板。这些都是供给侧结构性改革的重要举措。

本出台，对外开放布局进一步完善。人民生活持续改善，贫困人口减少1000万以上。生态环境有所好转，绿色发展初见成效。

在2016年12月召开的中央经济工作会议上，习近平总书记提出，要使2017年成为实施"十三五"规划的重要一年，成为供给侧结构性改革的深化之年。

习近平总书记在讲话里总结了党的十八大以来经济工作着重抓的三件大事。

一是作出经济发展进入新常态的重大判断。他强调要从经济发展长周期来观察、分析、判断问题，指出："我一直强调，研究经济形势，必须瞻前顾后，'以往知来，以见知隐'，从经济发展长周期和全球政治经济大背景出发加以认识。国际金融危机发生以后，世界经济进入长周期调整阶段，目前仍处在深度调整中，国际金融危机后续影响还会持续很长一段时间。综合分析，尽管困难和不利因素很多，我国发展仍处于可以大有作为的重要战略机遇期，但内涵发生变化。我国已从低收入国家进入中等收入国家，需求结构、人口结构、生产条件、资源环境、社会心理都不一样了，决定经济增长的供需条件发生重大变化。面对诸多结构性变化，党中央作出我国经济'三期叠加'的重大判断，继而提出我国经济发展进入新常态，要把认识、把握、引领新常态作为当前和今后一个时期做好经济工作的大逻辑，推动我国经济发展向形态更高级、分工更优化、结构更合理的阶段演进。"[1]

二是形成以新发展理念为指导、以供给侧结构性改革为主线的政策框架。他指出："党的十八届五中全会提出创新、协调、绿色、开放、共享的新发展理念，强调要引导经济朝着更高质量、更有效率、更加公平、更可持续的方向发展，指明了我国经济发展方向。推进供给侧结构性改革，是在全面分析国内经济阶段性特征的基础上调整经

---

[1]《十八大以来重要文献选编》（下），中央文献出版社2018年版，第517—518页。

济结构、转变经济发展方式的治本良方。我们顺大势、谋大事,保持宏观经济政策稳定性和针对性,不搞量化宽松和'大水漫灌'式的强刺激,突出提高经济发展质量和效益,先后对'一带一路'战略、以疏解北京非首都功能为重点的京津冀协同发展战略、以生态优先绿色发展为指针的长江经济带发展战略,对创新驱动发展、资源能源有效利用、农业现代化、粮食安全、以人为核心的新型城镇化、生态文明建设,对加快发展社会事业、加快改善民生、加快脱贫攻坚、逐步实现共同富裕等作出深入部署。这是我们从实际出发提出的引领我国经济持续健康发展的一套政策框架,对指导经济工作发挥了重要作用。"[1]

三是贯彻稳中求进工作总基调。他指出:"我国经济经历了长期繁荣,创造了发展奇迹,进入深度调整阶段必然带来阵痛,甚至伤筋动骨。要认清大势、从容不迫。我们强调要坚持问题导向、底线思维,防患于未然、防患于萌发之时,制定政策的前提是针对问题、开准药方,充分估计最坏的可能性,同时通过工作确保不出现最坏的情景,坚决守住金融风险、社会民生、生态环境等底线。坚持实事求是、冷静客观是真正的自信,对最坏的情景一旦心中有数,就能迎难而上、化危为机,天塌不下来。我们强调要坚持功成不必在我,敢于担当、锐意改革,既认识解决经济社会发展中一些长期存在的难题需要久久为功,又不能畏首畏尾,把问题留给后人,要抓铁有痕、踏石留印,发扬钉钉子精神,一步一个脚印向前迈进。"[2]

这次中央经济工作会议突出强调了"稳中求进"工作总基调,指出:"稳中求进工作总基调是治国理政的重要原则,也是做好经济工作的方法论,明年贯彻好这个总基调具有特别重要的意义。稳是主基调,稳是大局,在稳的前提下要在关键领域有所进取,在把握好度的

---

[1]《十八大以来重要文献选编》(下),中央文献出版社2018年版,第518页。
[2]《十八大以来重要文献选编》(下),中央文献出版社2018年版,第519页。

前提下奋发有为。要继续实施积极的财政政策和稳健的货币政策。财政政策要更加积极有效,预算安排要适应推进供给侧结构性改革、降低企业税费负担、保障民生兜底的需要。货币政策要保持稳健中性,适应货币供应方式新变化,调节好货币闸门,努力畅通货币政策传导渠道和机制,维护流动性基本稳定。要在增强汇率弹性的同时,保持人民币汇率在合理均衡水平上的基本稳定。要把防控金融风险放到更加重要的位置,下决心处置一批风险点,着力防控资产泡沫,提高和改进监管能力,确保不发生系统性金融风险。要坚持基本经济制度,坚持社会主义市场经济改革方向,坚持扩大开放,稳定民营企业家信心。要加强预期引导,提高政府公信力。按照守住底线、突出重点、完善制度、引导舆论的思路,深入细致做好社会托底工作,扩大人民群众获得感,维护社会和谐稳定。"[1]

4. 习近平新时代中国特色社会主义经济思想的概括提出

2017年12月召开的中央经济工作会议,是在党的十九大后召开的,在经济社会发展上全面贯彻落实党的十九大作出的决策部署的重要会议。

会议郑重宣布:"中国特色社会主义进入了新时代,我国经济发展也进入了新时代,基本特征就是我国经济已由高速增长阶段转向高质量发展阶段。"[2]

会议指出,党的十八大以来取得的最重要的成果,是在实践中形成了以新发展理念为主要内容的习近平新时代中国特色社会主义经济

---

[1]《中央经济工作会议在北京举行 习近平李克强作重要讲话》,《人民日报》2016年12月17日第1版。

[2]《中央经济工作会议在北京举行 习近平李克强作重要讲话》,《人民日报》2017年12月21日第1版。

思想。

习近平总书记在讲话中，对这一思想的丰富内涵从七个方面作了总结。

一是坚持加强党对经济工作的集中统一领导。他指出："经济工作是党治国理政的中心工作，党中央必须对经济工作负总责、实施全面领导。党中央的领导不是清谈馆，不能议而不决，必须令行禁止。我们完善党中央领导经济工作的体制机制，加强党中央对发展大局大势的分析和把握，及时制定重大方针、重大战略，作出重大决策，部署重大工作，确保党对经济工作的领导落到实处，保证我国经济沿着正确方向发展。"[1]

二是坚持以人民为中心的发展思想。他指出："人民对美好生活的向往就是我们的奋斗目标，发挥人民主体作用是推动发展的强大动力。我们持续抓保障和改善民生工作，强调更多从解决人民群众普遍关心的突出问题入手推进全面建成小康社会建设，把坚持以人民为中心的发展思想贯穿到'五位一体'总体布局和'四个全面'战略布局之中。我们提出精准扶贫、精准脱贫基本方略，全面部署坚决打赢脱贫攻坚战，让贫困人口同全国人民一道进入全面小康社会。"[2]

三是坚持适应把握引领经济发展新常态。他指出："我国经济发展处于增长速度换挡期、结构调整阵痛期、前期刺激政策消化期'三期叠加'的阶段，我国经济发展进入了新常态，强调要贯彻新发展理念，推进供给侧结构性改革；研判经济形势要立足大局，看清长期趋势，把握经济规律，特别是强调要坚持正确政绩观，不简单以生产总值增长率论英雄，不要被短期经济指标的波动所左右。这一系列重大判断明确回答了我国经济形势怎么看、经济工作怎么干的问题，有力引导

---

[1]《习近平谈治国理政》第3卷，外文出版社2020年版，第234页。
[2]《习近平谈治国理政》第3卷，外文出版社2020年版，第234页。

了全党全社会对经济形势的判断,统一了思想,稳定了市场预期。"[1]

四是坚持使市场在资源配置中起决定性作用,更好发挥政府作用。他指出:"改革是经济发展的强大动力,改革只有进行时,没有完成时,必须敢于啃硬骨头、闯难关、涉险滩,坚决扫除经济发展的体制机制障碍。我们把处理好政府和市场关系作为经济体制改革的关键,健全市场机制,破除垄断,发挥价格机制作用,增强市场主体活力,发挥政府在宏观调控、公共服务、市场监管、社会管理、环境保护中的作用,增强国有经济活力、控制力、影响力,激发非公有制经济活力和创造力,构建亲清新型政商关系,激发企业家精神,为经济发展注入了强大动力。"[2]

五是坚持适应我国经济发展主要矛盾变化,完善宏观调控。他指出:"宏观调控必须适应发展阶段性特征和经济形势变化,该扩大需求时要扩大需求,该调整供给时要调整供给,相机抉择,开准药方。现阶段我国经济发展主要矛盾已转化成结构性问题,矛盾的主要方面在供给侧,主要表现在供给结构不能适应需求结构的变化。这时如果一味刺激需求只会积累更多风险、透支未来增长。我们抓住主要矛盾和矛盾的主要方面,及时调整宏观调控思路,把推进供给侧结构性改革作为经济工作的主线,为保持我国经济持续健康发展开出治本良药。"[3]

六是坚持问题导向部署经济发展新战略。他指出:"保持我国经济发展良好势头必须抓大事、谋长远。我们针对关系全局、事关长远的问题实施了一系列重大发展战略。提出以疏解北京非首都功能为重点的京津冀协同发展战略,以共抓大保护、不搞大开发为原则的长江经济带发展战略,以促进合作共赢为落脚点的'一带一路'建设。我

---

[1]《习近平谈治国理政》第3卷,外文出版社2020年版,第234页。
[2]《习近平谈治国理政》第3卷,外文出版社2020年版,第235页。
[3]《习近平谈治国理政》第3卷,外文出版社2020年版,第235页。

们还提出粤港澳大湾区发展战略，提出以促进人的城镇化为核心、提高质量为导向的新型城镇化战略，提出强化激励实施创新驱动发展战略，提出谷物基本自给、口粮绝对安全的新粮食安全观，提出水资源水生态水环境水灾害统筹治理的治水新思路，提出推动能源消费、能源供给、能源技术、能源体制革命和加强能源国际合作的能源安全新战略，等等。这些重大战略已经并将继续对我国经济发展变革产生深远影响。"[1]

七是坚持正确工作策略和方法。他指出："推动经济持续健康发展，不仅要有正确思想和政策，而且要有正确工作策略和方法。我们坚持稳中求进工作总基调，正确处理经济发展中稳和进的关系，把握宏观调控的度，提高宏观调控的针对性和精准度。我们保持战略定力、坚持久久为功、坚持底线思维，充分考虑困难和问题，做好应对最坏情况的准备，发扬钉钉子精神，积小胜为大胜，一步一个脚印向前迈进，坚决防范各种风险特别是系统性风险。"[2]

习近平总书记强调："这一思想，是5年来我们推动我国经济发展实践的理论结晶，是运用马克思主义基本原理对中国特色社会主义政治经济学的理性概括，是党和国家十分宝贵的精神财富，必须长期坚持、不断丰富发展，推动我国经济发展产生更深刻、更广泛的历史性变革。"[3]

2020年8月24日，习近平总书记在经济社会领域专家座谈会上的讲话中，又进一步作了总结，指出："改革开放以来，我们及时总结新的生动实践，不断推进理论创新，在发展理念、所有制、分配体制、政府职能、市场机制、宏观调控、产业结构、企业治理结构、民

---

[1]《习近平谈治国理政》第3卷，外文出版社2020年版，第235—236页。
[2]《习近平谈治国理政》第3卷，外文出版社2020年版，第236页。
[3]《习近平谈治国理政》第3卷，外文出版社2020年版，第236页。

生保障、社会治理等重大问题上提出了许多重要论断。比如，关于社会主义本质的理论，关于社会主义初级阶段基本经济制度的理论，关于创新、协调、绿色、开放、共享发展的理论，关于发展社会主义市场经济、使市场在资源配置中起决定性作用和更好发挥政府作用的理论，关于我国经济发展进入新常态、深化供给侧结构性改革、推动经济高质量发展的理论，关于推动新型工业化、信息化、城镇化、农业现代化同步发展和区域协调发展的理论，关于农民承包的土地具有所有权、承包权、经营权属性的理论，关于用好国际国内两个市场、两种资源的理论，关于加快形成以国内大循环为主体、国内国际双循环相互促进的新发展格局的理论，关于促进社会公平正义、逐步实现全体人民共同富裕的理论，关于统筹发展和安全的理论，等等。这些理论成果，不仅有力指导了我国经济发展实践，而且开拓了马克思主义政治经济学新境界。"[1]

他还特别强调："现在，在波涛汹涌的世界经济大潮中，能不能驾驭好我国经济这艘大船，是对我们党的重大考验。面对错综复杂的国内外经济形势，面对形形色色的经济现象，学习领会马克思主义政治经济学基本原理和方法论，有利于我们掌握科学的经济分析方法，认识经济运动过程，把握经济发展规律，提高驾驭社会主义市场经济能力，准确回答我国经济发展的理论和实践问题。"[2]

5. 确保"十三五"规划完美收官和"十四五"圆满开局

2018年，是全面贯彻党的十九大精神的开局之年，也是进入高

---

[1] 习近平：《在经济社会领域专家座谈会上的讲话》（2020年8月24日），《人民日报》2020年8月25日第2版。

[2] 习近平：《在经济社会领域专家座谈会上的讲话》（2020年8月24日），《人民日报》2020年8月25日第2版。

质量发展后的关键之年。这一年，宏观调控目标较好完成，三大攻坚战[1]开局良好、初战告捷，供给侧结构性改革深入推进，改革开放力度加大，稳妥应对中美经贸摩擦，人民生活持续改善，保持了经济持续健康发展和社会大局稳定，朝着实现全面建成小康社会的目标迈出了新的步伐。

2018年1月30日，习近平总书记主持中共第十九届中央政治局第三次集体学习。这次集体学习以建设现代化经济体系为主题，习近平总书记就此讲话指出："建设现代化经济体系，这是党中央从党和国家事业全局出发，着眼于实现'两个一百年'奋斗目标、顺应中国特色社会主义进入新时代的新要求作出的重大决策部署。""国家强，经济体系必须强。只有形成现代化经济体系，才能更好顺应现代化发展潮流和赢得国际竞争主动，也才能为其他领域现代化提供有力支撑。"[2]

2018年12月召开的中央经济工作会议，继续总结一年来对做好新形势下经济工作的规律性认识，指出：必须坚持党中央集中统一领导，发挥掌舵领航作用；必须从长期大势认识当前形势，认清我国长期向好发展前景；必须精准把握宏观调控的度，主动预调微调、强化政策协同；必须及时回应社会关切，有针对性主动引导市场预期；必须充分调动各方面积极性，形成全局工作强大合力。[3]

关于2019年的经济工作，会议指出，我国经济运行主要矛盾仍然是供给侧结构性的，必须坚持以供给侧结构性改革为主线不动摇，更多采取改革的办法，更多运用市场化、法治化手段，在"巩固、增强、提升、畅通"八个字上下功夫。要巩固"三去一降一补"成果，

---

[1] 三大攻坚战是指防范化解重大风险、精准脱贫、污染防治。
[2] 以上引文见《习近平谈治国理政》第3卷，外文出版社2020年版，第240页。
[3]《中央经济工作会议在北京举行 习近平李克强作重要讲话》，《人民日报》2018年12月22日第1版。

推动更多产能过剩行业加快出清,降低全社会各类营商成本,加大基础设施等领域补短板力度。会议还提出施行增强微观主体活力、提升产业链水平、畅通国民经济循环等举措。[1]

2019年的经济工作继续保持持续平稳健康发展的良好势头。三大攻坚战取得关键进展,精准脱贫成效显著,金融风险有效防控,生态环境质量总体改善,改革开放迈出重要步伐,供给侧结构性改革继续深化,科技创新取得新突破,人民群众获得感、幸福感、安全感提升,"十三五"规划主要指标进度符合预期,全面建成小康社会取得新的重大进展。

2019年12月召开的中央经济工作会议进一步总结了党的十九大以来领导经济工作和经济改革的成功经验,包括:必须科学稳健把握宏观政策逆周期调节力度,增强微观主体活力,把供给侧结构性改革主线贯穿于宏观调控全过程;必须从系统论出发优化经济治理方式,加强全局观念,在多重目标中寻求动态平衡;必须善于通过改革破除发展面临的体制机制障碍,激活蛰伏的发展潜能,让各类市场主体在科技创新和国内国际市场竞争的第一线奋勇拼搏;必须强化风险意识,牢牢守住不发生系统性风险的底线。[2]

2020年,是新中国历史上极不平凡的一年。面对严峻复杂的国际形势、艰巨繁重的国内改革发展稳定任务,面对这年年初突如其来的新冠肺炎疫情的严重冲击,以习近平同志为核心的党中央保持战略定力,准确判断形势,精心谋划部署,果断采取行动,付出艰苦努力,交出了一份人民满意、世界瞩目、可以载入史册的答卷。

---

[1]《中央经济工作会议在北京举行 习近平李克强作重要讲话》,《人民日报》2018年12月22日第1版。

[2]《中央经济工作会议在北京举行 习近平李克强作重要讲话》,《人民日报》2019年12月13日第1版。

在抗击新冠肺炎疫情过程中,中国特色社会主义制度优越性充分彰显,中国特色社会主义国家治理体系和治理能力经受住了严峻考验,全体人民对党和国家的信心和满意度空前提高。我国成为全球唯一实现经济正增长的主要经济体,三大攻坚战取得决定性成就,科技创新取得重大进展,改革开放实现重要突破,民生得到有力保障。

2020年12月召开的中央经济工作会议强调指出:在统筹国内国际两个大局、统筹疫情防控和经济社会发展的实践中,我们深化了对在严峻挑战下做好经济工作的规律性认识:党中央权威是危难时刻全党全国各族人民迎难而上的根本依靠,在重大历史关头、重大考验面前,党中央的判断力、决策力、行动力具有决定性作用;人民至上是作出正确抉择的根本前提,只要心里始终装着人民,始终把人民利益放在最高位置,就一定能够作出正确决策,确定最优路径,并依靠人民战胜一切艰难险阻;制度优势是形成共克时艰磅礴力量的根本保障,只要坚定"四个自信",坚持集中力量办大事的制度优势,就一定能够使全党全国各族人民紧密团结起来,发挥出攻坚克难、推动事业发展的强大能量;科学决策和创造性应对是化危为机的根本方法,只要准确识变、科学应变、主动求变,就一定能够在抗击大风险中创造出大机遇;科技自立自强是促进发展大局的根本支撑,只要秉持科学精神、把握科学规律、大力推动自主创新,就一定能够把国家发展建立在更加安全、更为可靠的基础之上。[1]

会议对2021年经济社会发展工作作出全面部署,要求构建新发展格局要迈好第一步,见到新气象。加快构建以国内大循环为主体、国内国际双循环相互促进的新发展格局,要紧紧扭住供给侧结构性改革这条主线,注重需求侧管理,打通堵点,补齐短板,贯通生产、分配、流

---

[1]《中央经济工作会议在北京举行 习近平李克强作重要讲话》,《人民日报》2020年12月19日第1版。

通、消费各环节,形成需求牵引供给、供给创造需求的更高水平动态平衡,提升国民经济体系整体效能。要更加注重以深化改革开放增强发展内生动力,在一些关键点上发力见效,起到牵一发而动全身的效果。以高质量发展为"十四五"开好局,以优异成绩庆祝建党100周年。[1]

6. 形成把握新发展阶段、贯彻新发展理念、构建新发展格局的新发展思路

2021年1月11日,习近平总书记在省部级主要领导干部学习贯彻党的十九届五中全会精神专题研讨班上发表重要讲话,系统阐述为全面建设社会主义现代化国家作出的"把握新发展阶段,贯彻新发展理念,构建新发展格局"的重大决策部署。

关于把握新发展阶段,习近平总书记指出:"党的十九届五中全会提出,全面建成小康社会、实现第一个百年奋斗目标之后,我们要乘势而上开启全面建设社会主义现代化国家新征程、向第二个百年奋斗目标进军,这标志着我国进入了一个新发展阶段。"从理论依据看,"今天我们所处的新发展阶段,就是社会主义初级阶段中的一个阶段,同时是其中经过几十年积累、站到了新的起点上的一个阶段。"从历史依据看,"新发展阶段是我们党带领人民迎来从站起来、富起来到强起来历史性跨越的新阶段。"从现实依据看,全面建成小康社会、彻底解决绝对贫困问题,"这在我国社会主义现代化建设进程中具有里程碑意义,为我国进入新发展阶段、朝着第二个百年奋斗目标进军奠定了坚实基础。"[2]

---

[1]《中央经济工作会议在北京举行 习近平李克强作重要讲话》,《人民日报》2020年12月19日第1版。

[2] 习近平:《把握新发展阶段,贯彻新发展理念,构建新发展格局》(2021年1月11日),《求是》2021年第9期。

他特别强调："当今世界正经历百年未有之大变局。最近一段时间以来，世界最主要的特点就是一个'乱'字，而这个趋势看来会延续下去。这次应对新冠肺炎疫情全球大流行，各国的领导力和制度优越性如何，高下立判。时与势在我们一边，这是我们定力和底气所在，也是我们的决心和信心所在。"[1]

他还强调要牢牢把握中国式现代化的五个特点："我们的任务是全面建设社会主义现代化国家，当然我们建设的现代化必须是具有中国特色、符合中国实际的，我在党的十九届五中全会上特别强调了5点，就是我国现代化是人口规模巨大的现代化，是全体人民共同富裕的现代化，是物质文明和精神文明相协调的现代化，是人与自然和谐共生的现代化，是走和平发展道路的现代化。这是我国现代化建设必须坚持的方向，要在我国发展的方针政策、战略战术、政策举措、工作部署中得到体现，推动全党全国各族人民共同为之努力。"[2]

关于贯彻新发展理念，习近平总书记指出："我们党领导人民治国理政，很重要的一个方面就是要回答好实现什么样的发展、怎样实现发展这个重大问题。""党的十八大以来我们对经济社会发展提出了许多重大理论和理念，其中新发展理念是最重要、最主要的。新发展理念是一个系统的理论体系，回答了关于发展的目的、动力、方式、路径等一系列理论和实践问题，阐明了我们党关于发展的政治立场、价值导向、发展模式、发展道路等重大政治问题。全党必须完整、准确、全面贯彻新发展理念。"[3]

---

[1] 习近平：《把握新发展阶段，贯彻新发展理念，构建新发展格局》(2021年1月11日)，《求是》2021年第9期。

[2] 习近平：《把握新发展阶段，贯彻新发展理念，构建新发展格局》(2021年1月11日)，《求是》2021年第9期。

[3] 习近平：《把握新发展阶段，贯彻新发展理念，构建新发展格局》(2021年1月11日)，《求是》2021年第9期。

他特别强调共同富裕问题,指出:"实现共同富裕不仅是经济问题,而且是关系党的执政基础的重大政治问题。我们决不能允许贫富差距越来越大、穷者愈穷富者愈富,决不能在富的人和穷的人之间出现一道不可逾越的鸿沟。当然,实现共同富裕,要统筹考虑需要和可能,按照经济社会发展规律循序渐进。同时,这项工作也不能等,要自觉主动解决地区差距、城乡差距、收入差距等问题,推动社会全面进步和人的全面发展,促进社会公平正义,让发展成果更多更公平惠及全体人民,不断增强人民群众获得感、幸福感、安全感,让人民群众真真切切感受到共同富裕不仅仅是一个口号,而是看得见、摸得着、真实可感的事实。"[1]

后来,他在同年8月17日召开的中央财经委员会第十次会议上,再次强调指出:共同富裕是社会主义的本质要求,是中国式现代化的重要特征,要坚持以人民为中心的发展思想,在高质量发展中促进共同富裕。

他还回顾了中国共产党为推进共同富裕的奋斗历程并指出:改革开放后,我们党深刻总结正反两方面历史经验,认识到贫穷不是社会主义,打破传统体制束缚,允许一部分人、一部分地区先富起来,推动解放和发展社会生产力。党的十八大以来,党中央把逐步实现全体人民共同富裕摆在更加重要的位置上,采取有力措施保障和改善民生,打赢脱贫攻坚战,全面建成小康社会,为促进共同富裕创造了良好条件。我们正在向第二个百年奋斗目标迈进,适应我国社会主要矛盾的变化,更好满足人民日益增长的美好生活需要,必须把促进全体人民共同富裕作为为人民谋幸福的着力点,不断夯实党长期执政基础。

---

[1] 习近平:《把握新发展阶段,贯彻新发展理念,构建新发展格局》(2021年1月11日),《求是》2021年第9期。

他在讲话中为逐步实现共同富裕确定了正确原则：共同富裕是全体人民的富裕，是人民群众物质生活和精神生活都富裕，不是少数人的富裕，也不是整齐划一的平均主义，要分阶段促进共同富裕。要鼓励勤劳创新致富，坚持在发展中保障和改善民生，为人民提高受教育程度、增强发展能力创造更加普惠公平的条件，畅通向上流动通道，给更多人创造致富机会，形成人人参与的发展环境。要坚持基本经济制度，立足社会主义初级阶段，坚持"两个毫不动摇"，坚持公有制为主体、多种所有制经济共同发展，允许一部分人先富起来，先富带后富、帮后富，重点鼓励辛勤劳动、合法经营、敢于创业的致富带头人。要尽力而为量力而行，建立科学的公共政策体系，形成人人享有的合理分配格局，同时统筹需要和可能，把保障和改善民生建立在经济发展和财力可持续的基础之上，重点加强基础性、普惠性、兜底性民生保障建设。要坚持循序渐进，对共同富裕的长期性、艰巨性、复杂性有充分估计，鼓励各地因地制宜探索有效路径，总结经验，逐步推开。

在上述论述中，体现了关于实现共同富裕的辩证法思想。一方面中国特色社会主义进入新时代，要在共同富裕上迈出实质性步伐，取得实质性进展；另一方面要在保持社会主义基本经济制度长期稳定基础上，既尽力而为，又量力而行，有分别、分阶段地逐步实现共同富裕。这是一个长期的历史过程，不可能一蹴而就。

这次会议明确指出，要坚持以人民为中心的发展思想，在高质量发展中促进共同富裕，正确处理效率和公平的关系，构建初次分配、再分配、三次分配协调配套的基础性制度安排，加大税收、社保、转移支付等调节力度并提高精准性，扩大中等收入群体比重，增加低收入群体收入，合理调节高收入，取缔非法收入，形成中间大、两头小的橄榄型分配结构，促进社会公平正义，促进人的全面发展，使全体人民朝着共同富裕目标扎实迈进。

会议对扎实促进共同富裕、确保"十四五"时期共同富裕取得实质性进展作出部署。会议强调：

——要提高发展的平衡性、协调性、包容性，加快完善社会主义市场经济体制，增强区域发展的平衡性，强化行业发展的协调性，支持中小企业发展。

——要着力扩大中等收入群体规模，抓住重点、精准施策，推动更多低收入人群迈入中等收入行列。要促进基本公共服务均等化，加大普惠性人力资本投入，完善养老和医疗保障体系、兜底救助体系、住房供应和保障体系。

——要加强对高收入的规范和调节，依法保护合法收入，合理调节过高收入，鼓励高收入人群和企业更多回报社会。

——要清理规范不合理收入，整顿收入分配秩序，坚决取缔非法收入。

——要保护产权和知识产权，保护合法致富，促进各类资本规范健康发展。

——要促进人民精神生活共同富裕，强化社会主义核心价值观引领，不断满足人民群众多样化、多层次、多方面的精神文化需求。

——要加强促进共同富裕舆论引导，为促进共同富裕提供良好舆论环境。

——要促进农民农村共同富裕，巩固拓展脱贫攻坚成果，全面推进乡村振兴，加强农村基础设施和公共服务体系建设，改善农村人居环境。[1]

关于构建新发展格局，习近平总书记指出："近年来，经济全球化遭遇逆流，国际经济循环格局发生深度调整。新冠肺炎疫情也加

---

[1] 以上内容见《习近平主持召开中央财经委员会第十次会议强调　在高质量发展中促进共同富裕　统筹做好重大金融风险防范化解工作》，《人民日报》2021年8月18日第1版。

剧了逆全球化趋势，各国内顾倾向上升。新冠肺炎疫情期间，我到几个省进行调查研究，深入了解抗疫情况，调研复工复产中出现的问题。我在浙江考察时发现，在疫情冲击下全球产业链供应链发生局部断裂，直接影响到我国国内经济循环。当地不少企业需要的国外原材料进不来、海外人员来不了、货物出不去，不得不停工停产。我感觉到，现在的形势已经很不一样了，大进大出的环境条件已经变化，必须根据新的形势提出引领发展的新思路。所以，去年4月，我就提出要建立以国内大循环为主体、国内国际双循环相互促进的新发展格局，党的十九届五中全会对构建新发展格局作出全面部署。这是把握未来发展主动权的战略性布局和先手棋，是新发展阶段要着力推动完成的重大历史任务，也是贯彻新发展理念的重大举措。"[1]

如何构建新发展格局，习近平总书记强调两个要点。

一是确保经济循环畅通无阻。他指出："构建新发展格局的关键在于经济循环的畅通无阻，就像人们讲的要调理好统摄全身阴阳气血的任督二脉。经济活动需要各种生产要素的组合在生产、分配、流通、消费各环节有机衔接，从而实现循环流转。在正常情况下，如果经济循环顺畅，物质产品会增加，社会财富会积聚，人民福祉会增进，国家实力会增强，从而形成一个螺旋式上升的发展过程。如果经济循环过程中出现堵点、断点，循环就会受阻，在宏观上就会表现为增长速度下降、失业增加、风险积累、国际收支失衡等情况，在微观上就会表现为产能过剩、企业效益下降、居民收入下降等问题。在我国发展现阶段，畅通经济循环最主要的任务是供给侧有效畅通，有效供给能力强可以穿透循环堵点、消除瓶颈制约，可以创造就业和提供收入，从而形成需求能力。因此，我们必须坚持深化供给侧结构性

---

[1] 习近平：《把握新发展阶段，贯彻新发展理念，构建新发展格局》，《求是》2021年第9期。

改革这条主线,继续完成'三去一降一补'的重要任务,全面优化升级产业结构,提升创新能力、竞争力和综合实力,增强供给体系的韧性,形成更高效率和更高质量的投入产出关系,实现经济在高水平上的动态平衡。"[1]

二是实现高水平的自立自强。他指出:"我讲过,构建新发展格局最本质的特征是实现高水平的自立自强。当前,我国经济发展环境出现了变化,特别是生产要素相对优势出现了变化。劳动力成本在逐步上升,资源环境承载能力达到了瓶颈,旧的生产函数组合方式已经难以持续,科学技术的重要性全面上升。在这种情况下,我们必须更强调自主创新。因此,在'十四五'规划《建议》中,第一条重大举措就是科技创新,第二条就是突破产业瓶颈。我们必须把这个问题放在能不能生存和发展的高度加以认识,全面加强对科技创新的部署,集合优势资源,有力有序推进创新攻关的'揭榜挂帅'体制机制,加强创新链和产业链对接,明确路线图、时间表、责任制,适合部门和地方政府牵头的要牵好头,适合企业牵头的政府要全力支持。中央企业等国有企业要勇挑重担、敢打头阵,勇当原创技术的'策源地'、现代产业链的'链长'。"[2]

2021年7月1日,习近平总书记在庆祝中国共产党成立100周年大会上的讲话中,总结中国特色社会主义巨大成就时指出:"走自己的路,是党的全部理论和实践立足点,更是党百年奋斗得出的历史结论。中国特色社会主义是党和人民历经千辛万苦、付出巨大代价取得的根本成就,是实现中华民族伟大复兴的正确道路。我们坚持和发展中国

---

[1] 习近平:《把握新发展阶段,贯彻新发展理念,构建新发展格局》,《求是》2021年第9期。

[2] 习近平:《把握新发展阶段,贯彻新发展理念,构建新发展格局》,《求是》2021年第9期。

特色社会主义，推动物质文明、政治文明、精神文明、社会文明、生态文明协调发展，创造了中国式现代化新道路，创造了人类文明新形态。"并庄严宣告："中华民族迎来了从站起来、富起来到强起来的伟大飞跃，实现中华民族伟大复兴进入了不可逆转的历史进程！"[1]

2021年11月，中共十九届六中全会通过的《中共中央关于党的百年奋斗重大成就和历史经验的决议》也充满自信和自豪地指出："脚踏中华大地，传承中华文明，走符合中国国情的正确道路，党和人民就具有无比广阔的舞台，具有无比深厚的历史底蕴，具有无比强大的前进定力。只要我们既不走封闭僵化的老路，也不走改旗易帜的邪路，坚定不移走中国特色社会主义道路，就一定能够把我国建设成为富强民主文明和谐美丽的社会主义现代化强国。"[2]

7. 确立并贯彻总体国家安全观

进入新时代，我国面临更为严峻的国家安全形势，外部压力前所未有，传统安全威胁和非传统安全威胁相互交织，"黑天鹅""灰犀牛"事件时有发生。同形势任务要求相比，我国维护国家安全能力不足，应对各种重大风险能力不强，维护国家安全的统筹协调机制不健全。

习近平总书记强调，国泰民安是人民群众最基本、最普遍的愿望。国家安全是民族复兴的根基，社会稳定是国家强盛的前提。必须坚定不移贯彻总体国家安全观，把维护国家安全贯穿党和国家工作各方面全过程，确保国家安全和社会稳定。必须坚持底线思维，居安思

---

[1] 习近平：《在庆祝中国共产党成立100周年大会上的讲话》（2021年7月1日），《人民日报》2021年7月2日第2版。

[2] 《中共中央关于党的百年奋斗重大成就和历史经验的决议》（2021年11月11日中国共产党第十九届中央委员会第六次全体会议通过），《人民日报》2021年11月17日第1版。

危、未雨绸缪,坚持国家利益至上,以人民安全为宗旨,以政治安全为根本,以经济安全为基础,以军事、科技、文化、社会安全为保障,以促进国际安全为依托,统筹发展和安全,统筹开放和安全,统筹传统安全和非传统安全,统筹自身安全和共同安全,统筹维护国家安全和塑造国家安全。

明确总体国家安全观,确保国家长治久安、人民幸福安康,是国家治理的大事要事。党的十八大以来,习近平总书记在国家治理和国家安全上的重大贡献,就是系统完整提出总体国家安全观,涵盖政治、军事、国土、经济、文化、社会、科技、网络、生态、资源、核、海外利益、太空、深海、极地、生物等诸多领域,要求全党增强斗争精神、提高斗争本领,落实防范化解各种风险的领导责任和工作责任。教育全党要深刻认识到,面对来自外部的各种围堵、打压、捣乱、颠覆活动,必须发扬不信邪、不怕鬼的精神,同企图颠覆中国共产党领导和我国社会主义制度、企图迟滞甚至阻断中华民族伟大复兴进程的一切势力斗争到底,一味退让只能换来得寸进尺的霸凌,委曲求全只能招致更为屈辱的境况。

党的十八大以来,以习近平同志为核心的党中央采取一系列重大举措,着力推进国家安全体系和能力建设,设立中央国家安全委员会,完善集中统一、高效权威的国家安全领导体制,完善国家安全法治体系、战略体系和政策体系,建立国家安全工作协调机制和应急管理机制。党把安全发展贯穿国家发展各领域全过程,注重防范化解影响我国现代化进程的重大风险,坚定维护国家政权安全、制度安全、意识形态安全,加强国家安全宣传教育和全民国防教育,巩固国家安全人民防线,推进兴边富民、稳边固边,严密防范和严厉打击敌对势力渗透、破坏、颠覆、分裂活动,顶住和反击外部极端打压遏制,开展涉港、涉台、涉疆、涉藏、涉海等斗争,加快建设海洋强国,有效维护国家安全。

坚持党中央对国家安全工作的集中统一领导，完善高效权威的国家安全领导体制。强化国家安全工作协调机制，完善国家安全法治体系、战略体系、政策体系、风险监测预警体系、国家应急管理体系，完善重点领域安全保障体系和重要专项协调指挥体系，强化经济、重大基础设施、金融、网络、数据、生物、资源、核、太空、海洋等安全保障体系建设。健全反制裁、反干涉、反"长臂管辖"机制。完善国家安全力量布局，构建全域联动、立体高效的国家安全防护体系。

采取务实有效措施，坚定维护国家政权安全、制度安全、意识形态安全，加强重点领域安全能力建设，确保粮食、能源资源、重要产业链供应链安全，加强海外安全保障能力建设，维护我国公民、法人在海外合法权益，维护海洋权益，坚定捍卫国家主权、安全、发展利益。提高防范化解重大风险能力，严密防范系统性安全风险，严厉打击敌对势力渗透、破坏、颠覆、分裂活动。全面加强国家安全教育，提高各级领导干部统筹发展和安全能力，增强全民国家安全意识和素养，筑牢国家安全人民防线。

经过新时代十年变革，国家安全得到全面加强，经受住了来自政治、经济、意识形态、自然界等方面的风险挑战考验，为党和国家兴旺发达、长治久安提供了有力保证。

（四）国家治理体系和治理能力现代化的提出与推进

进行什么样的国家治理，怎样进行国家治理，历来是马克思主义执政党所要不懈探索并科学回答的重大课题。前者主要涉及国家治理的目标和格局问题，后者主要涉及国家治理的途径和方法问题，两者紧密联系、不可分割。

党的十八大以来，在中国特色社会主义建设"五位一体"总体布局的基础上，又进一步明确提出全面建设小康社会、全面深化改革、全面依法治国、全面从严治党的"四个全面"战略布局，并明确提出推进国家治理体系和治理能力现代化目标，第一次科学回答了进行什么样的国家治理问题，开始迈出了系统解决怎样进行国家治理问题的坚实步伐。

这一进程，正如党的十九大报告所说："为贯彻十八大精神，党中央召开七次全会，分别就政府机构改革和职能转变、全面深化改革、全面推进依法治国、制定'十三五'规划、全面从严治党等重大问题作出决定和部署。五年来，我们统筹推进'五位一体'总体布局、协调推进'四个全面'战略布局，'十二五'规划胜利完成，'十三五'规划顺利实施，党和国家事业全面开创新局面。"[1]

国家治理问题，从来没有像新时代这样受到高度重视，也从来没有像新时代这样目标明确、步履坚定、措施扎实地向前稳步推进。

2013年11月召开的党的十八届三中全会作出《中共中央关于全面深化改革若干重大问题的决定》，明确将"完善和发展中国特色社会主义制度，推进国家治理体系和治理能力现代化"作为全面深化改革的总目标。习近平总书记明确指出："这次全会在邓小平同志战略思想的基础上，提出要推进国家治理体系和治理能力现代化。这是完善和发展中国特色社会主义制度的必然要求，是实现社会主义现代化的应有之义。我们之所以决定这次三中全会研究全面深化改革问题，不是推进一个领域改革，也不是推进几个领域改革，而是推进所有领域改革，就是从国家治理体系和治理能力的总体角度考虑的。"[2] 这标志着中国特色社会主义国家治理理论的创立。

这以后，以习近平同志为核心的党中央一直在缜密思考、扎实推

---

[1]《习近平谈治国理政》第3卷，外文出版社2020年版，第2页。
[2] 习近平：《切实把思想统一到党的十八届三中全会精神上来》，《求是》2014年第1期。

进国家治理体系和治理能力现代化的理论创新、顶层设计和重大部署。党的十八届四中全会确立了全面依法治国，党的十八届五中全会在"十三五"规划《建议》中提出"各方面制度更加成熟更加定型，国家治理体系和治理能力现代化取得重大进展，各领域基础性制度体系基本形成"。党的十九大在国家治理方面提出了与社会主义现代化强国战略相应的要求，即：到2035年，"各方面制度更加完善，国家治理体系和治理能力现代化基本实现"；到本世纪中叶，"实现国家治理体系和治理能力现代化"。党的十九届二中、三中全会，从推进国家治理体系和能力现代化总体要求出发，在深化党和国家机构改革上迈出重要步伐，作出重大部署。

1. 十八届三中全会：全面深化改革

2019年1月23日，习近平总书记在主持召开中央全面深化改革委员会第六次会议时强调："党的十一届三中全会是划时代的，开启了改革开放和社会主义现代化建设历史新时期。党的十八届三中全会也是划时代的，开启了全面深化改革、系统整体设计推进改革的新时代，开创了我国改革开放的全新局面。"[1]

习近平总书记在《关于〈中共中央关于全面深化改革若干重大问题的决定〉的说明》中还强调："改革开放以来历次三中全会都研究讨论深化改革问题，都是在释放一个重要信号，就是我们党将坚定不移高举改革开放的旗帜，坚定不移坚持党的十一届三中全会以来的理论和路线方针政策。说到底，就是要回答在新的历史条件下举什么旗、走什么路的问题。"[2]

---

[1]《习近平主持召开中央全面深化改革委员会第六次会议强调　对标重要领域和关键环节改革　继续啃硬骨头确保干一件成一件》，《人民日报》2019年1月24日第1版。
[2]《习近平谈治国理政》第1卷，外文出版社2018年版，第72页。

党的十八届三中全会最重要的贡献，就是提出"使市场在资源配置中起决定性作用和更好发挥政府作用"。《中共中央关于全面深化改革若干重大问题的决定》提出："经济体制改革是全面深化改革的重点，核心问题是处理好政府和市场的关系，使市场在资源配置中起决定性作用和更好发挥政府作用。市场决定资源配置是市场经济的一般规律，健全社会主义市场经济体制必须遵循这条规律，着力解决市场体系不完善、政府干预过多和监管不到位问题。"[1]

习近平总书记在讲话中回顾了从确立社会主义市场经济体制改革目标到最终提出"使市场在资源配置中起决定性作用和更好发挥政府作用"的发展历程："1992年，党的十四大提出了我国经济体制改革的目标是建立社会主义市场经济体制，提出要使市场在国家宏观调控下对资源配置起基础性作用。这一重大理论突破，对我国改革开放和经济社会发展发挥了极为重要的作用。""从党的十四大以来的20多年间，对政府和市场关系，我们一直在根据实践拓展和认识深化寻找新的科学定位。党的十五大提出'使市场在国家宏观调控下对资源配置起基础性作用'，党的十六大提出'在更大程度上发挥市场在资源配置中的基础性作用'，党的十七大提出'从制度上更好发挥市场在资源配置中的基础性作用'，党的十八大提出'更大程度更广范围发挥市场在资源配置中的基础性作用'。可以看出，我们对政府和市场关系的认识也在不断深化。"[2]

他还指出，提出"使市场在资源配置中起决定性作用和更好发挥政府作用"，有很强的现实针对性："经过20多年实践，我国社会主义市场经济体制已经初步建立，但仍存在不少问题，主要是市场秩序不规范，以不正当手段谋取经济利益的现象广泛存在；生产要素市场

---

[1]《十八大以来重要文献选编》（上），中央文献出版社2014年版，第513页。
[2] 以上引文见《习近平谈治国理政》第1卷，外文出版社2018年版，第75、76页。

发展滞后，要素闲置和大量有效需求得不到满足并存；市场规则不统一，部门保护主义和地方保护主义大量存在；市场竞争不充分，阻碍优胜劣汰和结构调整，等等。这些问题不解决好，完善的社会主义市场经济体制是难以形成的。"[1]

党的十八届三中全会又一个重要的贡献，是明确全面深化改革的总目标是完善和发展中国特色社会主义制度，推进国家治理体系和治理能力现代化，第一次正式提出"国家治理体系和治理能力现代化"。

《决定》提出："全面深化改革的总目标是完善和发展中国特色社会主义制度，推进国家治理体系和治理能力现代化。"[2]《决定》以此为核心，提出六个方面的"紧紧围绕"。

——"紧紧围绕使市场在资源配置中起决定性作用深化经济体制改革，坚持和完善基本经济制度，加快完善现代市场体系、宏观调控体系、开放型经济体系，加快转变经济发展方式，加快建设创新型国家，推动经济更有效率、更加公平、更可持续发展。"[3]

——"紧紧围绕坚持党的领导、人民当家作主、依法治国有机统一深化政治体制改革，加快推进社会主义民主政治制度化、规范化、程序化，建设社会主义法治国家，发展更加广泛、更加充分、更加健全的人民民主。"[4]

——"紧紧围绕建设社会主义核心价值体系、社会主义文化强国深化文化体制改革，加快完善文化管理体制和文化生产经营机制，建立健全现代公共文化服务体系、现代文化市场体系，推动社会主义文化大发展大繁荣。"[5]

---

[1]《习近平谈治国理政》第1卷，外文出版社2018年版，第76页。
[2]《十八大以来重要文献选编》(上)，中央文献出版社2014年版，第512页。
[3]《十八大以来重要文献选编》(上)，中央文献出版社2014年版，第512页。
[4]《十八大以来重要文献选编》(上)，中央文献出版社2014年版，第512页。
[5]《十八大以来重要文献选编》(上)，中央文献出版社2014年版，第512—513页。

——"紧紧围绕更好保障和改善民生、促进社会公平正义深化社会体制改革,改革收入分配制度,促进共同富裕,推进社会领域制度创新,推进基本公共服务均等化,加快形成科学有效的社会治理体制,确保社会既充满活力又和谐有序。"[1]

　　——"紧紧围绕建设美丽中国深化生态文明体制改革,加快建立生态文明制度,健全国土空间开发、资源节约利用、生态环境保护的体制机制,推动形成人与自然和谐发展现代化建设新格局。"[2]

　　——"紧紧围绕提高科学执政、民主执政、依法执政水平深化党的建设制度改革,加强民主集中制建设,完善党的领导体制和执政方式,保持党的先进性和纯洁性,为改革开放和社会主义现代化建设提供坚强政治保证。"[3]

　　这 6 个方面的"紧紧围绕",既涉及中国特色社会主义总体布局的 5 个方面,也涉及在中国特色社会主义事业中起领导核心作用的中国共产党自身的"党的建设制度改革";既明确了全面深化改革的六大重点领域,又明确了每一领域改革的核心目标;既是全面深化改革的"四梁八柱",也是完善和发展中国特色社会主义制度的"四梁八柱",同时也是推进国家治理体系和治理能力现代化的"四梁八柱"。

　　2013 年 11 月 12 日,习近平总书记在十八届三中全会第二次全体会议上的讲话中,就推进国家治理体系和治理能力现代化问题指出:"国家治理体系和治理能力是一个国家制度和制度执行能力的集中体现。国家治理体系是在党领导下管理国家的制度体系,包括经济、政治、文化、社会、生态文明和党的建设等各领域体制机制、法律法规安排,也就是一整套紧密相连、相互协调的国家制度;国

---

[1]《十八大以来重要文献选编》(上),中央文献出版社 2014 年版,第 513 页。
[2]《十八大以来重要文献选编》(上),中央文献出版社 2014 年版,第 513 页。
[3]《十八大以来重要文献选编》(上),中央文献出版社 2014 年版,第 513 页。

家治理能力则是运用国家制度管理社会各方面事务的能力，包括改革发展稳定、内政外交国防、治党治国治军等各个方面。国家治理体系和治理能力是一个有机整体，相辅相成，有了好的国家治理体系才能提高治理能力，提高国家治理能力才能充分发挥国家治理体系的效能。"[1]

他回顾了在国家治理问题上的发展历程："怎样治理社会主义社会这样全新的社会，在以往的世界社会主义中没有解决得很好。马克思、恩格斯没有遇到全面治理一个社会主义国家的实践，他们关于未来社会的原理很多是预测性的；列宁在俄国十月革命后不久就过世了，没来得及深入探索这个问题；苏联在这个问题上进行了探索，取得了一些实践经验，但也犯下了严重错误，没有解决这个问题。我们党在全国执政以后，不断探索这个问题，虽然也发生了严重曲折，但在国家治理体系和治理能力上积累了丰富经验、取得了重大成果，改革开放以来的进展尤为显著。我国政治稳定、经济发展、社会和谐、民族团结，同世界上一些地区和国家不断出现乱局形成了鲜明对照。这说明，我们的国家治理体系和治理能力总体上是好的，是适应我国国情和发展要求的。"[2]

他对如何推进国家治理体系和治理能力现代化提出要求："推进国家治理体系和治理能力现代化，就是要适应时代变化，既改革不适应实践发展要求的体制机制、法律法规，又不断构建新的体制机制、法律法规，使各方面制度更加科学、更加完善，实现党、国家、社会各项事务治理制度化、规范化、程序化。要更加注重治理能力建设，增强按制度办事、依法办事意识，善于运用制度和法律治理国家，把各方面制度优势转化为管理国家的效能，提高党科学执政、民主执

---

[1]《习近平谈治国理政》第1卷，外文出版社2018年版，第91页。
[2]《习近平谈治国理政》第1卷，外文出版社2018年版，第91页。

政、依法执政水平。"[1]

这一要求,将全面深化改革、国家治理体系和治理能力现代化、全方位推动制度建设构成了一个完整的整体,预示着一个制度建设和国家治理的新时代的到来。

2014年2月,中央举办省部级主要领导干部学习贯彻十八届三中全会精神全面深化改革专题研讨班。习近平总书记再次谈到了推进国家治理体系和治理能力现代化问题。他指出:"改革开放以来,我们党开始以全新的角度思考国家治理体系问题,强调领导制度、组织制度问题更带有根本性、全局性、稳定性和长期性。今天,摆在我们面前的一项重大历史任务,就是推动中国特色社会主义制度更加成熟更加定型,为党和国家事业发展、为人民幸福安康、为社会和谐稳定、为国家长治久安提供一整套更完备、更稳定、更管用的制度体系。这项工程极为宏大,必须是全面的系统的改革和改进,是各领域改革和改进的联动和集成,在国家治理体系和治理能力现代化上形成总体效应、取得总体效果。"[2]

他强调:"一个国家选择什么样的治理体系,是由这个国家的历史传承、文化传统、经济社会发展水平决定的,是由这个国家的人民决定的。我国今天的国家治理体系,是在我国历史传承、文化传统、经济社会发展的基础上长期发展、渐进改进、内生性演化的结果。我国国家治理体系需要改进和完善,但怎么改、怎么完善,我们要有主张、有定力。中华民族是一个兼容并蓄、海纳百川的民族,在漫长历史进程中,不断学习他人的好东西,把他人的好东西化成我们自己的东西,这才形成我们的民族特色。没有坚定的制度自信就不可能有全面深化改革的勇气,同样,离开不断改革,制度自信也不可能彻底、

---

[1]《习近平谈治国理政》第1卷,外文出版社2018年版,第92页。
[2]《习近平谈治国理政》第1卷,外文出版社2018年版,第104—105页。

不可能久远。我们全面深化改革，是要使中国特色社会主义制度更好；我们说坚定制度自信，不是要固步自封，而是要不断革除体制机制弊端，让我们的制度成熟而持久。"[1]

这实际上指明了，在国家治理体系和治理能力现代化问题上，需要坚持本国国情、本土文化传统，坚持中国特色社会主义制度，而不能用西方文化和西方理论体系、话语体系剪裁中国特色社会主义。他强调指出："推进国家治理体系和治理能力现代化，必须完整理解和把握全面深化改革的总目标，这是两句话组成的一个整体，即完善和发展中国特色社会主义制度、推进国家治理体系和治理能力现代化。我们的方向就是中国特色社会主义道路。"[2]

2. 十八届四中全会：全面依法治国

2014年10月举行的党的十八届四中全会，主要议题是全面依法治国。这实际上是全面深化改革的姊妹篇。当年，党的十一届三中全会后，就是依靠一手抓改革开放，一手抓社会主义民主与法制，拉开了新时期的大幕。

这次全会的成果，是通过了《中共中央关于全面推进依法治国若干重大问题的决定》。专门就依法治国召开一次中央全会，作出一个专门决定，这在中国共产党历史上还是第一次。

关于依法治国的极端重要性，《决定》指出："我国正处于社会主义初级阶段，全面建成小康社会进入决定性阶段，改革进入攻坚期和深水区，国际形势复杂多变，我们党面对的改革发展稳定任务之重前所未有、矛盾风险挑战之多前所未有，依法治国在党和国家工作全局中的地位更加突出、作用更加重大。面对新形势新任务，我们党要更

---

[1]《习近平谈治国理政》第1卷，外文出版社2018年版，第105—106页。
[2]《习近平谈治国理政》第1卷，外文出版社2018年版，第105页。

好统筹国内国际两个大局,更好维护和运用我国发展的重要战略机遇期,更好统筹社会力量、平衡社会利益、调节社会关系、规范社会行为,使我国社会在深刻变革中既生机勃勃又井然有序,实现经济发展、政治清明、文化昌盛、社会公正、生态良好,实现我国和平发展的战略目标,必须更好发挥法治的引领和规范作用。"[1]

关于法治建设存在的短板和问题,《决定》指出:"同党和国家事业发展要求相比,同人民群众期待相比,同推进国家治理体系和治理能力现代化目标相比,法治建设还存在许多不适应、不符合的问题,主要表现为:有的法律法规未能全面反映客观规律和人民意愿,针对性、可操作性不强,立法工作中部门化倾向、争权诿责现象较为突出;有法不依、执法不严、违法不究现象比较严重,执法体制权责脱节、多头执法、选择性执法现象仍然存在,执法司法不规范、不严格、不透明、不文明现象较为突出,群众对执法司法不公和腐败问题反映强烈;部分社会成员尊法信法守法用法、依法维权意识不强,一些国家工作人员特别是领导干部依法办事观念不强、能力不足,知法犯法、以言代法、以权压法、徇私枉法现象依然存在。"[2]

《决定》提出全面依法治国的总目标,指出:"全面推进依法治国,总目标是建设中国特色社会主义法治体系,建设社会主义法治国家。这就是,在中国共产党领导下,坚持中国特色社会主义制度,贯彻中国特色社会主义法治理论,形成完备的法律规范体系、高效的法治实施体系、严密的法治监督体系、有力的法治保障体系,形成完善的党内法规体系,坚持依法治国、依法执政、依法行政共同推进,坚持法治国家、法治政府、法治社会一体建设,实现科学立法、严格执

---

[1]《十八大以来重要文献选编》(中),中央文献出版社2016年版,第155—156页。
[2]《十八大以来重要文献选编》(中),中央文献出版社2016年版,第156—157页。

法、公正司法、全民守法，促进国家治理体系和治理能力现代化。"[1]

《决定》还强调："全面推进依法治国是一个系统工程，是国家治理领域一场广泛而深刻的革命，需要付出长期艰苦努力。全党同志必须更加自觉地坚持依法治国、更加扎实地推进依法治国，努力实现国家各项工作法治化，向着建设法治中国不断前进。"[2]

习近平总书记在《关于〈中共中央关于全面推进依法治国若干重大问题的决定〉的说明》里对这个总目标作了解释。他指出："提出这个总目标，既明确了全面推进依法治国的性质和方向，又突出了全面推进依法治国的工作重点和总抓手。一是向国内外鲜明宣示我们将坚定不移走中国特色社会主义法治道路。中国特色社会主义法治道路，是社会主义法治建设成就和经验的集中体现，是建设社会主义法治国家的唯一正确道路。在走什么样的法治道路问题上，必须向全社会释放正确而明确的信号，指明全面推进依法治国的正确方向，统一全党全国各族人民认识和行动。二是明确全面推进依法治国的总抓手。全面推进依法治国涉及很多方面，在实际工作中必须有一个总揽全局、牵引各方的总抓手，这个总抓手就是建设中国特色社会主义法治体系。依法治国各项工作都要围绕这个总抓手来谋划、来推进。三是建设中国特色社会主义法治体系、建设社会主义法治国家是实现国家治理体系和治理能力现代化的必然要求，也是全面深化改革的必然要求，有利于在法治轨道上推进国家治理体系和治理能力现代化，有利于在全面深化改革总体框架内全面推进依法治国各项工作，有利于在法治轨道上不断深化改革。"[3]

法治，是国家治理最重要、最经常、最广泛、最有效的手段，也

---

[1]《十八大以来重要文献选编》(中)，中央文献出版社2016年版，第157页。
[2]《十八大以来重要文献选编》(中)，中央文献出版社2016年版，第159—160页。
[3]《十八大以来重要文献选编》(中)，中央文献出版社2016年版，第147—148页。

是中国共产党治国理政的基本手段。因此,《决定》指出:"把党的领导贯彻到依法治国全过程和各方面,是我国社会主义法治建设的一条基本经验。我国宪法确立了中国共产党的领导地位。坚持党的领导,是社会主义法治的根本要求,是党和国家的根本所在、命脉所在,是全国各族人民的利益所系、幸福所系,是全面推进依法治国的题中应有之义。"[1]

2014年10月23日,习近平总书记在十八届四中全会第二次全体会议上强调:"全会通过的《中共中央关于全面推进依法治国若干重大问题的决定》有一条贯穿全篇的红线,这就是坚持和拓展中国特色社会主义法治道路。中国特色社会主义法治道路是一个管总的东西。具体讲我国法治建设的成就,大大小小可以列举出十几条、几十条,但归结起来就是开辟了中国特色社会主义法治道路这一条。""这次全会部署全面推进依法治国,是我们党在治国理政上的自我完善、自我提高,不是在别人压力下做的。在坚持和拓展中国特色社会主义法治道路这个根本问题上,我们要树立自信、保持定力。"[2]

他在讲话中特别强调:"依法治国是我们党提出来的,把依法治国上升为党领导人民治理国家的基本方略也是我们党提出来的,而且党一直带领人民在实践中推进依法治国。全面推进依法治国,要有利于加强和改善党的领导,有利于巩固党的执政地位、完成党的执政使命,决不是要削弱党的领导。"[3]

2015年2月2日,习近平总书记在中央举办的省部级主要领导干部学习贯彻十八届四中全会精神、全面推进依法治国专题研讨班上的讲话中进一步指出:"社会主义法治必须坚持党的领导,党的领导必

---

[1]《十八大以来重要文献选编》(中),中央文献出版社2016年版,第157—158页。
[2] 以上引文见《习近平谈治国理政》第2卷,外文出版社2017年版,第113、114页。
[3]《习近平谈治国理政》第2卷,外文出版社2017年版,第114页。

须依靠社会主义法治。法是党的主张和人民意愿的统一体现,党领导人民制定宪法法律,党领导人民实施宪法法律,党自身必须在宪法法律范围内活动,这就是党的领导力量的体现。党和法、党的领导和依法治国是高度统一的。我们就是在不折不扣贯彻着以宪法为核心的依宪治国、依宪执政,我们依据的是中华人民共和国宪法。"[1]

如何加强党对依法治国的全面领导,他指出:"坚持党的领导,不是一句空的口号,必须具体体现在党领导立法、保证执法、支持司法、带头守法上。一方面,要坚持党总揽全局、协调各方的领导核心作用,统筹依法治国各领域工作,确保党的主张贯彻到依法治国全过程和各方面。另一方面,要改善党对依法治国的领导,不断提高党领导依法治国的能力和水平。党既要坚持依法治国、依法执政,自觉在宪法法律范围内活动,又要发挥好各级党组织和广大党员、干部在依法治国中的政治核心作用和先锋模范作用。"[2]

他还强调:"走什么样的法治道路、建设什么样的法治体系,是由一个国家的基本国情决定的。""全面推进依法治国,必须从我国实际出发,同推进国家治理体系和治理能力现代化相适应,既不能罔顾国情、超越阶段,也不能因循守旧、墨守成规。"[3]

法治问题,具有极强的政治性和方向性,决不能在全面依法治国中出现任何偏差。习近平总书记对此高度重视、高度警醒。

2015年2月2日,在省部级主要领导干部学习贯彻十八届四中全会精神、全面推进依法治国专题研讨班上的讲话中,他指出:"我们要坚持的中国特色社会主义法治道路,本质上是中国特色社会主义道路在法治领域的具体体现;我们要发展的中国特色社会主义法治理

---

[1]《习近平谈治国理政》第2卷,外文出版社2017年版,第128页。
[2]《习近平谈治国理政》第2卷,外文出版社2017年版,第114—115页。
[3]以上引文见《习近平谈治国理政》第2卷,外文出版社2017年版,第117页。

论，本质上是中国特色社会主义理论体系在法治问题上的理论成果；我们要建设的中国特色社会主义法治体系，本质上是中国特色社会主义制度的法律表现形式。"[1]

此时，围绕进一步加强中国特色社会主义事业"五位一体"总体布局的统筹推进，逐步形成了"四个全面"战略布局。习近平总书记在这次专题研讨班的讲话中，系统阐明了"四个全面"战略布局及其相互关系。他指出："党的十八大以来，党中央从坚持和发展中国特色社会主义全局出发，提出并形成了全面建成小康社会、全面深化改革、全面依法治国、全面从严治党的战略布局。这个战略布局，既有战略目标，也有战略举措，每一个'全面'都具有重大战略意义。全面建成小康社会是我们的战略目标，全面深化改革、全面依法治国、全面从严治党是三大战略举措。要把全面依法治国放在'四个全面'的战略布局中来把握，深刻认识全面依法治国同其他3个'全面'的关系，努力做到'四个全面'相辅相成、相互促进、相得益彰。"[2]

3. 十八届五中全会：牢固树立新发展理念

2015年10月，中共十八届五中全会召开。

此时，"十二五"规划目标即将完成。"十二五"时期是我国发展很不平凡的五年，也是经济从高速度增长转变为高质量发展的五年。以习近平同志为核心的党中央，妥善应对国际金融危机持续影响等一系列重大风险挑战，适应经济发展新常态，不断创新宏观调控方式，推动形成经济结构优化、发展动力转换、发展方式转变加快的良好态

---

[1]《习近平谈治国理政》第2卷，外文出版社2017年版，第128页。
[2]《习近平在省部级主要领导干部学习贯彻十八届四中全会精神　全面推进依法治国专题研讨班开班式上发表重要讲话强调　领导干部要做尊法学法守法用法的模范　带动全党全国共同全面推进依法治国》，《人民日报》2015年2月3日第1版。

势。我国经济总量稳居世界第二位，人均国内生产总值增至7800美元左右。第三产业增加值占国内生产总值比重超过第二产业，基础设施水平全面跃升，农业连续增产，常住人口城镇化率达到55%，一批重大科技成果达到世界先进水平。我国经济实力、科技实力、国防实力、国际影响力又上了一个大台阶。

党的十八届五中全会在制定《中共中央关于制定国民经济和社会发展第十三个五年规划的建议》之时，面临的主要任务，就是要在新的五年里全面建成小康社会，实现第一个百年奋斗目标。要真正实现这个目标，殊为不易。

习近平总书记在这次全会第二次全体会议上的讲话里谈到第一个百年奋斗目标时指出："全面建成小康社会，强调的不仅是'小康'，而且更重要的也是更难做到的是'全面'。'小康'讲的是发展水平，'全面'讲的是发展的平衡性、协调性、可持续性。如果到2020年我们在总量和速度上完成了目标，但发展不平衡、不协调、不可持续问题更加严重，短板更加突出，就算不上真正实现了目标，即使最后宣布实现了，也无法得到人民群众和国际社会认可。"[1]

他接着从覆盖的领域、人口、区域三个方面提出问题。

"全面小康，覆盖的领域要全面，是五位一体全面进步。全面小康社会要求经济更加发展、民主更加健全、科教更加进步、文化更加繁荣、社会更加和谐、人民生活更加殷实。要在坚持以经济建设为中心的同时，全面推进经济建设、政治建设、文化建设、社会建设、生态文明建设，促进现代化建设各个环节、各个方面协调发展，不能长的很长、短的很短。"[2]

"全面小康，覆盖的人口要全面，是惠及全体人民的小康。全面

---

[1]《习近平谈治国理政》第2卷，外文出版社2017年版，第78页。
[2]《习近平谈治国理政》第2卷，外文出版社2017年版，第78—79页。

建成小康社会突出的短板主要在民生领域,发展不全面的问题很大程度上也表现在不同社会群体民生保障方面。'天地之大,黎元为本。'要按照人人参与、人人尽力、人人享有的要求,坚守底线、突出重点、完善制度、引导预期,注重机会公平,着力保障基本民生。"[1]这其中,"农村贫困人口脱贫是最突出的短板。虽然全面小康不是人人同样的小康,但如果现有的7000多万农村贫困人口生活水平没有明显提高,全面小康也不能让人信服"[2]。

"全面小康,覆盖的区域要全面,是城乡区域共同的小康。努力缩小城乡区域发展差距,是全面建成小康社会的一项重要任务。对这个问题,要辩证地看。城市和乡村、不同区域承担的主体功能不同。青海和西藏的主要区域是重点生态功能区,是世界第三极,生态产品和服务的价值极大。如果盲目开发造成破坏,今后花多少钱也补不回来。但是,在现行国内生产总值核算体系下,只用国内生产总值衡量发展水平,这些地方必然同发达地区的发展差距越来越大。我们说的缩小城乡区域发展差距,不能仅仅看作是缩小国内生产总值总量和增长速度的差距,而应该是缩小居民收入水平、基础设施通达水平、基本公共服务均等化水平、人民生活水平等方面的差距。此外,对城乡地区收入差距,也要全面认识。城乡区域之间生活成本特别是居住成本很不一样,光看收入也不能准确反映问题。"[3]

破解这些发展难题,实现一个不带水分、经得起历史、人民、实践检验的全面小康社会,就必须确立新的发展理念。

在作出《中共中央关于制定国民经济和社会发展第十三个五年规划的建议》的同时,提出和确立新发展理念,正是十八届五中全会的

---

[1]《习近平谈治国理政》第2卷,外文出版社2017年版,第79页。
[2]《习近平谈治国理政》第2卷,外文出版社2017年版,第79—80页。
[3]《习近平谈治国理政》第2卷,外文出版社2017年版,第81页。

历史贡献。

十八届五中全会通过的《中共中央关于制定国民经济和社会发展第十三个五年规划的建议》提出:"实现'十三五'时期发展目标,破解发展难题,厚植发展优势,必须牢固树立创新、协调、绿色、开放、共享的发展理念。"[1]

2015年10月29日,习近平总书记在十八届五中全会第二次全体会议上的讲话中,着重强调了发展理念的重要性,指出:"理念是行动的先导,一定的发展实践都是由一定的发展理念来引领的。发展理念是否对头,从根本上决定着发展成效乃至成败。实践告诉我们,发展是一个不断变化的进程,发展环境不会一成不变,发展条件不会一成不变,发展理念自然也不会一成不变。"[2]

他还强调:"我在《中共中央关于制定国民经济和社会发展第十三个五年规划的建议》开始起草时就强调,首先要把应该树立什么样的发展理念搞清楚,发展理念是战略性、纲领性、引领性的东西,是发展思路、发展方向、发展着力点的集中体现。发展理念搞对了,目标任务就好定了,政策举措跟着也就好定了。《建议》提出要坚持创新、协调、绿色、开放、共享的发展理念。这五大发展理念不是凭空得来的,是我们在深刻总结国内外发展经验教训的基础上形成的,也是在深刻分析国内外发展大势的基础上形成的,集中反映了我们党对经济社会发展规律认识的深化,也是针对我国发展中的突出矛盾和问题提出来的。"[3]

他详细阐述了提出这五大理念时的考虑。

关于创新发展理念,他指出:"创新发展注重的是解决发展动力

---

[1]《十八大以来重要文献选编》(中),中央文献出版社2016年版,第792页。
[2]《习近平谈治国理政》第2卷,外文出版社2017年版,第197页。
[3]《习近平谈治国理政》第2卷,外文出版社2017年版,第197页。

问题。我国创新能力不强,科技发展水平总体不高,科技对经济社会发展的支撑能力不足,科技对经济增长的贡献率远低于发达国家水平,这是我国这个经济大个头的'阿喀琉斯之踵'。新一轮科技革命带来的是更加激烈的科技竞争,如果科技创新搞不上去,发展动力就不可能实现转换,我们在全球经济竞争中就会处于下风。为此,我们必须把创新作为引领发展的第一动力,把人才作为支撑发展的第一资源,把创新摆在国家发展全局的核心位置,不断推进理论创新、制度创新、科技创新、文化创新等各方面创新,让创新贯穿党和国家一切工作,让创新在全社会蔚然成风。"[1]在五大新发展理念里,他把创新放在首位,可见他对创新问题的重视。这也是朝着社会主义现代化强国目标迈进必须突破的关口。

关于协调发展理念,他指出:"协调发展注重的是解决发展不平衡问题。我国发展不协调是一个长期存在的问题,突出表现在区域、城乡、经济和社会、物质文明和精神文明、经济建设和国防建设等关系上。在经济发展水平落后的情况下,一段时间的主要任务是要跑得快,但跑过一定路程后,就要注意调整关系,注重发展的整体效能,否则'木桶效应'就会愈加显现,一系列社会矛盾会不断加深。为此,我们必须牢牢把握中国特色社会主义事业总体布局,正确处理发展中的重大关系,不断增强发展整体性。"[2]事实证明,不断出现短板、又不断补足短板,在动态调整中不断实现协调发展,恰恰是中国式发展道路的一个规律,也是发展的一个动力。

关于绿色发展理念,他指出:"绿色发展注重的是解决人与自然和谐问题。绿色循环低碳发展,是当今时代科技革命和产业变革的方向,是最有前途的发展领域,我国在这方面的潜力相当大,可以形成

---

[1]《习近平谈治国理政》第 2 卷,外文出版社 2017 年版,第 198 页。
[2]《习近平谈治国理政》第 2 卷,外文出版社 2017 年版,第 198 页。

很多新的经济增长点。我国资源约束趋紧、环境污染严重、生态系统退化的问题十分严峻,人民群众对清新空气、干净饮水、安全食品、优美环境的要求越来越强烈。为此,我们必须坚持节约资源和保护环境的基本国策,坚定走生产发展、生活富裕、生态良好的文明发展道路,加快建设资源节约型、环境友好型社会,推进美丽中国建设,为全球生态安全作出新贡献。"[1]

关于开放发展理念,他指出:"开放发展注重的是解决发展内外联动问题。国际经济合作和竞争局面正在发生深刻变化,全球经济治理体系和规则正在面临重大调整,引进来、走出去在深度、广度、节奏上都是过去所不可比拟的,应对外部经济风险、维护国家经济安全的压力也是过去所不能比拟的。现在的问题不是要不要对外开放,而是如何提高对外开放的质量和发展的内外联动性。我国对外开放水平总体上还不够高,用好国际国内两个市场、两种资源的能力还不够强,应对国际经贸摩擦、争取国际经济话语权的能力还比较弱,运用国际经贸规则的本领也不够强,需要加快弥补。"他还指出:"'一带一路'建设是扩大开放的重大战略举措和经济外交的顶层设计,要找准突破口,以点带面、串点成线,步步为营、久久为功。要推动全球经济治理体系改革完善,引导全球经济议程,维护多边贸易体制,加快实施自由贸易区战略,积极承担与我国能力和地位相适应的国际责任和义务。"[2]

关于共享发展理念,他指出:"共享发展注重的是解决社会公平正义问题。'治天下也,必先公,公则天下平矣。'让广大人民群众共享改革发展成果,是社会主义的本质要求,是社会主义制度优越性的集中体现,是我们党坚持全心全意为人民服务根本宗旨的重要体现。

---

[1]《习近平谈治国理政》第 2 卷,外文出版社 2017 年版,第 198—199 页。
[2] 以上引文见《习近平谈治国理政》第 2 卷,外文出版社 2017 年版,第 199 页。

这方面问题解决好了,全体人民推动发展的积极性、主动性、创造性就能充分调动起来,国家发展也才能具有最深厚的伟力。我国经济发展的'蛋糕'不断做大,但分配不公问题比较突出,收入差距、城乡区域公共服务水平差距较大。在共享改革发展成果上,无论是实际情况还是制度设计,都还有不完善的地方。为此,我们必须坚持发展为了人民、发展依靠人民、发展成果由人民共享,作出更有效的制度安排,使全体人民朝着共同富裕方向稳步前进,绝不能出现'富者累巨万,而贫者食糟糠'的现象。"[1]

他还强调五大新发展理念的系统性和联动性:"坚持创新发展、协调发展、绿色发展、开放发展、共享发展,是关系我国发展全局的一场深刻变革。这五大发展理念相互贯通、相互促进,是具有内在联系的集合体,要统一贯彻,不能顾此失彼,也不能相互替代。哪一个发展理念贯彻不到位,发展进程都会受到影响。全党同志一定要提高统一贯彻五大发展理念的能力和水平,不断开拓发展新境界。"[2]

2016年1月18日,习近平总书记在省部级主要领导干部学习贯彻党的十八届五中全会精神专题研讨班上的讲话中,再一次阐述了五大新发展理念。其中,最引人关注的是对共享发展理念的阐释。

他指出:"这是党的十八届五中全会首次提出来的,体现了我们党全心全意为人民服务的根本宗旨,体现了人民是推动发展的根本力量的唯物史观。""'治国有常,而利民为本。'以人民为中心的发展思想,不是一个抽象的、玄奥的概念,不能只停留在口头上、止步于思想环节,而要体现在经济社会发展各个环节。"[3]

他强调指出:"共享理念实质就是坚持以人民为中心的发展思

---

[1]《习近平谈治国理政》第2卷,外文出版社2017年版,第199—200页。
[2]《习近平谈治国理政》第2卷,外文出版社2017年版,第200页。
[3]《习近平谈治国理政》第2卷,外文出版社2017年版,第213、213—214页。

想,体现的是逐步实现共同富裕的要求。共同富裕,是马克思主义的一个基本目标,也是自古以来我国人民的一个基本理想。""当然,实现这个目标需要一个漫长的历史过程。我国正处于并将长期处于社会主义初级阶段,我们不能做超越阶段的事情,但也不是说在逐步实现共同富裕方面就无所作为,而是要根据现有条件把能做的事情尽量做起来,积小胜为大胜,不断朝着全体人民共同富裕的目标前进。"[1]

他进一步阐释了共享发展理念的科学内涵,指出:"党的十八届五中全会提出的共享发展理念,其内涵主要有4个方面。一是共享是全民共享。这是就共享的覆盖面而言的。共享发展是人人享有、各得其所,不是少数人共享、一部分人共享。二是共享是全面共享。这是就共享的内容而言的。共享发展就要共享国家经济、政治、文化、社会、生态各方面建设成果,全面保障人民在各方面的合法权益。三是共享是共建共享。这是就共享的实现途径而言的。共建才能共享,共建的过程也是共享的过程。要充分发扬民主,广泛汇聚民智,最大激发民力,形成人人参与、人人尽力、人人都有成就感的生动局面。四是共享是渐进共享。这是就共享发展的推进进程而言的。一口吃不成胖子,共享发展必将有一个从低级到高级、从不均衡到均衡的过程,即使达到很高的水平也会有差别。我们要立足国情、立足经济社会发展水平来思考设计共享政策,既不裹足不前、铢施两较、该花的钱也不花,也不好高骛远、寅吃卯粮、口惠而实不至。这4个方面是相互贯通的,要整体理解和把握。"[2]

新发展理念的提出,是中国共产党发展观和执政观上的一次深刻的自我革命。它的提出和实施,不仅对夺取全面建成小康社会决定性

---

[1]《习近平谈治国理政》第2卷,外文出版社2017年版,第214、214—215页。
[2]《习近平谈治国理政》第2卷,外文出版社2017年版,第215—216页。

胜利具有决定性意义，而且对胜利踏上全面建设社会主义现代化强国也具有决定性意义。

4. 十八届六中全会：全面从严治党

2016年10月召开的党的十八届六中全会，以极大地推进全面从严治党步伐载入中国共产党的光荣史册。

这次全会顺党心、合民意，明确了习近平总书记的全党核心、党中央核心地位，审议通过《关于新形势下党内政治生活的若干准则》和《中国共产党党内监督条例》。

2016年10月27日，习近平总书记在全会第二次全体会议上讲话，着重就这次全会涉及的四个问题作了阐述。这四个问题是：坚定不移推进全面从严治党；全面加强和规范党内政治生活；全面落实党内监督责任；突出抓好领导干部特别是高级干部。

关于坚定不移推进全面从严治党，他指出："党的十八大之后，党中央全面分析党和国家工作面临的新形势新任务，综合分析党内、国家、社会以及国际环境中出现的新情况新问题，得出了一个重要结论，就是要进行好具有许多新的历史特点的伟大斗争、有效应对各种风险和挑战，实现'两个一百年'奋斗目标、实现中华民族伟大复兴的中国梦，必须把我们党建设好、建设强。"他还指出："党的十八大以来，我们把全面从严治党纳入'四个全面'战略布局，这是新的历史条件下我们党应对世情国情党情变化的必然选择。"[1]

他特别强调这次全会通过的《关于新形势下党内政治生活的若干准则》《中国共产党党内监督条例》在全面从严治党中的重要作用，指出："全面从严治党，既需要全方位用劲，也需要重点发力。加强

---

[1] 以上引文见《十八大以来重要文献选编》（下），中央文献出版社2018年版，第452、453页。

和规范党内政治生活、加强党内监督就是重点发力的抓手。严肃党内政治生活是全面从严治党的基础。党要管党,首先要从党内政治生活管起;从严治党,首先要从党内政治生活严起。党的执政地位,决定了党内监督在党和国家各种监督形式中是最基本的、第一位的。只有以党内监督带动其他监督、完善监督体系,才能为全面从严治党提供有力制度保障。全会通过的准则、条例内在统一、相辅相成,是推进全面从严治党的重要制度法规保障。"[1]

关于全面加强和规范党内政治生活,他指出:"这次全会通过的《关于新形势下党内政治生活的若干准则》,既是党章规定和要求的具体化,也是近年来全面从严治党实践形成的一系列规定和举措的系统化。准则针对党内存在的突出矛盾和问题,从12个方面作出规定,既指出了病症,也开出了药方,既有治标举措,也有治本方略。准则管不管用,关键看能不能执行到位。"[2]

如何贯彻落实、执行到位,他指出:第一,抓好思想教育这个根本。第二,抓好严明纪律这个关键。第三,抓好选人用人这个导向。第四,用好组织生活这个经常性手段。第五,抓住继承和创新这两个关键环节。"要坚持有什么问题就解决什么问题,什么问题难就重点解决什么问题,什么问题突出就着力攻克什么问题,无论解决什么问题,都要综合分析、举一反三,使每项措施、每次努力都有利于加强和规范党内政治生活,有利于净化党内政治生态。"[3]

关于全面落实党内监督责任,他指出:"早在延安时期,毛泽东同志就提出跳出'历史周期率'的课题,党的八大规定任何党员和党的组织都必须受到自上而下的和自下而上的监督,现在我们不断完善党

---

[1]《十八大以来重要文献选编》(下),中央文献出版社2018年版,第454—455页。
[2]《习近平谈治国理政》第2卷,外文出版社2017年版,第180页。
[3]《习近平谈治国理政》第2卷,外文出版社2017年版,第184页。

内监督体系,目的都是形成科学管用的防错纠错机制,不断增强党自我净化、自我完善、自我革新、自我提高能力。""全党要深刻认识到,党内监督是永葆党的肌体健康的生命之源,要不断增强向体内病灶开刀的自觉性,使积极开展监督、主动接受监督成为全党的自觉行动。"[1]

关于突出抓好领导干部特别是高级干部,他指出:"这些年党内政治生活和党内监督存在的种种问题,究其原因,有市场经济大环境的因素,有党的队伍不断发生深刻变化的因素,但一些高级干部发生的问题往往是所在地方和单位各种问题滋生蔓延的主要导因。""全会通过的准则、条例都突出了高级干部这个重点,对高级干部提出了更高的标准、更严的要求。可以说,这是两部党内法规的鲜明特色。"[2]他强调:"要加强对'一把手'教育的针对性、管理的经常性、监督的有效性,促使各级'一把手'带头遵守党章党规和宪法法律,认真贯彻执行民主集中制,不断增强党性修养,做到位高不擅权、权重不谋私。"他还表示:"我们要从党和国家兴旺发达、长治久安的高度来认识建设好中央委员会、中央政治局、中央政治局常委会的重大意义,切实把我们这个层面的党内政治生活、党内监督搞好,以令人信服的表率作用,推动全党开创全面从严治党新局面。"[3]

2017年2月13日,习近平总书记在省部级主要领导干部学习贯彻十八届六中全会精神专题研讨班上讲话,其中强调了坚决维护党中央权威的问题。

他指出:坚决维护党中央权威、保证全党令行禁止,是党和国家

---

[1] 以上引文见《习近平谈治国理政》第2卷,外文出版社2017年版,第185、185—186页。

[2] 以上引文见《十八大以来重要文献选编》(下),中央文献出版社2018年版,第464、465页。

[3] 以上引文见《十八大以来重要文献选编》(下),中央文献出版社2018年版,第465、466页。

前途命运所系，是全国各族人民根本利益所在。坚持党的领导，首先是坚持党中央的集中统一领导。全党必须牢固树立政治意识、大局意识、核心意识、看齐意识，自觉在思想上政治上行动上同党中央保持高度一致。每一个党的组织、每一名党员干部，无论处在哪个领域、哪个层级、哪个部门和单位，都要服从党中央集中统一领导，确保党中央令行禁止。

他还强调，维护党中央权威和集中统一领导，同坚持民主集中制是一致的。我们实行的民主集中制，是又有集中又有民主、又有纪律又有自由、又有统一意志又有个人心情舒畅生动活泼的制度，是民主和集中紧密结合的制度。我们党历来高度重视发展党内民主。党的重大决策都要严格按照程序办事，充分发扬民主，广泛听取意见和建议，做到兼听则明、防止偏听则暗，做到科学决策、民主决策、依法决策。[1]

在这次讲话中，习近平总书记还提出必须勇于自我革命的问题。他指出："勇于自我革命，是我们党最鲜明的品格，也是我们党最大的优势。中国共产党的伟大不在于不犯错误，而在于从不讳疾忌医，敢于直面问题，勇于自我革命，具有极强的自我修复能力。""我们党为什么能够在现代中国各种政治力量的反复较量中脱颖而出？为什么能够始终走在时代前列、成为中国人民和中华民族的主心骨？根本原因在于我们党始终保持了自我革命精神，保持了承认并改正错误的勇气，一次次拿起手术刀来革除自身的病症，一次次靠自己解决了自身问题。这种能力既是我们党区别于世界上其他政党的显著标志，也是我们党长盛不衰的重要原因所在。"[2]

---

[1] 以上内容见《习近平在省部级主要领导干部学习贯彻十八届六中全会精神专题研讨班开班式上发表重要讲话强调 以解决突出问题为突破口和主抓手 推动党的十八届六中全会精神落到实处》，《人民日报》2017年2月14日第1版。

[2] 以上引文见《十八大以来重要文献选编》（下），中央文献出版社2018年版，第589、590页。

他还指出:"我们党之所以有自我革命的勇气,是因为我们党除了国家、民族、人民的利益,没有任何自己的特殊利益。""不谋私利才能谋根本、谋大利,才能从党的性质和根本宗旨出发,从人民根本利益出发,检视自己;才能不掩饰缺点、不回避问题、不文过饰非,有缺点克服缺点,有问题解决问题,有错误承认并纠正错误。"[1]

他还通过国际比较来说明自我革命的重要性:"有些人迷恋西方多党轮替、三权鼎立那一套,认为一党执政无法解决自身存在的问题。实际上,纵观各国政党,真正像中国共产党这样能够始终如一正视自身问题,能够形成一整套自我约束的制度规范体系,能够严肃惩处党内一大批腐化变质分子的,可以说少之又少。"[2]

5. 十九届二中全会和三中全会

中共十九大后,以习近平同志为核心的党中央作出将党的十八大以来最新理论创新和实践创新成果写入现行宪法,以加强党的全面领导为统领深化党和国家机构改革这两项具有深远意义的决策。

为推进实施这两项决策,2018年1月和2月,先后召开了十九届二中全会和三中全会。

2018年1月召开的十九届二中全会,审议通过了《中共中央关于修改宪法部分内容的建议》。

全会指出,宪法是国家的根本法,是治国安邦的总章程,是党和人民意志的集中体现。现行宪法颁布以来,在改革开放和社会主义现代化建设的历史进程中、在我们党治国理政实践中发挥了十分重要的作用,有力坚持了中国共产党领导,有力保障了人民当家作主,有力促进了改革开放和社会主义现代化建设,有力推动了社会主义法治国

---

[1] 以上引文见《十八大以来重要文献选编》(下),中央文献出版社2018年版,第590页。
[2]《十八大以来重要文献选编》(下),中央文献出版社2018年版,第591—592页。

家建设进程，有力维护了国家统一、民族团结、社会稳定。

宪法是国家各项制度和法律法规的总依据，充实宪法的重大制度规定，对完善和发展中国特色社会主义制度具有重要作用。全会审议通过的《中共中央关于修改宪法部分内容的建议》，关于修改《中华人民共和国宪法》部分内容的建议主要包括：有关习近平新时代中国特色社会主义思想指导地位的条文；有关中国共产党领导是中国特色社会主义最本质的特征的条文；有关经济建设、政治建设、文化建设、社会建设、生态文明建设"五位一体"总体布局的条文；有关创新、协调、绿色、开放、共享的新发展理念的条文；有关把我国建设成为富强民主文明和谐美丽的社会主义现代化强国，实现中华民族伟大复兴的条文；有关在国家机构中设立监察委员会的条文；等等。[1]

全会召开前，2017年12月15日，中共中央还召开就关于修改宪法部分内容的建议听取意见的党外人士座谈会。习近平总书记在讲话中指出："修改宪法，是党和国家政治生活中的一件大事，是中共中央从新时代坚持和发展中国特色社会主义的全局和战略高度作出的重大政治决策，也是推进全面依法治国、推进国家治理体系和治理能力现代化的重大举措。"他还指出："宪法只有不断适应新形势才能具有持久生命力。中共中央决定对宪法进行适当修改，是经过反复考虑、综合方方面面情况作出的，目的是通过修改使我国宪法更好体现人民意志，更好体现中国特色社会主义制度的优势，更好适应提高中国共产党长期执政能力、推进全面依法治国、推进国家治理体系和治理能力现代化的要求。宪法修改，既要顺应党和人民事业发展要求，又要遵循宪法法律发展规律。"[2]

---

[1]《中国共产党中央委员会关于修改宪法部分内容的建议》，《人民日报》2018年2月26日第1版。

[2] 以上内容见《征求对中共中央关于修改宪法部分内容的建议的意见 中共中央召开党外人士座谈会 习近平主持并发表重要讲话》，《人民日报》2018年1月21日第1版。

2018年2月召开的十九届三中全会,审议通过了《中共中央关于深化党和国家机构改革的决定》和《深化党和国家机构改革方案》,同意把《深化党和国家机构改革方案》的部分内容按照法定程序提交十三届全国人大一次会议审议。

《中共中央关于深化党和国家机构改革的决定》指出:"深化党和国家机构改革是推进国家治理体系和治理能力现代化的一场深刻变革"。"党和国家机构职能体系是中国特色社会主义制度的重要组成部分,是我们党治国理政的重要保障。提高党的执政能力和领导水平,广泛调动各方面积极性、主动性、创造性,有效治理国家和社会,推动党和国家事业发展,必须适应新时代中国特色社会主义发展要求,深化党和国家机构改革。""深化党和国家机构改革,是新时代坚持和发展中国特色社会主义的必然要求,是加强党的长期执政能力建设的必然要求,是社会主义制度自我完善和发展的必然要求,是实现'两个一百年'奋斗目标、建设社会主义现代化国家、实现中华民族伟大复兴的必然要求。"[1]

《决定》提出:"深化党和国家机构改革,目标是构建系统完备、科学规范、运行高效的党和国家机构职能体系,形成总揽全局、协调各方的党的领导体系,职责明确、依法行政的政府治理体系,中国特色、世界一流的武装力量体系,联系广泛、服务群众的群团工作体系,推动人大、政府、政协、监察机关、审判机关、检察机关、人民团体、企事业单位、社会组织等在党的统一领导下协调行动、增强合力,全面提高国家治理能力和治理水平。"[2]

习近平总书记在《关于深化党和国家机构改革决定稿和方案稿的

---

[1] 以上引文见《十九大以来重要文献选编》(上),中央文献出版社2019年版,第254、256页。

[2]《十九大以来重要文献选编》(上),中央文献出版社2019年版,第257页。

说明》中，对《深化党和国家机构改革方案》涉及的重要领域和重要方面的机构改革作了说明。

其中，在完善党中央机构职能方面，主要推进以下改革：

一是组建国家监察委员会。深化国家监察体制改革，目的是加强党对反腐败工作的统一领导，实现对所有行使公权力的公职人员监察全覆盖。国家监察委员会就是中国特色的国家反腐败机构。国家监察委员会同中央纪委合署办公，履行纪检、监察两项职责，实行一套工作机构、两个机关名称。不再保留监察部、国家预防腐败局。

二是加强和优化党中央决策议事协调机构。组建中央全面依法治国委员会，其办公室设在司法部；组建中央审计委员会，其办公室设在审计署；组建中央教育工作领导小组，其秘书组设在教育部；将中央全面深化改革领导小组、中央网络安全和信息化领导小组、中央财经领导小组、中央外事工作领导小组改为委员会，调整优化中央机构编制委员会领导体制。

同时，不再设立中央维护海洋权益工作领导小组、不再设立中央社会治安综合治理委员会及其办公室、不再设立中央维护稳定工作领导小组及其办公室，有关职责交由相关职能部门承担。将中央防范和处理邪教问题领导小组及其办公室职责划归中央政法委员会、公安部。

三是优化整合党中央直属的机关党建、教育培训、党史研究等机构设置。为加强中央和国家机关党的建设，合并中央直属机关工作委员会和中央国家机关工作委员会，组建中央和国家机关工作委员会，作为党中央派出机构，统一领导中央和国家机关各部门党的工作；合并中央党校和国家行政学院，组建新的中央党校（国家行政学院），实行一个机构两块牌子，作为党中央直属事业单位；合并中央党史研究室、中央文献研究室和中央编译局，组建中央党史和文献研究院，作为党中央直属事业单位，对外保留中央编译局牌子。

四是加强党中央职能部门的统一归口协调管理职能。为更好落实党管干部、管机构编制原则,加强党对公务员队伍和机构编制的集中统一领导,更好统筹干部、机构编制资源,由中央组织部统一管理公务员工作,统一管理中央编办。为加强党对重要宣传阵地的管理,牢牢掌握意识形态工作领导权,由中央宣传部统一管理新闻出版工作,统一管理电影工作,归口管理新组建的国家广播电视总局、中央广播电视总台。为加强党的集中统一领导,减少党政部门职责交叉,将国家宗教事务局、国务院侨务办公室并入中央统战部,统一管理宗教工作、侨务工作,同时由中央统战部统一领导国家民族事务委员会。[1]

同时,在完善国务院机构职能方面,主要推进以下改革:一是组建自然资源部。二是组建生态环境部。三是组建农业农村部。四是组建文化和旅游部。五是组建国家卫生健康委员会。六是组建退役军人事务部。七是组建应急管理部。八是重新组建科学技术部。九是重新组建司法部。十是优化审计署职责。十一是组建国家市场监督管理总局、重新组建国家知识产权局。十二是组建国家广播电视总局、中央广播电视总台。十三是组建中国银行保险监督管理委员会。十四是组建国家国际发展合作署。十五是组建国家医疗保障局,调整理顺社保基金理事会隶属关系。十六是组建国家粮食和物资储备局。十七是组建国家移民管理局。十八是组建国家林业和草原局。十九是改革国税地税征管体制。二十是推进综合执法。[2]

2018年2月28日,习近平总书记在全会第二次全体会议上的讲话里,进一步阐述了深化党和国家机构改革的有关问题。其中,他还

---

[1] 以上内容见《十九大以来重要文献选编》(上),中央文献出版社2019年版,第243—245页。

[2] 以上内容见《十九大以来重要文献选编》(上),中央文献出版社2019年版,第245—251页。

特别论述了这一改革同国家治理体系和治理能力现代化的关系，以及党政关系。

关于深化党和国家机构改革同国家治理体系和治理能力现代化的关系，习近平总书记指出："这次深化党和国家机构改革处在一个重要时间节点上，必须回答建设一个什么样的适应中国特色社会主义新时代要求的党和国家机构职能体系和怎样建设这个机构职能体系。""当前，我国经济社会发展中的一些突出问题亟待解决，发展质量和效益还不高，创新能力不够强，生态环境保护任重道远，社会服务体系不健全，民生领域还有不少短板，全面依法治国任务依然繁重，等等。这些问题同国家治理体系和治理能力直接或间接相关，要从根本上加以解决，就必须对体制和机构进行调整完善，以推动经济、政治、文化、社会、生态文明等领域改革持续深化，加快构建系统完备、科学规范、运行有效的党和国家机构职能体系。"[1]

关于党政关系，习近平总书记指出："坚持和加强党的全面领导，既是深化党和国家机构改革的内在要求，也是深化党和国家机构改革的重要任务，是贯穿改革全过程的政治主题。""我们治国理政的本根，就是中国共产党的领导和我国社会主义制度。在这一点上，必须理直气壮、旗帜鲜明。党的领导必须是全面的、系统的、整体的，必须体现到经济建设、政治建设、文化建设、社会建设、生态文明建设和国防军队、祖国统一、外交工作、党的建设等各方面。哪个领域、哪个方面、哪个环节缺失了弱化了，都会削弱党的力量，损害党和国家事业。"

他接着指出："党政关系既是重大理论问题，也是重大实践问题。改革开放以后，我们曾经讨论过党政分开问题，目的是解决效率不

---

[1] 以上引文见《十九大以来重要文献选编》（上），中央文献出版社2019年版，第272、273—274页。

高、机构臃肿、人浮于事、作风拖拉等问题。应该说，在这个问题上，当时我们的理论认识和实践经验都不够，对如何解决好我们面临的国家治理体系和治理能力问题是探索性的。改革开放以来，无论我们对党政关系进行了怎样的调整，但有一条是不变的，就是邓小平同志所说的：'我们要坚持党的领导，不能放弃这一条，但是党要善于领导'[1]。"处理好党政关系，首先要坚持党的领导，在这个大前提下才是各有分工，而且无论怎么分工，出发点和落脚点都是坚持和完善党的领导。中国共产党是执政党，党的领导地位和执政地位是紧密联系在一起的。党的集中统一领导权力是不可分割的。不能简单讲党政分开或党政合一，而是要适应不同领域特点和基础条件，不断改进和完善党的领导方式和执政方式。"

他强调指出："这次深化党和国家机构改革，对在新时代加强党的全面领导、统筹设置党政机构、提高党和政府效能进行了深入思考，着力点就是要对加强党对一切工作的领导作出制度设计和安排，对一些领域设置过细、职能交叉重叠的党政机构进行整合，一些党中央决策议事协调机构的办事机构就设在政府部门，打破所谓的党政界限，同一件事情弄到一块去干，增强党的领导力，提高政府执行力，理顺党政机构关系，建立健全党中央对重大工作的决策协调机制。这是党中央总结以往正反两方面经验作出的重大决策。"[2]

2018年3月，第十三届全国人民代表大会第一次会议召开。大会审议通过了《中华人民共和国宪法修正案》，审议通过了《中华人民共和国监察法》，还审议通过了《国务院机构改革方案》。

党的十九届二中全会通过的关于修改宪法部分内容的建议，十九

---

[1]《邓小平文选》第3卷，人民出版社1993年版，第179页。
[2] 以上引文见《十九大以来重要文献选编》（上），中央文献出版社2019年版，第275、275—276、277、277—278页。

届三中全会通过的关于深化党和国家机构改革的决定及其改革方案，至此均已顺利实现，国家治理体系和治理能力现代化的进程又向前推进了一大步。

以上这些进展，都为党的十九届四中全会的成功举行，为中国特色社会主义国家治理理论的系统形成，做了必要的铺垫和准备。正所谓"瓜熟蒂落，水到渠成"。

（五）中国特色社会主义国家治理理论的系统形成

2019年10月召开的党的十九届四中全会，审议通过《中共中央关于坚持和完善中国特色社会主义制度　推进国家治理体系和治理能力现代化若干重大问题的决定》，对坚持和完善中国特色社会主义制度、推进国家治理体系和治理能力现代化进行系统总结，实现了中国特色社会主义国家治理理论的系统化、规范化、体系化。

这次全会及其决定，在马克思主义国家治理理论发展史上，在新中国国家制度发展史上，在中国特色社会主义国家治理发展史上，都具有里程碑意义。它标志着中国特色社会主义国家治理理论的系统形成。

在中国特色社会主义国家治理体系里，中国共产党对一切工作的全面领导，居于核心地位，是主心骨和定盘星；全面深化改革和全面依法治国，则是其不可或缺的两翼。

通过全面深化改革，不断使生产关系适应生产力发展，使上层建筑适应经济基础变化，进一步解放思想、解放和发展社会生产力、解放和增强社会活力，坚决破除各方面体制机制弊端，让一切劳动、知识、技术、管理、资本的活力竞相迸发，让一切创造社会财富的源泉充分涌流，让发展成果更多更公平惠及全体人民。

通过全面依法治国，确保党的领导、人民当家作主、依法治国有机统一，坚定不移走中国特色社会主义法治道路，保证人民依法享有广泛的权利和自由、承担应尽的义务，坚决维护宪法法律权威，依法维护人民权益，维护社会公平正义，维护国家安全稳定。

1. 创立与系统形成的历史背景

中国特色社会主义国家治理理论的创立与系统形成，有着特定的时代背景与社会历史条件，也是改革开放和社会主义现代化建设发展到新时代的客观要求。

一是从时代看，当今世界是百年未有的大变动、大调整、大重组的时代。执政党治理、国家治理、全球治理三大治理难题，成为考验各国执政党和政治家治国理政能力与水平的关键性问题，同时也是必须着力破解的影响全局、决定全局的重大现实问题。

党的十八大以来，以习近平同志为核心的党中央在这三大治理上，都取得了决定性的突破。在执政党治理上，提出全面从严治党、全面加强党的领导，通过强力惩治腐败、强力反"四风"，增强"四个意识"和"两个维护"，使党得以重塑，党的执政基础和执政地位得以巩固。在国家治理上，确立以人民为中心的思想，树立新发展理念，形成统筹推进"五位一体"总体布局、协调推进"四个全面"战略布局，使国家治理体系得以全面重塑，国家治理能力得到全面提升，特别是在抗击新型冠状病毒特大疫情中，"中国之治"与"西方之乱"形成鲜明对照。在全球治理上，提出人类命运共同体构想，扎实推动"一带一路"倡议，积极参与国际合作，中国方案、中国主张的影响力日益提升，中国话语、中国形象的公信力显著增强。需要强调的是，三大治理的核心，是包括党的建设在内的国家治理体系治理能力现代化。这是前无古人的伟大事业，要有科学的顶层设计为指导，就必须有科学的理论作指导。中国特色社会主义国家治理理论由此呼之欲出。

二是从社会历史条件看，新中国的建设与改革，始终贯穿着国家治理问题。

正反两方面的经验告诉我们，什么时候国家治理的理论科学、实践正确、成效显著，党和国家各项事业就兴旺发达，经济发展、民族团结、社会稳定的大好局面就会长期持续；反之，什么时候国家治理的指导思想出现严重偏差，党和国家各项事业就会遭受严重破坏，人民代表大会制度等国家制度就会遭到损害。"文化大革命"的沉痛教训告诉我们，离开党的领导的"大民主"，严重混淆两类不同性质矛盾的"全面专政"，会给党和国家事业带来怎样的危害。在"百废待兴"的情况下，党的十一届三中全会后，之所以能在加强和改善党的领导，恢复和建立健全民主集中制，恢复和建立健全社会主义民主与法制等方面迅速取得重要进展，有力地推动和保证了改革开放事业发展，很重要的原因，就是通过第二个历史决议深刻地记取了这方面的沉痛教训，进一步明确了前进方向。

要在改革开放中逐步建立与社会主义市场经济和社会主义现代化建设相适应的中国特色社会主义法律体系，进而推进国家治理体系和治理能力现代化，不可能一蹴而就，必须经过一个久久为功、日积月累的艰苦过程。为此，在新中国法制建设的基础上，从党的十一届三中全会起，党领导人民经过30多年的不懈努力，到2011年3月郑重宣告，"一个立足中国国情和实际、适应改革开放和社会主义现代化建设需要、集中体现党和人民意志的，以宪法为统帅，以宪法相关法、民法商法等多个法律部门的法律为主干，由法律、行政法规、地方性法规等多个层次的法律规范构成的中国特色社会主义法律体系已经形成，国家经济建设、政治建设、文化建设、社会建设以及生态文明建设的各个方面实现有法可依"[1]。同时，改革开放以来制度建设史和法制建设史都证明，制度的完善与法制的完善，都是动态过程。

---

[1]《十七大以来重要文献选编》（下），中央文献出版社2013年版，第118—119页。

"我们用改革的办法解决了党和国家事业发展中的一系列问题。同时,在认识世界和改造世界的过程中,旧的问题解决了,新的问题又会产生,制度总是需要不断完善,因而改革既不可能一蹴而就、也不可能一劳永逸。"[1]特别是党的十八大后,随着中国特色社会主义进入新时代,社会主要矛盾发生深刻变化,对党和国家的领导方式、决策方式、工作方式、思维方式都提出许多新要求。以习近平同志为核心的党中央在全面深化改革的同时,提出全面依法治国,要求坚持依法治国、依法执政、依法行政共同推进,坚持法治国家、法治政府、法治社会一体建设,实现科学立法、严格执法、公正司法、全民守法,促进国家治理体系和治理能力现代化。

三是从改革开放和社会主义现代化建设内在的发展规律看,进入新时代,随着改革进入深水区、攻坚期和矛盾凸显期,现代化建设进入从站起来、富起来到强起来的新阶段,对改革的综合性、全面性和顶层设计都提出了新的更高要求,对现代化发展的综合性、全面性、联动性也提出了新的更高要求。

相比过去,新时代改革开放的制度建设分量更重,改革更多面对的是深层次体制机制问题,建章立制、构建体系的任务更重。新时代谋划全面深化改革,就要以坚持和完善中国特色社会主义制度、推进国家治理体系和治理能力现代化为主轴,把制度建设和治理能力建设摆到更加突出的位置,继续深化各领域各方面体制机制改革,推动各方面制度更加成熟更加定型,推进国家治理体系和治理能力现代化。

以习近平同志为核心的党中央敏锐地捕捉到了这些客观发展的新要求,提出了创新、协调、绿色、开放、共享的新发展理念,果断地提出推动经济从高速度增长向高质量发展转变,果断提出要实现以人民为中心的发展思想。这些转变表面看是经济改革与发展问题,实际

---

[1]《习近平谈治国理政》第1卷,外文出版社2018年版,第74页。

上是一场关于国家治理体系和治理能力现代化的根本性转变。党的十八届三中全会推出336项重大改革举措。经过持续努力，重要领域和关键环节改革成效显著，主要领域基础性制度体系基本形成，为推进国家治理体系和治理能力现代化打下了坚实基础。

四是从新时代加强中国特色社会主义制度建设的实践逻辑发展看，不断推进制度建设既为系统形成国家治理的理论与体系创造了条件，也为系统形成国家治理的理论与体系积累了丰硕的成果。

党的十八大以来，以习近平同志为核心的党中央把制度建设摆到更加突出的位置。党的十八届三中全会首次提出"推进国家治理体系和治理能力现代化"这个重大命题，并把"完善和发展中国特色社会主义制度、推进国家治理体系和治理能力现代化"确定为全面深化改革的总目标。党的十八届五中全会进一步强调，"十三五"时期要实现"各方面制度更加成熟更加定型，国家治理体系和治理能力现代化取得重大进展，各领域基础性制度体系基本形成"。

党的十九大作出到21世纪中叶把我国建成富强民主文明和谐美丽的社会主义现代化强国的战略安排，并且提出到2035年，"各方面制度更加完善，国家治理体系和治理能力现代化基本实现"；到21世纪中叶，"实现国家治理体系和治理能力现代化"。党的十九届二中、三中全会分别就修改宪法和深化党和国家机构改革作出部署，在制度建设和治理能力建设上迈出了新的重大步伐。这样，在党的十九届四中全会对坚持和完善中国特色社会主义制度、推进国家治理体系和治理能力现代化进行系统总结，提出与时俱进完善和发展的前进方向和工作要求，恰逢其时。

总之，顺应改革开放和现代化建设内在规律发展变化的客观需要，顺应社会主要矛盾深刻变化的客观需要，站在党和国家改革发展全局，站在国内国际两个大局的交汇点，统筹推进"五位一体"战略布局，协调推进"四个全面"战略布局，全面贯彻落实以人民为中心的发展思想和新发展理念,实现决胜全面建成小康社会、迈上建设社会主义现代化强国新征程的战略谋划,必然要求提出国家治理的总思路、总战略、总构想。

2. 国家治理体系和治理能力现代化的顶层设计

党的十九届四中全会审议通过了《中共中央关于坚持和完善中国特色社会主义制度 推进国家治理体系和治理能力现代化若干重大问题的决定》。《决定》的第一部分重点阐述了中国特色社会主义制度和国家治理体系发展的历史性成就和显著优势,提出新时代坚持和完善中国特色社会主义制度、推进国家治理体系和治理能力现代化的重大意义和总体要求。

《决定》首先阐明了中国特色社会主义制度同国家治理体系和治理能力之间的关系,指出:"中国特色社会主义制度是党和人民在长期实践探索中形成的科学制度体系,我国国家治理一切工作和活动都依照中国特色社会主义制度展开,我国国家治理体系和治理能力是中国特色社会主义制度及其执行能力的集中体现。"[1]

《决定》接着阐明了对中国特色社会主义制度和国家治理体系"是什么"的问题,指出:"中国特色社会主义制度和国家治理体系是以马克思主义为指导、植根中国大地、具有深厚中华文化根基、深得人民拥护的制度和治理体系,是具有强大生命力和巨大优越性的制度和治理体系,是能够持续推动拥有近十四亿人口大国进步和发展、确保拥有五千多年文明史的中华民族实现'两个一百年'奋斗目标进而实现伟大复兴的制度和治理体系。"[2]

《决定》还概括总结了中国特色社会主义制度和国家治理体系在

---

[1]《十九大以来重要文献选编》(中),中央文献出版社 2021 年版,第 269 页。
[2]《十九大以来重要文献选编》(中),中央文献出版社 2021 年版,第 270 页。

十三个方面的显著优势,指出:"我国国家制度和国家治理体系具有多方面的显著优势,主要是:坚持党的集中统一领导,坚持党的科学理论,保持政治稳定,确保国家始终沿着社会主义方向前进的显著优势;坚持人民当家作主,发展人民民主,密切联系群众,紧紧依靠人民推动国家发展的显著优势;坚持全面依法治国,建设社会主义法治国家,切实保障社会公平正义和人民权利的显著优势;坚持全国一盘棋,调动各方面积极性,集中力量办大事的显著优势;坚持各民族一律平等,铸牢中华民族共同体意识,实现共同团结奋斗、共同繁荣发展的显著优势;坚持公有制为主体、多种所有制经济共同发展和按劳分配为主体、多种分配方式并存,把社会主义制度和市场经济有机结合起来,不断解放和发展社会生产力的显著优势;坚持共同的理想信念、价值理念、道德观念,弘扬中华优秀传统文化、革命文化、社会主义先进文化,促进全体人民在思想上精神上紧紧团结在一起的显著优势;坚持以人民为中心的发展思想,不断保障和改善民生、增进人民福祉,走共同富裕道路的显著优势;坚持改革创新、与时俱进,善于自我完善、自我发展,使社会始终充满生机活力的显著优势;坚持德才兼备、选贤任能,聚天下英才而用之,培养造就更多更优秀人才的显著优势;坚持党指挥枪,确保人民军队绝对忠诚于党和人民,有力保障国家主权、安全、发展利益的显著优势;坚持'一国两制',保持香港、澳门长期繁荣稳定,促进祖国和平统一的显著优势;坚持独立自主和对外开放相统一,积极参与全球治理,为构建人类命运共同体不断作出贡献的显著优势。"[1]

《决定》强调:"这些显著优势,是我们坚定中国特色社会主义道路自信、理论自信、制度自信、文化自信的基本依据。"[2]

---

[1]《十九大以来重要文献选编》(中),中央文献出版社 2021 年版,第 270—271 页。
[2]《十九大以来重要文献选编》(中),中央文献出版社 2021 年版,第 271 页。

《决定》还提出了与"两个一百年"奋斗目标相匹配的总体目标，指出："到我们党成立一百年时，在各方面制度更加成熟更加定型上取得明显成效；到二〇三五年，各方面制度更加完善，基本实现国家治理体系和治理能力现代化；到新中国成立一百年时，全面实现国家治理体系和治理能力现代化，使中国特色社会主义制度更加巩固、优越性充分展现。"[1]

　　上述内容环环相扣、紧密衔接，构成了国家制度建设与国家治理体系和治理能力现代化的顶层设计。

3. 中国特色社会主义制度和国家治理体系的系统化

　　《决定》的突出特色，是对中国特色社会主义制度和国家治理体系进行了系统梳理，总结和阐述了支撑中国特色社会主义制度的根本制度、基本制度、重要制度，将其归纳为13个方面的制度。这在新中国和改革开放的历史上是第一次，在科学社会主义发展史上也是第一次。

　　（1）坚持和完善党的领导制度体系

　　中国特色社会主义制度是一个严密完整的科学制度体系，起"四梁八柱"作用的是根本制度、基本制度、重要制度，其中具有统领地位的是党的领导制度。党的领导制度是我国的根本领导制度。

　　《决定》首先阐明了中国共产党领导在中国特色社会主义制度和国家治理体系中的地位、作用和要求，指出："中国共产党领导是中国特色社会主义最本质的特征，是中国特色社会主义制度的最大优势，党是最高政治领导力量。必须坚持党政军民学、东西南北中，党是领导一切的，坚决维护党中央权威，健全总揽全局、协调各方的党的领导

---

[1]《十九大以来重要文献选编》（中），中央文献出版社2021年版，第272页。

制度体系,把党的领导落实到国家治理各领域各方面各环节。"[1]

《决定》从坚持和完善党的领导制度体系出发,对以下六项制度建设作出部署:(一)建立不忘初心、牢记使命的制度。(二)完善坚定维护党中央权威和集中统一领导的各项制度。(三)健全党的全面领导制度。(四)健全为人民执政、靠人民执政各项制度。(五)健全提高党的执政能力和领导水平制度。(六)完善全面从严治党制度。

(2)坚持和完善人民当家作主制度体系

《决定》阐明了坚持和完善人民当家作主制度体系在中国特色社会主义制度和国家治理体系中的地位、作用和要求,还从坚持和完善人民当家作主制度体系出发,对以下五项制度建设作出部署:(一)坚持和完善人民代表大会制度这一根本政治制度。(二)坚持和完善中国共产党领导的多党合作和政治协商制度。(三)巩固和发展最广泛的爱国统一战线。(四)坚持和完善民族区域自治制度。(五)健全充满活力的基层群众自治制度。其中,明确人民代表大会制度是根本政治制度,其他四项是国家的基本制度。

(3)坚持和完善中国特色社会主义法治体系

坚持和完善中国特色社会主义法治体系在中国特色社会主义制度和国家治理体系中的地位、作用和要求是:"建设中国特色社会主义法治体系、建设社会主义法治国家是坚持和发展中国特色社会主义的内在要求。必须坚定不移走中国特色社会主义法治道路,全面推进依法治国,坚持依法治国、依法执政、依法行政共同推进,坚持法治国家、法治政府、法治社会一体建设,加快形成完备的法律规范体系、高效的法治实施体系、严密的法治监督体系、有力的法治保障体系,加快形成完善的党内法规体系,全面推进科学立法、严格执法、公正

---

[1]《十九大以来重要文献选编》(中),中央文献出版社2021年版,第272页。

司法、全民守法,推进法治中国建设。"[1]

《决定》从坚持和完善中国特色社会主义法治体系出发,对以下四项体制机制或制度建设作出部署:(一)健全保证宪法全面实施的体制机制。(二)完善立法体制机制。(三)健全社会公平正义法治保障制度。(四)加强对法律实施的监督。

(4)坚持和完善中国特色社会主义行政体制

《决定》指出:"国家行政管理承担着按照党和国家决策部署推动经济社会发展、管理社会事务、服务人民群众的重大职责。必须坚持一切行政机关为人民服务、对人民负责、受人民监督,创新行政方式,提高行政效能,建设人民满意的服务型政府。"[2]

《决定》从坚持和完善中国特色社会主义行政体制出发,对以下四项体制机制或制度建设作出部署:(一)完善国家行政体制。(二)优化政府职责体系。(三)优化政府组织结构。(四)健全充分发挥中央和地方两个积极性体制机制。

(5)坚持和完善社会主义基本经济制度

《决定》进一步明确了社会主义基本经济制度的内涵,指出:"公有制为主体、多种所有制经济共同发展,按劳分配为主体、多种分配方式并存,社会主义市场经济体制等社会主义基本经济制度,既体现了社会主义制度优越性,又同我国社会主义初级阶段社会生产力发展水平相适应,是党和人民的伟大创造。必须坚持社会主义基本经济制度,充分发挥市场在资源配置中的决定性作用,更好发挥政府作用,全面贯彻新发展理念,坚持以供给侧结构性改革为主线,加快建设现代化经济体系。"[3]

---

[1]《十九大以来重要文献选编》(中),中央文献出版社2021年版,第277页。
[2]《十九大以来重要文献选编》(中),中央文献出版社2021年版,第279页。
[3]《十九大以来重要文献选编》(中),中央文献出版社2021年版,第280—281页。

《决定》从坚持和完善社会主义基本经济制度出发，对以下五项制度建设作出部署：（一）毫不动摇巩固和发展公有制经济，毫不动摇鼓励、支持、引导非公有制经济发展。（二）坚持按劳分配为主体、多种分配方式并存。（三）加快完善社会主义市场经济体制。（四）完善科技创新体制机制。（五）建设更高水平开放型经济新体制。

（6）坚持和完善繁荣发展社会主义先进文化的制度

《决定》从坚持和完善繁荣发展社会主义先进文化的制度出发，对以下五项制度或体制机制建设作出部署：（一）坚持马克思主义在意识形态领域指导地位的根本制度。（二）坚持以社会主义核心价值观引领文化建设制度。（三）健全人民文化权益保障制度。（四）完善坚持正确导向的舆论引导工作机制。（五）建立健全把社会效益放在首位、社会效益和经济效益相统一的文化创作生产体制机制。其中，明确坚持马克思主义在意识形态领域指导地位的制度是党和国家的根本制度。

（7）坚持和完善统筹城乡的民生保障制度

《决定》指出："增进人民福祉、促进人的全面发展是我们党立党为公、执政为民的本质要求。必须健全幼有所育、学有所教、劳有所得、病有所医、老有所养、住有所居、弱有所扶等方面国家基本公共服务制度体系，尽力而为，量力而行，注重加强普惠性、基础性、兜底性民生建设，保障群众基本生活。创新公共服务提供方式，鼓励支持社会力量兴办公益事业，满足人民多层次多样化需求，使改革发展成果更多更公平惠及全体人民。"[1]

《决定》从坚持和完善统筹城乡的民生保障制度出发，对以下四项制度建设作出部署：（一）健全有利于更充分更高质量就业的促进

---

[1]《十九大以来重要文献选编》（中），中央文献出版社2021年版，第285页。

机制。(二)构建服务全民终身学习的教育体系。(三)完善覆盖全民的社会保障体系。(四)强化提高人民健康水平的制度保障。

(8)坚持和完善共建共治共享的社会治理制度

《决定》指出:"社会治理是国家治理的重要方面。必须加强和创新社会治理,完善党委领导、政府负责、民主协商、社会协同、公众参与、法治保障、科技支撑的社会治理体系,建设人人有责、人人尽责、人人享有的社会治理共同体,确保人民安居乐业、社会安定有序,建设更高水平的平安中国。"[1]

《决定》从坚持和完善共建共治共享的社会治理制度出发,对以下五项制度建设作出部署:(一)完善正确处理新形势下人民内部矛盾有效机制。(二)完善社会治安防控体系。坚持专群结合、群防群治,提高社会治安立体化、法治化、专业化、智能化水平,形成问题联治、工作联动、平安联创的工作机制,提高预测预警预防各类风险能力,增强社会治安防控的整体性、协同性、精准性。(三)健全公共安全体制机制。(四)构建基层社会治理新格局。(五)完善国家安全体系。

(9)坚持和完善生态文明制度体系

《决定》指出:"生态文明建设是关系中华民族永续发展的千年大计。必须践行绿水青山就是金山银山的理念,坚持节约资源和保护环境的基本国策,坚持节约优先、保护优先、自然恢复为主的方针,坚定走生产发展、生活富裕、生态良好的文明发展道路,建设美丽中国。"[2]

《决定》从坚持和完善生态文明制度体系出发,对以下四项制度建设作出部署:(一)实行最严格的生态环境保护制度。(二)全面建

---

[1]《十九大以来重要文献选编》(中),中央文献出版社2021年版,第287页。
[2]《十九大以来重要文献选编》(中),中央文献出版社2021年版,第289页。

立资源高效利用制度。（三）健全生态保护和修复制度。（四）严明生态环境保护责任制度。

（10）坚持和完善党对人民军队的绝对领导制度

《决定》指出："人民军队是中国特色社会主义的坚强柱石，党对人民军队的绝对领导是人民军队的建军之本、强军之魂。必须牢固确立习近平强军思想在国防和军队建设中的指导地位，巩固和拓展深化国防和军队改革成果，构建中国特色社会主义军事政策制度体系，全面推进国防和军队现代化，确保实现党在新时代的强军目标，把人民军队全面建成世界一流军队，永葆人民军队的性质、宗旨、本色。"[1]

《决定》从坚持和完善党对人民军队的绝对领导制度出发，对以下三项制度建设作出部署：（一）坚持人民军队最高领导权和指挥权属于党中央。（二）健全人民军队党的建设制度体系。（三）把党对人民军队的绝对领导贯彻到军队建设各领域全过程。

（11）坚持和完善"一国两制"制度体系

《决定》进一步明确了"一国两制"在国家治理体系中的重要地位，指出："'一国两制'是党领导人民实现祖国和平统一的一项重要制度，是中国特色社会主义的一个伟大创举。必须坚持'一国'是实行'两制'的前提和基础，'两制'从属和派生于'一国'并统一于'一国'之内。严格依照宪法和基本法对香港特别行政区、澳门特别行政区实行管治，坚定维护国家主权、安全、发展利益，维护香港、澳门长期繁荣稳定，绝不容忍任何挑战'一国两制'底线的行为，绝不容忍任何分裂国家的行为。"[2]

《决定》从坚持和完善"一国两制"制度体系出发，对以下三项大政方针和制度建设作出部署：（一）全面准确贯彻"一国两制"、

---

[1]《十九大以来重要文献选编》（中），中央文献出版社2021年版，第290页。
[2]《十九大以来重要文献选编》（中），中央文献出版社2021年版，第292页。

"港人治港"、"澳人治澳"、高度自治的方针。(二)健全中央依照宪法和基本法对特别行政区行使全面管治权的制度。(三)坚定推进祖国和平统一进程。

(12)坚持和完善独立自主的和平外交政策

《决定》指出:"推动党和国家事业发展需要和平国际环境和良好外部条件。必须统筹国内国际两个大局,高举和平、发展、合作、共赢旗帜,坚定不移维护国家主权、安全、发展利益,坚定不移维护世界和平、促进共同发展。"[1]

《决定》从坚持和完善独立自主的和平外交政策出发,对以下四项大政方针和制度建设作出部署:(一)健全党对外事工作领导体制机制。(二)完善全方位外交布局。(三)推进合作共赢的开放体系建设。(四)积极参与全球治理体系改革和建设。

(13)坚持和完善党和国家监督体系

《决定》进一步明确了党和国家监督体系在国家治理体系中的重要地位,指出:"党和国家监督体系是党在长期执政条件下实现自我净化、自我完善、自我革新、自我提高的重要制度保障。必须健全党统一领导、全面覆盖、权威高效的监督体系,增强监督严肃性、协同性、有效性,形成决策科学、执行坚决、监督有力的权力运行机制,确保党和人民赋予的权力始终用来为人民谋幸福。"[2]

《决定》从坚持和完善党和国家监督体系出发,对以下三项制度或体制机制建设作出部署:(一)健全党和国家监督制度。(二)完善权力配置和运行制约机制。(三)构建一体推进不敢腐、不能腐、不想腐体制机制。

以上这13个方面制度体系建设的路线图规划,完整地勾画出中

---

[1]《十九大以来重要文献选编》(中),中央文献出版社2021年版,第293—294页。
[2]《十九大以来重要文献选编》(中),中央文献出版社2021年版,第295页。

国特色社会主义制度和国家治理体系,标志着中国特色社会主义国家治理理论与制度的系统形成。

4. 对国家治理理论的进一步阐发

2019年10月31日,习近平总书记在十九届四中全会第二次全体会议上发表讲话,围绕坚持和完善中国特色社会主义制度、推进国家治理体系和治理能力现代化这个主题,对国家治理理论作了进一步阐发。

他指出:"坚持和完善中国特色社会主义制度、推进国家治理体系和治理能力现代化,是关系党和国家事业兴旺发达、国家长治久安、人民幸福安康的重大问题。党中央决定用一次全会就这个重大问题进行研究部署,是从政治上、全局上、战略上全面考量,立足当前、着眼长远作出的重大决策。这次全会通过的决定,全面回答了在我国国家制度和国家治理体系上应该坚持和巩固什么、完善和发展什么这个重大政治问题,是一篇马克思主义的纲领性文献,也是一篇马克思主义的政治宣言书。"[1]

他特别强调制度优势的作用,反映出新时代国家治理的突出特点。他指出:"制度优势是一个国家的最大优势,制度竞争是国家间最根本的竞争。制度稳则国家稳。新中国成立70年来,中华民族之所以能迎来从站起来、富起来到强起来的伟大飞跃,最根本的是因为党领导人民建立和完善了中国特色社会主义制度,形成和发展了党的领导和经济、政治、文化、社会、生态文明、军事、外事等各方面制度,不断加强和完善国家治理。"[2]

以此为出发点,习近平总书记在讲话中围绕全会主题,即坚持

---

[1]《习近平谈治国理政》第3卷,外文出版社2020年版,第118—119页。
[2]《习近平谈治国理政》第3卷,外文出版社2020年版,第119页。

和完善中国特色社会主义制度和国家治理体系问题，提出几个重要论断。

一是科学回答中国特色社会主义制度和国家治理体系是怎么形成的。

习近平总书记指出："一个国家选择什么样的国家制度和国家治理体系，是由这个国家的历史文化、社会性质、经济发展水平决定的。中国特色社会主义制度和国家治理体系不是从天上掉下来的，而是在中国的社会土壤中生长起来的，是经过革命、建设、改革长期实践形成的，是马克思主义基本原理同中国具体实际相结合的产物，是理论创新、实践创新、制度创新相统一的成果，凝结着党和人民的智慧，具有深刻的历史逻辑、理论逻辑、实践逻辑。"[1]

他把中国特色社会主义制度和国家治理体系同中华优秀传统文化联系在一起，指出："中国特色社会主义制度和国家治理体系具有深厚的历史底蕴。在几千年的历史演进中，中华民族创造了灿烂的古代文明，形成了关于国家制度和国家治理的丰富思想，包括大道之行、天下为公的大同理想，六合同风、四海一家的大一统传统，德主刑辅、以德化人的德治主张，民贵君轻、政在养民的民本思想，等贵贱均贫富、损有余补不足的平等观念，法不阿贵、绳不挠曲的正义追求，孝悌忠信、礼义廉耻的道德操守，任人唯贤、选贤与能的用人标准，周虽旧邦、其命维新的改革精神，亲仁善邻、协和万邦的外交之道，以和为贵、好战必亡的和平理念，等等。这些思想中的精华是中华优秀传统文化的重要组成部分，也是中华民族精神的重要内容。马克思主义传入中国后，科学社会主义的主张受到中国人民热烈欢迎，并最终扎根中国大地、开花结果，决不是偶然的，而是同我国传承了

---

[1]《习近平谈治国理政》第3卷，外文出版社2020年版，第119页。

几千年的优秀历史文化和广大人民日用而不觉的价值观念融通的。"[1]

他还把中国特色社会主义制度和国家治理体系同中国古代国家传统制度联系在一起,指出:"中国在人类发展史上曾经长期处于领先地位,自古以来逐步形成了一整套包括朝廷制度、郡县制度、土地制度、税赋制度、科举制度、监察制度、军事制度等各方面制度在内的国家制度和国家治理体系,为周边国家和民族所学习和模仿。"[2]

他还回顾了中国共产党团结带领中国人民在根据地创建人民政权,新民主主义革命胜利后创建新中国,制定《共同纲领》、1954年宪法,确定国体、政体、国家结构形式,建立国家政权组织体系,确立社会主义基本制度,改革开放以来开创了中国特色社会主义,不断完善中国特色社会主义制度和国家治理体系的历程。他指出:"中国特色社会主义制度和国家治理体系是以马克思主义为指导、植根中国大地、具有深厚中华文化根基、深得人民拥护的制度和治理体系,是党和人民长期奋斗、接力探索、历尽千辛万苦、付出巨大代价取得的根本成就"[3]。

二是科学回答中国特色社会主义制度和国家治理体系具有哪些优势。

习近平总书记强调我国国家制度和国家治理体系具有使开拓正确道路、发展科学理论、建设有效制度高度统一的优势,指出:"我国国家制度和国家治理体系之所以具有多方面的显著优势,很重要的一点就在于我们党在长期实践探索中,坚持把马克思主义基本原理同中国具体实际相结合,把开拓正确道路、发展科学理论、建设有效制度有机统一起来,用中国化的马克思主义、发展着的马克思主义指导国

---

[1]《习近平谈治国理政》第3卷,外文出版社2020年版,第119—120页。
[2]《习近平谈治国理政》第3卷,外文出版社2020年版,第120页。
[3]《习近平谈治国理政》第3卷,外文出版社2020年版,第121页。

家制度和国家治理体系建设,不断深化对共产党执政规律、社会主义建设规律、人类社会发展规律的认识,及时把成功的实践经验转化为制度成果,使我国国家制度和国家治理体系既体现了科学社会主义基本原则,又具有鲜明的中国特色、民族特色、时代特色。"[1]

他强调我国国家制度和国家治理体系具有确保人民当家作主、体现人民至上的优势,指出:"始终代表最广大人民根本利益,保证人民当家作主,体现人民共同意志,维护人民合法权益,是我国国家制度和国家治理体系的本质属性,也是我国国家制度和国家治理体系有效运行、充满活力的根本所在。我国国家制度和国家治理体系始终着眼于实现好、维护好、发展好最广大人民根本利益,着力保障和改善民生,使改革发展成果更多更公平惠及全体人民,因而可以有效避免出现党派纷争、利益集团偏私、少数政治'精英'操弄等现象,具有无可比拟的先进性。"[2]

三是科学回答如何认识中国特色社会主义制度和国家治理体系的实践成果。

为什么要提出这个问题?这是因为,"我国国家制度和国家治理体系管不管用、有没有效,实践是最好的试金石"[3]。习近平总书记举出中国共产党带领中国人民创造的两大奇迹,说:"新中国成立70年来,我们党领导人民创造了世所罕见的两大奇迹。一是经济快速发展奇迹。我国大踏步赶上时代,用几十年时间走完了发达国家几百年走过的工业化进程,跃升为世界第二大经济体,综合国力、科技实力、国防实力、文化影响力、国际影响力显著提升,人民生活显著改善,中华民族以崭新姿态屹立于世界的东方。二是社会长期稳定奇迹。我

---

[1]《习近平谈治国理政》第3卷,外文出版社2020年版,第122页。
[2]《习近平谈治国理政》第3卷,外文出版社2020年版,第123页。
[3]《习近平谈治国理政》第3卷,外文出版社2020年版,第124页。

国长期保持社会和谐稳定、人民安居乐业,成为国际社会公认的最有安全感的国家之一。可以说,在人类文明发展史上,除了中国特色社会主义制度和国家治理体系外,没有任何一种国家制度和国家治理体系能够在这样短的历史时期内创造出我国取得的经济快速发展、社会长期稳定这样的奇迹。"[1]

四是进一步对中国特色社会主义制度的根本制度、基本制度、重要制度作了阐发。

习近平总书记指出:"中国特色社会主义制度是一个严密完整的科学制度体系,起四梁八柱作用的是根本制度、基本制度、重要制度,其中具有统领地位的是党的领导制度。党的领导制度是我国的根本领导制度。""我们推进各方面制度建设、推动各项事业发展、加强和改进各方面工作,都必须坚持党的领导,自觉贯彻党总揽全局、协调各方的根本要求。"[2]

他还梳理了全会在根本制度、基本制度、重要制度方面的新成果,指出:"这次全会总结实践经验,在我们党已经明确的根本制度、基本制度、重要制度的基础上作出一些新的概括,比如,把社会主义基本经济制度确定为'公有制为主体、多种所有制经济共同发展,按劳分配为主体、多种分配方式并存,社会主义市场经济体制等社会主义基本经济制度',明确提出'坚持马克思主义在意识形态领域指导地位的根本制度',对中国特色社会主义法治体系、中国特色社会主义行政体制、繁荣发展社会主义先进文化的制度、统筹城乡的民生保障制度、共建共治共享的社会治理制度、生态文明制度体系、党对人民军队的绝对领导制度、'一国两制'制度体系、党和国家监督体系

---

[1]《习近平谈治国理政》第 3 卷,外文出版社 2020 年版,第 124 页。
[2] 以上引文见《习近平谈治国理政》第 3 卷,外文出版社 2020 年版,第 125、125—126 页。

等也进一步作出阐述。"[1]

他提出要求说:"中国特色社会主义根本制度、基本制度、重要制度,是对党和国家各方面事业作出的制度安排。我们无论是编制发展规划、推进法治建设、制定政策措施,还是部署各项工作,都要遵照这些制度,不能有任何偏差。""我们既要坚持好、巩固好经过长期实践检验的我国国家制度和国家治理体系,又要完善好、发展好我国国家制度和国家治理体系,不断把我国制度优势更好转化为国家治理效能。"[2]

五是提出继续与时俱进完善和发展中国特色社会主义制度和国家治理体系的任务。

习近平总书记提出:"随着中国特色社会主义进入新时代,我国发展处于新的历史方位,我国社会主要矛盾已经转化为人民日益增长的美好生活需要和不平衡不充分的发展之间的矛盾,我国国家治理面临许多新任务新要求,必然要求中国特色社会主义制度和国家治理体系更加完善、不断发展。"[3]

他还指出:"制度更加成熟更加定型是一个动态过程,治理能力现代化也是一个动态过程,不可能一蹴而就,也不可能一劳永逸。""这次全会提出的目标和任务,很多都是我国国家制度和国家治理体系建设中的空白点和薄弱点,具有鲜明的问题导向。在实际工作中,必须突出坚持和完善支撑中国特色社会主义制度的根本制度、基本制度、重要制度,着力固根基、扬优势、补短板、强弱项,构建系统完备、科学规范、运行有效的制度体系。"[4]

---

[1]《习近平谈治国理政》第3卷,外文出版社2020年版,第126页。
[2] 以上引文见《习近平谈治国理政》第3卷,外文出版社2020年版,第126、124页。
[3]《习近平谈治国理政》第3卷,外文出版社2020年版,第127页。
[4] 以上引文见《习近平谈治国理政》第3卷,外文出版社2020年版,第127页。

5. 提出发展全过程人民民主

全过程人民民主这个概念，是习近平总书记于 2019 年 11 月首次提出的。2019 年 11 月 2 日，习近平总书记在上海长宁区虹桥街道基层立法联系点考察时，指出："我们走的是一条中国特色社会主义政治发展道路，人民民主是一种全过程的民主，所有的重大立法决策都是依照程序、经过民主酝酿，通过科学决策、民主决策产生的。"

2021 年 7 月 1 日，习近平总书记在庆祝中国共产党成立 100 周年大会上的讲话中，正式提出"发展全过程人民民主"。

同年 10 月，习近平总书记在中央人大工作会议的讲话里强调，要坚持和完善人民代表大会制度，不断发展全过程人民民主。全过程人民民主的提出，彰显了中国特色社会主义制度的优势，彰显了社会主义民主政治的特色，为国家治理体系增添了一个重要内容。

他在讲话中再次强调发挥制度优势的极端重要性："当今世界正经历百年未有之大变局，制度竞争是综合国力竞争的重要方面，制度优势是一个国家赢得战略主动的重要优势。历史和现实都表明，制度稳则国家稳，制度强则国家强。"

他特别强调民主问题，提出了中国共产党和中国特色社会主义的民主观。他指出："民主是全人类的共同价值，是中国共产党和中国人民始终不渝坚持的重要理念。""民主不是装饰品，不是用来做摆设的，而是要用来解决人民需要解决的问题的。一个国家民主不民主，关键在于是不是真正做到了人民当家作主，要看人民有没有投票权，更要看人民有没有广泛参与权；要看人民在选举过程中得到了什么口头许诺，更要看选举后这些承诺实现了多少；要看制度和法律规定了什么样的政治程序和政治规则，更要看这些制度和法律是不是真正得到了执行；要看权力运行规则和程序是否民主，更要看权力是否真正受到人民监督和制约。如果人民只有在投票时被唤醒、投票后就进入休眠期，只有竞选时聆听天花乱坠的口号、竞选后就毫无发言权，只有拉票时受宠、选举后就被冷落，这样的民主不是真正的民主。"

由此作为立论的出发点，习近平总书记系统阐述了全过程人民民主的重大理念。他指出："党的十八大以来，我们深化对民主政治发展规律的认识，提出全过程人民民主的重大理念。我国全过程人民民主不仅有完整的制度程序，而且有完整的参与实践。我国全过程人民民主实现了过程民主和成果民主、程序民主和实质民主、直接民主和间接民主、人民民主和国家意志相统一，是全链条、全方位、全覆盖的民主，是最广泛、最真实、最管用的社会主义民主。我们要继续推进全过程人民民主建设，把人民当家作主具体地、现实地体现到党治国理政的政策措施上来，具体地、现实地体现到党和国家机关各个方面各个层级工作上来，具体地、现实地体现到实现人民对美好生活向往的工作上来。"

全过程人民民主的重大理念，需要有制度载体加以实现。习近平总书记指出："人民代表大会制度是实现我国全过程人民民主的重要制度载体。要在党的领导下，不断扩大人民有序政治参与，加强人权法治保障，保证人民依法享有广泛权利和自由。要保证人民依法行使选举权利，民主选举产生人大代表，保证人民的知情权、参与权、表达权、监督权落实到人大工作各方面各环节全过程，确保党和国家在决策、执行、监督落实各个环节都能听到来自人民的声音。要完善人大的民主民意表达平台和载体，健全吸纳民意、汇集民智的工作机制，推进人大协商、立法协商，把各方面社情民意统一于最广大人民根本利益之中。"[1]

这样，全过程人民民主从科学概念发展成为有民主观做支撑的

---

[1] 以上引文见习近平：《在中央人大工作会议上的讲话》（2021年10月13日），《求是》2022年第5期。

科学理念，又从治国理政的重大理念拓展为以人民代表大会制度这一根本政治制度作支撑的一整套制度安排，贯穿于人民当家作主、人民有序有效行使宪法赋予的各方面权利的各领域、各方面、全过程。这是立足中华大地实现的对马克思主义国家治理理论的独创性贡献。

（六）领导和推进中国式现代化

2021年圆满实现第一个百年奋斗目标后，中国共产党的中心任务就是团结带领全国各族人民全面建成社会主义现代化强国、实现第二个百年奋斗目标，以中国式现代化全面推进中华民族伟大复兴。

1. 中国式现代化的开辟

实现中华民族伟大复兴是近代以来中国人民的共同梦想，无数仁人志士为此苦苦求索、进行各种尝试，但都以失败告终。探索中国现代化道路的重任，历史地落在了中国共产党身上。实现现代化是近代以来中国人民矢志奋斗的梦想。中国共产党100多年团结带领中国人民追求民族复兴的历史，也是一部不断探索现代化道路的历史。经过数代人不懈努力，中国共产党团结带领中国人民走出了中国式现代化道路。

在新民主主义革命时期，中国共产党团结带领人民，浴血奋战、百折不挠，经过北伐战争、土地革命战争、抗日战争、解放战争，推翻帝国主义、封建主义、官僚资本主义三座大山，建立了人民当家作主的中华人民共和国，实现了民族独立、人民解放，为实现现代化创造了根本社会条件。

在新中国成立特别是改革开放以来长期探索和实践基础上，经过十八大以来在理论和实践上的创新突破，中国共产党成功推进和拓展了中国式现代化。

新中国成立后,中国共产党团结带领人民进行社会主义革命,消灭在中国延续几千年的封建剥削压迫制度,确立社会主义基本制度,实现了中华民族有史以来最为广泛而深刻的社会变革,建立起独立的比较完整的工业体系和国民经济体系,社会主义革命和建设取得了独创性理论成果和巨大成就,为现代化建设奠定根本政治前提和宝贵经验、理论准备、物质基础。

改革开放和社会主义建设新时期,中国共产党作出把党和国家工作中心转移到经济建设上来、实行改革开放的历史性决策,大力推进实践基础上的理论创新、制度创新、文化创新以及其他各方面创新,实行社会主义市场经济体制,实现了从生产力相对落后的状况到经济总量跃居世界第二的历史性突破,实现了人民生活从温饱不足到总体小康、奔向全面小康的历史性跨越,为中国式现代化提供了充满新的活力的体制保证和快速发展的物质条件。

党的十八大以来,中国共产党在已有基础上继续前进,不断实现理论和实践上的创新突破,成功推进和拓展了中国式现代化。在认识上不断深化,创立了习近平新时代中国特色社会主义思想,实现了马克思主义中国化时代化新的飞跃,为中国式现代化提供了根本遵循;进一步深化对中国式现代化的内涵和本质的认识,概括形成中国式现代化的中国特色、本质要求和重大原则,初步构建中国式现代化的理论体系,使中国式现代化更加清晰、更加科学、更加可感可行;在战略上不断完善,深入实施科教兴国战略、人才强国战略、乡村振兴战略等一系列重大战略,为中国式现代化提供坚实战略支撑;在实践上不断丰富,推进一系列变革性实践、实现一系列突破性进展、取得一系列标志性成果,推动党和国家事业取得历史性成就、发生历史性变革,特别是消除了绝对贫困问题,全面建成小康社会,为中国式现代化提供了更为完善的制度保证、更为坚实的物质基础、更为主动的精神力量。

中国式现代化是我们党领导全国各族人民在长期探索和实践中历经千辛万苦、付出巨大代价取得的重大成果，我们必须倍加珍惜、始终坚持、不断拓展和深化。

2. 中国式现代化的本质特征

中国式现代化，是中国共产党领导的社会主义现代化。

中国共产党的领导直接关系中国式现代化的根本方向、前途命运、最终成败。党的领导决定中国式现代化的根本性质，只有毫不动摇坚持党的领导，中国式现代化才能前景光明、繁荣兴盛；否则就会偏离航向、丧失灵魂，甚至犯颠覆性错误。党的领导确保中国式现代化锚定奋斗目标行稳致远，我们党的奋斗目标一以贯之，一代一代地接力推进，取得了举世瞩目、彪炳史册的辉煌业绩。党的领导激发建设中国式现代化的强劲动力，我们党勇于改革创新，不断破除各方面体制机制弊端，为中国式现代化注入不竭动力。党的领导凝聚建设中国式现代化的磅礴力量，我们党坚持党的群众路线，坚持以人民为中心的发展思想，发展全过程人民民主，充分激发全体人民的主人翁精神。

中国式现代化的本质要求是：坚持中国共产党领导，坚持中国特色社会主义，实现高质量发展，发展全过程人民民主，丰富人民精神世界，实现全体人民共同富裕，促进人与自然和谐共生，推动构建人类命运共同体，创造人类文明新形态。

3. 中国式现代化的科学内涵

一个国家走向现代化，既要遵循现代化一般规律，更要符合本国实际，具有本国特色。中国式现代化既有各国现代化的共同特征，更有基于自己国情的鲜明特色。党的二十大报告明确概括了中国式现代化是人口规模巨大的现代化、是全体人民共同富裕的现代化、是物质文明和精神文明相协调的现代化、是人与自然和谐共生的现代化、是走和平发展道路的现代化这五个方面的中国特色,深刻揭示了中国式现代化的科学内涵。这既有各国现代化的共同特征,更有基于自己国情的中国特色;既是理论概括,也是实践要求,为全面建成社会主义现代化强国、实现中华民族伟大复兴指明了一条康庄大道。

——中国式现代化是人口规模巨大的现代化。我国十四亿多人口整体迈进现代化社会,规模超过现有发达国家人口的总和,艰巨性和复杂性前所未有,发展途径和推进方式也必然具有自己的特点。我们始终从国情出发想问题、作决策、办事情,既不好高骛远,也不因循守旧,保持历史耐心,坚持稳中求进、循序渐进、持续推进。

——中国式现代化是全体人民共同富裕的现代化。共同富裕是中国特色社会主义的本质要求,也是一个长期的历史过程。我们坚持把实现人民对美好生活的向往作为现代化建设的出发点和落脚点,着力维护和促进社会公平正义,着力促进全体人民共同富裕,坚决防止两极分化。

——中国式现代化是物质文明和精神文明相协调的现代化。物质富足、精神富有是社会主义现代化的根本要求。物质贫困不是社会主义,精神贫乏也不是社会主义。我们不断厚植现代化的物质基础,不断夯实人民幸福生活的物质条件,同时大力发展社会主义先进文化,加强理想信念教育,传承中华文明,促进物的全面丰富和人的全面发展。

——中国式现代化是人与自然和谐共生的现代化。人与自然是生命共同体,无止境地向自然索取甚至破坏自然必然会遭到大自然的报复。我们坚持可持续发展,坚持节约优先、保护优先、自然恢复为主的方针,像保护眼睛一样保护自然和生态环境,坚定不移走生产发展、生活富裕、生态良好的文明发展道路,实现中华民族永续发展。

——中国式现代化是走和平发展道路的现代化。我国不走一些国家通过战争、殖民、掠夺等方式实现现代化的老路，那种损人利己、充满血腥罪恶的老路给广大发展中国家人民带来深重苦难。我们坚定站在历史正确的一边、站在人类文明进步的一边，高举和平、发展、合作、共赢旗帜，在坚定维护世界和平与发展中谋求自身发展，又以自身发展更好维护世界和平与发展。

新中国成立特别是改革开放以来，我们用几十年时间走完西方发达国家几百年走过的工业化历程，创造了经济快速发展和社会长期稳定的奇迹，为中华民族伟大复兴开辟了广阔前景。实践证明，中国式现代化走得通、行得稳，是强国建设、民族复兴的唯一正确道路。

4. 推进中国式现代化遵循的重大原则

2022年10月，在党的二十大报告中，习近平总书记提出要牢牢把握以下重大原则。

——坚持和加强党的全面领导。

——坚持中国特色社会主义道路。

——坚持以人民为中心的发展思想。

——坚持深化改革开放。

——坚持发扬斗争精神。

2023年3月15日，习近平总书记在中国共产党与世界政党高层对话会上的主旨讲话中进一步强调：

——我们要坚守人民至上理念，突出现代化方向的人民性。

——我们要秉持独立自主原则，探索现代化道路的多样性。

——我们要树立守正创新意识，保持现代化进程的持续性。

——我们要弘扬立己达人精神，增强现代化成果的普惠性。

——我们要保持奋发有为姿态，确保现代化领导的坚定性。

5. 推进中国式现代化需要处理好的重大关系

推进中国式现代化是一个系统工程，需要统筹兼顾、系统谋划、整体推进，正确处理好顶层设计与实践探索、战略与策略、守正与创新、效率与公平、活力与秩序、自立自强与对外开放等一系列重大关系。

进行顶层设计，需要深刻洞察世界发展大势，准确把握人民群众的共同愿望，深入探索经济社会发展规律，使制定的规划和政策体系体现时代性、把握规律性、富于创造性，做到远近结合、上下贯通、内容协调。

推进中国式现代化是一个探索性事业，还有许多未知领域，需要我们在实践中去大胆探索，通过改革创新来推动事业发展，决不能刻舟求剑、守株待兔。要增强战略的前瞻性，准确把握事物发展的必然趋势，敏锐洞悉前进道路上可能出现的机遇和挑战，以科学的战略预见未来、引领未来。

要增强战略的全局性，谋划战略目标、制定战略举措、作出战略部署，都要着眼于解决事关党和国家事业兴衰成败、牵一发而动全身的重大问题。要增强战略的稳定性，战略一经形成，就要长期坚持、一抓到底、善作善成，不要随意改变。要把战略的原则性和策略的灵活性有机结合起来，灵活机动、随机应变、临机决断，在因地制宜、因势而动、顺势而为中把握战略主动。

要守好中国式现代化的本和源、根和魂，毫不动摇坚持中国式现代化的中国特色、本质要求、重大原则，确保中国式现代化的正确方向。要把创新摆在国家发展全局的突出位置，顺应时代发展要求，着眼于解决重大理论和实践问题，积极识变应变求变，大力推进改革创新，不断塑造发展新动能新优势，充分激发全社会创造活力。

既要创造比资本主义更高的效率，又要更有效地维护社会公平，更好实现效率与公平相兼顾、相促进、相统一。

要统筹发展和安全，贯彻总体国家安全观，健全国家安全体系，增强维护国家安全能力，坚定维护国家政权安全、制度安全、意识形态安全和重点领域安全。

要坚持独立自主、自立自强，坚持把国家和民族发展放在自己力量的基点上，坚持把我国发展进步的命运牢牢掌握在自己手中。要不断扩大高水平对外开放，深度参与全球产业分工和合作，用好国内国际两种资源，拓展中国式现代化的发展空间。

6. 中国式现代化与人类文明新形态

中国式现代化，深深植根于中华优秀传统文化，体现科学社会主义的先进本质，借鉴吸收一切人类优秀文明成果，代表人类文明进步的发展方向，展现了不同于西方现代化模式的新图景，是一种全新的人类文明形态。中国式现代化，打破了"现代化＝西方化"的迷思，展现了现代化的另一幅图景，拓展了发展中国家走向现代化的路径选择，为人类对更好社会制度的探索提供了中国方案。

中国式现代化蕴含的独特世界观、价值观、历史观、文明观、民主观、生态观等及其伟大实践，是对世界现代化理论和实践的重大创新。中国式现代化为广大发展中国家独立自主迈向现代化树立了典范，为其提供了全新选择。

以上这些论述，完整地形成了中国式现代化理论。概括提出并深入阐述中国式现代化理论，是党的二十大的一个重大理论创新，系统地回答了我们究竟需要什么样的现代化、怎样才能实现现代化等一系列的现代化之问，是科学社会主义的最新重大成果，同时也进一步深化了对国家治理体系和治理能力现代化的认识。

（七）对马克思主义国家学说和国家治理理论的原创性贡献

新时代十年的伟大变革，在党史、新中国史、改革开放史、社会主义发展史、中华民族发展史上具有里程碑意义。之所以能够取得全方位的、开创性的历史性成就，发生深层次的、根本性的历史性变革，归根结底，在于有以习近平同志为核心的党中央的坚强领导，有全国各族人民的团结奋斗，有习近平新时代中国特色社会主义思想的指导。

以习近平同志为主要代表的中国共产党人，坚持把马克思主义基本原理同中国具体实际相结合、同中华优秀传统文化相结合，坚持毛泽东思想、邓小平理论、"三个代表"重要思想、科学发展观，深刻总结并充分运用党成立以来的历史经验，从新的实际出发，创立了习近平新时代中国特色社会主义思想。明确中国特色社会主义最本质的特征是中国共产党领导，中国特色社会主义制度的最大优势是中国共产党领导，中国共产党是最高政治领导力量，全党必须增强"四个意识"、坚定"四个自信"、做到"两个维护"；明确坚持和发展中国特色社会主义，总任务是实现社会主义现代化和中华民族伟大复兴，在全面建成小康社会的基础上，分两步走在本世纪中叶建成富强民主文明和谐美丽的社会主义现代化强国，以中国式现代化推进中华民族伟大复兴；明确新时代我国社会主要矛盾是人民日益增长的美好生活需要和不平衡不充分的发展之间的矛盾，必须坚持以人民为中心的发展思想，发展全过程人民民主，推动人的全面发展、全体人民共同富裕取得更为明显的实质性进展；明确中国特色社会主义事业总体布局是经济建设、政治建设、文化建设、社会建设、生态文明建设"五位一体"，战略布局是全面建设社会主义现代化国家、全面深化改革、全面依法治国、全面从严治党四个全面；明确全面深化改革总目标是完善和发展中国特色社会主义制度、推进国家治理体系和治理能力现代化；明确全面推进依法治国总目标是建设中国特色社会主义法治体系、建设社会主义法治国家；明确必须坚持和完善社会主义基本经济制度，使市场在资源配置中起决定性作用，更好发挥政府作用，把握新发展阶段，贯彻创新、协调、绿色、开放、共享的新发展理念，加快构建以国内大循环为主体、国内国际双循环相互促进的新发展格局，推动高质量发展，统筹发展和安全；明确党在新时代的强军目标是建设一支听党指挥、能打胜仗、作风优良的人民军队，把人民军队建设成为世界一流军队；明确中国特色大国外交要服务民族复兴、促进人类进步，推动建设新型国际关系，推动构建人类命运共同体；明确全面从严治党的战略方针，提出新时代党的建设总要求，全面推进党的政治建设、思想建设、组织建设、作风建设、纪律建设，把制度建设贯穿其中，深入推进反腐败斗争，落实管党治党政治责任，以伟大自我革命引领伟大社会革命。党的十九大、十九届六中全会提出的"十个明确""十四个坚持""十三个方面成就"概括了习近平新时代中国特色社会主义思想的主要内容。这些战略思想和创新理念，以全新的视野深化对共产党执政规律、社会主义建设规律、人类社会发展规律的认识，是党对中国特色社会主义建设规律认识深化和理论创新的重大成果，为在新时代扎实推进国家治理体系和治理能力现代化提供了根本遵循。

　　习近平总书记对关系新时代党和国家事业发展的一系列重大理论和实践问题进行了深邃思考和科学判断，就新时代坚持和发展什么样的中国特色社会主义、怎样坚持和发展中国特色社会主义，建设什么样的社会主义现代化强国、怎样建设社会主义现代化强国，建设什么样的长期执政的马克思主义政党、怎样建设长期执政的马克思主义政党等重大时代课题，提出一系列原创性的治国理政新理念新思想新战略，是习近平新时代中国特色社会主义思想的主要创立者。习近平新时代中国特色社会主义思想是当代中国马克思主义、二十一世纪马克思主义，是中华文化和中国精神的时代精华，实现了马克思主义中国化新的飞跃。党确立习近平同志党中央的核心、全党的核心地位，确立习近平新时代中国特色社会主义思想的指导地位，反映了全党全军全国各族人民共同心愿,对新时代党和国家事业发展、对推进中华民族伟大复兴历史进程具有决定性意义。

习近平新时代中国特色社会主义思想关于国家治理体系和治理能力现代化的重要论述,是这一思想中极其重要的内容,对马克思主义国家学说和国家治理理论的创新发展做出了原创性贡献。

从党的十八届三中全会正式破题,将坚持和完善中国特色社会主义制度、推进国家治理体系和治理能力现代化作为全面深化改革的总目标,提出完整的路线图和时间表以后,以习近平同志为核心的党中央奋力推进在实践创新基础上的理论创新,解决了许多长期想解决而没有解决的难题,办成了许多过去想办而没有办成的大事,推动党和国家事业取得历史性成就,发生历史性变革,中国特色社会主义制度的自我完善和发展、国家治理体系和治理能力现代化迈上了一个大台阶。

以党的十九届四中全会作出《中共中央关于坚持和完善中国特色社会主义制度 推进国家治理体系和治理能力现代化若干重大问题的决定》为标志,中国特色社会主义国家治理理论的诞生,用中国实践破解了国家治理这道难题,对马克思主义国家学说和国家治理理论作出了原创性的历史贡献。这主要体现在以下方面。

第一,明确国家治理体系和治理能力建设的战略任务,为解决建设一个什么样的国家治理体系、怎样建设现代化的国家治理体系问题指明了正确方向。

坚持和完善中国特色社会主义制度、推进国家治理体系和治理能力现代化,是关系党和国家事业兴旺发达、国家长治久安、人民幸福安康的重大问题。科学社会主义的长期实践证明,在打碎旧的国家机器之后,还要进一步解决好如何建设新型国家制度和治理体系问题。这既是关系社会主义新型国家长治久安的重大理论问题,也是关系马克思主义执政党长期执政的重大现实问题。包括世界上第一个社会主义国家苏联在内,都是因为没能从根本上解决好国家治理问题,不是出现阶级斗争扩大化错误,就是出现放弃党的领导和社会主义制度的颠覆性错误。因此,要实现党和国家长治久安、人民幸福安康,就必须在建设社会主义现代化强国的过程中,高度重视和切实解决好国家治理体系和治理能力现代化。

国家治理体系和治理能力是一个国家的制度和制度执行能力的集中体现,两者相辅相成。制度优势是一个国家的最大优势,制度竞争是国家间最根本的竞争。制度稳则国家稳。新中国成立后,中华民族之所以能迎来从站起来、富起来到强起来的伟大飞跃,最根本的是因为党领导人民建立和完善了中国特色社会主义制度,形成和发展了党的领导和经济、政治、文化、社会、生态文明、军事、外事等各方面制度,不断加强和完善国家治理。

经过长期努力,形成了中国特色社会主义制度和国家治理体系的基本框架。这个基本框架,由以下紧密联系着的13个方面的制度体系组成:(1)党的领导制度体系,确保党不断提高科学执政、民主执政、依法执政水平;(2)人民当家作主制度体系,确保社会主义民主政治不断发展;(3)中国特色社会主义法治体系,确保党依法治国、依法执政能力不断提高;(4)中国特色社会主义行政体制,朝着构建职责明确、依法行政的政府治理体系目标发展;(5)社会主义基本经济制度,推动经济高质量发展;(6)繁荣发展社会主义先进文化的制度,不断巩固全体人民团结奋斗的共同思想基础;(7)统筹城乡的民生保障制度,不断满足人民日益增长的美好生活需要;(8)共建共治共享的社会治理制度,保持社会稳定、维护国家安全;(9)生态文明制度体系,促进人与自然和谐共生;(10)党对人民军队的绝对领导制度,确保人民军队忠实履行新时代使命任务;(11)"一国两制"制度体系,推进祖国和平统一;(12)独立自主的和平外交政策,推动构建人类命运共同体;(13)党和国家监督体系,不断强化对权力运行的制约和监督。

上述制度体系所组成的基本框架是关于建设一个什么样的国家治理体系、怎样建设现代化的国家治理体系的中国经验、中国方案。

第二，明确国家治理体系的评判标准，为坚持和完善中国特色社会主义制度指明了正确方向。

看一个制度好不好、优越不优越，要从政治上、大的方面去评判和把握。评价一个国家政治制度是不是民主的、有效的，主要看国家领导层能否依法有序更替，全体人民能否依法管理国家事务和社会事务、管理经济和文化事业，人民群众能否畅通表达利益要求，社会各方面能否有效参与国家政治生活，国家决策能否实现科学化、民主化，各方面人才能否通过公平竞争进入国家领导和管理体系，执政党能否依照宪法法律规定实现对国家事务的领导，权力运用能否得到有效制约和监督。

我们从来不排斥任何有利于中国发展进步的他国国家治理经验，而是坚持以我为主、为我所用，去其糟粕、取其精华。比如，在社会主义建设时期，我国国家制度和国家治理体系就借鉴吸收了苏联的许多有益经验。改革开放以来，我们不断扩大对外开放，把社会主义制度和市场经济有机结合起来，既充分发挥市场在资源配置中的决定性作用，又更好发挥政府作用，极大解放和发展了社会生产力，极大解放和增强了社会活力。可以预期，随着全面深化改革向纵深推进，我国国家制度和国家治理体系必将在国际竞争中赢得更大的比较优势，展现出更为旺盛的生机活力。

第三，明确中国共产党在国家治理体系中是最高政治领导力量，为坚持党对一切工作的全面领导指明了正确方向。

坚持无产阶级先进政党对国家的领导地位，是马克思主义国家学说的重要原则。中国共产党长期执政的历史证明，党在国家治理体系中居于核心领导地位，这既是中国特色社会主义最本质的特征，也是社会主义国家治理体系的最显著优势。

纵观我们党的历史,在这个问题上曾经出现两种偏向。一是过分强调党的"一元化领导",因而出现"以党代政""包办一切"的偏向。二是片面理解"党政分开",因而导致"党政分家",党的领导被严重弱化的偏向。正反两方面的经验教训告诉我们,一定要正确处理党与政、集中统一与分工负责的关系,正确运用民主集中制原则,坚决维护党中央权威,健全总揽全局、协调各方的党的领导制度体系,把党的领导落实到国家治理各领域各方面各环节。

健全总揽全局、协调各方的党的领导制度体系,首先要完善坚定维护党中央权威和集中统一领导的各项制度。这是确保党对一切工作全面领导的根本政治前提。要推动全党深刻认识"两个确立"的决定性意义,增强"四个意识"、坚定"四个自信"、做到"两个维护";健全党中央对重大工作的领导体制,强化党中央决策议事协调机构职能作用,完善推动党中央重大决策落实机制,严格执行向党中央请示报告制度,确保令行禁止;健全维护党的集中统一的组织制度,形成党的中央组织、地方组织、基层组织上下贯通、执行有力的严密体系,实现党的组织和党的工作全覆盖。

健全党的全面领导制度,是健全总揽全局、协调各方的党的领导制度体系的关键环节。完善党领导人大、政府、政协、监察机关、审判机关、检察机关、武装力量、人民团体、企事业单位、基层群众自治组织、社会组织等制度,健全各级党委(党组)工作制度,确保党在各种组织中发挥领导作用;完善党领导各项事业的具体制度,把党的领导落实到统筹推进"五位一体"总体布局、协调推进"四个全面"战略布局各方面。

党要实现全面领导,自身必须清正廉洁、坚强有力。加强党对一切工作的全面领导,就必须全面从严治党。完善全面从严治党制度。全面从严治党永远在路上,构建不敢腐、不能腐、不想腐的堤坝必须久久为功。要坚持党要管党、全面从严治党，全面净化党内政治生态，增强忧患意识，不断推进党的自我革命，永葆党的先进性和纯洁性，坚决同一切影响党的先进性、弱化党的纯洁性的问题作斗争，大力纠治形式主义、官僚主义，不断增强党的创造力、凝聚力、战斗力，确保党始终成为中国特色社会主义事业的坚强领导核心。

第四，明确坚持中国共产党领导、人民当家作主、依法治国有机统一在国家治理体系中的关键作用，为坚持和完善人民当家作主制度体系、发展全过程人民民主指明了正确方向。

坚持中国共产党领导、人民当家作主、依法治国有机统一，科学地回答了推进社会主义国家治理的领导力量、主体力量、基本途径。人民民主的核心和最高境界，是在国家政治生活中实现人民当家作主。人民民主专政的坚持与发展，是推进依法治国，建设社会主义法治国家。两者都离不开中国共产党领导。因此，中国共产党领导、人民当家作主、依法治国的有机统一，既是社会主义民主政治的核心，也是依法治国的核心，更是国家治理体系的核心。

社会主义新型国家要坚持人民当家作主，是马克思主义国家学说的基本要求。中国共产党自诞生之日起，就把为人民谋幸福、为民族谋复兴作为自己的初心与使命。新中国自诞生之日起，就把人民当家作主作为人民政权的最高原则。坚持中国共产党领导同坚持人民当家作主，是高度统一的。

党的十八大以来，以习近平同志为代表的中国共产党人对社会主义民主政治的最重要的贡献，一是系统形成了社会主义民主观，二是系统形成了全过程人民民主。

在社会主义民主观上，中国共产党始终高举人民民主的旗帜，创造性地提出了以下基本观点：一是人民民主是社会主义的生命，没有民主就没有社会主义，就没有社会主义的现代化，就没有中华民族伟大复兴。二是人民当家作主是社会主义民主政治的本质和核心，发展社会主义民主政治就是要体现人民意志、保障人民权益、激发人民创造活力，用制度体系保证人民当家作主。三是中国特色社会主义政治发展道路是符合中国国情、保证人民当家作主的正确道路，是近代以来中国人民长期奋斗历史逻辑、理论逻辑、实践逻辑的必然结果，是坚持党的本质属性、践行党的根本宗旨的必然要求。四是人民通过选举、投票行使权利和人民内部各方面在重大决策之前进行充分协商，尽可能就共同性问题取得一致意见，是中国社会主义民主的两种重要形式，共同构成了中国社会主义民主政治的制度特点和优势。五是发展社会主义民主政治关键是要把我国社会主义民主政治的特点和优势充分发挥出来，不断推进社会主义民主政治制度化、规范化、程序化，为党和国家兴旺发达、长治久安提供更加完善的制度保障。

在全过程人民民主上，党的十八大以来不断深化对民主政治发展规律的认识，创造性地提出全过程人民民主的重大理念。我国全过程人民民主，既包括完整的制度程序，也包括完整的参与实践，是两者有机统一。从完整的制度程序看，我国实行工人阶级领导的、以工农联盟为基础的人民民主专政的国体，实行人民代表大会制度的政体，实行中国共产党领导的多党合作和政治协商制度、民族区域自治制度、基层群众自治制度等基本政治制度，巩固和发展最广泛的爱国统一战线，形成了全面、广泛、有机衔接的人民当家作主制度体系，构建了多样、畅通、有序的民主渠道。从完整的参与实践看，全体人民依法实行民主选举、民主协商、民主决策、民主管理、民主监督，依法通过各种途径和形式管理国家事务，管理经济和文化事业，管理社会事务。我国全过程人民民主实现了过程民主和成果民主、程序民主和实质民主、直接民主和间接民主、人民民主和国家意志相统一，是全链条、全方位、全覆盖的民主，是最广泛、最真实、最管用的社会主义民主。

第五，明确坚持和完善党和国家监督体系在国家治理体系中的地位和作用,为强化对权力运行的制约和监督指明了正确方向。

马克思、恩格斯根据巴黎公社的实践,提出了如何防止人民公仆成为主人的问题。列宁根据苏俄的实践,采取设置工农检查院等机构以防止党和国家工作人员滋长官僚主义和腐败现象。事实证明,在中国共产党长期执政条件下,必须将建立健全党和国家监督体系作为国家治理体系建设的重要一环。

建立科学严密的党和国家监督体系,关系到党和国家长治久安,关系到能否跳出治乱兴衰的历史周期率,关系到党永远不变质、红色江山永远不变色的根本问题。对此,毛泽东在延安的窑洞里给出了第一个答案,这就是"只有让人民来监督政府,政府才不敢松懈"。后来在党的七届二中全会上,又向全党郑重提出"两个务必"。这里面,包含着对我国几千年历史治乱规律的深刻借鉴,包含着对我们党艰苦卓绝奋斗历程的深刻总结,包含着对胜利了的政党永葆先进性和纯洁性、对即将诞生的人民政权实现长治久安的深刻忧思。经过百年奋斗特别是党的十八大以来新的实践,以习近平同志为代表的中国共产党人又给出了第二个答案,这就是自我革命。

勇于自我革命是中国共产党区别于其他政党的显著标志。一个政党最难的就是历经沧桑而初心不改、饱经风霜而本色依旧。中国共产党没有任何自己特殊的利益,这是党敢于自我革命的勇气之源、底气所在,也是以党内监督为主、强力严惩腐败、驰而不息坚决反"四风"的成功之道。正因为无私,才能本着彻底的唯物主义精神经常检视自身、常思己过,才能摆脱一切利益集团、权势团体、特权阶层的围猎腐蚀,并向党内被这些集团、团体、阶层所裹挟的人开刀。世界上那么多执政党,有几个敢像中国共产党这样大规模、大力度、坚持不懈反腐败。有些人吹捧西方多党轮流执政、"三权鼎立"那一套,不相信中国共产党能够刀刃向内、自剜腐肉。中国共产党勇于自我革命的实践给了他们响亮有力的回答。

党的十八大以来，中国共产党以前所未有的勇气和定力全面从严治党，打了一套自我革命的"组合拳"，形成了一整套党自我净化、自我完善、自我革新、自我提高的制度规范体系。在这一过程中，健全完善党内监督体系，形成严格完善的党内法规体系，形成科学管用的防错纠错机制，处理好自我监督、自我革命同人民监督、多渠道全方位监督的辩证关系，从根本上克服不愿监督、不敢监督、抵制监督等现象，用好党内监督利器。同时，将党内监督同有关国家机关监督、民主党派监督、群众监督、舆论监督等结合起来，通过纪检监察体制改革，形成监督合力。

中国共产党作为拥有九千六百多万名党员、领导着十四亿多人口大国、具有重大全球影响力的世界第一大执政党，要始终居安思危，时刻警惕百年大党会不会变得老态龙钟、疾病缠身的问题。对党的历史上走过的弯路、经历的曲折不能健忘失忆，对中外政治史上那些安于现状、死于安乐的深刻教训不能健忘失忆；对自身存在的问题不能反应迟钝。要以伟大自我革命引领伟大社会革命，以伟大社会革命促进伟大自我革命，确保党在新时代坚持和发展中国特色社会主义的历史进程中始终成为坚强领导核心，领导中国人民不可逆转地走向中华民族伟大复兴。

总之，中国特色社会主义国家治理理论的系统形成，是一个具有国内外深远影响的大事，也是马克思主义发展史和马克思主义中国化发展史上的大事。它在新时代应运而生，在决胜全面建成小康社会的过程中，在全面建设社会主义现代化强国的征途上继续发展完善，从制度文明上为实现中华民族伟大复兴的中国梦提供强有力支撑，必将在当今世界百年未有之大变局的国际比较中彰显其制度优势与治理效能。

我们应当有这样的制度自信。我们坚信，在中华民族实现强起来的征程中，国家制度强起来、国家治理强起来，一定会成为一道靓丽的风景线，为人类走向更高的制度文明带来新希望。